KB119059

집중의 재발견

몰입해야 한다는
집착에서 벗어나

자연스러운 집중에
도달하는 법

attention

집중의
재발견

글로리아 마크 지음 · 이윤정 옮김

위즈덤하우스

일러두기

1. 맞춤법과 외래어 표기는 국립국어원 맞춤법과 외래어 표기법을 따랐으나, 일부 관례로 굳어진 경우는 예외를 두었다.

2. 국내 번역 출간된 책은 한국어판 제목으로 표기했으며, 미출간 도서는 원어를 병기했다.

3. 단행본과 논문은《 》로, 영화, TV 프로그램, 신문, 잡지 등은〈 〉로 표시했다.

4. 2022년 초에 출간된 원서를 존중하여 2023년 7월 브랜드명을 '엑스x'로 바꾼 '트위터'는 원서와 같이 '트위터'로 표기했다.

중요한 것에 집중했던 나의 어머니께

차례

1부 주의집중의 해부학

2부 우리는 왜 이토록 산만해졌는가

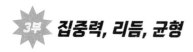

집중력, 리듬, 균형

추천의 글

많은 사람들이 예전 같지 않은 집중력 문제를 호소한다. 주의력결핍과잉행동장애attention deficit hyperactivity disorder, ADHD로 진료받는 이들도 급증하고 있다. 사무직들은 책상에 앉아 일을 시작하기가 무섭게 쉬지 않고 메신저와 소셜 네트워크의 메시지, 이메일, 전화의 알림 폭탄을 받는다. 쓰기 시작한 보고서 창은 뒤로 밀리고, 급한 연락부터 먼저 처리한다. 정신을 차리고 원래 일로 돌아온 지 얼마 되지 않아 이 상황이 또다시 반복된다. 오후가 되면 머릿속이 녹초가 된다. 이미 끝냈어야 할 일들은 그대로 쌓여 있다.

이 책의 저자 글로리아 마크는 이런 멀티태스킹을 지속하는 것이 한 가지 일에 집중하는 것에 비해 훨씬 더 빠른 인지 자원의 소진을 불러일으킨다는 사실을 보여준다. 인지 자원이 소진되면, 집중하기가 어려워질 뿐 아니라 자제력이 떨어져 소셜 네트워크, 숏 폼 영상, 단 음식, 맥주 등 자극적인 것에 탐닉할 가능성도 높아진다. 이런 하루의 끝, 지친 퇴근길엔 숏 폼 영상 무한 스크롤을 멈추기 어렵다. 매일매일 생산성은 떨어지고 피로가 쌓이는 느낌이다. 종국에는 침대와 한 몸이 되어 스마트폰을 탐닉하는 밤을 맞는다. 저자는 또한 이 세상의 모든 영상이 점점 더 짧은 숏으로 바뀌어가고, 영상의 전체 길이조차 짧아지고 있음을 밝힌다. 심지어 더 짧은 영상을 볼수록 집중할 수 있는 능력이 더 나빠짐도 드러낸다.

이 산만함과 피로의 악순환 속에서 지금을 사는 많은 사람들은 거대 기업의 알고리즘을 위해 스크롤과 '좋아요' 누르기를 반복하며 점차 마음을 놓친 상태가 되어간다. 우리 모두 이 악순환의 고리를 몰라서 못 깨는 것이 아니다. 그렇다고 억지로 참거나 피한다고 되는 일도 아니다. 하지만 지피지기면 백전불태라 하지 않던가. 전략적으로 인지 자원을 관리할 수 있으면, 사람 집중력의 특성을 이용해서 적어도 정신-배회mind-wandering의 한없는 악순환에 빠지는 것만은 막을 수 있다.

이 책은 그래서 다르다. 오랜 기간 이 분야를 연구해온 전문가가 독자의 손을 잡고 차근차근 무엇이 문제인지, 그리고 어떻게 이 문제를 고쳐갈 수 있을지 알려준다. 저자는 인터넷이 사람들의 일과 일상으로 들어오기 시작할 때부터 기술이 집중력에 미치는 영향을 연구해왔다. 이 전문 연구자의 폭넓은 경험과 고민을 보통 사람도 활용할 수 있게 바꾸어놓은 것이 바로 이 책이다.

단순히 집중력의 부재를 성토하는 것을 넘어서, 이 책은 여러분이 집중력이라는 성벽을 공략하기 위한 든든한 사다리가 되어줄 것이다. 저자의 조언을 따라 한 걸음씩 나아가다 보면 어느덧 청명한 집중력의 세계에 도달할 수 있을 것이다.

정희원

(서울아산병원 노년내과 교수)

머리말

최대한의 집중만이 생산적이라는 착각

우리는 우리 문명이 정오에 가까워졌다 생각하지만, 아직 첫닭
이 울고 샛별이 뜨는 무렵에 불과하다.

_랠프 월도 에머슨

하루를 시작하며 노트북을 켠다고 상상해보자. 켜자마자 당
신은 넘쳐나는 이메일을 마주한다. 이메일을 훑어보니 몇 통은
생각을 좀 해봐야 하는 것들이고, 답장을 쓰기 시작하자 꽤 노
력이 필요함을 깨닫는다. 그런 다음엔 오늘 중으로 마무리해
야 하는 프로젝트에 착수하고 전화를 몇 통 받는데, 상사에게
서 또 다른 이메일이 왔다는 알림이 뜬다. 상사에게 일하고 있
다는 걸 은근히 티 내려고 곧장 그 이메일에 답장을 쓴다. 그런
데 또 캘린더에서 다음 줌 회의 일정을 알려준다. 이제 겨우 오
전 10시인데 벌써 피곤해지기 시작한다. 오후 3시가 되면 마감
이 임박한 프로젝트에 대해선 거의 생각할 수가 없다. 막상 작
업을 시작해도 집중이 안 되고 실수를 반복한다.

이런 상황은 어떨까. 오늘 당신은 세금을 처리할 계획이다.

머리말

→ 15 ←

그런데 우선 페이스북을 확인하다 보니 친구들이 올린 게시물에 정신이 팔린다. 흥미로운 동영상 링크를 눌렀다가 유튜브로 이동한 당신은 영상 사이드에 뜨는 추천 동영상을 발견하고 다른 동영상을 보는 데 빠져버린다. 유튜브에서 벗어나 세금을 처리하러 돌아왔는데 집 리모델링 공사 관련 이메일을 보내야 한다는 사실이 기억난다. 받은 편지함에 들어가니 처리해야 할 또 다른 이메일이 와 있다. 세 시간이 흘러버렸고 더는 세금에 집중할 에너지도 의욕도 없다.

우리는 깨어 있는 대부분의 시간 동안 컴퓨터 및 휴대폰과 끊어내기 힘든 유대감을 형성해왔다. 휴대폰에서 문자 수신 알림이 울리면 모른 체할 수가 없다. 어디서든 스마트폰과 인터넷을 사용할 수 있게 되면서 스물네 시간 항시 대기모드여야 한다는 기대가 생겼고, 그에 따라 업무와 사생활 규범이 변했다. 한밤중에도 자다가 일어나 휴대폰과 이메일, 문자메시지를 확인한다는 사람이 흔하다. 나도 연구를 하면서 이런 사례를 많이 봐왔다. 연결을 끊으려 하는 사람들은 정보와 메시지를 놓치는 대가를 치른다. 경쟁이 치열한 업무 세계와 서로 연결된 사회적 관계망 사이에서는 그 누구도 이 굴레를 벗어나지 못한다.

컴퓨터의 발달로 여러 가지 프로그램, 화면, 기기 간에 역동적으로 주의집중을 전환하는 새로운 행동 유형이 등장했다. 연구과학자인 나는 운이 좋게도, 지난 20년 동안 사람들의 기기

의존도가 높아진 데 따른 이러한 주의집중-전환attention-switching 양상과 그에 동반한 스트레스 및 피로 누적을 관찰하고 실험적으로 추적할 수 있었다. 결론부터 간단히 말하면, 개인 기술의 사용은 우리의 주의집중 능력에 영향을 미친다. 관찰 결과, 지난 20년간 인간의 정신은 정보에 집중하는 방식에서 총체적으로 현저한 변화를 겪었다. 그뿐만 아니라 스트레스가 주의집중-전환과 어떻게 연관되는지도 지켜봤는데, 세계보건기구World Health Organization, WHO가 스트레스를 21세기 건강 유행병으로 규정한 만큼[1] 이 상황을 심각하게 받아들일 필요가 있다. 이 글을 쓰고 있는 현재, 전 세계는 코로나19 팬데믹을 겪느라 고군분투하고 있다. 사람들은 그 어느 때보다 개인 기기에 더 많은 시간을 쓰고 있으며 스트레스도 많이 받는다.

나는 처음부터 심리학자가 되고 싶어 하진 않았지만 가까스로 진로를 바꿔 새로운 전공을 택한 후 심리학자가 되었다. 미생물학자 루이 파스퇴르는 "우연은 준비된 마음을 선호한다"라고 말했는데, 나야말로 우연한 기회에 열린 마음으로 이 분야에 발을 들였다. 사실 화가로 진로를 택했던 나는 다른 일을 하게 될 줄은 전혀 생각지 못했다. 클리블랜드예술대학에서 회화와 드로잉 전공으로 미술을 공부하던 무렵엔 추상표현주의에 깊이 빠져 있었다. 얼마나 심취했던지, 몇 년 후 그림을 그리며 글을 끼적였던 노트를 다시 읽어보니 도저히 이해할 수 없을 정도였다. 과학자인 현재 관점에서 그 글들은 너무도 추상적이었다.

졸업 후에는 영국예술위원회British Arts Council에서 연구비를 지원받아 런던에서 벽화를 그렸다. 그러나 이내 예술가로 먹고 사는 현실이 얼마나 힘든지를 몸소 체험했다. 당시 예술대학을 졸업한 지 얼마 안 된 재능 있는 동문이 생계를 위해 치위생사(훌륭한 직업이지만 수년간의 미술 교육을 받을 필요는 없었다)가 되려고 다시 공부한다는 사실을 알게 되었다. 내가 아는 또 다른 화가도 승강기 기사로 일한다는 소식을 들었다. 어떤 이들은 예술에 대한 크나큰 열정으로 기꺼이 하루 여덟 시간 동안 직장에서 원치 않는 일을 하며 생계를 유지하기도 했지만, 나는 그런 삶이 내겐 맞지 않는다는 것을 금세 깨달았다. 다행히 나는 수학을 잘했고, 그 기술을 활용하면 훨씬 수월하게 생계유지를 할 수 있다는 사실을 알았다.

그렇게 나는 미시간대학교에서 통계학 석사학위를 받고 심리학과 컴퓨터 활용을 연구할 수 있는 길로 발을 내디뎠다. 하지만 일도 해야 했기에 정보과학자인 맨프레드 코첸Manfred Kochen 박사의 연구 보조직에 지원했다. 면접을 보러 연구실에 갔더니 코첸 박사가 물었다. 코딩할 줄 알아요? (아니요.) 퍼지집합 이론은 알고요? (아니요.) 네트워크 이론은? (아니요.) 내가 연구실에서 나가려고 백팩을 둘러멘 채 발걸음을 옮기던 참이었다. 그 순간 코첸 박사가 내 등에다 대고 물었다. "음, 그럼 학생은 뭘 할 수 있죠?" 나는 돌아서서 그림을 그릴 수 있다고 답했다. 그는 내게 다시 자리로 와서 앉으라고 했다.

코첸 박사는 자신이 매사추세츠공과대학MIT에서 수학으로 박사학위를 받기 전에 뉴욕 예술학생연맹Arts Students League in New York에서 수업을 들었다고 말했다. 우리는 그렇게 두 시간 더 미술에 관해 이야기를 나눴다. 마침내 그가 내게 제안했다. "문제 발견 과정 연구 보조금을 받았는데, 그 일을 맡아줄 수 있겠어요?" 젊음의 오만과 순진함으로 나는 당연히 할 수 있다고 대답했다. 예술가들이 발견하는 방법에 관해서는 알고 있었으니까. 다만 그것을 학문적 용어로 기술하는 방법을 알아내야 했다. 나는 인지심리학 연구에 뛰어들었고, 그 연구는 종국에 학회에서 발표할 논문으로 발전했다. 그때 심리학과 정보과학의 세계에 빠져든 나는 마침내 컬럼비아에서 박사학위를 받기에 이르렀다.

또다시 우연한 기회가 찾아왔던 건 졸업 후 입사한 정보기술 회사에서 심리학적 아이디어를 적용한 기술 활용을 연구하게 되었을 때였다. 내가 다녔던 일렉트로닉데이터시스템스 Electronic Data Systems는 MIT와 제휴하여 연구소를 설립한 참이었다. EDS로 알려진 이 회사는 컴퓨터로 비즈니스 미팅을 지원할 방법을 실험 중이었고, 사람들이 어떻게 협업하는지 연구하기 위해 통신망 컴퓨터networked computer를 회의실에 설치해놓았다. 비즈니스 미팅에서 사람들이 컴퓨터를 활용하는 방식을 이해하려면 심리학자가 필요하다고 일찌감치 내다본 것이다. 지금이야 회의실에 통신망 컴퓨터가 설치되어 있어도 눈 하나 깜짝할 사람이 없지만 그 당시만 해도 미래 세계에 온 듯해 전율했던 기억이 난다. 나는 실제 업무 환경에서 기술 활용을 연구한다는 생각에 가슴이 뛰었다.

그 일은 심리적 관점에서 기술 활용과 남용을 연구하는 수십 년 여정의 시작이었다. 이 책은 내가 지나온 여정의 결과물로서, 더 깊은 인간 본성과 사회적 본성, 우리가 생각하고 일하고 상호 작용하는 방식, 그리고 그것이 우리가 사용하는 도구들로부터 어떤 방식으로 영향을 받는지 배운 점을 담고 있다. 이러한 '도구들'은 EDS에서 사용하던 통신망 컴퓨터에서 시작해, 디지털 기기가 우리 업무를 비롯해 사회적이고 사적인 영역에도 얽히는 시점에 이르기까지 아주 먼 길을 지나왔으며, 따라서 이 책은 디지털 시대에 우리 삶이 어떻게 변화했는지에 관한 이야기이기도 하다. 기술 활용은 너무나 보편화되고 흔해서 더는 우리 자신에게서 분리할 수 없다. 인간 행동과 컴퓨터 기술의 설계는 서로 영향을 주고받으며 변화는 빛의 속도로 일어나고 있다.

이후 학계에 입문한 나는 '살아 있는 실험실'이란 걸 고안해 사람들이 기술을 활용하는 방식을 연구했다. 물론 심리학을 전공하며 실험실에서 사람들의 행동을 연구해야 가능한 한 많은 변수를 통제할 수 있다고 훈련받았지만, 사람들이 어떻게 기술을 활용하는지, 그것이 그들에게 어떤 영향을 미치는지 제대로 이해하려면 사람들의 일상으로 직접 들어가야 한다고 생각했다. 그래야 사람들이 컴퓨터와 휴대폰을 사용할 때 하는 멀티태스킹은 물론 주의산만과 스트레스 등의 감정, 관계 업무 압박과 갈등에 관해 더욱 큰 그림을 볼 수 있다. 그렇게 사무실로 직접 찾아간 나는 일하는 사람들 뒤에 앉아 그들이 컴퓨터 화면을 전환하거나 전화를 받을 때마다 스톱워치를 클릭했다(이후 기술이 발전하면서 디지털 방식으로 추적할 수 있게 되자 내 연구실의 대학원생들이 매우 안심했다). 또한 임원들이 가득 둘러앉은 이사회 회의실에 서서 일주일 동안 직원들의 이메일을 차단하고 심박수 측정기를 부착해달라고 부탁한 적도 있다. 언젠가는 주기적으로 얼굴 사진을 찍도록 설계된 웨어러블 카메라로 업무 중 대면 상호작용을 측정했는데, 한 남성 참가자가 화장실에 가기 전 카메라 끄는 것을 잊는 바람에 변기를 사람 얼굴로 착각하기도 했다. 과학, 특히 통제된 실험실을 벗어난 과학은 결코 완벽하지 않다.

일상 업무 중인 사람들을 수천 시간 동안 연구한 결과, 그들이 공통으로 토로하는 정서는 다음과 같았다. 너무 많은 정보와 메시지를 처리하느라 피곤하고 지친다는 것. 받은 편지함의 메일 수가 0에 도달하게 하는 것은 시시포스의 형벌만큼이나 힘들고 부질없는 짓이다. 이메일 수가 대응 가능한 정도로 줄어들자마자 새로운 눈사태가 쏟아지기 때문이다. 사람들은 컴퓨터와 스마트폰을 사용할 때 집중하기가 너무 힘들다고도 털어놓는다. 이 책에서 우리는 단지 화면에 뜨는 팝업창이나 수신 알림 때문에 주의가 산만해지는 건 아니라는 사실을 알게 될 것이다. 놀랍게도 사람들은, 그와 거의 비슷한 정도로 내면의 무언가, 즉 생각, 기억, 정보를 찾고자 하는 충동, 다른 사람과 연결되고픈 욕구 등으로 인해 주의가 산만해지기도 한다. 세계에서 가장 큰 사탕 가게 안에 들어가 있으면서 사탕을 맛보고 싶은 유혹을 뿌리치긴 어려운 법이다.

우리는 깨어 있는 시간 대부분을 이른바 디지털 세상이라고 하는, 컴퓨터, 스마트폰, 태블릿PC를 통해 접속하는 경험적 환경에서 보낸다. 완전한 가상현실 환경이 아니어도 단지 기기 사용만으로 일상에서 느끼는 깊은 몰입감을 경험할 수 있다. 그렇게 푹 빠져 시간을 소비하는 동안 우리에겐 새로운 습관, 기대치, 문화적 관행이 생겨났고, 그 결과 많은 이들이 다음과 같이 질문한다. 이 디지털 세상에서 어떻게 하면 주의집중 통제력을 되찾을 수 있을까?

물리적 세계에서는 자신의 삶이 통제 가능하다고 느끼면서 디지털 세상에서는 주의집중을 통제할 수 없다고 느끼는 이유는 무엇일까? 이는 컴퓨터 사용의 증가와 함께 우리가 맞닥뜨린 하나의 역설일 뿐이다. 기술은 우리의 역량을 강화하고 더 많은 정보를 생산하는 데 도움을 주도록 고안되었지만, 그 대신 우리는 산만하고 피곤해졌다. 관리자들은 메시지를 보내며 우리가 즉각 응답하기를 기대하면서 동시에 생산적이기도 기대한다. 이 책의 뒷부분에서 소개할 한 가지 사례에서는 이메일로 계속 업무를 지시하면서 해당 직원이 다른 업무도 완수하기를 기대하는 관리자의 행태를 다룬다. 이 회사에서 일주일간 이메일을 차단하고 직접 전화하거나 찾아가 업무를 지시하도록 했더니, 관리자는 더 이상 업무를 주지 않았다. 이메일로 업무를 할당하는 게 훨씬 더 수월하다. 인터넷 자체의 설계에도 역설이 존재하는데, 정보를 쉽게 찾도록 하는 구조는 우리의 기억이 연결망으로 조직되는 방식에 관여한다. 인터넷의 노드node(컴퓨터 연결망의 교차점을 뜻한다-옮긴이)와 링크 구조 역시 우리가 인터넷 서핑에 한없이 시간을 쓰도록 유도한다. 우리는 주의를 다른 데로 돌리거나 멀티태스킹을 할 때 인간의 능력이 확장되어 더 많은 일을 소화한다는 환상을 품을 수 있지만, 실제로는 일을 더 적게 하고 있다. 객관적으로 측정했을 때 멀티태스킹이 낮은 성과로 연결된다는 사실이 반복적으로 밝혀졌다.

멀티태스킹에는 다른 단점도 있다. 주의집중을 전환할 때마다 해야 할 작업에 다시 집중하느라 시간 손실이 발생하여 전환 비용을 초래한다. 중단된 프로젝트를 즉각 다시 시작하는 경우 이 비용이 그리 높지 않을 것 같지만, 안타깝게도 우리 데이터는 다른 결과를 보여준다. 오히려 최소 두 개의 각기 다른 프로젝트 사이에서 주의집중을 전환할 때 25분 이상의 시차가 발생한다. 이는 업무에 상당한 지장을 주기에 충분한 시간과 맥락 변화다.

멀티태스킹이 초래하는 또 다른 비용은 불안이나 스트레스, 번아웃 같은 부정적 정서와 관련이 있다. 주의를 산만하게 하는 주범인 이메일은 특히 스트레스와 연관된다. 지금부터 설명할 한 연구에서는, 일주일간 이메일이 차단되었을 때 사람들이 컴퓨터에 훨씬 더 오래 집중했고 주의집중 전환 빈도가 줄어들었음을 알아냈다. 게다가 이메일이 없으니 그 주의 막바지에는 심박수 측정기에 나타난 심박수 변동성이 눈에 띄게 달라져, 사람들이 스트레스를 훨씬 덜 받는다는 사실도 발견했다.[2]

과학은 멀티태스킹이 스트레스를 유발한다는 점을 꾸준히 보여준다. 즉 혈압이 상승하고 심박수가 증가하는 등의 스트레스를 일으키는데, 이는 스트레스를 더 많이 느끼는 우리 스스로의 인식과도 일치한다. 심지어 멀티태스킹은 질병에 대한 면역반응도 약화하는 것으로 드러났다. 그뿐만 아니라 현재 작업을 하는 와중에도 방금 온라인에서 읽은 흥미진진한 사적인 이야기가 머리에서 떠나질 않아 당면한 업무에 방해를 받는 비용이 발생한다. 하지만 가장 비싼 대가는 우리의 귀중하고 한정된 주의집중 능력, 즉 인지 자원을 써버린다는 점인데, 특히 중단된 다수의 작업을 계속 따라가야 할 때 더욱 큰 영향을 받는다. 이는 마치 연료탱크가 새고 있어 막상 실제 업무를 수행해야 할 때 쓸 연료는 줄어들어버린 상황과 같다.

개인 기기를 사용할 때 집중이 어렵다는 인식은 실제 과학적으로 뒷받침된다. 나를 비롯한 다른 연구진들의 연구에 따르면, 지난 15년 동안 기기를 사용할 때 주의집중 시간이 줄어든 것으로 나타났다. 컴퓨터와 스마트폰을 사용하는 동안 우리의 주의집중 시간은 47초 정도로 미친 듯이 짧아져, 이제 우리는 어떤 화면을 보더라도 평균 47초 정도만 집중하기에 이르렀다. 이는 베이비붐세대, X세대, 밀레니얼세대, Z세대 등 세대를 망라하여 모두에게 해당하는 연구 결과다.

인터넷이 널리 사용되기 시작한 지는 30년도 채 되지 않았다. 우리는 인류가 디지털 생활을 시작한 지 아직 얼마 되지 않았다는 사실을 자주 잊곤 한다. 그 시기는 베를린장벽이 무너지고, 유럽연합이 형성되고, 에이즈가 처음 발견된 시점보다도 늦다. 전 세계 인구의 거의 30퍼센트가 1997년 이후에 출생한 Z세대인데, 인터넷 및 스마트폰과 함께 자라난 이들은 디지털 혁명 이전의 삶이 어땠는지 경험하지 못했다. 인터넷 이전 세대와 인터넷 세대를 모두 경험한 나는 실시간으로 새로운 뉴스를 접하고, 의학적 조언을 구하고, 친구들이 현재 어느 곳을 방문했는지 알아보고, 동료들과 공동 문서 작업을 하고, 자기 생각을 트윗할 수 있는 능력이 여전히 경이롭다. 하지만 우리는 인터넷에 너무 의존한 나머지 잠시라도 연결이 끊기면 당황하고 만다.

디지털 사회에서
우리의 주의집중력에 일어난 변화

컴퓨터 사용이 발달하고 컴퓨터, 스마트폰, 인터넷을 무분별하게 활용하면서 우리 일상과 기술의 관계에 급격한 변화가 생겨났고, 이는 특히 주의집중 행동 변화에서 뚜렷하게 드러났다. 사람들 대부분이 이제 (한밤중을 포함해) 깨어 있는 시간의 상당 부분을 디지털 기기를 사용하며 보낸다. 도대체 우리는 기기를 어떻게 쓰기에 집중력에 영향을 받고 금세 진이 빠져버리는 걸까?

사실 노벨경제학상을 수상한 경제학자 겸 인지심리학자 허버트 A. 사이먼Herbert A. Simon은 인터넷이 등장하기 훨씬 전에 쓴 글에서 "정보가 넘쳐날수록 주의집중이 어려워지므로 주의집중을 효율적으로 배분할 필요가 있다"라고 주장하며 디지털 세상에서 우리 삶이 마주한 본질적 딜레마를 포착했다.[3] 기술의 진보는 계속해서 데이터를 생성하고 정보와 사람에게 거의 무제한으로 접근할 수 있는 길을 열었다. 전 세계 대부분 지역에서 우리는 날마다 기술이 제공하는 방대한 정보의 바다에 뛰어들 기회를 얻었다. 우리는 컴퓨터 프로그램과 인공지능AI을 활용해 인터넷에서 정보를 처리하는 능력을 향상시킬 수 있지만, 궁극적으로 인간 정신에는 병목현상이 일어난다.

만일 우리가 초인적 존재라면 정보에 집중해 그것을 흡수하는 무한한 능력과 그 모든 걸 저장할 수 있는 무한한 기억력을 갖고 있을 것이다. 어쩌면 그리 머지않은 미래에 인간은 전전두엽 피질에 우수한 처리 능력과 방대한 메모리를 자랑하는 칩을 이식하게 될지도 모른다. 하지만 현재로선 그저 추측에 불과하며, 디지털 미디어가 우리의 주의집중과 기분에 미치는 영향에 관한 이야기는 우리가 처리할 수 있는 정보의 양보다 훨씬 더 복잡하다.

빠른 속도로 진전하는 기술 문화에 관해 이야기할 때면 ADHD 관련 질문이 자주 등장한다. 그러나 컴퓨터와 휴대폰에 집중하는 데 어려움을 겪는 이들은 ADHD 환자뿐 아니라 훨씬 더 광범위한 인구에 걸쳐 있다. 10만 7000명이 넘는 사람들을 대상으로 실시한 마흔 건의 연구를 2021년에 검토해본 결과, 성인 ADHD 유병률에 대한 가장 정확한 추정치는 4.6퍼센트였다.[4] 2016년 5만 가구 이상의 부모를 대상으로 실시한 설문조사에 따르면, 2세에서 17세에 이르는 미국 아동 및 청소년 가운데 8.4퍼센트가 ADHD 진단을 받았다.[5] 일부 연구는 ADHD인 사람이 그렇지 않은 사람보다 휴대폰 사용에서 더 많은 문제를 겪을 수 있다고 제시했다. 432명을 대상으로 한 어느 설문조사에서는 ADHD와 휴대폰 사용량을 자가 보고한 결과, 둘 사이에 상관관계가 있다는 사실을 밝혀냈다.[6] 흥미로운 결과지만 ADHD와 개인 기기 사용의 상관관계에 관해 우리가 아는 것이 너무 적기 때문에, 그 인과관계를 확인하려면 더 많은 연구가 필요한 현실이다. 하지만 주의집중과 기기 사용 문제를 ADHD 환자들만 겪는 문제로 치부해서는 안 된다. 오늘날 문화에서는 모든 사람이 영향을 받고 있다.

오늘날 주의산만을 둘러싼 오해

빠르게 변화하는 문화에 관해 대중적 논의가 일어나는 동안, 인간과 컴퓨터 사용 기술의 관계에 대한 네 가지 근거 없는 오해가 생겨났다. 이러한 대중적 논의들은 이 책에서 설명할 과학에 의해 거짓임이 입증되었다.

첫 번째 오해는 컴퓨터를 사용할 때 늘 집중하려고 노력해야 하며 그래야만 생산성을 높일 수 있다는 것이다. 집중하지 못하면 죄책감을 느껴야 마땅하다. 하지만 장시간 동안, 특히 휴식을 취하지 않고 집중하는 것은 대부분 사람에게 부자연스럽다는 사실이 밝혀졌다. 자연에 리듬이 존재하듯 우리의 주의집중도 리듬을 따른다는 점이 연구 결과 밝혀진 것이다. 사람들의 주의집중은 자연스레 오르락내리락한다. 하루 중 집중력이 최고로 발휘될 때가 있는가 하면 그렇지 않을 때도 있다. 또한 집중력 유지는 스트레스와 연관이 있다. 온종일 쉬지 않고 역기를 들 수 없는 것과 마찬가지로, 우리는 온종일 장시간 집중해야 하는 고도의 정신적 과제를 감당할 수 없다. 보통 여덟 시간 근무가 끝나기 한참 전에 우리의 활력(혹은 인지 자원)이 고갈되어 수행 능력이 저하되기 시작한다.

두 번째 오해는 몰입flow이야말로 기술을 활용할 때 우리가 추구해야 하는 이상적인 상태라는 것이다. 몰입이란, 심리학자 미하이 칙센트미하이가 고안한 용어로 어떤 경험에 너무 몰두한 나머지 외부 세계와 단절되고 시간이 흘렀다는 사실조차 인지하지 못하는 최적의 주의집중 상태를 말한다. 그때 우리는 기뻐하고 흥분하며 창의력은 최고조에 달한다. 대부분 한 번쯤은 몰입을 경험한 적이 있을 것이다. 악기를 연주하고 모차르트 교향곡이나 레드 제플린의 록 음악을 들을 때 경험하는 몰입 말이다. 또는 축구 경기에 몰입한 선수들의 동작이 신비로울 정도로 동시에 일어나는 듯한 느낌을 받은 적이 있을 것이다. 화가나 도예가라면 작품을 만들 때 무한한 영감이 떠오르며 집중력이 쉽게 유지되는 몰입 상태에 빠져본 경험이 있기 마련이다.

몰입에 대한 이상은 훌륭한 야망이지만, 특히 나날이 일상에서 디지털 정보를 주로 다루며 일하는 지식노동자의 경우 몰입을 경험하는 일은 드물다. 예술가, 무용가, 음악가, 목공예가, 운동선수라면 몰입의 경험이 그리 드물지 않겠지만, 일상에서 대부분 시간을 컴퓨터나 휴대폰 화면을 보며 지내는 사람들에게는 몰입이 거의 일어나지 않는다. 몰입을 방해하는 것은 컴퓨터 그 자체가 아닌 업무의 성격이라고 할 수 있다. 컴퓨터로 음악을 작곡하거나 복잡한 코딩을 할 때는 몰입을 쉽게 경험할 수 있는데, 회의 일정을 잡거나 보고서를 작성하는 업무에서는 그렇지 않기 때문이다. 낱말 놀이를 하거나 넷플릭스를 시청하는 동안에도 몰입의 경험이 발생하진 않는다. 주의집중을 유발하긴 하지만 창의력이 최고조에 이르는 경험은 아니기 때문이다. 디지털 세상에서 우리의 주의집중은 몰입과는 달리 일반적으로 지속 시간이 짧고 활발히 오가며 화면에서 화면으로 전환되는 특성을 갖는데, 나는 이것을 동적kinetic이라고 표현한다.

세 번째 오해는 우리가 기기를 사용하는 동안 경험하는 주의산만, 방해, 멀티태스킹은 주로 휴대폰 알림이나 절제력 부족에 기인한다는 것이다. 알고리즘에 따른 맞춤형 알림이 우리의 주의집중을 뺏는 데 어떤 역할을 하는지 이미 널리 알려졌지만, 그 외 다른 압박이 주의집중에 어떤 영향을 미치는지는 덜 알려져 있다. 우리는 진공상태에서 기술을 사용하는 게 아니다. 물리적 세계에서 우리 행동은 우리가 살아가는 문화의 영향을 받는다. 마찬가지로 디지털 세상에서의 행동도 환경적, 사회적, 그 외 기술적 힘의 영향을 받는다. 이러한 영향 역시 서구 세계에 국한된 것이 아닌 보편적인 현상이다.

이 영향 가운데 일부는 예상치 못한 것들이다. 우선 인간은 연상작용을 통해 사고하는데, 인터넷은 이 점을 잘 활용해 사용자의 사고와 완벽하게 일치하도록 네트워크를 설계하여 당신이 손쉽게 정보를 찾게 만든다. 그리고 원하는 정보를 찾으면 흥미로운 정보 찾기를 멈추지 않도록 한다. 당신은 개인별 차이가 인간을 고유하게 만드는 요소라는 점을 알면서도 성격 특성이 주의집중 시간에 어떤 영향을 주는지는 잘 알지 못할 것이다. 어떤 이들은 자제력을 발휘해 인스타그램을 확인하지 않지만, 또 어떤 이들은 자제력을 발휘하기가 엄청나게 힘들 수도 있다. 성격 특성이 컴퓨터와 휴대폰에 집중하는 시간이나 이메일 확인 빈도에 어떤 영향을 줄 수 있는지 잘 아는 이는 드물다. 또 다른 측면은 사회적 존재인 우리가 타인의 사회적 영향력에 취약하다는 사실이다. 우리는 다른 이들과 상호 작용하며 사회적 보상을 받고, 또래 압력에 복종하고, 권력에 반응하며, 동료 및 친구들과 긍정적인 사회적 자본을 유지하려고 계속해서 이메일과 소셜 미디어를 확인한다. 또한 우리가 컴퓨터나 스마트폰을 넘어 다양한 미디어 문화에 빠져 있다는 사실은 의심할 여지가 없지만, 다른 미디어에서 습득한 습관이 컴퓨터 앞에서 집중하는 시간에도 영향을 미칠 수 있다는 사실은 깨닫지 못하고 있을 수도 있다. 미국인은 평균 하루 네 시간 동안 TV와 영화를 수동적으로 시청할 뿐 아니라(평균 시청 시간은 나이가 들수록 증가한다), 유튜브와 뮤직비디오를 보면서 지속적인 빠른 장면 전환 경험에 익숙해졌고, 이는 컴퓨터 사용에서의 화면 전환 습관을 강화할 수 있다.

널리 공유되는 네 번째 오해는, 머리 쓰지 않고 컴퓨터와 휴대폰으로 하는 활동이 가치 없다는 것이다. 이 논의에서 우리는 아무 생각 없이 하는 퍼즐 게임, 소셜 미디어 검색, 인터넷 서핑 같은 무의미한 행위를 중단하고 그 대신 생산적인 활동을 해야 한다는 압박을 받는다. 간단히 대답하면 '그래야 한다.' 우리는, 소위 소셜 미디어라는 토끼굴에 갇히면, 특히 중요한 일과 마감일을 앞두고 시간을 낭비하게 된다.

이는 이 책에서 다룰 주의집중의 함정이다. 하지만 짧은 휴식을 취하고 의도적으로 그러한 무심한 활동을 하면서 긴장을 풀 수 있다. 사람들이 그런 무의미한 기계적 행위에 끌리는 이유가 있는데, 요약하자면 우리는 연구를 통해 그것이 사람들을 행복하게 한다는 사실을 실험적으로 알아냈다. 우리는 어렵지 않고 스트레스가 없는 쉽고 흥미로운 활동에 주의집중할 때 가장 행복하다. 온라인과 물리적 세계에서 수월한 작업을 하며 휴식을 취하는 동안 정신이 배회하면 부족한 인지 자원 보충에 도움이 될 뿐만 아니라 더 많은 자원을 사용하여 집중력과 생산성을 높일 수 있다. 퓰리처상 수상 작가 진 스태퍼드Jean Stafford는 정원 가꾸기와 같은 무심한 활동을 통해 스트레스를 해소하고 글쓰기를 위한 인지 자원을 재구축했다.[7] 이렇듯 무심한 활동이 집중력과 연계 작용할 뿐만 아니라 우리가 웰빙에 이르는 데 어떤 역할을 하는지 앞으로 살펴볼 것이다.

이 책에서는 위 오해들이 사실이 아닌 이유를 보여주는 연구 결과를 세세히 살펴볼 것이다. 이러한 오해가 생겨난 이유 중 하나는 지금껏 개인 기술을 사용하는 방식을 설명할 때 주의집중의 과학을 고려하지 않았기 때문이다. 컴퓨터 사용 시의 주의집중은, 우리가 하는 작업, 사용 가능한 인지 자원의 양, 하루중 시간대, 스트레스, 수면의 질, 기타 여러 요인에 영향을 받는다. 주의산만이 일단 우리 탓이라는 생각을 믿어버리면, 우리는 우리가 더 큰 사회기술 문화의 일부이며 따라서 우리 행동에 영향을 받는 존재라는 인식을 무시하게 된다.

생산성에서 웰빙으로 목표 재설정하기

2009년에 정신이 번쩍 드는 경험을 했다. 그해 대장암 3기 진단을 받았다. 아는 사람 중에서 내가 가장 건강한 사람이라 생각하고 살아왔는데 말이다. 날마다 조깅을 하고 건강식을 먹으며 체중을 조절했다. 그런데 뜬금없이 앞으로 5년간 생존할 가능성이 69퍼센트라는 말을 들었다. 나는 그 69퍼센트 안에 들기로 작정했고, 생존했다는 소식을 전하게 되어 기쁘다. 지금 이 글을 쓰는 시점까지 14년간 암이 재발하지 않았고 앞으로도 그러길 바란다. 암 진단을 받을 당시에는 원인을 알 수 없었다. 유전자 검사 결과 암을 유발하는 유전자는 없었고 집안의 유전적 내력도 발견되지 않았다. 하지만 이전 몇 년간 엄청난 스트레스를 받은 터여서 언젠가는 대가를 치르리라 예상했던 기억은 난다. 암에 걸린 원인으로 스크린 타임이나 직장 생활 탓만 할 순 없지만, 스트레스가 면역체계를 약화한다는 사실은 잘 알려져 있다. 그렇게 암 진단이라는 생명이 위태로워지는 사건을 겪은 나는, 시간의 유한성을 깨달았을 뿐 아니라 스스로 시간을 어떻게 보내고 있는지 돌아보게 되었다. 나는 상당 시간을 기기 사용으로 보냈고 그 때문에 스트레스를 많이 받았다. 또한 현재 디지털 시대에 극한 시간 압박과 스트레스가 얼마나 만연한지도 깨달았다. 주변을 둘러보고 동료들과 연구 참여자들의 의견을 들어보아도 알 수 있었다. 이러한 경험을 통해 디지털 기기가 우리의 웰빙well-being에 어떤 영향을 주는지 더욱 깊이 생각해보게 되었다.

디지털 기기가 우리에게 많은 혜택을 준 덕분에 삶이 더 편리해지는 데 큰 진전이 이루어진 건 사실이다. 재택근무, 사랑하는 사람과의 연락, 전문 의료 서비스, 정보 검색 등이 수월해졌다. 그러나 건강을 염려하던 나는 건강과 웰빙을 유지하면서 기기를 사용하는 방법에 대해 재고해야 한다는 점을 깊이 인식하게 되었다.

디지털 시대를 사는 우리는 쉼 없이 생산성을 높일 수 있는 기술적 수단이 생겼으니 시간을 최적화하여 가능한 한 그 시간 안에 많은 것을 채워 넣어야 한다는 말을 끊임없이 듣는다. 하지만 나는 삶의 경험과 연구를 통해 다른 결론에 도달했다. 우리는 어떻게 하면 최고의 웰빙에 다다를 수 있는지 생각해야 한다. 삶을 조정해 생산성을 최대한으로 높이고자 하는 논의는 균형감을 느끼게 하는 방향으로 변화해야 한다. 기기를 사용하는 우리는 궁극적으로 더 높은 수준의 웰빙을 경험하기 위해 정신적 자원을 잘 저장해두는 걸 목표로 삼아야 한다. 그 결과 생산성을 더욱 향상할 수 있다.

현대 디지털 시대는 우리가 생각하고 작업하는 방식, 주의를 집중하고 업무를 완수하는 방식에 근본적인 변화를 가져왔다. 일상적으로 사용하는 기술, 문화 및 사회적 환경, 그리고 우리 개개인의 인간 본성이 한데 어우러져 집중을 어렵게 한다. 이제 우리에겐 행복과 생산성, 성취감을 이해하기 위한 새로운 패러다임이 필요하다. 집중력과 생산성을 향상시켜준다고 약속하는 묘책들은 주의집중에 관한 잘못된 가정을 바탕으로 한 공허한 말일 뿐이다. 주의집중이란 주의를 집중하거나 집중하지 않는 이분법적 상태로만 판단하기 어려운, 훨씬 더 미묘한 것임을 깨달아야 한다. 앞으로 다룰 각 장에서는 집중하기, 무심한 활동 하기, 심지어 지루해하기 등 각기 다른 유형의 주의집중이 온종일 인지 자원이 건설적으로 균형을 유지하는 데 어떤 가치와 목적을 지니는지 소개할 것이다. 다시 말해 오직 집중만이 '최적의' 주의집중 상태는 아니며, 사실상 우리 자원을 덜 소모하는 다른 유형의 주의집중과 균형을 이룰 때 가장 효과적으로 작동한다는 점을 밝히겠다는 뜻이다.

이 책은 3부로 나뉜다. 1부에서는 주의집중에 관한 몇 가지 중요한 과학을 소개하며 시작한다. 주의집중 연구는 수천 편의 연구논문에서 다루는 방대한 분야로, 심리학의 아버지라 불리는 윌리엄 제임스가 살았던 100여 년 전까지 거슬러 올라간다. 디지털 세상에서 우리의 경험과 관련된 주의집중의 모든 측면을 다루려면 그 분량이 어마어마할 것이다. 따라서 나는 한정된 인지 자원 관련 이론과 역할처럼 기기 사용 시 우리 행동을 이해하는 데 도움이 되는 몇 가지 핵심 개념으로 범위를 좁혔다. 1부의 나머지 부분에서는 실제로 얼마나 많은 이들이 멀티태스킹을 하며 방해받는지, 그리고 개인용컴퓨터와 스마트폰의 등장으로 우리의 주의집중 시간이 얼마나 줄어들었는지를 동료들과 함께 수행한 연구를 통해 보여준다. 첫 번째 오해에 관해서는 쉼 없이 집중하기 위해 노력하기보다는 주의집중 상태의 균형을 고려하는 게 더 중요하다는 사실을 이야기할 것이다. 또한 두 번째 오해에 관해서는 자신만의 주의집중 리듬을 발견하는 것이 몰입에 도달하는 것보다 더 수월하다는 점을 설명할 것이다. 2부에서는 세 번째 오해에 관해, 즉 디지털 세상에서 주의집중, 주의산만, 방해, 멀티태스킹에 영향을 주는 개인적·사회적·환경적·기술적 영향을 자세히 살피면서, 멀티태스킹을 하면 주의가 산만해지는 이유를 알아볼 것이다. 네 번째 오해도 다룰 텐데, 무심한 활동에는 실제로 어떤 이점이 있고 인지 자원을 보충하는 데 어떻게 유용한지 밝히는 연구 결과를 소개할 것이다. 3부에서는 해결책을 제시한다. 기술 사용

시 주의집중 리듬을 따르는 방법을 보여주는 연구를 소개하며, 스스로 성공적인 변화의 주체가 되어 주의집중을 조절하는 주체성을 개발하는 방법에 관해 논할 것이다.

수년간 많은 동료, 학생, 친구가 나의 연구 결과에 공감했다고 전해왔다. 당신은 주의집중에 관한 당신의 인식이 과학적으로 검증되었다는 사실을 깨달을 것이다. 이 책은 집중을 유지하기가 어려운 이유, 쉽게 산만해지고 스스로 방해를 받는 이유, 기기를 사용할 때 주의집중이 그토록 많이 전환되는 이유를 의식적으로 이해하는 데 도움을 준다. 진정한 변화는 자각에서 시작되며, 주의집중을 통제할 수 있도록 주체성을 개발하는 것은 우리 행동의 이유를 이해함으로써 자기 자신을 돌아보고 방향을 조절할 수 있도록 하는 데 도움을 준다. 건강한 심리적 균형을 목표로 한다면 정신적 자원을 보충하고 그 부산물로 생산성을 높일 수 있을 것이다. 나는 디지털 세상이 가속화되는 가운데 우리가 그 안에서 균형을 잡을 수 있으리라고 낙관한다.

attention

1부

주의집중의 해부학

인지 자원은 한정되어 있다

대부분 사람들은 컴퓨터, 태블릿, 스마트폰 사용에 익숙하고 기기 설정 방법도 잘 안다. 인터넷 작동법에 관한 기본 지식도 갖춘 덕에 인터넷 연결이 끊어지면 문제를 해결할 수 있을 것이다. 이렇듯 사람들은 기기 작동 원리를 잘 아는데, 기기 사용 시 주의집중이 어떻게 작용하는지 아는 사람은 많지 않다. 기기 사용 시 빠르게 주의집중을 전환하고 주의산만에 굴복해버리는 원인과 날마다 그토록 진이 빠지는 이유를 이해하기 위해 이 장에서 우리는 정신의 블랙박스를 열어 우리의 독특한 디지털 행동을 설명하는 심리적 과정을 깊이 살펴볼 것이다. 책 후반부에서는 멀티태스킹을 할 때 주의가 산만해지는 근본 원인에 대한 전체론적 관점도 살펴볼 것이다. 하지만 우선 주의집중의 기본과 작동 방식, '단순한' 작업을 수행하는 데 실제로 얼마나 많은 에너지가 필요한지, 그리고 우리가 거의 늘 사용하는 디지털 도구가 한정된 주의집중 자원을 요구하는 독특한 방식부터 살펴보려 한다.

나와 기술의 관계가 바뀌기 시작했다

학계에 발을 들인 2000년부터 나는 기기 사용 시 우리의 주의집중이 급격히 소모되는 이유를 연구하기 시작했다. 닷컴 dot-com 거품은 이미 꺼졌어도 그해는 디지털 기술 발전이 가속화되는 새로운 10년의 시작이었다. 향후 10년 동안 새로운 스타트업 500만 곳이 설립될 터였다. 2003년엔 개인의 삶뿐 아니라 사회 생태 전반을 변화시킨 소셜 미디어 대기업이 탄생해 다른 소셜 미디어 대기업의 탄생을 촉발하기도 했다. 2007년에는 주머니에 쏙 들어갈 만한 컴퓨터가 등장해 정보와 사람에 접근하는 방법, 시간, 장소를 바꿔놓았다.

2000년은 디지털 진화에도 중추적인 시기였지만 나 자신과 기술의 관계에도 중요한 시기였다. 나는 독일의 한 대형 연구소에서 근무하며 매우 균형 잡힌 직장 생활을 즐기다가 이제 막 미국으로 돌아온 참이었다. 독일에서는 보조금을 신청할 필요도, 학생을 가르칠 필요도, 위원회 모임에 참석할 필요도 없이 단 하나의 프로젝트에만 집중할 수 있었다. 그런데 캘리포

집중의 재발견
→ 42 ←

니아대학교 어바인캠퍼스University of California, Irvine, UC어바인에서 연구자로 일을 시작하면서 갑작스레 다른 문화에 몸을 던져야 했다. 여러 프로젝트를 진행하고, 더 많은 프로젝트 자금을 확보하기 위해 지원서를 작성하며, 학생들을 가르치고 상담하면서 위원회 활동을 하고, 새로운 인적 네트워크도 구축해야 했다. 몇 가지 프로젝트에는 제동을 걸어야 했지만, 그 많은 흥미진진한 일을 어떻게 거절한단 말인가?

모든 일을 감당하려다 보니 나는 컴퓨터 화면만 쳐다보고 있어야 했다. 하지만 컴퓨터를 보던 나의 주의집중은 여러 프로젝트 사이를 오갔고 프로젝트와는 무관한 다른 프로그램과 웹사이트로 계속 옮겨 갔다. 주로 이메일이나 기타 알림 때문이었지만 이따금 내면에서 일어나는 생각 때문이기도 했다. 다른 작업을 시작하기 전에 한 프로젝트의 일부라도 마무리하기 위해 시간을 할애하기조차 몹시 힘들었다. 그 10년 동안 나의 주의집중은 화면에서 화면으로 더 빠르게 옮겨 다니게 된 것 같았다.

점심시간을 보내던 방식을 살펴보면 나와 기술의 관계가 어떻게 변했는지 아주 잘 드러난다. 독일에서는 점심시간마다 푸짐하고 따뜻한 음식을 먹었다. 정오가 가까워지면 동료들은 으레 사무실을 돌아다니며 함께 점심을 먹으러 갈 동료들을 모았다. 우리는 모두 약 한 시간 동안 이어지는 이 근사한 휴식을 간절히 기다렸다. 그러곤 카페테리아로 걸어가 따뜻한 식사를 하며 가십과 새로운 기술에 관해 이야기 나누고 활발한 토론을 벌이곤 했다. 식사를 마치고 나면 남은 20분 정도는 건강을 생각해 동료들과 함께 연구동 주변을 산책했고 우리 모두 새로운 아이디어를 떠올리며 상쾌한 마음으로 업무에 복귀했다. 미국으로 돌아온 뒤 내 점심시간은 전혀 딴판이었다. 첫 수업을 마치자마자 서둘러 카페테리아로 가서 점심을 테이크아웃하고 사무실로 돌아오는 복도를 따라 걸으며 동료들이 컴퓨터 화면 앞에서 샌드위치를 먹는 모습을 재빨리 훔쳐봤다. 그런 다음 의자에 앉아 나도 컴퓨터를 켜고 똑같은 모습으로 샌드위치를 먹었다. 점심시간이 더는 휴식시간이 아니라 다시 화면을 들여다보기 전 음식을 저장하기 위한 짧은 막간에 불과했다.

컴퓨터 화면을 뚫어져라 보고 앉아 있으면서도 화면에 뜬 내용에 집중하는 데 어려움을 겪는 상황을 동료나 친구들과 논의하기 시작하면서, 다른 이들도 같은 유형의 행동 변화를 겪고 있다는 사실을 알았다. 사람들과 더 많이 이야기를 나눌수록 이런 경험이 꽤 만연하다는 점이 더욱 뚜렷해졌다. 사람들은 예전보다 더 많은 시간 동안 기기를 사용하면서 주의집중을 자주 전환한다고 말했다. 당황스러웠지만 과학자인 나에겐 흥미롭기도 했다. 무슨 일이 일어나고 있는 걸까? 이 현상을 객관적으로 연구해봐야겠다고 진지하게 생각하기 시작했다.

돌아보면, 지금은 흔한 신기술이 처음 등장할 무렵에 적절한 장소에서, 적절한 시기에, 적절한 분야에서 일할 수 있어 정말 행운이라고 생각한다. 휴대폰을 처음 사용하던 때가 떠오른다. 1980년대 중반, 학생이었던 나는 친구와 함께 택시를 타고 뉴욕 센트럴파크를 지나고 있었다. 당시 모토로라가 다이나텍 DynaTAC 8000X 휴대폰을 출시했는데, 지금 돈으로 치면 약 1만 달러에 달하는 가격대여서 구매한 사람은 거의 없었다. 통화 가능 시간도 겨우 30분에 불과했다. 기술 사용의 최전선에 있다고 자부하던 내 친구가 자신의 휴대폰을 건네며 한번 써보라고 했다. 그 휴대폰은 오늘날 기준으로 보면 엄청나게 컸다. 택시를 타고 센트럴파크를 가로지르던 중 전화 통화 연결음을 들었을 때의 짜릿함은 말로 형용하기 어렵다. 수년 후, 첫 직장이던 EDS 회의실에서 통신망 컴퓨터를 보았을 때, 그리고 이후 그래픽 웹브라우저, 스트리밍 동영상, CAVES Computerized automatic virtual environment(컴퓨터 자동 가상환경의 준말로 실제와 유사한 인공 가상공간을 통해 제품을 설계하고 개발하는 것-옮긴이)라고 불리는 물리적 몰입형 가상현실 공간, 그리고 오늘날 메타버스라고 불리는 것의 초기 버전인 온라인 가상환경을 처음 접했을 때도 똑같은 짜릿함을 맛보았다. 운이 좋게도 나는 이러한 기술이 삶에 도입되면서 우리의 주의집중과 행동이 어떻게 변화하는지 관찰하고 연구할 수 있는 교육과 훈련을 받아 심리학자로 일하게 되었다.

우리는 무엇에 집중할지 '선택'할 수 있다?

심리학은 그 역사가 수백 년, 심지어 수천 년 전까지 거슬러 올라가는 화학, 물리학, 의학에 비해 비교적 젊은 과학 분야다. 주의집중 연구의 개척자는 '심리학의 아버지'라고도 불리는 윌리엄 제임스로, 1842년 뉴욕의 부유하고 세계주의적인 가정에서 태어났으며, 그의 대부는 랠프 월도 에머슨, 그의 동생은 소설가 헨리 제임스였다. 어릴 적 그는 진로에 대한 확신이 없어 이런저런 시도를 했는데, 먼저 미술, 화학, 의학을 공부하다가 결국 심리학에 정착했다. 그러나 그가 하버드 교수로 채용된 1870년대 중반에는 심리학과가 없었고 1879년 독일 라이프치히대학교의 빌헬름 분트가 최초로 심리학 연구소를 열었을 뿐이었다. 그래서 제임스도 처음에는 생리학부에서, 이후에는 철학과와 (신설된) 심리학과로 여러 학부를 옮겨 다녀야 했다. 그렇게 육체와 정신의 여러 측면을 다루는 다양한 분야를 접하던 그는 인간의 가장 기본적인 양상인 주의집중을 이해하는 데 흥미를 품게 된다.

제임스는 다작하던 저술가로, 1890년에 거의 1400쪽에 달하는 대작《심리학의 원리The Principles of Psychology》를 완성했다. 놀랍게도 제임스는 날마다 2000단어 넘게 쓸 수 있었다. 사실 그는 심리학을 교묘히 활용해 방해 요소를 제한하고 글 쓰는 시간을 효율적으로 사용했다. 오늘날 기준으로 매우 이례적이겠지만, 그는 낮 동안 작업시간에 방해받지 않기 위해 저녁 식사 시간에 학생들을 집으로 부르는 방식으로 약속을 잡았다. 대부분 학생은 너무 소심해 그의 집에 가기를 꺼렸고 방문 학생 수가 적을 수밖에 없었다. 그럼에도 집으로 찾아간 학생은 식당으로 안내받아 식사 중인 그를 만났다.[1]

제임스는 심리학적 관점에서 주의집중을 정의한 최초의 인물이었다. 그의 정의는 오늘날 대부분 사람들이 주의집중에 대해 생각하는 바와 큰 차이가 없다. "주의집중이 무엇인지는 누구나 다 안다. 주의집중은 동시에 가능한 사고의 대상이나 연쇄적으로 일어나는 듯 보이는 것들 중 하나를, 생생하고 명료한 형태로 마음에 소유하는 것이다. 의식의 초점, 집중이 그것의 본질이다."[2]

그러나 또한 중요하게도, 그는 어디에 주의를 기울일지는 선택의 결과라고 믿었으며, 우리가 삶의 경험을 구축하는 방식을 다음과 같이 설명했다. "수백만 가지의 외적 상황 항목들이 내 감각에 존재하더라도 내 경험으로는 결코 제대로 들어가진 않는다. 왜일까? 그것들은 내 흥미를 끌지 않기 때문이다. 내 경험은 내가 주의를 기울이기로 동의한 것이다. 내가 주목한 항목들만이 내 정신을 형성한다. 선택적 관심 없는 경험은 완전한 혼돈일 뿐이다."[3]

달리 말해 제임스는 우리가 주의를 기울이기로 한 것만이 실제 경험의 일부가 된다고 믿었다. 내가 아름다운 정원을 산책하다 휴대폰을 꺼내 든다고 생각해보자. 친구와 문자를 주고받으며 종종 틀린 것을 추천하는 자동수정을 피해 철자를 정확히 입력하려 애쓴다. 내 경험의 기록에 입력된 것은 부드러운 땅의 감촉, 꾀꼬리의 노랫소리나 진달래의 다홍 꽃잎이 아닌 문자다. 문자메시지에 주의를 기울였으니 그곳이 정원이든 타임스퀘어든 상관이 없다.

제임스에 따르면 우리는 세상을 살아가는 동안 다양한 종류의 자극에 직면하는데, 이 중 무엇에 집중할지 의지에 따라 선택할 수 있다. 즉 어디에 주의를 기울일지 스스로 통제할 수 있다. 물론, 제임스의 상상처럼 그게 그렇게 쉬웠다면 좋았을 것이다.

주의집중 네트워크는 어떻게 구성되어 있을까

제임스의 설명을 듣고 나면 주의집중이 두뇌 중심부 한 곳에 존재한다고 생각할지도 모른다. 그러나 실제로는 뇌의 여러 부위에 위치한 각기 다른 네트워크가 모여 구성한 시스템이라는 사실이 밝혀졌다.[4] 하나로 지칭할 만한 단일 주체가 아니므로 투자회사, 은행, 보험사 등이 수행하는 다양한 금융 서비스로 구성된 금융 시스템과 비교할 수 있다. 주의집중 시스템의 주의집중 네트워크는 화면에 집중하거나 방해 요소를 관리하는 등 우리가 무언가에 주의를 기울이려 할 때 다양한 작업을 수행한다. 우선, 마감 기한을 맞추기 위해 보고서 작성에 집중할 때처럼 작업 중 바짝 정신을 차리려고 하는 경계alerting가 있다. 다음으로는, 받은 편지함에서 먼저 답장해야 하는 관리자의 이메일을 보거나 문자 수신을 알리는 알림에 응답하기로 선택하는 등 집중할 자극의 우선순위를 정하는 방향 설정orienting이 있다. 마지막으로, 실행 통제executive control는 미식축구에서 공격 라인맨이 하는 것처럼 엉뚱한 자극의 방해를 차단해 집중력을 유지하게 하는 기능으로,[5] 주의를 산만하게 하는 요소에 반응하지 않으려 할 때와 같은 방식으로 작용한다.

이러한 시스템이 실제로 기능하는 방식을 이해하기 위해서 당신이 오케스트라 단원이라고 상상해보자. 경계는 박자를 세고 지휘자를 보면서 연주 시작 타이밍을 놓치지 않도록 하는 데 사용된다. 방향 설정은 악보를 잘 따라가고 있는지, 악보 기호와 강약을 잘 따르고 있는지, 동시에 연주해야 하는 단원들이 누구인지 확인하는 데 사용된다. 실행 통제는 객석의 카메라 플래시나 다른 단원의 연주에 의해 주의가 산만해지는 것을 방지하는 데 사용되며, 다른 누군가의 아름다운 솔로 연주에 푹 빠져 있는 순간에도 기능한다.

주의를 집중해 목표를 달성하려 노력할 때 우리는 정신의 통치자라고 할 수 있는, 실행 기능executive function이라 알려진 일련의 정신적 과정을 활용한다. 실행 기능은 작업의 우선순위 지정 및 전환, 의사 결정, 주의집중 지속 및 할당, 작업기억 사용,

자기통제 등 다양한 유형의 과정을 관리하는 영웅적 임무를 수행한다.[6]

이 통치자는 페이스북 둘러보기처럼 작업이 쉬울 때면 나무랄 데 없이 일한다. 문제는 작업과 작업 관리 노력이 힘들어질 때 시작된다. 여러 작업을 처리하려 하거나 많은 방해를 받는 상황 말이다. 그럴 때는 많은 일이 발생한다. 당면한 작업에 주의를 기울여야 하는데 느닷없이 방해 요소에 주의를 기울이고, 새로운 방해 요소에 저항하는 와중에 머릿속에서는 중단한 작업을 추적하고 있는 것이다. 시간에 쫓기는 상황에서 이 모든 일을 장기간에 걸쳐 수행하다 보면, 과중한 업무에 시달리던 마음속 통치자는 목표를 계속 유지하기 위해 고군분투한다. 바로 이때부터 성과에 미치는 영향이 드러나기 시작한다.

기기의 인터페이스는 우리가 계속해서 목표에 집중하지 못하도록 방해한다. 정보의 관문인 컴퓨터와 휴대폰의 브라우저 탭, 소셜 미디어 아이콘, 알림과 같은 시각적 단서뿐만 아니라 사용자가 접근할 수 있는 방대한 양의 정보가 가까이에 있다는 생각 또한 집중을 방해한다. 마감 기한이 지난 월별 보고서 같은 단일 작업을 처리하려 할 때, 이렇듯 과도한 정보가 가까이 있는 게 달갑지 않은 당신은 다른 정보 자원으로 옮겨 가고 싶은 유혹을 억누르려 애쓴다. 하지만 일단 다른 작업으로 전환하지 않고 무사히 주의산만을 이겨냈다 하더라도, 실행 기능은 그런 행동을 억제하기 위해 쉼 없이 작동하고 있다.

한정적인 인지 자원 저장소

이제부터는 당신이 오후 3시만 되면 지쳐서 휴식을 위해 소셜 미디어를 찾는 이유를 생각해보자. 50년 넘는 연구를 통해 심리학계에서 오래도록 널리 받아들여진 이론에 따르면, 정신에는 일상적인 기능에 사용하는 주의집중 또는 인지 자원의 기본 저장소가 존재한다.[7,8] 저장된 자원은 주의집중 용량, 아니 더 정확히 말하면 사용 가능한 주의집중의 양으로 생각할 수 있다. 정보를 처리할 때는 이러한 자원이 필요하며 이 자원의 양은 제한되어 있다는 것이 기본 가설이다. 인지 자원은 고갈되기 때문에, 가령 한 시간 동안 힘든 작업을 하면서 방해 요소를 처리하다 보면 업무 성과에 단기적 영향이 갈 수 있다. 그러나 하루에 걸쳐 장기적으로 보면, 항상성 변화(아침에 일어난 뒤 경과된 시간) 역시 성과 저하와 연관된다.[9] 기운이 빠지고 실수를 저지르기 시작하는 이유는 한정적인 자원을 마치 내일이 없는 사람처럼 쓰느라 필요 자원이 가용 자원을 초과했기 때문일 가능성이 높다. 즉 온종일 이메일, 문자, 전화에 대응하고 회의에 참석하느라 충분한 휴식을 취하지 못하면, 오후 3시경엔 경계를 유지하고 소셜 미디어로 인해 주의가 산만해지는 걸 막는 데 도움을 줄 실행 기능(정신의 통치자)에 사용할 주의집중 자원이 아침에 비해 줄어 있는 것이다.

한정적인 인지 자원 이론은 업무량이 많을 때의 성과를 설명해준다.[10] 일상에서 집중력을 유지하려 노력하지만 방해를 받을 때, 작업을 전환하면서 컴퓨터와 휴대폰의 방해에 저항하려 할 때 자원 할당이 일어난다. 재정 자원을 여러 용도로 사용하기 위해 할당하는 것처럼 독서, 전화 통화, 방해 요소 처리, 심지어 내면의 생각 등 다양한 활동에 주의집중 자원을 선택적으로 할당하는 것이다. 만일 방금 현금인출기에서 현금을 찾아 주머니를 채우고 현금만 받는 농산물시장에 갔다고 가정해보자. 제과 명장이 구운 빵, 트러플 치즈, 풀을 먹여 키운 소고기를 샀더니 돈이 거의 떨어졌다. 남은 돈이 몇 푼 안 돼 살 수 있는 건 시들한 채소 한 움큼뿐이다. 싱싱한 채소를 사고 싶다면 현금인출기로 돌아가 주머니를 다시 채워야 한다. 당신의 주의집중도 같은 방식으로 작동한다. 주의집중 자원이 소모되면 많은 일을 할 수 없으며 휴식을 통해 재충전해야 한다. 필요 인지 자원이 가용 인지 자원을 초과하면 성과가 저하되고 만다.[11]

활동 중에 경험하는 인지 부하, 즉 정신적 노력은 당신의 인지 자원에 대한 수요와 일치한다고 간주된다.[12] 인지 부하는 오랜 기간 여러 수행 실험을 통해 측정되었다. 실험 참가자는 화면에 표시된 다른 방해 글자들 사이에서 목표 글자(가령 H)를 찾는 등의 활동을 수행했으며, 시간이 지남에 따라 수행 능력이 저하되면 인지 자원이 소모되었다고 추정했다. 또 다른 측정법은 동공 지름인데 그것은 인지 부하에 따라 커진다고 알려져 있다. 동공 지름 역시 실험 참가자들이 정신적 산술, 지속적 주의집중, 의사 결정 같은 인지 작업을 수행하는 동안 실험실에서 측정되었다.[13] 안타깝게도 동공 지름은 주변 환경이나 빛에 따라 변하는데, 집이나 업무 장소에서는 완벽하게 일관된 조명이 존재하지 않기 때문에 실제 상황에서 동공 확대를 측정하기란 불가능하다. 인지 부하를 나타내는 또 다른 척도는 열화상카메라를 활용한 안면 체온 측정으로, 그 온도 변화는 정신적 노력에 상응하여 나타난다. 하지만 이 방법 역시 카메라로 모니터링하려면 실험 참가자의 머리 움직임이 제한되어야 하므로 실제 상황에 적용하기는 어렵다.

실제로 인지 자원이 사용되는 방식은 뇌의 생리적 기반을 바탕으로 한다는 사실이 밝혀졌다. 신경과학 연구에 따르면, 사람들이 주의를 집중할 때 두뇌 일부 영역의 신진대사가 활발해지고 혈액 내 이산화탄소가 증가한다. 이산화탄소가 증가하면 활성화된 뇌 부위의 노폐물을 제거하기 위해 혈관이 확장된다.[14] 그러나 지속해서 집중하는 시간이 길어지면 사람들은 방심하고 혈류 속도는 감소한다.[15,16] 주의집중과 수행 능력의 변화는 작업을 이어가는 동안 인지 자원이 보충되지 않고 있음을 시사한다. 자원을 보충하려면 힘든 작업을 중단하고 다시 자원을 구축하는 시간을 가져야 한다. 따라서 뇌의 혈류는 사람들이 집중할 때 인지 자원이 어떻게 사용되는지에 대한 대사 지표가 된다. 이 연구는 인지 자원 이론에 대한 신경과학적 증거를 제공하고, 집중력을 유지하려고 뇌가 열심히 일할 때 어떤 일이 일어나는지 설명해준다.

새로이 떠오르는 신경인체공학neuroergonomics 분야에서는 업무를 수행하는 사람들의 두뇌 활동을 추적하여 인지 부하, 즉 정신적 노력을 측정한다. 연구자들은 양전자방출단층촬영positron emission tomography, PET이나 기능적자기공명영상functional magnetic resonance imaging, fMRI 같은 기술을 활용해 지속적으로 주의집중을 유지하는 사람들의 뇌 활동을 측정했다. 문제는, PET나 fMRI 촬영을 위해서는 피험자가 가만히 누워 있어야 하기 때문에 할 수 있는 활동의 종류가 심히 제한되어 주의집중 행동을 연구하기가 어렵다는 것이다. 하지만 이 문제를 해결한 또 다른 기술이 있었으니, 음파를 사용해 뇌의 혈류 대부분을 공급하는 중대뇌동맥 혈류 속도를 측정하는 경두개도플러초음파검사transcranial Doppler sonography다. 이 기술은 일반적으로 뇌졸중이나 동맥 막힘을 진단하는 데 사용되지만, 주의집중이 필요한 작업을 할 때 어떤 일이 일어나는지 측정할 수도 있다. 주의집중 상태에서 혈류를 측정하려면 실험실에서 소형 변환기가 내장된 헤드밴드를 착용해야 하는데, 이는 PET나 fMRI처럼 신체 움직임을 제약하지 않는다. 밴드를 착용한 피험자들은 30분 동안 화면을 쳐다보며 어떤 줄이 다른 줄보다 더 긴지 판단하는 등의 작업을 수행한다. 대뇌 혈류를 기반으로 인지 부하를 측정하는 또 다른 유망한 접근법은 함산소 및 탈산소 헤모글로빈의 빛 반사를 기반으로 변화를 측정하는 기능적근적외선분광법 functional near-infrared spectroscopy, fNIRS이다. 모의 사무실 환경에서 실행한 한 연구에 따르면, 이 기술은 다양한 읽기 작업에서 심지어 방해를 받는 와중에도 업무 부하의 차이를 감지할 수 있는 것으로 나타났다. 단, 글쓰기 작업은 제외였다.[17]

경두개도플러초음파검사나 fNIRS와 같은 두뇌-컴퓨터 인터페이스는 항공사 조종석이나 모의 사무실과 같은 제한된 환경에서는 잘 작동한다. 그러나 이러한 제약 환경을 벗어나면 대부분 작업에 사용되는 우리의 주의집중과 인지 자원은 측정하기가 더 어렵다. 일상에서 일반적으로 하는 일은 실험실에서처럼 통제되지 않을뿐더러 성과에 영향을 미치는 요소들도 너무나 많기 때문이다. 일상에서의 정신적 수행 능력은 가용 인지 자원의 양뿐만 아니라 작업 유형과 난이도, 한 번에 작업해야 하는 양에 따라 달라진다. 수동적으로 유튜브 영상을 시청하는 것처럼 쉬운 작업은 많은 자원을 사용하지 않는다고 추정할 수 있다. 하지만 보고서 작성처럼 어려운 작업에는 자료 검색, 읽기, 요약, 기타 복잡한 의사 결정이 수반되므로 많은 인지 자원을 사용한다는 사실을 실험실 연구를 통해 추정할 수 있다. 또한 컴퓨터에서 텍스트를 읽으면서 연주 음악을 듣는 것과 같이 두 가지 작업 중 적어도 한 가지 작업이 거의 또는 전혀 노력이 필요하지 않은 경우에는 성능 저하 없이 두 가지 작업을 동시에 수행할 수 있다는 사실을 수년간의 실험실 연구를 통해 발견했다. 그렇다면 문자 보내기, 이력서 업데이트, 인터넷 검색, 이메일 확인, 전화 받기 등 조금 더 난도가 높은 여러 작업 사이를 옮겨 다닌다고 생각해보자. 걸어가면서 전화 통화할 때와 비교하면 걷는 행위는 별다른 생각 없이도 가능하므로 위의 다양한 작업끼리 전환하는 데 더 많은 인지 자원이 소모된다고 추정할 수 있다. 물론 전화 통화에 집중하다 보면 주변 환경에 대한 인지 능력은 떨어진다.

인지 자원 이론에 따르면, 작업 유형에 따라 서로 다른 인지 자원이 사용된다. 시각, 청각, 공간적 유형의 작업을 수행할 때 서로 다른 자원이 소모되는 것이다.[18,19] 뉴스 기사 읽기, 전화 통화하기, 공간적 기술을 요하는 비디오게임 플레이가 아주 뚜렷한 예가 되겠다. 오디오 콘퍼런스를 들으면서 별도의 전화 통화를 하는 것처럼 두 가지 청각적 작업을 동시에 해야 하는 경우, 즉 동일 유형의 자원을 두고 경쟁하는 작업 사이에서 빠르게 전환하는 경우, 더 많은 방해를 받아 오류 없이 두 작업 모두를 수행하기가 더 어렵다.

집중하려고 노력하면서도 계속 방해를 받고 여러 작업 사이에서 주의집중을 전환하다 보면 시간이 지날수록 피곤하고 지친다. 정신의 실행 기능은 성과 유지에 필요한 작업을 수행하려고 전력을 다한다. 이러한 유형의 작업 전환을 오랜 시간 계속 유지하다 보면 성능 저하는 불가피하며, 이는 실험실 연구에서 반복적으로 드러난 현상이다. 온종일 혹은 불과 몇 시간이라도 여러 작업 사이를 정신없이 옮겨 다니느라 충분한 휴식을 취하지 못하면 하루를 시작할 무렵 가졌던 능력을 발휘할 수가 없다. 속되게 말하면 나가떨어지는 것이다.

다행스럽게도 작업 간에 인지 자원을 유연하게 할당할 수 있다. 운전 중 통화를 하는데 어떤 차가 느닷없이 앞으로 끼어들면 곧장 운전에 집중하고 휴대폰 통화는 중단하게 된다. 문자를 보내던 중 식탁에 마주 앉은 이가 말을 걸어온다면, 바라건대 상대방이 짜증 난 목소리로 어조를 높이기 전에 메시지 쓰기를 중단하고 상대에게 주의를 집중할 것이다.

이메일에 답장을 쓰고, 방해 요소들을 처리하고, 분기별 보고서를 작성하는 과정에서 자원이 소모되긴 하지만, 다른 활동을 통해 자원을 보충할 수 있다. 자원을 보충하는 몇 가지 방법은 직관적이다. 주말에 충분한 수면을 취한 뒤 업무에 복귀했다면 월요일 아침에는 충분한 인지 자원을 확보해야 마땅하다. 적당한 양의 수면, (특히 기억력과 주의집중 유지에 도움이 되는) 렘 수면이 포함된 숙면은 자원 비축에 도움이 된다. 심리적으로 스트레스에서 벗어나면 인지 자원도 회복할 수 있다.[20] 특히 평화로운 환경으로 휴가를 떠나면 정신이 리셋된다. 20분만 자연을 접해도 머리가 상쾌해진다.[21] 하지만 아무 생각 없이 투닷츠 Two Dots(이름 그대로 점들을 연결하는 프로그램)처럼 단순한 게임을 하는 것만으로도 정신은 휴식을 취할 수 있다는 사실을 당신은 아직 모를 것이다.

인지 자원 사용은 주의집중 수행을 설명하는 데 도움이 되는 중요하고 오래된 이론이다. 이 책에서 나는 당신의 인지 자원 탱크에 남은 연료 용량이 얼마만큼인지 상상해보길 권한다. 주관적으로 고갈되었다고 느껴지고 수행 능력이 저하되기 시작한다면 계량기는 거의 바닥에 가까운 눈금을 가리키고 있을 것이다. 하지만 하루를 시작할 때 상쾌한 기분이 든다면 탱크는 가득 찬 상태인 것이다.

지속적 주의집중과 동적 주의집중

우리의 주의집중은 바짝 경계한 상태와 정신이 배회하는 상태 사이를 오가며 시시각각 변한다. 심리학자들은 점진적으로 발생하는 연속 수행 과제gradual onset continuous performance task, grad-CPT라는 기법을 개발하여 이러한 시시각각의 변화를 측정했다.[22] 이 실험에서는 실험실로 데려온 피험자에게 1초도 안 되는 800밀리초마다 선명해졌다가 흐려지길 반복하는 산과 도시의 다양한 사진을 보여준다.[23] 피험자는 도시 장면에서 버튼을 누르고 산 장면에서는 누르지 않도록 지침을 받은 상황에서 수백 장의 이미지를 계속해서 본다. 이 과정에서 연구자는 피험자가 주의집중 상태인지 산만한 상태인지 매 순간 파악할수 있다. 그리 놀랍지도 않겠지만, 주의집중 상태와 산만한 정

신-배회 상태 사이를 자주 전환할수록 측정 결과는 더욱더 나빠진다.[24]

gradCPT와 같은 과제를 활용하는 지속적 주의집중 연구는 거의 대부분 실험실에서 이뤄지며 시시각각의 변동을 측정한다. 하지만 실험실을 벗어나 일상적인 환경에 있을 때 주의집중에는 어떤 일이 생길까? 나는 실생활에서의 주의집중 연구에 관심을 가지고 연구를 진행해왔다. gradCPT 결과를 바탕으로 사람들의 주의집중이 같은 화면을 보는 동안 시시각각 집중과 주의산만을 오간다고 예측하는 한편, 사람들의 주의집중이 여러 화면과 프로그램 사이를 옮겨 다니며 때로 이러한 이동이 매우 빠르다는 사실 또한 알 수 있었다. 글자나 이미지처럼 비교적 균일한 자극에 대한 주의집중 여부를 측정한 실험실 연구와는 달리, 실제 환경에서 사람들은 매우 다양한 자극을 통해 상당히 다양한 유형의 작업 사이에서 주의집중을 전환한다. 사람들은 짧은 순간 어떤 것에 빠르게 집중하는 반면, 다른 것에는 더욱 긴 시간 주의를 기울일 수도 있었다. 또한 일반적으로 글자나 숫자 같은 중립적 기호를 사용하는 실험실 연구와는 달리 실생활에서의 다양한 활동은, 가령 기사를 읽을 때 슬픔을 느끼거나 친구의 문자를 받아 즐거움을 느끼는 등 다양한 종류의 정서를 불러일으켰다.

사람들은 서로 다른 작업 간 주의집중을 전환할 때 한 작업에 대한 내적 표상internal representation을 다른 작업의 내적 표상으로 변경하는데, 심리학자 스티븐 몬셀Stephen Monsell은 이를 '정신적 기어 변환mental gear-changing'이라고 묘사한다.[25] 이러한 표상을 스키마schema라고 하는데[26] 특정 활동의 행동 패턴을 설명하는 내면의 대본이라고 할 수 있다. 우리는 이러한 정신적 스키마를 활용해 세상을 해석하고 업무 처리 방식을 구성한다. 보고서를 작성할 때는 워드 문서를 열고 타이핑을 시작하는 스키마를 적용할 수 있을 것이다. 이메일에 답장할 때는 해당 고객의 이메일을 클릭해, 가장 최근 이메일부터 훑어보고, 답장할 내용을 선택하고, 다른 이메일은 삭제하거나 정리하는 등 다른 행동 패턴을 적용할 것이다. 작업을 전환할 때마다 주의집중은 다른 방향을 향한다. 이러한 작업 전환은 마치 내부 화이트보드를 지우고 그 위에 글을 쓰고 다시 지우는 것과 같다. 방해를 받으면 당신은 매우 빠른 속도로 내적 스키마를 재구성한다. 화이트보드를 지우고, 그 위에 글을 쓰고, 다시 지우고⋯. 그럴 때 인지 자원이 얼마나 빠르게 줄어들지 상상하는 건 어렵지 않다.

이 장을 쓰면서 나는 실제로 기기를 사용하는 사람들에게서 관찰되는 이러한 주의집중 전환을 설명할 어휘가 없다는 사실을 깨달았다. 그것은 때로는 의도적으로 보였고, 때로는 혼란스러워 보이기도 했다. 어떤 때는 사람들이 일관되게 집중하는 것처럼 보이기도 했지만, 그러다가도 때로는 다른 프로젝트,

이메일, 웹 서핑, 소셜 미디어 등 다른 데로 주의집중을 전환하는 것처럼 보이기도 했다. 그들의 주의집중은 벨 소리나 팝업 등의 자극에 반응했을 수도 있지만 관찰자가 알아차릴 수 없는 무언가, 즉 기억이나 내면의 충동에 의해 촉발될 수도 있다. 나는 이러한 급격한 주의집중 전환을 설명할 단어를 한참 동안 찾아보았다. 그것은 분명 활기가 넘치는 활동이었다. 물리학 용어들을 살펴보던 내게 동적이라는 단어가 눈에 들어왔는데, 딱 들어맞는 것 같았다. 이 단어는 역동적이고 움직이고 있다는 의미를 띠며 격렬한 활동으로 특징지어진다. 동적 주의집중 kinetic attention은 프로그램, 소셜 미디어, 인터넷 사이트 사이, 또는 컴퓨터와 휴대폰 사이에서 빠르게 전환하는 상태를 말한다. 실생활에서는 gradCPT처럼 실험실 통제가 불가능해 순간적으로 주의가 집중되는지 아니면 정신이 배회하는지 측정하기가 어렵지만, 이를테면 이메일을 클릭하거나 화면을 전환하거나 웹 서핑을 할 때 사람들의 행동을 관찰할 수 있다. 동적 주의집중은 그 자체로 좋거나 나쁜 게 아니며, 단지 실세계의 주의집중 행동을 설명하는 지표일 뿐이다. 여러 측면에서 동적 주의집중은 디지털 미디어가 만들어내는 풍부한 정보와 주의산만에 대한 적응반응 또는 더 효율적으로 주의집중을 할당하려는 시도로 볼 수 있다. 하지만 나의 연구에 따르면 우리는 대부분 동적 주의집중을 잘 활용하지 못하며 오히려 광범위한 스트레스, 피로, 성과 저하, 심지어 번아웃까지 겪는다. 이러한 빠른 전환이 우리의 인지 자원을 이용하고 소모하기 때문이다. 다음 장에서는 사람들이 주의를 집중하는 데 어려움을 겪는 이유에 관해 조금 더 깊이 알아볼 것이다.

주의집중을 사수하기 위한 전투

주의집중 통제에 어려움을 겪는다며 내게 이메일을 보내 조언을 구하는 사람들이 종종 있다. 가령 최근에는 이런 내용의 메일을 받았다. "직장에서 산만함 때문에 겪는 어려움을 정확히 표현하자면, 기름칠한 돼지를 쫓는 것 같아요. 날마다 이메일, 동료들의 사적인 이야기, 전화, 문자의 폭격을 받으면서 복잡한 업무를 능수능란하게 처리하는 게 제 업무처럼 느껴져요. 퇴근할 무렵엔 지칩니다. 육체적으로도 그렇지만 정신적으로도… 우리가 이미 기기의 노예가 돼버린 것 같아 이 상황이 너무 싫어요."

이런 불평은 매우 흔하다. 이 장에서는 우리가 기기를 사용할 때 왜 주의집중에 그토록 어려움을 겪는지 그 이유를 살펴볼 것이다.

왜 팝업이나 알림에 저항하지 못할까?

낯선 길을 운전할 때는 내비게이션에 의지하더라도 지시를 따르기 위해 여전히 주의를 기울여야 한다. 익숙하지 않거나 어려운 작업을 할 때면, 인지 자원을 상당히 많이 소모하는 통제적 처리controlled processing라는 과정을 거치게 된다.

그러나 모든 주의집중이 우리의 의도적인 통제 아래 있지는 않다. 처음 스마트폰을 받아 들었을 때를 기억할 것이다. 전화가 걸려 올 때 어떤 버튼을 눌러야 할지, 화면을 어디로 밀어야 할지 몰라 한참 헤맸을 것이다. 하지만 이제는 전화가 오면 통화 버튼을 누르거나 밀어서 자연스레 전화를 받는다. 마찬가지로 화면에 뜨는 이메일 알림에 익숙해지면 새 알림이 떴을 때 자동으로 클릭할 수 있다. 이러한 경우 우리 두뇌는 자동적 인지 처리 방식을 사용한다.

자동적 처리automatic processing는 매우 쉽고 잘 아는 익숙한 작업에서 발생한다. 이메일을 확인하거나 친숙한 경로를 운전하는 등 동일한 작업을 반복 수행하면 자동적 처리 능력이 발달한다. 운전 행위에 대해 의식적으로 생각할 필요가 없어 주의집중 자원이 고갈되지 않기 때문에, 우리는 경로를 따라가면서 동시에 대화도 할 수 있다. 그렇지만 신호가 갑자기 황색으로 바뀌면 주의집중을 유연하게 할당해 브레이크를 밟고 말을 멈춘다. 이러한 유형의 자동적 주의집중을 외인적 주의집중exogenous attention[1]이라고 하며, 보통 교통신호와 같은 외부 자극에 의해 작동한다.

자동적 처리는 별다른 노력 없이 신속하게 이루어지는 데다 일반적으로 통제할 수가 없어서 우리는 컴퓨터와 휴대폰 알림에 빠르게 반응하게 되는데, 이는 잘 학습된 반응이라고 할 수 있다. 흥미롭게도 음주는 통제적 처리 능력에는 영향을 미치지만 자동적 처리에는 거의 영향을 미치지 않는다.[2] 그러므로 술을 마신 상태에서 문자 수신 알림이 울리면 휴대폰을 집어 들긴 하지만, 답장을 입력하는 데는 다소 어려움을 겪을 수 있다.

실제로 알림에 반응하지 않는 것, 즉 자동적 주의집중을 억제하기란 어렵다. 이는 1935년 존 리들리 스트룹John Ridley Stroop이 '스트룹 색상 단어 검사'라는 고전적 심리 검사에서 인지 간섭을 연구하기 위해 피험자에게 두 가지 다른 자극을 제시했을 때 잘 드러났다.[3] 스트룹 검사가 고안되기 전인 1912년 초에는 피험자에게 타이핑 훈련을 시킨 후 타자기의 키를 바꾸면 원래의 키가 그대로 있는 것처럼 타이핑하는 방식에 저항하기가 어렵다는 사실이 밝혀졌다.[4] 잘 학습된 습관이 다른 키로 입력하는 새로운 작업을 방해한 것이다. 스트룹 과제는 동일한 유형의 간섭이긴 하나 잘 학습된 읽기 습관을 대상으로 한 검사였다. 검사에서는 종이 또는 화면에 두 쌍의 색상 이름이 표시된다. 한 쌍은 글자의 색상이 쓰인 단어와 일치하지만(파랑이라는 단어가 파란색으로 표시된다), 다른 쌍은 쓰인 단어와 글자 색상이

다르다(파랑이라는 단어가 노란색으로 표시된다). 이 과제에서 피험자는 글자 색상의 이름을 말해야 하는데, 첫 번째 쌍은 글자 색상과 단어가 일치하므로 읽기 쉽다. 그러나 두 번째 쌍은 자동으로 단어를 읽는 경향이 있다. '파란색'이라고 말하는 자동 응답을 억제하고 정답인 '노란색'을 답하려면 노력이 필요하다.

스트룹 과제를 정확히 수행하려면 단어를 그대로 읽으려는 경쟁적 충동을 차단하기 위해 마음속으로 '색상에 집중'하겠다는 목표를 적극적으로 유지해야 한다. 실행 기능은 경쟁적 반응을 억제해 과제를 해결하려 작동하지만 늘 성공하는 건 아니다. 일상에서 기기를 사용할 때 우리는 자동 반응을 억제해야 하는 상황을 계속 맞닥뜨린다. 가령 컴퓨터 인터페이스를 대시보드라고 생각해보자. 밀린 월별 보고서를 작성하려 할 때, 브라우저 탭과 아이콘을 보면 훨씬 더 재밌고 흥미로운 활동으로 이어지는 관문이 나타난다. 브라우저 탭을 자동으로 클릭해 화면을 바꾸고자 하는 유혹을 뿌리치려면 자기통제가 필요하다. 또한 웹사이트에 접속했을 때 화면에 뜬 광고에 자동으로 반응하는 경우도 있을 것이다. 우리의 행동이 자동적으로 이뤄질수록 이를 바로잡기란 점점 더 어려워지고, 결국 알림과 같은 자극에 주의가 산만해지지 않기는 더욱 힘들어진다. 자동 반응을 차단하려 시도할 때 우리가 어떤 스트레스를 받는지는 뒤에서 더 살펴보겠다.

주의집중의 신경학적 기반(주의집중을 관리하는 두뇌 메커니즘)

에 관한 최근 연구에 따르면, 사람들이 행동을 억제하려고 인지 통제를 장시간 지속해서 사용하면 시간이 지남에 따라 충동적인 선택을 더 많이 하게 된다고 한다. 대부분 실험실 연구에서는 한 시간 정도의 짧은 시간 동안 자제력을 테스트했다. 많은 이들이 짧은 시간 동안에는 자제력을 발휘했지만, 하루 종일 자제력을 발휘하는 건 훨씬 더 힘들어했다. 보다 현실적으로 자제력을 검사하기 위해 프랑스 연구자인 바스티앵 블랭 Bastien Blain, 기욤 홀라드Guillaume Hollard, 마티아스 페시글리오니 Mathias Pessiglione는 여섯 시간 동안 참가자들을 대상으로 실험을 진행했다. 참가자들은 통제된 실험실 환경으로 이동해 여러 숫자를 듣고 맨 뒤의 숫자 세 개를 기억해야 하는 등 어려운 과제를 수행했다. 예를 들어 9, 7, 4, 2, 8과 같은 숫자가 제시되면 4, 2, 8을 기억해야 하는 식이었다. 실험이 진행되는 과정에서 참가자들은 '나중에 100유로의 보상을 받기' 또는 '즉각 더 적은 보상을 받기' 가운데 어느 쪽을 선택할지 주기적으로 말하도록 요청받았다. 여섯 시간이 지나면서 저항력이 무너지자 그들은 더 높은 금전적 보상을 기다리기보다는 즉각적이지만 낮은 가치의 금전적 보상을 충동적으로 선택하는 경향을 보였다.[5] 하지만 여섯 시간 동안 쉬운 과제를 수행할 때는 그와 같은 충동적 행동을 보이지 않았다. 실험 결과, 시간이 지남에 따라 어려운 과제에 집중하기 위해 인지 통제력을 발휘하다 보면, 충동성이 강해지면서 방해 요소를 걸러내는 능력이 점차 사라지는 것으로 나타났다. 작업의 시작과 중간, 끝에서 수집한 fMRI 데이터에 따르면, 충동성 증가는 작업기억 및 작업 전환과 관련한 두뇌 영역 활동 감소에 기인한 것으로 드러났다. 연구자들은 이를 인지 피로cognitive fatigue라고 불렀는데, 이는 시간이 지나면서 주의산만에 저항하는 것이 인지 통제를 약화하는 또 다른 방법이라는 사실을 보여준다. 또한 대부분 실험실 연구는 한두 시간 동안 지속되는 실험을 통해 인지 통제를 유지하는 능력을 테스트하지만, 이 연구는 일반적인 근무시간 같은 장시간에 걸쳐서도 동일한 방식으로 통제가 저하될 수 있음을 밝혀냈다.

유혹을 뿌리치고 목표에 주의집중하기

최근 친구와 대화를 나누던 나는 오랫동안 방해받지 않고 이 책의 집필 작업을 할 수 있으면 좋겠다고 생각했다. 거대 기술 기업에서 일하는 친구는 해마다 새로운 방해 요소가 생산되는 현실을 한탄했다. 그는 다음과 같이 설명했다. "우리는 이미 이메일, 문자, 전화, 소셜 미디어 사이를 이리저리 돌아다녀야 해. 그 굴레를 벗어나야만 방해받지 않을 수 있는데, 방해하는 채널이 계속 생겨나니까 업무 성과도 계속 나빠지는 거지."

실제로 우리는 너무나 쉽게 목표에서 이탈한다. 보고서 작성(나의 경우, 책 집필) 같은 어려운 작업을 수행하는 능력에는 마음속에 그 목표를 유지하는 것이 포함된다. 물론 책 집필은 장기간 진행되므로 그 과정에서 모든 방해 요소를 막을 수는 없다. 목표를 중심으로 주의를 기울일 때 우리는 어디에 집중할지 스스로 통제하고 결정할 수 있으며, 이는 목표와 무관한 방해 요소로부터 우리를 보호한다. 이것이 바로 윌리엄 제임스가 말한, 어디에 주의를 기울일지 선택할 때 의지volition를 사용한다는 것의 의미다.[6]

여기서 주의집중의 방향을 하향식으로 하는 것을 내인적 주의집중endogenous attention이라고 한다.[7] 가령 책의 한 챕터를 집필하는 게 목표라면 쓰기, 읽기, 정보 검색 등 목표 달성을 위해 필요한 모든 일에 주의집중을 할당할 것이다. 하지만 전화나 문자 알림 같은 주변 환경의 자극에 자동으로 반응하는 경우라면, 주의집중의 방향은 목표를 지향하기보다 자극을 따르는 상향식이다. 이러한 외인적 주의집중은 신호가 갑자기 황색으로 바뀌었을 때 브레이크를 밟는 것과 같은 유형이다.

일상에서 우리는 통제된 주의집중과 자극에 따른 주의집중 사이에서 끊임없이 협상을 벌인다. 어떤 행동을 할 때, (보고서 작성 같은) 내적 목표를 따르려고 노력하지만 소셜 미디어 알림 같은 외부 영향이나 심지어 십자말풀이를 완성하고 싶은 내적 충동에 굴복하기도 한다.[8] 주의산만을 처리하려는 것은 환경의 잠재적 위험에 유연하게 대응하기 위해 우리가 진화해온 방식일 수 있으며, 이는 오늘날에도 여전히 중요하다. 길을 건너면서 친구에게 문자를 보내는 사람이 주변을 살피지 않으면 자전거 타는 사람과 부딪힐 수 있다. 그러나 기기를 사용할 때 사람들은 외부 환경을 살피는 데 능숙하지 않은 것으로 나타났다. 걷는 동안(그리고 운전 중에도) 문자메시지에 너무 몰두하여 상황을 인식하지 못하면 다칠 가능성이 더 커진다.[9] 진화론적 관점에서 볼 때 우리 조상들은 사냥과 채집 중에도 포식자에 대비하기 위해 주변 환경을 감시해 생존할 수 있었는데, 오늘날 디지털 세상에서는 기기가 우리의 주의집중을 너무 완벽하게 사로잡는 바람에 실제 세계의 위험신호를 놓치고 만다니 얼마나 아이러니한가.

그러므로 목표에 따라 행동하려면 마음속 목표를 적극적으로 유지해야 한다. 주의집중이 목표를 향할 때 우리는 의도적으로 행동할 수 있다. 현실에서 목표를 염두에 두지 않았을 때 어떤 결과가 펼쳐질지 쉽게 상상할 수 있다. 2021년 워싱턴주에서 당일치기 하이킹을 하던 중 주의가 산만해진 스물다섯 등산객 앤드루 디버스Andrew Devers를 예로 들어보자. 그는 등산로에 집중하지 못해 여드레나 길을 잃었다. 다행히도 열매를 먹고 개울물을 마시며 버티다가 가벼운 부상만 입은 채 발견되었다. 하지만 그에게는 끔찍한 경험이었다. 그는 당시 상황을 이렇게 설명했다. "별다른 생각을 하지 않았어요. 그냥 길처럼 보이는 데로 따라갔는데 45분, 50분쯤 지나서 정신 차리고 뒤돌아보니 길의 흔적이 없었죠."[10] 디지털 세상에서도 마찬가지다. 우리는 기기를 사용하다 종종 목표와 단절된 채 경로에서 벗어난 자신을 발견한다. 하향식으로 주의집중을 통제하지 않으면 주의집중을 흔드는 자극에 우리는 열려 있게 된다. 우리 마음은 문자 알림, 소셜 미디어 알림, 타깃광고에 의해 레버에서 레버로 튕겨 가는 핀볼처럼 되어버린다.

매일 아침 운동하기 같은 목표를 세울 때는 누구나 좋은 의도를 품지만, 이러한 목표는 흐지부지되기 십상이다. 가령 날씨가 좋지 않다는 걸 확인하자마자 우리는 목표와 단절하고 그 대신 소셜 미디어에서 30분을 보낸다. 목표에 집중하려고 할 때 뇌에서는 정확히 어떤 일이 일어날까? 보이지 않는 데서 많은 일이 일어나는데, 가장 큰 비중을 담당하는 것은 실행 기능이다.[11] 우선 올바른 목표를 정해야 하는데, 이건 쉬운 편이다. 할 일 목록을 살펴보며 우선순위가 무엇인지 확인하면 된다. 다음으로, 목표를 방해하는 간섭을 경계하려면 시간이 지나도 마음속에 그 목표를 떠올릴 수 있어야 하는데, 이는 훨씬 더 까다로운 일이다. 외부 알림을 끌 수는 있지만 내면의 충동을 제어하긴 어렵기 때문이다. 뉴스와 소셜 미디어 업데이트를 놓칠지도 모른다는 불안감은 이 작업을 어렵게 만든다. 이것이 바로 실행 기능의 역할이며, 때로 주의산만에 저항하기 위해 고도로 작동하기도 한다. 마지막으로, 필요할 때 목표를 조정할 수 있는 민첩성이 있어야 한다.[12] 만일 동료에게서 꼭 필요한 중요한 정보를 얻지 못하면, 플랜 B로 목표를 변경해야 할 수도 있다. 하지만 여기서 중요한 사실은, 목표에 충실하고 방해 요소에 저항하려고 노력하다 보면 인지 자원이라는 소중한 연료가 서서히 고갈된다는 점이다.[13] 주의가 산만해지고 자원이 부족해지면 또다시 목표를 유지하기가 어려워진다.

우리가 빠질 수 있는 주의집중의 함정들

그럼 이제부터 스마트 기기 사용자들이 주의집중에 어려움을 겪는 이유를 구체적으로 살펴보자. 나는 수년에 걸친 관찰, 인터뷰, 상담을 통해 디지털 기술 사용자들의 몇 가지 공통된 행동 패턴을 밝혀냈다. 일명 주의집중의 함정이라 불리는 이것은 스마트 기기 사용자들이 주의집중을 통제하지 못한다고 말하는 지점이다. 당신도 몇 가지 행동 패턴에 공감할 것이다. 이제 자신의 행동들을 되돌아보며 그것들을 피할 방법을 함께 생각해보자.

프레이밍 오류

우리는 어쩌다가 통제력을 상실하는 행동 패턴에 말려드는 걸까? 문제의 발단은 행동 선택을 프레이밍하는 방식에 있다. 프레이밍이란 어떤 선택을 하기에 앞서 해당 맥락을 바라보는 특정 관점이다. 예를 들어 맡은 업무의 마감일이 임박했을 때 친구가 전화해 근사한 리조트로 주말 휴가를 떠나자고 한다. 당신이 주말 휴가라는 선택을 긍정적 관점으로 프레이밍한다면, 잠시 여유를 부리며 쉬는 게 주중 업무 수행 능력 향상에 도움이 된다고 볼 것이다. 그러나 부정적으로 프레이밍한다면 마감이 급할 때의 주말 휴가는 시간 낭비일 뿐이다.

우리는 어떤 행동을 하려고 의식적인 결정을 내릴 때 무의식 중에 그 선택에 프레임을 씌운다. (알림창을 클릭하는 행위는 자극에 대한 자동적인 반응이며, 프레이밍 과정을 거치지 않는다.) 당신의 상황이나 정서 상태, 정신적 에너지 수준이 선택에 영향을 주기도 한다. 만일 근무를 시작하는 시점에 에너지가 충분치 않다고 느끼면, 당신은 에너지 보충을 위해 힘든 일보다는 쉬운 일부터 시작하려 할 것이다. 하지만 오후 4시 무렵 업무와 미팅으로 이미 기진맥진한 상태라면, 소진된 기운을 회복하기 위해 무엇을 할 수 있을지에 초점을 맞출 것이다.

어떤 행동을 하기 전에 그 행동을 취할 가치가 있는지 잘못 판단하면 우리는 프레이밍 오류를 저지를 수 있다. 선택한 행동의 가치를 잘못 해석하거나 부풀리기도 하는 것이다. 예를 들어 〈뉴욕타임스〉 일요일판에 실린 십자말풀이가 잠깐의 휴식에 도움이 된다고 판단하여 시작했다가 결국 좌절하고 마는 식이다.

그뿐만 아니라 특정 활동에 걸리는 시간을 잘못 판단해 프레이밍 오류를 저지르기도 한다. 거의 모든 사람은 시간 예측을 못하기로 악명이 높다. 한 연구는 사람들이 컴퓨터 앞에서 자신이 보낸 시간을 추산하는 데 32퍼센트나 오류를 범했다고 밝혔다. 헤비 유저heavy user는 사용시간을 과소평가했고 라이트 유저light user는 과대평가했다.[14] 일하다 말고 잠깐만 쉬다가 해야지, 딱 10분만, 하면서 기분 전환을 한다고 해보자. 어떤 블로그에 들어갔다가 거기서 또 다른 흥미로운 블로그로 이어지는 링크를 누르고, 순식간에 한 시간이나 지나버리는 바람에 미처 준비도 안 된 상태에서 고작 5분 뒤에 회의라는 현실을 자각한다. 우리는 이렇듯 주의집중의 함정에 쉽게 걸려들 수 있다. 이 책 후반부에서 우리는 이러한 주의집중의 함정들에서 빠져나올 수 있는 여러 기술을 알아볼 것이다. 일단 지금은 기기 사용자들이 주의집중 통제에 어려움을 겪었던 사례들과 몇 가지 구체적인 행동 패턴을 살펴보자.

주의집중–배회의 함정

수업 시간에 멍하니 있는 학생에게 질문을 던지면 무슨 질문을 받았는지조차 몰라 우왕좌왕하는 모습에 늘 웃음이 난다. 우리의 주의집중은 외적 자극과 내적 생각들 사이를 자연스레 배회하기 마련이다. 정신–배회란 엄밀히 말해 주의집중이 내면을 향한 상태를 말한다. 이는 흔하디흔한 상태로, 우리는 깨어 있는 시간의 25~50퍼센트를 그저 정신을 배회하며 보낸다.[15]

스마트 기기 사용자들에게 주의집중-배회는 매우 흔하다.

눈에 잘 띄는 검색창과 프로그램들 때문에 마음은 쉽게 길을 잃는다. 게다가 인터넷은 우리의 생각이 어떤 주제에서 다른 주제로, 외부 콘텐츠에서 내면 생각들로 왔다 갔다 하게 만든다. 인터넷의 노드와 링크 구조의 유연성은 주의집중-배회의 패턴을 강화한다. (이런 유형의 행동에 관해서는 6장에서 더욱 자세히 살펴볼 것이다.) 이러한 정신-배회 자체는 나쁘기보다 오히려 유용할 수 있다. 스마트 기기 사용자들의 정신은 눈에 잘 띄는 검색창과 프로그램 때문에 쉽게 길을 잃는다. 사실, 인터페이스의 시각적 신호 없이 휴대폰이나 컴퓨터에 노출되기만 해도 길을 잃을 수 있다. 이따금 문제를 제쳐두고 생각 속을 거닐다 보면 창의적인 해결책으로 향하는 새로운 길이 열리기도 한다.[16] 그러나 인터넷 사용 중에 주의집중-배회에 휘말리면 마무리해야 하는 업무에 필요한 시간을 너무 많이 뺏길 수 있다.

너무나도 많은 디지털 활동들이 여러 키워드나 주제로 우리 내면의 사고를 자극해 주의집중-배회를 유발한다. 가령 당신이 여성 참정권 운동의 역사에 관한 위키피디아 글을 읽게 되었다고 치자. 당신은 미투 운동을 떠올릴 것이고 그러다 미투 운동에 관한 글을 찾고 연관된 다른 주제들로 주의를 뺏긴다. 그렇게 인터넷상에서 정처 없이 떠돌다 보면 위키피디아에 처음 접속할 때 사용시간을 잘못 예측하는 두 번째 타입의 프레이밍 오류를 저지르고 만다. 물론 너무 빠져드는 바람에 시간 따위는 전혀 신경 쓰지 못했을 수 있다. 훌륭한 실행 통제력을 갖춘 사람들은 외부 과제에 더 집중하고 정신-배회를 잘 예방하여[17] 끝없는 웹 서핑에 가능한 한 말려들지 않는다. 그러나 이러한 집중 능력은 외부 과제가 어려울 때나 유효하다. 마감해야 하는 과제의 부담이 그리 크지 않은 경우, 실행 통제는 덜 중요해지고 거의 모든 이들이 주의집중-배회의 함정에 걸려든다. 특히 인지 자원이 부족할 때 이 같은 주의집중-배회를 하기 쉽다. 수월한 활동에 굴복하고 웹페이지에 뜬 하이퍼링크를 클릭하는 등 외부 자극에 이끌리도록 우리 자신을 놓아버린다.

한 연구에서는 마음챙김mindfulness 기술과 같은 명상이 정신-배회를 다스리는 데 효과가 있다고 밝혔다. 마음챙김 명상 훈련에 참여했던 사람들은 눈에 띄게 오랜 시간 동안 한 과제를 하는 데 몰두했으며 주의집중 전환을 덜 경험했다. 달리 말해 그들은 멀티태스킹을 덜 했다.[18] 이 훈련을 통해 사람들은 자신의 정신이 언제 배회하는지를 인지했고, 대개는 활용하지 못했던 주의집중에 관한 지식을 습득했다. 이에 관해서는 13장에서 더 자세히 다루겠다.

무념무상 주의집중의 함정

디지털 기기 사용자들은 쉽고 재밌는 활동을 할 때 멈추기가 힘들었다고 말하는데 이 또한 공통된 행동 패턴이다. 캔디크러쉬처럼 단순한 온라인게임이나 소셜 미디어 둘러보기는 주의집중을 크게 요하지 않으므로 일의 스트레스에서 잠시 벗어나 주의집중 자원을 보충하는 데 도움이 된다. 트위터를 훑거나 단순한 비디오게임을 하며 반복하는 동작 모두 약간만 주의를 기울여도 되거나 아예 어려움이 없는 활동이다. 인지 자원이 떨어졌을 때 그런 무심한 행동을 하면 도움이 된다고 느낄 것이다.

하지만 그때도 두 번째 타입의 프레이밍 오류가 발생할 수 있다. 휴식하는 데 시간을 얼마나 쓸지 잘못 추산하는 것이다. 그런 단순 반복적인 행동을 하다 보면 사람들은 시간의 흐름을 쉽게 놓친다. 단순한 행동 자체가 사람들이 그 행동을 하고 계속해서 빠져들도록 유도하는 특성을 갖고 있기 때문이다. 연구를 통해 우리는 사용자들이 그러한 기계적 행동을 할 때 정서적 보상을 받고 기분이 매우 좋아진다는 사실을 밝혀냈다(이 주제에 관해서는 10장에서 더욱 자세히 살펴보자). 좋은 기분 자체가 보상이 되어 꼼짝없이 그 행동을 무한 반복한다. 사람들이 틱톡을 들여다보는 데 그토록 오랜 시간을 할애하는 이유가 바로 여기에 있다(이 문제에 관해서는 7장에서 더 자세히 다루겠다).

이런 무심한 행동은 자극-반응 행동 유형과 관련이 있는데, 여기에는 웃음, 점수 획득, 새로운 게임 레벨 달성, 게임 승리 등의 단순한 보상 같은 즉각적인 만족이 포함된다. 1911년, 학습심리학자 에드워드 손다이크는 이를 '효과의 법칙law of effect'이라고 설명했다. 어떤 상황에서 긍정적인 효과를 주는 반응이 있으면 사람들이 다시 수행할 가능성이 높다는 것이다.[19] 나아가 만족감이 크면 클수록 해당 행동에 더욱 강력히 빠져든다. 그런 게임을 할 때는 매번 동작을 할 때마다 보상을 받을 필요도 없다. 행동주의심리학자 B. F. 스키너가 연구한 간헐 강화 intermittent reinforcement는 사람들이 가끔씩만 보상받더라도 간단한 게임을 반복해서 플레이하는 이유를 설명해준다. 간헐 강화는 해당 활동에 참여하는 습관이 뿌리내리도록 강화한다.

간단한 게임에서 받는 보상은 점수 얻기나 레벨 올리기 등으로 쉽게 떠올려볼 수 있다. 하지만 긍정적 감정을 유발하는 상상을 통해 우리 내면에서도 보상이 생성된다. 이를테면 부동산 사이트를 둘러보면서 이런 멋진 집에 살면 어떨까 하는 상상을 한다. 쇼핑 요법은 상상을 통한 보상은 물론 간헐적 보상을 가져다주기도 한다. 쇼핑 사이트를 둘러보다가 저렴하고 좋은 물건을 발견하는 경우도 있기 때문이다. 단순 반복 활동에 빠져드는 습관은 쉽게 형성되고 눈에 잘 띄지 않아서 시간 가는 줄 모르고 하게 될지도 모른다. 멈추려고 노력하기 전까지는 자신에게 이런 습관이 있다는 사실조차 깨닫지 못하는 것이다. 영국 작가 새뮤얼 존슨은 "습관의 사슬은 너무 약해서 끊을 수 없을 정도로 강해지기 전에는 느끼지 못한다"라고 말했다.[20]

소셜 미디어의 함정

많은 이들이 소셜 미디어를 사용할 때 주의집중의 덫에 걸린 것 같다고 말한다. 우리가 소셜 미디어와 문자메시지에 끌리는 이유는, 사회적 존재로서 사회적 지원, 사회적 연결, 사회적 자본을 갈망할 뿐 아니라 다른 사람들에 대한 호기심을 충족하고 싶기 때문이다. 소셜 미디어를 사용하며 휴식을 취하고 다른 사람들과 연결되어 업무와 개인 목표를 달성한다면 매우 이상적이다. 그러나 소셜 미디어에 접속할 때는 프레이밍 오류를 범하기 쉽다. 예를 들어 페이스북은 사실상 타인과 깊은 관계를 발전시키도록 설계되지 않았음에도 우리는 페이스북에서 얻을 수 있는 가치를 과대평가한다. 또한 소셜 미디어에 참여하고 머무르게 하는 사회적 힘에 스스로 얼마나 취약한지 깨닫지 못해 소셜 미디어에서 보내는 시간을 과소평가할 수도 있다. (이에 관해서는 8장에서 더욱 자세히 다루겠다.) 이러한 유형의 행동 패턴에서는 업무 완수라는 장기적 이익보다 사회적 호기심을 충족하는 등의 단기적 이익을 우선시하는 경우가 많다.

사회적 보상에 따른 간헐 조건형성intermittent conditioning은 사람들을 소셜 미디어의 함정에 빠지게 한다. 일례로 페이스북의 '좋아요'를 들 수 있다. '좋아요' 수가 많을수록 사회적 가치에 대한 감각이 높아질 수 있는데 그래서 사용자는 자신의 게시물 중 하나가 언젠가 '좋아요' 대박을 터뜨리길 바라며 계속 게시물을 올린다. 틱톡의 모든 동영상이 재밌는 건 아니지만 언젠가는 정말 웃긴 동영상이 뜬다는 것을 우리는 안다. 결국 우리를 주의집중의 함정에 빠뜨리는 것은 프레이밍 오류와 우리를 소셜 미디어로 끌어들이는 사회적 힘, 그리고 한번 완벽한 폭풍이 몰아치면 받게 되는 사회적 보상이라고 할 수 있다.

정체성의 함정

젊은이들의 행동 패턴을 보면 온라인 페르소나를 설계하고 유지하는 데 많은 시간을 쏟고 주의를 기울인다. 철학자 장 보드리야르는 사람들이 사회의 기호sign와 상징symbol으로 자신을 정의하는 시뮬레이션의 세계에 살고 있다고 설명한다.[21] 이러한 모형은 사람들이 자신을 이해하고 다른 이들과 관계 맺는 방식을 결정한다. 하지만 인터넷에서는 실제를 상징하는 것이 실제가 돼버린다. 어떤 이들에겐 소셜 미디어의 페르소나가 실제 정체성의 확장이지만, 또 어떤 이들에겐 현실 세계의 페르소나보다 더 중요할 수도 있다. 트위터나 틱톡에서 많은 팔로워를 확보하면 온라인 활동이 현실에서 하는 그 어떤 경험보다 더 중요하게 느껴질 수 있다. 인플루언서가 되는 것이 커리어의 기반이 된 사람들에게 온라인 정체성의 의미는 어마어마해진다. 페이스북의 '좋아요'는 자신의 정체성을 증명하는 데 도움이 되며, 트윗이 리트윗되면 명예로운 훈장을 받은 기분이 들기도 한다. 특히 젊은이들에게 온라인 정체성은 자신이 속한 사회집단과 세상에서 자신을 드러내는 방식이기에 더욱 중요하다. 물론 모든 연령대의 사람들에게, 주로 업무 정체성을 표현하는 방식에서 온라인 정체성은 중요하다. 누구나 성공적으로 보이길 원하며, 현실 세계의 자신을 가장 좋은 모습으로 보여주고자 온라인 페르소나를 신중하게 구성한다. 정체성을 유지하는 것은 인간의 강력한 기본욕구다. 온라인 정체성이 너무도 중요한 이들은 게시물과 프로필을 만들고 다듬는 데 많은 시간을 할애하기도 한다. 심지어 업무나 학업 목표에 집중하기보다 더 우선시하기도 한다.

매몰비용의 함정

매몰비용의 오류를 저질러 기기 사용 시 특정 행동 패턴에 갇히기도 한다. 어떤 사이트나 게임에 너무 많은 시간과 주의를 쏟은 탓에 주의집중을 다른 데로 돌리기가 아깝다고 느끼는 것이다. 매몰비용의 오류는 현실 세계에서도 자주 발생한다. 가령 큰 수익을 기대하며 신제품 생산 사업에 투자했지만 아무도 구매하지 않아 손해를 보고 있다고 가정해보자. 이미 많은 돈과 노력을 투자했기 때문에 확실한 손실을 감수하고 생산을 중단하기보다는 언젠가 수익이 나기만을 바라며 사업을 계속하고자 할 것이다. 도박은 매몰비용 오류의 또 다른 전형이라고 할 수 있다. 라스베이거스에서 슬롯머신을 돌리던 사람이 이미 500달러 치의 동전을 넣었다면 쉽게 멈추지 못할 것이다. 한 번만 더 시도하면 모두 되찾을 수 있겠다고 느낄지도 모른다. 매몰비용은 인간관계에서도 발생한다. 친구나 배우자 또는 연인과 몇 년간 함께 지내다가 관계가 잘 풀리지 않는다고 헤어진다면, 관계를 구축하려고 쏟은 모든 노력을 낭비하는 것처럼 느껴질 수 있다. 하지만 관계가 잘 풀리지 않는다면 매몰비용을 잃고 손해를 본 것 같아도 관계를 끝내고 앞으로 나아가는 편이 합리적인 선택이다. 그러나 사람이 늘 그렇게 이성적이진 않다.

디지털 세상에서도 매몰비용을 인식하는 데 어려움을 겪기는 마찬가지다. 잠깐 시간을 내어 온라인 기사를 읽을 때는 그 기사가 읽을 가치가 있다고 생각할 수 있다. 하지만 30분 정도 읽고 나면 그다지 가치 없다는 사실을 깨닫는다. 이미 낭비한 시간을 되찾을 수는 없다. 그런데 여기서 멈추면 지금껏 투자한 모든 시간이 아깝다는 생각이 들어 기사의 결말이 좋기를 바라며 계속 읽고 만다. 〈월드 오브 워크래프트〉 같은 게임에는 여러 레벨이 있는데, 플레이어는 퀘스트와 같은 다양한 활동을 통해 새로운 레벨로 올라가려고 노력한다. 게임 기업들은 사람들이 계속해서 플레이하도록 유도하기 위해 매몰비용의 함정을 활용한다. 기업은 일반적으로 사람들이 매몰비용 상황에서 스스로 빠져나오지 않는다는 사실을 알고 게임을 설계한다. 이미 높은 레벨에 도달하여 시간, 돈, 정서적 에너지를 투자한 사람은 게임을 중단하고 싶은 마음이 없다. 최근 연구에 따르면 사람들이 한 번에 비디오게임을 하는 시간은 평균 1시간 22분이었다.[22] 하루에 1시간 30분 정도만 추가로 게임을 하는 건 문제가 되지 않는다. 그렇지만 대부분은 그 정도에서 중단하지 못한다.

위 활동들이 반드시 해롭지는 않으며 스트레스를 해소하고 자원을 보충하는 데 도움을 주기도 한다. 그 가능성에 대해서는 책 후반부에 다시 다루겠다. 그러나 더는 통제할 수 없다고 느낀다면, 틱톡 시청을 멈출 수 없거나 위키피디아나 쇼핑 사이트에 너무 많은 시간을 할애하고 있다면, 이는 해로운 행동을 하고 있다는 뜻이다. 자신이 저지를 수 있는 프레이밍 오류를 생각해보고 앞서 논의한 주의집중의 함정에 취약하진 않은지도 스스로 살펴보자. 기기를 활용할 때 보다 목표 지향적으로 집중력을 올려주는 주체성 개발 방법에 관해서는 책 후반부에 설명하겠다.

개인의 의지만 탓하기엔
지금의 기술과 사회는 너무 복잡하다

이제 주의집중이 얼마나 쉽게 흐트러지는지 알고 주의집중 자원의 용량이 제한되어 있다는 점도 알았으니 우리는 주의집중을 어떻게 사용할지 의도적으로 선택해야 한다. 어디에 집중할지 선택하는 것은 본질적으로 자원을 어떻게 할당할지에 관한 선택이다. 주머니에 든 돈으로 농산물시장에서 무엇을 살지 결정하는 것처럼 말이다. 그렇다면 주의집중의 초점을 어디에 투자할지는 어떻게 선택할까?

전통적 주의집중 모델에 따르면 주의집중의 초점을 어디에 둘지는 개인의 선호도와 우선순위, 필요 자원에 따른 개별적 결정에 따라 정해진다.[23] 이를테면 일과를 이메일로 시작하기로 할 수도 있고, 정오까지 보고서 작성 끝내기라는 우선순위를 정할 수도 있으며, 이 작업에 얼마나 많은 자원이 필요한지 검토할 수도 있다.

그러나 나는 선호도와 우선순위, 필요 자원 등의 개별적 요인이 주의집중을 어디로 향할지 선택하는 이유를 설명할 수는 있어도, 그게 다는 아니라고 주장한다. 우리는 사회적, 문화적, 기술적 환경에 깊이 얽힌 피조물이다. 우리는 자신의 외부에서도 주의집중과 행동에 많은 영향을 받는다. 즉 디지털 세상에서 우리가 주의집중을 어떻게 배분하는지 제대로 이해하려면, 지금 살고 있는 사회와 우리가 상호 작용하는 기술이 서로 미치는 복합적 영향을 이해해야만 한다. 주의집중의 초점을 어디에 둘지 선택하는 방법은 선호도와 우선순위를 수반하지만, 우리가 속한 더 넓은 사회적이고 기술적인 세계에도 기반을 두고 있다. 말하자면 우리의 정신과 주의집중은 내부 세계뿐 아니라 외부 세계의 영향도 받는다.

우리가 살아가는 사회적 세계는 기기 사용 방식에 영향을 미친다. 구글 글래스를 예로 들어보자. 2014년 출시된 이 제품은 안경처럼 착용해 핸즈프리로 화면의 콘텐츠를 보도록 고안된, 구동 시간이 짧은 개인 기기였다. 그런데 안경 프레임에 장착

된 작은 카메라에는 착용자가 보는 것을 녹화하는 기능이 있었다. 가까이에서 보지 않는 한 카메라 작동 여부를 알 수 없었기에 사람들은 자신의 모습이 녹화될지도 모른다는 불편함을 느꼈다. 착용자가 작은 안경 화면에 집중하려고 의도했더라도 사회적 환경에서 다른 이들이 감시당한다고 느끼면 문제가 되는 것이었다. 구글 글래스 초기 버전은 기술적 이유보다는 사회적 이유로 실패했다. 마찬가지로 우리는 더 큰 사회 세계의 일부로 기기를 사용하며, 책 후반부에서 살펴보겠지만 사회적 영향은 우리가 기기로 하는 일, 특히 집중력에 영향을 미친다.

윌리엄 제임스는 주의집중이 개인의 의지에 달려 있다고 개념화했다.[24] 21세기 디지털 세상에서는 개인 기기를 사용하는 동안의 주의집중이 사회적 흐름뿐 아니라 환경적, 기술적 흐름의 영향도 받는다는 점을 고려하도록 생각을 확장해야 한다. 기기를 사용할 때 주의집중에 어떤 영향이 가는지 이해하려면 개인을 넘어서는 사회기술적 접근 방식을 취해야 하는 것이다. 그렇다면 이렇게 많은 영향을 주는 복잡한 세상에서 어떻게 하면 주의집중을 완전히 통제하고, 목표에 충실하며, 활발하고 역동적인 주의집중 경향을 활용할 수 있을까? 이 질문에 답하기 전에 먼저 실제 환경에서 기기 사용자들의 주의집중 행동을 이해하기 위해 실시된 연구를 살펴볼 것이다. 실제 상황을 연구함으로써 사람들이 얼마나 자주 주의집중을 전환하고 산만해지는지, 그리고 주의집중이 하루 종일 어떤 리듬을 따르는지 살펴볼 수 있다. 과학은 소설보다 더 이상할 수 있으며, 그 결과에 당신도 나처럼 깜짝 놀랄 것이다.

주의집중의 유형

위대한 작가 겸 시인 마이아 앤절로는 자전적 소설《새장에 갇힌 새가 왜 노래하는지 나는 아네》와 나머지 작품들을 호텔 방에서 썼다. 한 달 단위로 방을 빌렸지만 밤이 되면 집에 가서 잤고, 아침 6시 반이면 다시 호텔방에 들어가 침대로 올라간 뒤 이른 오후까지 글을 썼다. 그녀는 혹시라도 호텔 직원이 자신의 소중한 생각이 담긴 종이를 버릴까 봐 시트 교체를 절대 못 하게 했다. 방해가 될까 봐 벽에 걸린 그림도 떼어냈다. 하지만 노란색 노트,《로제 유의어 분류 사전》, 사전, 성경책, 셰리 와인 한 병 같은 업무용 도구 외에도 십자말풀이, 카드 한 벌 등 혼자만의 놀 거리도 몇 가지 챙겨 갔다.

"놀 거리들은 나의 작은 마음을 사로잡는 무언가를 제공했어요. 우리 할머니가 가르쳐주신 것 같아요. 할머니는 무심결에 '작은 마음'에 관해 이야기하곤 하셨죠. 그래서 어릴 적, 세

살부터 열세 살 무렵까지는 큰 마음Big Mind과 작은 마음Little Mind이 있다고 생각했어요. 큰 마음은 깊이 생각할 수 있게 해주지만, 작은 마음은 잡념에 사로잡혀 산만해지는 걸 막아준다고 생각했답니다. 작은 마음은 십자말풀이나 솔리테어 게임에, 큰 마음은 내가 쓰고픈 주제를 깊이 파고드는 데 쏟았어요."[1] 앤절로의 말대로 큰 마음과 작은 마음은 글쓰기 과정에서 필수 요소였다.

문학적 영감을 얻는 데는 큰 마음이 더 강력한 힘을 발휘했을지 몰라도, 휴식을 취하는 데는 작은 마음이 필요했다. 나는 연구를 통해 실제 과학이 마이아 앤절로의 생각을 어떻게 뒷받침하는지 알아냈다. 두 가지 사고방식은 상호 보완적으로 전체를 구성하고 있었다.

300년 전 철학자 존 로크는 주의집중의 유형이 다양하다는 점을 처음으로 인식했다. 《인간지성론》에서 로크는 생각을 깊이 새기고 어떤 생각에 골몰하는 것뿐 아니라 정신-배회나 몽상이라고 부르는 것 등까지 주의집중이라며 앤절로와 다소 유사한 설명을 했다. 로크는 이러한 구분을 보편적 진리로 간주했다. "진지하게 공부하는 것과 아무런 생각도 하지 않는 것 사이의 매우 다양한 정도 차이와 더불어, 의도의 차이, 그리고 생각 중의 정신-배회는 누구라도 스스로 실험해본 적 있을 것이다."[2] 로크는 주의집중을 단순히 집중하거나 집중하지 않는 것을 넘어 더 미묘한 개념으로 설명한 최초의 학자일 것이다.

윌리엄 제임스 역시 주의집중의 다양한 유형에 관해 언급했다. 그에게 주의집중을 완전히 통제한다는 것은 "혼란스럽고 멍하고 산만하고 정신 나가 있는 상태인 부주의(프랑스어로는 distraction, 독일어로는 Zerstreutheit)와 반대되는 개념이었다."[3] 또한 그는 생각과 감정의 행렬이 정신-배회처럼 인식의 안팎을 오가는 "의식의 흐름stream of consciousness"을 언급하기도 했다.

오늘날 역동적인 디지털 세상은 로크와 제임스가 살고 일했던 시대의 환경과는 크게 다르다. 디지털 시대에는 주의산만의 양과 강도가 증폭된 반면 주의집중 시간은 감소하고 변화해, 주의집중과 집중력을 생각하는 법에 대한 새로운 모델이 진정 필요하게 되었다. 이 장에서는 서로 다른 목적에 따라 전환되고 사용되는 다양한 주의집중 유형을 특징으로 한 새로운 프레임워크를 제시하는 연구를 소개할 것이다.

오늘날의 주의집중을 위한 새로운 언어가 필요하다

주의집중을 설명할 때 사용하는 우리의 언어는 주의집중에 관한 다양한 사고방식을 드러낸다. 우리는 주의집중을 피사체를 비추고 제어할 수 있는 무언가('스포트라이트', '서치라이트', '명점')로 간주하거나 기계적 과정('필터', '용량', '프로세서', '줌 렌즈', '증감률', '현미경', '컴퓨터')으로 간주한다. 주의를 '기울인다'고 말할 때, 그것은 주의집중이 희소한 자원임을 암시한다. 주의를 '향하고', '유지하고', '집중한다'고 말하는 또 다른 언어는 주의집중이 주체성을 지니고 있음을 나타낸다. 또한 주의집중을 '잃고' '방황'하는 등 주체성이 부족함을 의미할 수도 있다. 그러나 디지털 시대에 하루 중 대부분을 화면 앞에서 보내는 우리의 주의집중을 이해하는 데는 이러한 언어가 그다지 도움이 되지 않는다. 기기를 사용할 때 우리의 주의집중 상태를 역동적으로 변화시키는 방식을 특성화할 수 있는 새로운 언어가 필요한 이유다.

우리 사회는 집중하는 능력을 중시하는데, 그렇다면 무언가에 집중하고 골몰하거나 푹 빠진다absorb는 것은 실제로 어떤 의미일까? 라틴어 absorbere는 '삼키다' 또는 '게걸스레 먹어치우다'라는 뜻으로, 책이나 위키피디아 또는 비디오게임에 완전히 주의를 사로잡힌다는 의미다. 심리학자들은 이러한 외부 자극에 깊이 몰두하는 사람의 성향을 외향적 성격과 내향적 성격을 구분하듯 개인의 고유한 특성으로 간주한다. 이러한 몰두의 특성은 텔레겐 몰입척도Tellegen Absorption Scale[4]로 측정이 가능한데, 이 척도는 '나는 음악을 감상할 때 음악에 너무 빠져버려서 다른 걸 알아차리지 못한다'와 같은 진술에 얼마나 동의하거나 동의하지 않는지 평가하도록 요청한다. 이 검사에서 매우 높은 점수를 받은 이들은 인식과 상상의 경계가 모호한 경향이 있다. 바다를 묘사한 책을 읽으면서 해변의 파도 소리를 듣거나 미스터리소설을 읽으며 삐걱거리는 나무 계단을 오르는 살인자의 발소리를 듣는 식이다. 또한 가상현실 시뮬레이션을 볼 때면 정신적으로 남들보다 더 많이 체험하고 더 큰 존재감을 경험한다고 보고한다.[5]

어떤 이들은 자극에 쉽게 몰두하는 성향을 타고나기도 하지만, 우리 대부분은 텔레겐 몰입척도로 측정되는 이 특성에서 높은 점수를 받지 않는다(여성이 남성보다 훨씬 높은 점수를 받긴 한다[6]). 그렇다고 해서 업무에 깊이 몰두할 수 없다는 의미는 아니며 충분히 할 수 있다. 그러나 대부분은 상황에 따라 달라질 수 있다. 새로운 자극이 들어오면 지각과 인지 경험이 변하기 때문이다. 심지어 앞서 설명한 것처럼 집중했다가도 정신이 다시 방황하다가 다시 집중하는 등, 동일한 자극에도 시시각각으로 주의집중은 달라질 수 있다.

또한 한 가지 활동에 일관되게 주의를 기울이다가 덜 힘든 다른 활동으로 전환할 수도 있고, 놀이를 하듯 가볍게 주의를 기울일 수도 있다.[7] 그렇지만 주의집중을 통제할 수 있다는 것은 단순히 일관된 주의집중을 기울이거나 주의산만에 저항하는 것뿐만 아니라, 큰 마음에서 작은 마음으로 전환했다가 다시 돌아오는 것처럼 의도적으로 다른 주의집중 상태로 전환하는 것을 의미하기도 한다. 마이아 앤절로는 큰 마음으로 글쓰기에 깊이 몰두하다가도 카드놀이에 가볍게 집중하는 작은 마음으로 쉽게 전환했을 것이다.

지식노동자는 왜 몰입에 도달하기 어려울까?

깊은 몰두의 전형으로 알려져 있는 몰입은 어떤 활동에 완전히 빠졌다는 의미로, 심리학자 미하이 칙센트미하이[8]에 따르면 "다른 것은 중요하지 않아 보이는" 상태를 말한다. 헝가리 태생의 칙센트미하이는 체스에 완전히 푹 빠진 덕분에 제2차 세계대전에서 정신적으로 살아남을 수 있었다. 전쟁이 끝나고 열한 살 때 그는 가족과 함께 이탈리아 포로수용소에서 시간을 보냈다. 그의 아버지는 이탈리아 베네치아에서 옛 헝가리 정부를 위해 총영사로 일하다 전쟁에 연루되었다. 수용소에 갇힌 동안은 물론 그 전에도 어린 칙센트미하이는 전쟁의 공포에서 도피하기 위해 체스에 몰입하며 주변 환경과 분리된 자신만의 세계에 머물렀다. 7개월 후, 그의 아버지가 무죄 판결을 받으면서 가족은 석방되었다. 칙센트미하이는 학교를 중퇴했지만 1956년 미국으로 이주하여 고등학교에 준하는 학력 시험을 치르고 시카고대학교에 입학해 심리학을 공부했다. 어릴 적 몰입에 대한 경험을 바탕으로 그는 '최적의 경험'이라고 여겼던 몰입을 연구하는 수십 년간의 커리어를 시작한다.

칙센트미하이는 사람들이 체스처럼 외적 보상이 없는 활동이나 심지어 암벽 등반 같은 위험천만한 활동을 하는 이유를 알아내기 시작했다. 연구 대상자들은 모두 칙센트미하이가 몰입이라고 명명한 감각을 설명했다. 몰입 상태에서 그들은 활동 자체가 보상을 제공하는 내적 흐름에 휩쓸렸고 스스로 주의집중의 주인이 되었다. 자신의 기술 사용과 활동 요구 사이에 최적의 균형이 잡힌 것이다. 몰입 상태의 사람들은 호기심과 장난기가 넘치고 무의식적으로 활동에 주의집중 자원을 많이 투자하기 때문에 시간의 흐름을 생각할 틈이 없다.[9] 몰입은 사람들이 자신의 기술을 온전히 사용하도록 만드는, 독특하고도 깊은 보람을 주는 창의적 경험이다.

몰입은 주관적 경험인데, 칙센트미하이는 사람들의 마음속에서 일어나는 일을 연구하기 위해 경험 표집법experience sampling을 활용했다.[10] 그는 연구 참가자들에게 전자 호출기를 나눠 줬다. 호출기는 지정된 시간에 삐 소리가 나도록 설정되어 있었고, 삐 소리가 나면 참가자들은 자신이 하던 일에 대한 집중도, 참여도, 즐거움에 대한 설문지를 작성해야 했다. 삐 소리가 울리는 순간에 사람들은 정원 가꾸기, 요리, 비즈니스 거래 등 다양한 활동을 하는 중이었으며, 그 활동은 몰입 상태로 진행되었을 수도, 아닐 수도 있다. 일주일 동안 호출기를 사용했기 때문에 일반적인 하루의 활동을 잘 보여주는 대표 표본을 얻을 수 있었다. 짐작했겠지만 이러한 종류의 연구의 한계는 호출기가 사람들을 방해한다는 점이다. 그럼에도 이 연구 결과는 칙 센트미하이가 몰입이라는 이상적인 상태를 이해하고 정의하는 데 큰 도움을 주었고, 그의 저서 《몰입》은 주의집중 연구에 지대한 영향을 미쳤다.

　미술을 전공할 때 나는 종종 몰입 상태에 푹 빠져들곤 했다. 개인 스튜디오에서 작업할 때면 저녁 늦은 시간에 라디오에서 〈라디오 하바나Radio Havana〉 등 작업하기에 딱 좋은 노래들이 흘러나왔고, 나는 쿠바 리듬에 맞춰 몸을 흔들며 그림을 그렸다. 나는 스스로 깊이 몰두하여 그려낸 추상적 이미지에 온갖 의미를 부여했다. 내가 그린 어느 작품의 제목인 '전성기Heyday'는 그림을 그리는 동안 느꼈던 충만함을 반영한 것이다. 시간이 너무 빠르게 흘러 정신을 차려보니 새벽 2시인 경우도 자주 있었다. 그림 그리기, 음악 연주, 스키 타기처럼 본질적으로 창의적이고 도전적인 일을 할 때 몰입 상태에 빠지기란 그리 어렵지 않다. 그런데 몰입 상태에 빠져들지 말지 여부는 우리가 하는 작업의 성격에 따라 상당히 좌우된다. 현재 학자로 일하는 나는 연구를 설계하고 과학적 연구를 수행하며 논문 작성하는 일을 한다. 분석적 사고를 사용해야 하므로 때때로 고도의 집중력이 필요하다. 일할 때는 마이아 앤절로의 큰 마음과 작은 마음처럼 깊은 집중에서 가벼운 관여로 주의집중 상태를 전환한다. 가끔 다른 이들과 아이디어 브레인스토밍을 할 때나 논문의 일부를 작성할 때 몰입에 빠져들기도 하지만, 일반적으론 그렇지 않다. 그렇다면 나는 연구자 생활 대신 몰입을 자주 느끼는 예술가의 삶을 다시 살고 싶을까? 절대 아니다. 나는 현재 하는 일에서 다양한 종류의 보람을 느낀다. 몰입에 빠져들고 싶으면 그림을 그리거나 춤을 추면 된다. 세상에 관해 무언가를 조사하고 싶을 때는 과학에 눈을 돌려 주의를 집중하지만 몰입에 빠져들진 않는다.

다른 이들도 유사한 경험을 이야기했다. 최근 실리콘밸리의 대형 하이테크 기업에서 관리자로 근무하는 지인과 대화를 나눴다. 그 친구는 직장에서 몰입하지 못한 채 접시를 계속 돌리는 것 같다고 말했다. 가끔 다른 사람들과 창의적인 브레인스토밍을 할 때는 단체로 함께 몰입 상태에 빠져들기도 한다고 했다. 하지만 프로그래머로 일하던 경력 초반에는 몰입에 빠져든 경험이 더 많다고 했다.

마이아 앤절로 역시 글쓰기 과정에서 주의를 집중하지만 반드시 몰입 상태에 빠져들진 않는다고 설명한다. 〈파리 리뷰〉에 실린 언론인 조지 플림프턴George Plimpton과의 대담에서 앤절로는 자신의 글쓰기 과정에 관해 이야기하며 글쓰기가 항상 쉽지는 않다고 말했다. "저는 지면에서 튀어나올 정도로 선명한 언어를 끌어내려 노력해요. 언뜻 쉬워 보이겠지만, 그렇게 쉬워 보이게 하는 데는 엄청나게 오랜 시간이 걸립니다. 물론 저의 새 책이 출간되면 당연히 좋다고 평가하는 이들(주로 뉴욕 비평가들)이 있는데, 그래놓곤 타고난 작가라서 그렇다고 하죠. 그런 비평가들은 멱살을 잡고 바닥에 내동댕이치고 싶어요. 노래하듯 쓰기 위해서는 정말 오랜 시간이 걸립니다. 저는 언어에 골몰해요."[11]

안타깝게도 몰입은 칙센트미하이의 베스트셀러를 읽은 많은 독자들이 기대한 바보다 훨씬 드문 경험이다. 1990년대 중반 진 나카무라Jeanne Nakamura와 칙센트미하이는 몰입 경험 여부를 묻는 설문을 진행했는데, 일부 사람들은 몰입을 경험했다고 했지만 미국인의 42퍼센트와 독일인의 35퍼센트는 몰입을 거의 또는 전혀 경험하지 못했다고 답했다.[12] 연구 결과 예술품 제작, 목공, 악기 연주 등의 활동에서 몰입을 경험한 사람들은 있지만, 지식 업무 환경에서는 거의 경험하지 못했다는 사실을 알 수 있었다. 지식 업무 특성상 최적의 창의적 경험이 몰입에는 도움이 되지 않는 경우가 많기 때문이다. 그렇다고 해서 업무가 만족스럽지 않은 것만은 아니다. 오히려 매우 만족스러울 수도 있다. 가령 복잡한 코딩 작업을 할 때처럼 기기를 사용하면서 몰입을 경험하는 사람도 있고, 컴퓨터에서 창의적인 글쓰기를 하며 몰입을 경험할 수도 있다. 하지만 대부분 지식노동자는 컴퓨터 사용 환경, 업무 특성, 여러 프로젝트와 업무 책임감 등으로 인해 몰입에 도달하는 데 높은 장벽을 마주하는 게 현실이다. 물론 몰입 상태에 도달하지 못한다고 해서 속상해할 필요는 없다. 오히려 자연스러운 주의집중 상태의 리듬에 맞춰 일하면서 균형과 웰빙의 느낌을 받을 수 있다.

주의집중 상태의 이론적 프레임워크

운이 좋게도 나는 여름마다 마이크로소프트 리서치의 방문 연구원으로 일한 적이 있다. 시애틀의 여름은 아름답고 녹음이 무성했으며, 나는 주의집중 연구에 깊이 골몰할 수 있었다. 레드먼드에 자리한 마이크로소프트 리서치 본사 로비에 들어가면 활기 넘치는 활동이 이뤄지는 거대한 아트리움으로 이어졌다. 카메라와 센서를 활용한 대형 조형물과 사람들과의 상호작용에 따라 색이 변하는 AI 등 눈에 띄는 디지털 예술 작품이 전시되어 있었다. 카페 테이블이나 소파에 앉아 신경망이나 최신 시각화 도구에 관해 토론하는 연구원들의 대화를 엿들을 수도 있는 곳이었다. 엘리베이터를 타면 원하는 목적지까지 안내하는 로봇이 우리를 맞이해주었다.

나는 몰입이라는 개념에서 영감을 얻었지만 직장에서는 몰입이 거의 발생하지 않는다는 사실을 발견했다. 동료 메리 체르빈스키Mary Czerwinski, 샴시 익발Shamsi Iqbal과 함께 나는 직장에서 기기를 사용할 때의 경험을 더욱 잘 설명할 수 있는 주의집중 상태가 있는지 의문을 품었다. 사람들이 기기들 사이에서 빠르게 주의집중을 전환할 때, 큰 마음과 작은 마음 등 다양한 주의집중의 유형 사이를 오가는 것일까? 디지털 세상에서 특정 활동과 연관된 주의집중의 유형은 서로 다를까? 동료들과 함께 더 깊이 탐구해본 결과, 단순히 어떤 일에 어느 정도 골몰하거나 몰두한다는 설명만으로는 충분치 않다는 사실을 알아냈다. 이 과정에서 우리는 매우 중요한 또 다른 차원이 있음을 발견했다. 몰입의 개념과 마찬가지로, 활동의 난도, 즉 얼마나 많은 정신적 노력이나 인지 자원을 사용하는지도 중요했던 것이다. 그러나 몰입과 달리, 여전히 어딘가에 몰두하고 있더라도 활동의 어려움 정도는 다를 수 있었다. 예를 들어 전략 계획을 세우는 일은 상당히 어렵다. 하지만 페이스북이나 트위터를 훑어보는 등의 활동은 전혀 어렵지 않다. 우리는 디지털 세상에서 무언가에 몰두한다는 게 실제로 무엇을 의미하는지 이해하기 시작했다. 십자말풀이를 할 때와 시를 감상할 때 다르게 몰두하는 마이아 앤절로처럼, 정신적 노력이 전혀 필요하지 않은 투닷츠 게임에도 몰두할 수 있고 정신적 노력이 많이 필요한 어려운 재무 자료를 읽을 때도 몹시 몰두할 수 있다. 두 경우 모두에 정신이 관여하지만, 사용되는 인지 자원 양에 따라 전혀 다른 방식으로 관여한다. (10장에서는 투닷츠와 같은 무의미한 활동에 사람들이 어떻게 그토록 몰두할 수 있는지 더욱 자세히 설명하겠다.)

몰입도뿐만 아니라 난도까지 고려한다면 다양한 활동을 포괄하는 각기 다른 주의집중 상태를 특성화할 수 있다. 우리는 디지털 세상에서 다양한 종류의 주의집중 경험을 설명하기 위한 프레임워크를 고안했다. 그림 1은 주의집중의 이론적 프레임워크에서 관여도와 난도라는 두 측면을 보여준다.[13] 이러한 주의집중 상태는 일시적 상태이며, 사람들은 목표, 작업, 상호

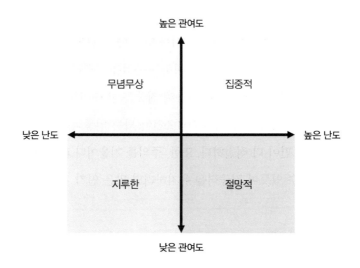

그림 1. **서로 다른 주의집중 상태를 네 사분면으로 나타낸 이론적 프레임워크**

작용, 내면의 생각 및 기타 여러 요인에 따라 하루 종일 이러한 주의집중 상태를 넘나든다. 각 유형의 주의집중 상태는 다음에서 설명하는 매우 다른 특성을 가진다.

집중적

그림 1의 우측 상단 사분면에 표시된 것처럼, 몹시 어려운 활동에 깊이 관여하는 상태를 집중적 주의집중이라 부른다. 집중적 상태는 사람들이 어떤 활동에 푹 빠져서 개인의 능력에 어느 정도 도전을 받을 때 일시적으로 나타난다. 업무에 고도로 몰두하고 도전하는 것은 동기부여, 활성화, 집중력, 창의성, 만족

도와 상관관계가 있다.[14] 그러나 이는 우리가 생각하는 몰입과는 다르다. 이를테면 사용 설명서를 읽을 때, 시간의 흐름을 의식하지 않고 깊은 창의력을 발휘하는 몰입을 경험하지 않고도 저마다의 기술을 최적으로 활용해 집중은 할 수 있다. 오히려 집중적이란 명칭은 몰입의 전제 조건이 되는 일종의 관여라고 생각하는 편이 더 적절하다. 또한 '주의를 기울이다'라는 표현에서 알 수 있듯이 집중력을 유지하려면 많은 인지 자원이 필요하다.

무념무상

그림 1의 좌측 상단 사분면에 표시된 것처럼, 아주 깊이 관여하지만 전혀 어려워하지 않는 상태를 '무념무상' 주의집중이라고 부른다. 우리는 기계적이고 틀에 박힌 활동을 무한 반복한다. 그런 활동은 쉬우면서도 주의집중을 빨아들일 수 있다. 마이아 앤절로가 카드놀이를 할 때, 그녀의 작은 마음은 이러한 주의 집중을 사용한다. 솔리테어 게임에 깊이 몰두할 순 있어도 카드 선택에 정신적 노력은 거의 필요치 않다. 마찬가지로 캔디 크러쉬(2억 7300만 명 이상의 활성 사용자active user[15]와 900만 명 이상이 하루 세 시간 이상 플레이하는 게임[16])와 같이 단순하고 반복적인 디지털 활동에도 고도로 몰두할 수 있다. 무념무상 활동은 어렵지 않은 과업이기 때문에 이러한 유형의 주의집중에는 인지 자원이 덜 사용된다. 이는 사람들이 캔디크러쉬 같은 게임

을 날마다 몇 시간씩 해도 피로감을 느끼지 않는 이유를 잘 설명해준다.

지루한

그림 1의 좌측 하단 사분면에 표시된 것처럼, 그다지 관여하지 않고 어려워하지도 않는 상태를 지루한 주의집중이라고 부른다. 인터넷 서핑을 하면서 이 사이트 저 사이트를 옮겨 다니고, 겨우 몇 문장을 읽을 정도만 머무르거나, 눈길을 끄는 게 없어 TV 채널을 넘기는 행동은 지루함을 경험하는 좋은 사례다. 말할 필요도 없이, 지루함은 인지 자원을 거의 사용하지 않거나 더 적절히 표현하면 가용 자원을 과소 사용한다. 낮은 난도와 낮은 관여도의 측면은 지루한 활동을 낮은 각성 상태로 간주하는 방식과 일치한다. 즉 많은 자극이 없어 활동에 집중하기 어렵다는 것이다.[17,18] 가만히 있거나 활동하지 않는다고 해서 자동으로 지루해지는 건 아니다. 요가를 하거나 명상의 선禪 상태에 머무는 걸 즐긴다면 그 활동은 지루하지 않다. 앞서 몰입 상태에서는 사람들이 시간의 흐름을 인식하지 못한다고 언급했다. 하지만 지루함은 정반대다. 주의집중 자원이 남아도는 상태에서는 활동이 끝나기까지 시간이 얼마나 남았는지, 시간이 얼마나 느리게 흐르고 있는지 생각할 수밖에 없다. 흥미롭게도 지루함을 뜻하는 독일어 Langeweile는 '긴 시간'이란 의미를 내포한다.

마지막으로 그림 1 우측 하단 사분면에 표시된 것처럼, 매우 어려운 일을 하며 전혀 관여하지 않는 경우 이를 절망적 주의집중이라고 한다. 누구나 업무에 진전이 없어 벽에 머리를 부딪히는 심정으로 좌절감을 느낀 적이 있을 것이다. 하지만 어려워하면서도 마감 기한이 다가오거나 상사가 작업을 요구해서, 또는 반드시 끝내야 한다는 내면의 강박 때문에 작업을 포기할 수 없는 경우가 있다. 소프트웨어 개발자는 버그를 해결할 수 없을 때 절망감을 느끼며, 어려운 퍼즐을 풀어내야 한다는 강박에 사로잡혀 내려놓지 못하는 사람도 좌절한다. 이러한 주의집중 상태는 많은 자원을 소모할 수 있다.

하루 동안 주의집중 상태가 변화하는 방식

리듬은 삶의 일부다. 계절, 낮의 길이, 월출, 조류와 같은 자연에서뿐만 아니라 수면, 체온, 신진대사와 같은 신체 과정과 인슐린, 신경전달물질 세로토닌, 스트레스호르몬 코르티솔의 상승 및 하강 같은 생리 체계에도 리듬은 나타난다. 사람마다 체내 리듬이 다르기 때문에 이른 아침형, 즉 종달새형은 하루를 매우 일찍 시작하는 반면 심야형, 즉 올빼미형은 하루를 훨씬 느지막이 시작하는 걸 선호한다. 체내 리듬은 체온에 영향을 미쳐 우리의 체온은 아침에 낮아졌다가 저녁에 올라간다. 이러한 리듬은 하루 중 사람들의 각성도와 선택적 주의집중의 변화를 설명하기도 한다.[19] 기상 이후 시간을 기준으로 하는 항상성 리듬은 기억 과제에서 볼 수 있듯 시간이 지날수록 수행 능력 저하와 연관된다.[20] 시각 체계가 뇌의 전기적 활성electrical activity 내부 리듬의 영향을 받는다는 신경생리학적 증거도 있다.[21] 한 실험실 연구에서 피험자들은 컴퓨터 화면의 왼쪽 또는 오른쪽에 나타나는 신호에 주의를 기울이라는 지시를 받은 다음 작은 빛 자극을 보았는지 대답해야 했다. 연구진은 뇌의 신경 활동 진동이 우리의 자극 인지 여부와 신경 반응의 양에 영향을 미친다는 사실을 알아냈다. 다시 말해 시각 체계는 신경 세포의 흥분성, 즉 뇌의 전기자극에 따라 변동하며, 이는 매우 낮은 수준의 내부 리듬을 나타낸다. 이 실험은 우리가 일관되게 주의를 기울이는 것이 아니라 연구진이 '지각적 순간perceptual moments'이라 부르는 순간을 경험한다는 점을 시사한다. 그러나 다양한 유형의 인간 리듬이 존재한다는 점을 고려해보면 사람들의 일상에서 하루 종일 주의집중의 리듬이 존재하는지도 궁금해진다. 지속적인 주의집중은 최고점과 최저점이 있는 일일 리듬을 따르는 것일까?

나는 마이크로소프트 리서치의 동료들과 함께 직장에서 업무 중인 사람들이 주의집중 리듬을 따르는지 파악하기 위해 그들의 실제 행동을 연구하기 시작했다. 하지만 일하는 동안 사람들의 머릿속에 무엇이 있는지 알 수 없다는 딜레마에 직면했다. 과거 연구에서는 컴퓨터 활동 기록이나 심박수 측정기 등의 객관적 측정법을 활용했지만, 이러한 방법으로는 사람들의 주관적인 주의집중 경험을 포착할 수 없었다. 경험 샘플링을 활용하는 칙센트미하이의 기법은 사람들의 주관적인 몰입 경험을 포착할 수 있는 좋은 방법이었다. 그러나 우리는 직장에서 사람들을 연구했기 때문에 컴퓨터를 사용하는 이들의 주의집중을 포착하는 방법으로 업데이트해야 했다. 우리는 컴퓨터에 팝업창으로 나타나는 프로브probes(연구 대상자가 특정 주제에 관한 자신의 경험, 의견, 감정, 바람 등을 생각해보고 직접 기록하는 연구 방법-옮긴이)를 설계해 그들의 경험에 관한 몇 가지 질문을 던졌다. 이러한 프로브는 이메일을 3분 이상 연속으로 사용한 뒤, 페이스북을 1분간 사용한 뒤, 화면보호기를 잠금 해제한 직후, 프로브 없이 15분이 경과한 후 등 자연스러운 행동 직후에 전송되었다. 주의집중 프로브는 몇 초 안에 응답할 수 있는 설문이었다. 프로브를 받은 사람들은 지금 하는 활동에 대해 생각하며 얼마나 '관여'했는지, 얼마나 '어려운'지 척도에 따라 두 가지 질문에 답해야 했다. 또한 기분에 관한 질문도 있었는데 이에 관해서는 10장에서 다룰 것이다. 우리는 참가자 서른두 명에게 일주일 동안 매일 18회씩 프로브를 띄웠다. 시간이 지나면서 주의집중이 어떻게 변화하는지 자세히 파악하는 동시에 업무 수행 중인 참가자들에게 부담을 주지 않기 위해 균형을 잡아야 했는데, 하루 18회 정도가 우리가 기대할 수 있는 최대치인 듯했다. 관여도와 난도를 묻기 위해 사람들을 방해하는 모순된 상황이 발생했지만 몇 초 내로 응답이 가능한 설문이었기 때문에 참가자들은 답변 후 곧장 하던 활동으로 되돌아갈 수 있었다. 참가자들에게는 프로브가 번거롭더라도 짜증스러운 감정을 드러내지 말고 프로브를 받기 직전에 하던 일을 바탕으로 답해달라고 부탁했다. 참가자들은 프로브의 빈도에 불만을 드러내면서도 짜증이 답변에 영향을 미치지 않는다는 확답을 주었다. 그 밖에도 곧 자세히 다룰 소형 웨어러블 경량 카메라인 센스캠을 활용해 사람들의 컴퓨터 활동을 기록하고 대면 상호작용을 측정했다. 일주일 내내 데이터를 수집하여 사람들의 일상적인 주의집중 행동에 대한 대표적 샘플을 얻었고 일주일 동안 주의집중이 변하는 방식도 확인할 수 있었다. 연구 대상자는 행정 보조, 관리자, 기술자, 엔지니어, 디자이너, 연구원 등 다양한 분야의 참가자들이었다.

데이터 수집 후 참가자들의 응답을 그림 1에 표시된 주의집중 상태로 도식화했다. 놀랍게도 참가자들은 업무 중 좌절감을 거의 느끼지 않았는데, 응답 중 '절망적' 프레임워크 사분면에 속하는 경우는 단 7회뿐이었다. 그 수가 너무 적어 그래프에는 포함하지 않았다. 절망적 주의집중에 대한 보고가 적은 이유 가운데 하나는, 좌절감은 자원을 아주 빨리 소모하기 때문에 사람들이 그런 상태를 피하려고 의도해서일 것이다.

주의집중에는 리듬이 있는 것으로 보인다. 그림 2는 하루 동안 사람들이 집중적, 무념무상, 지루한 주의집중 상태를 경험한다는 것을 보여준다.[22] 모든 직종에 걸쳐 사람들은 느지막한 오전인 11시와 한낮인 오후 3시, 이렇게 두 번 집중력이 가장 높은 것으로 나타났다. 사람들은 업무 시작부터 집중할 준비가 된 채 직장에 출근하지 않았다. 집중력을 높이는 데는 시간이 걸린다. 점심시간이 지나면 사람들은 서서히 다시 집중력을 높인다. 오후 3시가 지난 시점부터 집중력이 떨어지기 시작하는데, 이는 인지 자원이 소모되는 시점과 일치하는 것으로 보인다. 무념무상 주의집중은 오전 9시경부터 상승하기 시작해 오후 2시경까지 지속되다가 감소하는 등 하루 동안 또 다른 유형의 리듬을 보인다. 지루함은 점심 식사 직후인 오후 1시경에 최고조에 달한다. 온종일 직장에 머무는 동안 전반적으로 지루할 때보다 집중할 때가 더 많았다는 점은 좋은 소식이지만, 하루 동안 일반적으로 무념무상 주의집중보다 지루한 주의집중 상태를 더 많이 경험했다는 사실은 나쁜 소식이다. 지루함이 사람들의 기분을 안 좋게 만드는 것과 관련해서는 뒤에서 자세히

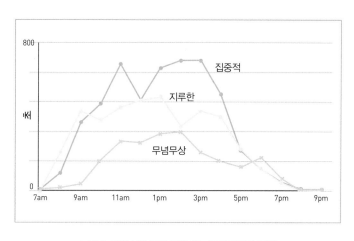

그림 2. 근무시간 동안 변화하는 주의집중의 유형

논의할 것이다.

　하루 동안 주의집중이 따르는 리듬에 대한 설명은, 연구 참가자 미라의 이야기를 예로 들어 설명하겠다. 대기업 문서 관리자로 일하는 미라는 하루 중 집중력이 최고조와 최저조로 나뉜다고 설명했다. 그녀는 정오부터 오후 2시까지 이메일을 처리하고 상사 및 자신이 관리하는 사람들과 업무를 확인하는 '꼭대기' 시간에 집중력이 정점에 이른다고 말했다. 그런 다음 오후 2시부터 4시까지는 '골짜기'에 있었다. 그녀는 집중력이 바닥을 치는 시간 동안 긴급하게 특정 문서를 추적해야 하는 등 예기치 못한 '화재'가 발생할까 봐 늘 초조해했다. 자신의 심신이 감당할 수 있는 수준이 아닌데도 집중력이 최고조일 때와 같은 수준의 성과를 내야 했기 때문이다. 미라는 집중력이 최저점에 있을 때는 부족한 주의력을 싹싹 긁어모아야 했다.

개인 기기를 사용할 때도 사람들은 리듬감에 따라 행동한다
는 사실이 밝혀졌다. 컴퓨터 활동을 기록한 덕분에 사람들의
정확한 컴퓨터 활동 시간을 초 단위로 측정할 수 있었다. 그런
다음 이를 타임스탬프가 찍힌 프로브 응답과 동기화했다. 해당
방식으로 사람들의 주의집중 상태를 각 컴퓨터 활동과 일치시
킬 수 있었다. 그림 3은 다양한 컴퓨터 활동 리듬과 그것이 하
루 동안 변화하는 모습을 보여준다.[23] 사람들이 받은 편지함과
캘린더에서 보내는 시간은 오전(10시)과 오후(2시)에 최고조에
이르며, 이는 집중력이 정점에 달하는 시점과 대략 일치한다.
워드, 엑셀, 파워포인트와 같은 프로그램 사용도 같은 리듬을
따르는 것으로 보인다. 원격 소통과 웹 검색은 온종일 지속적

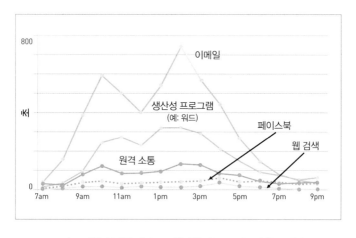

그림 3. 사용 일지를 기반으로 확인한 하루 중 컴퓨터 활동 변화

으로 이뤄진다. 통계 분석에 따르면 점심시간 전보다 식사 후 자리에 돌아왔을 때 페이스북 활동을 훨씬 더 많이 하는 것으로 나타났다.

그런 다음 컴퓨터 활동이 주의집중 상태와 연관되는지 알아보기 위해 서로의 상관관계를 살펴보며 데이터를 더욱 자세히 분석했다. 리듬에서 볼 수 있듯 사람들은 이메일을 할 때 집중하는 경향이 있었다. 인터넷 서핑을 하거나 컴퓨터 창을 전환할 때는 지루해할 가능성이 높았다. 페이스북을 사용할 때는 지루함을 느끼거나 무념무상 주의를 기울였지만 집중하는 경우는 거의 없었다. 이러한 결과는 우리의 직관을 확인시켜주는 듯 보인다.

또한 주중에 걸친 리듬의 존재도 확인했다. 사람들은 주말 동안 잠을 충분히 자고 인지 자원을 보충한 상태로 출근한 월요일에 집중력이 가장 높았다. 월요일에 폭발적으로 집중력을 끌어올린 후에 주중 집중력이 가장 떨어지는 화요일에는 약간 느슨해지는 것으로 보였다. 수요일에는 집중력이 다시금 약간 솟아났다. 목요일에는 무념무상 주의집중이 가장 많이 나타났는데, 이는 휴식을 취하며 자원을 보충하기 위한 것으로 추측된다. 금요일에 집중력이 조금씩 올라가는 이유도 이 때문일 수 있다.

방해받아서 산만해지는 게 아니라
산만해서 방해에 흔들린다

사람들은 왜 집중력을 잃고 산만해질까? 무언가에 깊이 집중하다가도 방해 요소가 나타나면 다시 집중하기가 어려워 지루해한다는 게 일반적인 생각이다. 하지만 특정 주의집중 상태 때문에 방해 요소에 더 민감해진다면 어떨까?

《집중하고, 자극받았지만, 너무 산만해지다Focused, Aroused, but so Distractible》라는 논문에서 메리와 샴시, 나는 참가자들이 경험했다고 보고한 가장 일반적인 방해 유형인 이메일, 페이스북, 대면 상호작용, 이 세 가지를 조사하기 위해 데이터를 살펴보았다.[24] 이러한 방해 유형들은 모두 어떤 식으로든 커뮤니케이션과 관련이 있다. 이메일 방해는 일반적으로 업무와 연관되지만 사생활과 연관될 수도 있고, 페이스북 방해는 주로 사생활과 관련된다. 대면 상호작용도 둘 중 하나에 해당할 수 있다. 앞서 참가자들이 목에 착용한, 약 15초마다 사진을 찍는 소형 카메라 센스캠으로 대면 상호작용을 측정했다고 언급한 바 있다. 우리는 사진 속 얼굴을 매우 정확히 감지하는 소프트웨어를 적용했고, 얼굴을 감지하면 참가자가 다른 사람과 직접 상호 작용한다고 추론했다. 하지만 소프트웨어는 완벽하지 않다. 우연히 발견한 한 가지 오류는, 남성 참가자가 화장실에 갈 때 센스캠을 끄는 걸 깜빡한 경우 소프트웨어는 변기의 둥근 형태를 얼굴로 인지했다는 점이다.

사람들은 지루함을 느낄 때 페이스북과 대면 상호작용으로 주의집중을 전환할 가능성이 더 높았다. 비슷한 의미로, 단순 반복 활동을 했을 때도 대면 상호작용으로 주의집중을 전환할 가능성이 높았다. 다시 말해 무념무상 혹은 지루한 주의집중 상태는 주의산만으로 이어지기 쉬운 진입점을 제공한다. 연구 결과에 따르면 어떤 주의집중 상태에 있느냐에 따라 방해 요소에 대한 민감성도 달라진다. 왜 그럴까? 지루할 때 우리는 목표 지향적이지 않으며 무심한 활동을 할 때는 목표가 약할 수 있다 (흥미로운 것이 있는지 확인하기 위해 소셜 미디어 게시물을 훑어볼 뿐이다). 주의집중을 주도하는 것은 목표이며, 지루하거나 단순한 활동을 할 때처럼 강력한 목표가 없으면 집중력은 바람에 흔들리는 갈대와 같다.

리듬은 새로운 몰입

우리 데이터는 주의집중을 집중하거나 집중하지 않는 상태로 구분해야 한다는 통념을 깨고 한 사람이 무언가에 관여할 수 있는 방법은 오히려 다양하다는 사실을 보여준다. 왜 사람들의 집중력은 오르락내리락하며 다른 주의집중 상태로 전환될까? 낮 동안의 집중력은 인지 자원의 수준, 일부 연구가 주장하는 일주기 리듬,[25] 깨어난 후의 시간,[26] 그리고 여전히 연구가 진행 중인 호르몬의 영향을 받을 가능성이 높다. 하지만 이러한 이유 외에도 집중력이 리듬을 타는 경향에는 심리적 원인이 있다.

이 아이디어를 탐구하기 위해 나는 리듬 전문가를 찾아야 했다. 드럼 연주자인 배리 라자로위츠와 대화를 나눴는데, 그는 스탠 켄턴, 레너드 코헨, 루 롤스, 주디 콜린스 등의 음악가와 함께 재즈, 포크, 록 등 다양한 장르를 연주했으며 그래미상 수상 음반과 아카데미상 수상작인 영화 〈올 댓 재즈〉의 사운드트랙도 연주한 사람이다. 그는 사람들마다 내면에 리듬이 존재한다고 믿는다. 인간의 심장은 분당 60회 정도 뛰고 걷는 속도는 분당 60보 정도이기 때문에 존 필립 수자의 행진곡이나 도나 서머의 디스코 곡의 분당 60박자 템포에 본질적으로 공명한다고 설명한다. 다른 음악가들도 내적 리듬에 관해 생각이 비슷했다. 1950년대와 1960년대에 인기를 끌었던 사교 오케스트라의 악장 레스터 레닌은 사람들이 리듬에 어떻게 반응하는지 알고 회사원의 박자라고 알려진 2박자 템포로 일관되게 편곡했다. 사람들은 춤출 줄은 몰라도 걷는 법은 알았고, 걷는 속도는 일반적으로 리드미컬했다.[27] 레닌의 인기는 많은 이들이 그의 2박자 템포에 이끌려 댄스플로어로 몰려든 데서 기인한다.

그러나 사람들은 더욱 깊고 긴 내적 리듬도 가지고 있는데, 이는 방해를 받은 뒤에도 리듬을 유지하는 방법을 통해 알 수 있다. 라자로위츠는 테너색소폰 연주가 존 콜트레인이 다수가 걸작으로 꼽는 〈러브 슈프림A Love Supreme〉에서 8~12개 음으로 이루어진 단순한 멜로디 라인, 일종의 만트라를 썼고, 33분 동안 초기 리듬을 자유롭게 초월하여 즉흥연주를 한 다음, 박자를 놓치지 않고 돌아와서 템포를 맞췄다고 설명했다. 콜트레인은 내면의 메트로놈을 가진 리듬의 달인이었다. 하지만 우리도 자신만의 리듬을 찾을 수 있다. 내면의 인지 자원 용량의 상승과 하강도 감지할 수 있다. 리듬에 주의를 기울이면 재충전이 필요한 시점을 알 수 있어 자원을 쉼 없이 과도하게 소비하지 않도록 조절할 수 있다. 리듬과의 공명은 심리적 균형을 회복하는 데도 도움이 되는데, 이에 관해서는 뒤에서 자세히 설명할 것이다. 주의집중을 통제한다는 것은 자신의 자원 수준을 인지하고 필요할 때 자원을 사용하거나 회복할 수 있도록 주의집중 상태를 전환하는 것이다.

몰입이 디지털 생활의 해결책처럼 보일 수 있겠지만, 사실 많은 이들이 하는 업무 유형에서는 몰입을 경험하기가 매우 어렵다. 우리가 몰입 상태를 열망하더라도 현재의 업무 환경에서는 그것이 현실적이지 않거나, 우리가 진정으로 노력해야 할 대상이 아닐 수도 있다. 낮에는 음악가들을 관리하고 계약하는 일을 하는 라자로위츠도 업무 특성상 몰입 상태로의 도달 여부에 있어서는 나를 비롯한 많은 사람과 유사한 경험을 했다. 낮에 지식노동자로 일할 때는 고객에게 전화를 걸고 계약서를 작성하거나 데이터베이스를 관리하며 집중할 수는 있어도 절대 몰입할 수는 없다. 그렇지만 저녁에 다른 음악가들과 함께 연주하며 서로의 즉흥연주를 피드백할 때는 몰입 상태에 도달할 수 있다. 수많은 연구가 밝힌 바와 같이 일상에서 컴퓨터와 휴대폰을 사용할 때는 목가적이긴 하지만 드물고 도달이 어려운 몰입 상태를 경험하려고 하기보다는 인지 자원을 과도하게 사용하지 않으며 주의집중 상태의 균형을 이루려고 노력해야 한다. 우리는 몰입에 이르지 못하더라도 내면의 리듬을 찾아낼 수 있다.

그렇다면 어떻게 해야 기기를 사용하는 동안 균형을 이룰 수 있을까? 리듬과의 내재적 연결을 통해 하루 동안 집중 상태에서 또 다른 주의집중 상태로 전환하면서 인지 자원 탱크를 적당한 수준으로 유지할 수 있다. 포모도로 기법 역시 리듬 개념을 적용해 하루를 25분의 작업과 5분의 휴식으로 나눈다. 그런데 흥미롭게도 이 기법을 실험한 학술 연구는 찾아볼 수 없다. 하지만 우리는 책 후반부에서 자세히 설명할 인지 자원에 대한 감각을 바탕으로 자신만의 리듬을 설계할 수 있다. 집중적 주의집중은 자원을 어마어마하게 사용하는 반면, 단순 반복 활동과 지루함은 훨씬 적은 자원을 필요로 한다. 우리는 집중을 생산성과 창의성의 이상적 상태로 생각할 수 있지만, 무념무상 주의집중(심지어 지루함)도 마찬가지로 중요하고 웰빙을 위해 중요한 역할을 한다. 가볍고 쉬운 관여, 심지어 집중하지 않는 상태가 우리에게 득이 된다는 생각은 깊은 몰두만이 가치 있다는 기존 생각과 상반된다. 때때로 우리는 자극에서 완전히 멀어질 수 있으며, 정신이 배회하거나 지루한 순간도 필요하다. 앤절로가 작은 마음을 통해 그랬듯이 우리는 가벼운 관여를 유지할 수 있다. 이러한 변화는 달리다가 가볍게 걷기로 전환하는 것과 같아서, 여전히 활동적이고 깨어 있는 상태를 유지하면서도 숨을 고르고 재충전하는 시간을 가지게 해준다. 컴퓨터와 휴대폰 화면 밖 삶에서 우리는 어떻게 균형을 잡는지 안다. 사람들은 지루할 때 자극을 찾고, 타임스퀘어에서 지나친 자극을 느끼면 조용한 안식처를 찾아 센트럴파크로 간다.

모든 주의집중 상태는 인지 자원의 균형을 이루는 데 도움이 되는 가치와 목적을 지니고 있다. 신체 자원으로 온종일 쉬지 않고 역기를 들 수 없듯이, 인지 자원으로 온종일 정신적 어려움을 감당해낼 수 없다. 이상적으로는 휴식을 취하고 기기를 잠시 내려놓아 자원을 보충하는 게 좋다. 또한 우리에겐 주의집중 상태를 전환하는 방법을 제어할 힘이 있어, 내면의 균형을 이루고 인지 자원을 회복하고 보충하려는 내재적 욕구를 활용해 반복적이고 무의미하거나 심지어 지루한 활동을 할 수도 있다. 여기서 우리는 활발하고 동적인 주의집중을 활용해 다양한 주의집중 상태 사이를 의도적이고 전략적으로 전환함으로써 균형을 이루고 여전히 생산적이면서도 웰빙 또한 유지하는 경험을 배울 수 있다. 하지만 다음 장에서 멀티태스킹에 관해 살펴보면 알 수 있겠지만, 모든 주의집중 전환이 우리에게 유익한 것은 아니다.

4

우리는 멀티태스킹을
왜, 어떻게, 얼마나 많이 하는가

1990년대 중반 독일에서 지내던 어느 날 아침, 직장에 출근했더니 컴퓨터과학자인 동료들이 한 컴퓨터 화면 앞에 모여 있었다. 웬 소란인지 가까이 가봤더니 그들은 월드와이드웹의 관문을 연, 완전히 새로운 브라우저 모자이크Mosaic를 들여다보고 있었다. 텍스트와 함께 이미지가 표시되었던 모자이크 인터페이스는 당시 사용하던 순수 텍스트 브라우저보다 몇 년은 앞서 오디오와 비디오의 길을 열었는데, 이더넷Ethernet 창시자 밥 맷커프Bob Metcalfe는 "갑자기 수백만 명이 인터넷이 섹스보다 낫다는 사실을 깨달았다"라고 말하기도 했다.[1] 하지만 당시 감탄을 금치 못했던 컴퓨터과학자들과 나는 사회적 관행, 업무, 여가 시간, 특히 주의집중 행동과 같은 삶의 다양한 방식이 얼마나 급격하게 변화할지는 예측할 수 없었다. 이제 이 도구는 결국 우리와 떼려야 뗄 수 없는 존재가 될 것이었다. 지금부터는 컴퓨터 기술이 우리 삶에 스며들면서 수년에 걸쳐 나타난 주의 집중 행동의 변화, 특히 아주 어린 나이에 주의집중 지속 시간이 짧아지는 토대가 마련되는 방식에 관해 논할 것이다.

나는 뉴스 중독자였다. 뉴스가 아직 디지털 형식으로 제공되지 않았을 때여서 내가 가장 좋아하던 신문인 〈뉴욕타임스〉를 독일에서 사려면 상당히 비쌌다. 파리에 살던 한 학생이 독일로 나를 만나러 오는 길에 친절하게도 일요일판 신문을 가져다준 적이 있다. 얼마나 비쌌으면, 학생이 가격을 알려주진 않았지만 그걸 결혼 선물로 생각해달라고 말할 정도였다. 모자이크가 출시되고 몇 년 후, 온라인으로 사진과 함께 올라오는 〈뉴욕타임스〉를 볼 수 있게 되고, 비록 뉴스 앵커 댄 레더Dan Rather가 우표만큼 작은 화면을 통해 나왔지만 스트리밍 동영상으로 미국 TV 뉴스를 볼 수 있게 되자 인생이 변하는 기분이 들었다. 매일 올라오던 뉴스는 곧 매시간, 매분 단위로 업데이트되었고 나는 몇 번이고 계속해서 뉴스를 확인하기 시작했다. 온라인 커뮤니티도 확산되고 있었는데, 갑자기 모두가 블로그를 운영하며 지극히 사적인 일상을 공론장에 공개하는 것만 같았다. 어떻게 그 흐름에 동참하지 않을 수 있었겠는가?

디지털 세상이 발전하면서 멀티태스킹이 폭발적으로 증가하기에 이상적인 조건이 형성되었다. 멀티태스킹이 새로운 현상인 양 불만이 많이 들려오지만, 사실 멀티태스킹은 디지털 시대에 시작된 것이 아니다. 모니카 스미스Monica Smith는 저서 《평범한 사람들의 선사시대A Prehistory of Ordinary People》에서 멀티 태스킹은 이족보행 조상이 도구를 만들기 시작한 이래 150만 년 이상 지속돼왔다고 말한다.[2] 계속 주변 환경을 감시해야 했던 인간은 생존을 위해 멀티태스킹에 의존했다. 수렵과 채집을 통해 식량을 구하는 동시에 도구를 제작할 자원을 찾고, 자녀를 돌보며 포식자도 경계해야 했다. 그들은 선택적으로 세심한 주의를 기울여 식량을 찾는 동시에 위험신호에 신경을 곤두세웠다. 오늘날 우리에겐 생존을 위해 끊임없이 주변을 살피는 기술이 더는 필요하지 않으므로 선택한 작업에 오랫동안 집중할 수 있어야 마땅하다. 하지만 우리는 그렇게 하지 않는다.

사람들은 시간 사용 방식을 기준으로 한 가지 작업을 끝까지 완수한 후 다른 작업을 시작하는 단일형monochronic 혹은 여러 작업을 한꺼번에 처리하는 다중형polychronic 방식을 선호한다. '슈퍼태스커supertasker'인 극소수는 인지 부하에 큰 지장 없이 여러 작업 사이를 전환하는 특별한 능력이 있다. 이러한 능력은 목표와의 충돌을 감지하는 두뇌의 전측 대상회 부위와 목표를 유지하고 전환하고 업데이트하는 후측 전두극 전전두엽 피질에 위치한 주의집중 조절 네트워크의 일부를 더 효율적으로 사용하기 때문인 것으로 알려져 있다.[3]

멀티태스킹 선호도 목록이라는 척도에 따르면 대부분 사람들은 단일형과 다중형 중간에 속한다. 참고로 이 척도는 참가자들에게 "나는 여러 작업 사이에서 주의집중을 전환하는 것을 좋아하지 않는다"와 같은 문항에 대해 평가하도록 요청한다.[4] 럿거스대학교의 캐럴 코프먼Carol Kaufman과 그녀의 동료들은 다중형 태도 지수라는 유사한 척도를 사용하여 300명이 넘는 사람들을 대상으로 설문조사를 실시해 다중형의 특징을 조사했다.[5] 그 결과, 여러 일을 동시에 처리하는 다중형 시간 사용 선호자들은 고학력자이고, 근무시간이 길며, 계획을 유연하게 세우는 것으로 나타났다. 흥미롭게도 이들은 업무보다 다른 사람과의 관계를 더 중시했다. 또한 다중형 선호자들은 단일형들에 비해 해야 할 일은 너무 많은데 시간이 부족하다는 느낌인 역할 과부하를 덜 겪었다. 그러나 단일형이나 다중형이 아닌 사람이라도 대부분 실제로는 다중형 방식으로 일했으며, 이는 직장의 요구와 이메일, 문자, 슬랙Slack(온라인 협업 툴-옮긴이) 같은 지속적인 전자 커뮤니케이션 및 소셜 미디어의 특성 때문일 가능성이 높다. 그러므로 오늘날 대부분 사람들의 삶에는 심각한 불일치가 존재한다. 단일형 선호자들이 동그란 구멍에 네모난 못이 끼어 있는 것처럼 다중적 스타일로 일하고 있으며, 이는 주의집중을 인지적으로 통제하는 능력을 더욱 저해한다. 그들은 역할 과부하를 경험하는 경향이 있고, 와중에 여러 업무를 따라잡기 위해 작업을 전환하는 데 어려움을 겪는다. 이는 연구에 참여한 많은 사람들이 업무에 부담을 느낀다고 보고한 내용과 일치한다.

인간은 고도의 집중력을 요하는
두 가지 일을 동시에 하기 어렵다

앞서 설명한 바와 같이, 걷는 동안 전화 통화를 할 때처럼 두 활동 가운데 하나나 둘 모두 주의집중이 거의 또는 전혀 필요치 않은 경우가 아닌 이상 일반적으로는 두 활동을 동시에 수행할 수 없다. 만일 내가 전화 통화를 하면서 이메일에 답장을 쓰려고 한다면 사실상 두 가지 다 제대로 하기 힘든 것이다. 그저 나는 두 작업 사이에서 신속하게 주의집중을 전환할 뿐이다. 멀티태스킹을 할 때 정신은 여러 가지 자원 앞뒤로 주의집중을 할당한다. 활동 전환은 이메일 알림 등의 외부 자극이나 기억과 같은 내부 자극에 의해 유발될 수 있다.

북적거리는 파티에서 맞은편의 누군가가 내 이름을 불렀을 때 갑자기 주의를 돌려 바로 옆에 있는 사람은 무시한 채 맞은편 사람의 이야기에만 집중한 경험이 있을 것이다. 1953년 콜린 체리Colin Cherry가 명명한 칵테일파티 현상[6]은 우리의 주의집중이 빠르게 전환되어 다른 무언가에 주의를 기울이는 방식을 보여주는 사례다. 한번은 중요한 원격회의 두 개가 겹쳐서 잡혔다는 사실을 뒤늦게 인지한 적이 있다. 마지막 순간에 그중 하나를 취소하기에는 너무 난감했기에 나는 각기 다른 내용이 나오는 이어폰을 양쪽 귀에 하나씩 꽂고 하나는 컴퓨터에, 하나는 휴대폰에 연결했다. 두 원격회의 사이를 오가며 주의를 집중하려 시도한 것이다. 가끔 누군가가 내게 의견을 물으며 이름을 언급할 때면 칵테일파티 현상처럼 주의를 기울였다. 그때마다 움찔했던 나는 발표자에게 질문을 다시 말해달라고 요청해야 했다. 물론 당시 내가 두 회의에 동시에 참석하고 있다는 사실을 아무도 몰랐겠지만, 고도의 집중력이 요구되는 두 업무를 동시에 수행하기란 인간에게 결코 쉬운 일이 아니다.

종종 어려운 작업 도중 주의집중을 다른 데로 돌리면 도움이 되기도 한다. 새로운 활동으로 넘어가면 부정적 사고방식에서 벗어나거나 인지 자원을 재충전할 수 있기 때문이다. 해결할 수 없는 과제를 가만히 숙고하다 보면 새로운 해결책이 떠오를 수도 있다. 반면 너무 많은 작업 사이를 빠른 속도로 전환해 계속해서 다시 주의를 집중해야 하는 경우는 시간 효율과 성과가 감소하고 스트레스가 유발되는 등 해로운 경우가 더 많다. 나는 원격회의 일정을 조정할 수 있었음에도 동시에 참석한 탓에 둘 다 제대로 해내지 못했다는 사실을 알고 있다.

두 가지 관점에서 바라본 멀티태스킹

서로 다른 활동 사이에서 주의집중을 전환하는 것에 관해 사람들은 의견이 어떨까? 연구 결과, 부서 구조조정 프로젝트 작업을 중단하고 정신 건강 프로젝트로 전환하는 경우처럼 한 프로젝트에서 다른 프로젝트로 주의집중을 전환하는 것에 대해 이야기한 이들도 있지만, 문서 작성을 중단하고 상사에게 이메일을 보내는 것처럼 훨씬 더 세밀한 관점에서 주의집중 전환을 설명한 사람들도 있었다. 멀티태스킹에 대한 사람들의 생각은 유연했으며, 주의집중 전환을 프로젝트 관점으로 축소해서 보거나 때론 세분화된 업무 관점으로 확대해 들여다보는 등 다양한 관점을 드러냈다. 이렇듯 서로 다른 관점을 통해서 우리는 주의집중 행동을 보다 총체적으로 이해할 수 있다.

구글 지도를 사용하는 경우를 예로 들어보자. 로스앤젤레스에서 볼더로 가는 여정을 계획 중이라면 그 여정을 다양한 수준으로 세분화해볼 수 있다. 넓게는 미국 전체 지도를 축소해서 볼 수도 있지만, 캘리포니아를 가로질러 네바다 남부를 지나 유타 중부를 통과한 다음 콜로라도로 진입하여 볼더로 향하는 북북동 방향의 대각선으로 여정의 큰 그림을 볼 수도 있다. 멀티태스킹에 있어서도 프로젝트 또는 연구논문 작성이나 제안서 준비와 같은 '작업 영역' 사이를 전환하는 방식으로 간단히 축소해 살펴볼 수 있다. 그러나 관점을 확대하면 문자 입력, 소셜 미디어 게시물 읽기, 이메일 응답과 같은 '낮은 수준' 작업 간에 주의집중을 전환하는 방식도 생각해볼 수 있다. 이 두 관점 모두 멀티태스킹의 본질에 대한 귀중한 통찰을 제공한다.

주의집중은 목표 지향적이며, 업무를 보는 방식을 넓은 관점에서 세밀한 관점으로 전환하면 목표도 높은 수준에서 낮은 수준으로 전환된다는 점을 기억해야 한다. 나는 업무 중 높은 수준의 목표와 낮은 수준의 목표 사이를 쉴 새 없이 오가는데, 논문을 완성해야 한다는 높은 수준의 목표에서 전화 통화를 해야 한다는 낮은 수준의 목표로 전환하는 경우를 예로 들 수 있겠다.

실제로 사무실에서 우리는
얼마나 주의집중할까?

학계에 입문한 뒤 내 주의집중이 얼마나 파편화되었는지 깨달으면서 나는 이러한 경험이 얼마나 만연한지 알아내기로 마음먹었다. 심리학자들은 반응시간을 측정하는 장비를 활용해 통제된 실험실 환경에서 주의집중 전환을 측정하는 방법을 사용했는데, 실제 업무를 수행하는 현장에서 사람들의 주의집중 전환은 어떻게 측정할 수 있을까? 실험실에서도 물론 중요한 통찰을 얻을 수 있지만, 일상의 압박감, 동료와의 갈등, 커리어 궤적, 웃을 일 등 실생활에서 경험하는 모든 걸 모형화하기란 불가능하다. 사람들이 기술을 사용하는 방식과 기술이 그들에게 미치는 영향을 제대로 이해하려면 사람들이 날마다 출근하는 곳으로 가야만 했다. 세부 사항을 포착하기 위해서는 그들의 일상을 방해하지 않으면서도 사람들이 현장에서 기술을 어떻게 사용하고 반응하는지 측정할 수 있어야 했다. 그래서 나는 살아 있는 실험실을 만들기에 이르렀다.

어려운 과제였지만 대학원생 빅터 곤살레스Victor González와 나는 20세기 초 최초의 경영컨설턴트였던 프레더릭 테일러 Frederick Taylor의 작업에서 영감을 얻었다. 1856년에 태어나 기계 공장 노동자로 경력을 시작한 테일러는 이후 엔지니어링컨설 턴트로 자리를 옮겨 테일러리즘Taylorism으로 알려진 과학적 작 업 관찰 기법을 개발해 발표했다.[7] 테일러는 스톱워치로 사람 들의 작업 활동 시간을 측정하고 석탄 채굴을 위한 최적의 삽 크기를 찾는 등 효율성을 개선할 방법을 모색했다. 나는 테일 러의 연구가 노동자의 생산성을 최대한으로 끌어올리기 위해 고안되었다는 사실이 못마땅했지만, 그의 방법이 우리 연구 목 적에 유용하다는 사실을 알았다. 우리는 다양한 지식노동 직종 에 종사하는 사람들을 대상으로 스톱워치를 활용해 다른 활동 으로 전환하기 전 어떤 활동에 얼마나 많은 시간을 소비하는 지 정확하게 측정했다. 테일러처럼 사람들의 행동을 최적화하 려는 의도가 아니라 관찰이 목적이었다는 점을 강조하고 싶다. 예를 들어 참가자가 이메일 프로그램을 열었을 때 스톱워치를 클릭해 시작 시간을 기록했다. 이메일에서 시선을 돌려 전화 를 받으면 이메일 중지 시간과 전화 통화 시작 시간을 기록했 다. 힘들지만 정확해야 하며 흥미진진하기도 한 작업이었는데, 우리 일을 신기해하던 한 참가자는 나를 돌아보며 "물감이 마 를 때까지 지켜보며 기다리는 것 같지 않으세요?"라고 묻기도 했다. 우리는 참가자들이 사용한 응용프로그램과 문서, 심지어 어떤 동료와 교류했는지 등 업무에 관한 세부 사항도 최대한 많이 기록했다. 관찰 초반에는 그들이 의식적으로 평소와 달리 행동했을 수도 있어서 처음 몇 시간 동안의 관찰 기록은 무시했다. 그러나 곧 사람들은 우리의 존재에 적응했고, 더 중요한 점은 업무 요구에 반응하느라 초기의 행동 변화는 이내 무색해졌다는 사실이다.

데이터를 열심히 수집한 결과, 직장에서 사람들이 화면 안팎의 낮은 수준 업무에 평균 3분 5초만 집중한 뒤 다음 업무로 전환한다는 사실을 알아냈다.[8] 여기에는 동료와의 상호작용도 포함되었다. 하지만 컴퓨터 사용 시 주의집중 행동만 살펴본 결과, 사람들은 평균 2분 30초마다 주의집중을 전환하는 것으로 나타났다. 3분마다 모든 활동을 전환하고, 특히 컴퓨터로 업무를 볼 때 2분 30초마다 주의집중을 전환한다는 사실은 당시로선 상상할 수 없는 결과로 보였다. 그렇지만 이는 향후 15년간 발견될 사실에 비하면 아무것도 아니었다.

주의집중이 얼마나 퇴보했는지
정확히 측정할 수 있다면

스톱워치를 들고 사람들을 따라다니는 건 힘든 일이었기에 실제 환경에서 데이터를 수집할 좀 더 효율적인 방법을 마련해야 했다. 다행스럽게도 실생활에서 인간의 행동을 이해하려는 나의 관심은 센서 기술 개발 혁명과 맞물렸다. 가슴에 차거나 손목에 착용하는 심박수 측정기와 같은 새로운 센서는 스트레스를 측정할 수 있는 정교하고 흥미로운 혁신이었다. 신체활동을 측정하는 센서의 거동 기록 장치를 통해 사람들이 직장에서 얼마나 많이 움직이는지 확인할 수 있었다. 웨어러블 기기는 수면도 측정해주었다. 새로운 컴퓨터 로깅logging(컴퓨터에서 발생하는 작업과 이벤트의 기록을 생성하는 것-옮긴이) 방식은 사람들의 주의집중이 화면에 머무는 시간과 프로그램, 웹사이트, 컴퓨터 화면 사이에서 전환하는 시간을 정확히 기록했다. 컴퓨터나 휴대폰 화면에서 보내는 시간은 해당 화면에 얼마나 오랫동안 주의를 집중하는지 나타내는 지표가 된다. 다른 화면으로 전환하는 것은 다른 데 주의를 기울이려는 인지적 전환이기 때문이다.

그런 다음 정확한 타임스탬프를 기반으로 살아 있는 실험실에서 수집한 다양한 측정값을 모두 동기화하여 사람들이 실제 환경에서 기술을 어떻게 사용하는지에 관한 전체적인 그림을 그려볼 수 있었다. 이 새로운 방식에서는 실험자가 직접 관찰할 필요가 없어 참가자들이 업무를 볼 때 눈에 거슬리지 않아도 되었다. 무엇보다 가장 좋은 점은 이러한 측정이 매우 객관적이고 정확하다는 사실이었다.

정밀 추적은 행동 측정의 새로운 영역이었다. 모든 연구는 임상시험심사위원회의 승인을 받았고, 모든 연구 참가자는 동의서에 서명했으며, 데이터는 익명으로 유지되었다. 누구든 원하면 불이익 없이 참여를 중단할 수 있었다(그만둔 이는 아무도 없었다). 참가자들은 자신의 컴퓨터 작업이 기록되는 데 동의했으며, 우리는 어떤 내용도 기록하지 않고 방문한 프로그램과 URL의 타임스탬프만 수집했다. 규정을 준수하지 않은 일부(가령 심박 가슴 스트랩을 온종일 착용하지 않거나 기기를 충전하지 않는 등)를 제외한 대부분의 참가자가 연구에 충실히 참여해주었다.

오늘날 우리의 주의집중 시간, 고작 47초

컴퓨터가 발달하면서 사람들의 주의집중 시간이 어떻게 변화해왔는지 이해하기 위해 나는 작업에 거슬리지 않으면서도 점점 더 정교해진 컴퓨터 로깅 기술을 활용해 수년 동안 사람들의 주의집중을 추적해왔다. 연구 대상인 다양한 참가자들은 모두 지식노동자였지만 각기 다른 직종과 다른 직장에서 근무하는 이들이었다. 대부분 25세에서 50세 사이의 연령대에 속했고 그보다 더 어린 대학생도 있었다. 관찰 기간은 며칠에서 몇 주까지 다양했다. 연구마다 수천 시간의 관찰이 이루어졌음을 밝혀둔다.

이러한 주의집중-추적의 결과는 다른 화면으로 전환하기 전 한 화면에 집중하는 평균 시간이 수년에 걸쳐 줄어들고 있음을 보여준다(그림 1). 2004년 초기 연구에서는 사람들이 다른 화면으로 주의집중을 전환하기 전 컴퓨터 화면에 평균 150초(2분 30초) 정도 집중하는 것으로 나타났지만, 2012년에는 그 시간이 평균 75초로 감소한 것으로 나타났다. 이후 2016년부터 2021년까지는 다른 화면으로 전환하기 전 평균 집중 시간이 44초에서 50초 사이로 비교적 일정했다. 다른 연구자들 역시 컴퓨터 로깅을 통해 이러한 결과를 재현했다. 마이크로소프트 리서치의 앤드리 마이어André Meyer와 동료들은 소프트웨어 개발자 스무 명의 열하루 근무 기간 동안 평균 집중 시간이 50초라는 사실을 알아냈다.[9] 내 연구실 대학원생 파티마 악바르Fatema Akbar는 논문에서 3~4주간 다양한 직종에 종사하는 직장인 쉰 명의 평균 집중 시간이 44초에 불과하다는 사실을 밝혀냈다.[10] 달리 말해 지난 몇 년간 직장인들은 하루 종일 평균 47초마다 컴퓨터 화면에서 주의집중을 전환한 셈이다. 실제로 2016년에는 주의집중 시간의 중앙값(즉 중간점)이 40초인 것으로 나타났다.[11] 이는 모든 화면에서 관찰된 주의집중 시간의 절반이 40초보다 짧다는 의미다.

설문조사 참여자의 상당수가 디지털 생활의 골칫거리로 이메일을 꼽았는데, 전체 이메일 사용시간은 수년에 걸쳐 증가한 것으로 드러났다. 2004년 하루 평균 47분이던 이메일 사용시

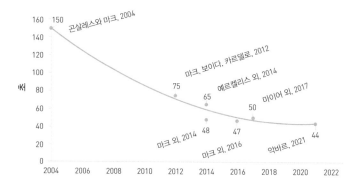

그림 1. **컴퓨터 화면에서의 평균 주의집중 시간, 2004~2021**[12]

간은 2016년에 하루 평균 83분으로 급증했다. 슬랙 같은 다른 커뮤니케이션 도구는 감안하지 않은 통계이므로 사람들이 매일 동료와 메시지를 주고받는 데 심지어 더 많은 시간을 할애했다는 사실을 알 수 있다(문자메시지 특성상 짧은 순간 주의집중을 발휘했을 가능성이 높다). 다음 장에서는 이메일이 스트레스에 미치는 영향을 보여주겠다.

결론적으로 개인 기기 사용 시 사람들의 평균 주의집중 시간은 시간이 지남에 따라 상당히 짧아지고 있다. 이러한 결과는 관리자, 행정 보조원, 재무분석가, 기술자, 연구원, 소프트웨어 개발자 등 모든 유형의 직군에서 동일하게 나타난다. 하지만 이러한 주의집중 시간의 단축과 함께 사회적 관계, 환경의 영향, 개인의 습관, 사람들의 좌식 행동 등 다른 종류의 변화도 함께 일어나고 있었는데, 곧 다루겠지만 이 모든 변화에는 기술 사용의 급격한 증가와 맞물리는 부분이 있다. 지난 15년을 돌이켜 보면, 내가 이 현상을 처음 연구하기 시작했을 때도 주의집중 시간이 짧긴 했지만 시간이 지남에 따라 상황은 더욱 악화되었다.

나도 모르게 업무에서 벗어나 함정에 빠진다

참가자들은 자신의 주의집중 행동에 대해 어떻게 생각했을까? 그들이 말하는 급격한 주의집중 전환의 이유는 습관, 지루함, 업무에 압도되는 느낌, 친구나 동료에게 연락하고픈 충동, 하기 싫은 일을 피하고 싶은 충동 등등 다양하고 평범했다. 어떤 이들은 업무 모드에서 주의산만 모드로 전환하는 상황에 관해 이야기했다. 심지어 어떤 이는 이를 두 개의 자아로 표현하기도 했다. 어느 밀레니얼세대 참가자는 업무 중 유튜브에서 음악을 듣는다고 말하며, 일과 노래 가사 사이에서 자연스레 주의집중을 전환하는 데 익숙하다고 설명했다. 한 사람은 소셜 미디어를 자주 확인하는 행동을 '스내킹snacking'(간식 먹기에 비유-옮긴이)이라고 불렀다. 많은 참가자가 업무에서 벗어나 시간 가는 줄 모르고 어딘가에 빠지는 현상을 두고 '토끼굴' 또는 '터널', 즉 주의집중의 함정에 빠졌다고 표현했다. 헬렌이라는 참가자는 "그 함정에서 빠져나오기"가 얼마나 어려운지 토로

하기도 했다.

기술 회사에 다니는 30대 연구원 클로이는 컴퓨터를 사용할 때 주의집중이 얼마나 자주 방황하는지 설명했다. 그녀는 '냉혹한 현실 업무'가 아닌 다른 것을 생각하고픈 충동이 조금만 일어도 웹에서 그 아이디어 관련 정보를 찾게 된다고 말했다. 웹 서핑을 하며 링크와 링크를 넘나드는 행위가 자극이 되고 직장 생활에서 공백을 메워준다는 것이다. 그녀는 그 과정에서 새로운 정보를 얻기 때문에 자신의 주의집중 전환이 생산적이라고 정당화한다. 하지만 그녀는 다른 참가자들과 마찬가지로 업무 외 활동에 얼마나 많은 시간을 소비했는지 깨닫고 죄책감을 느끼곤 한다.

40대 초반의 소프트웨어 개발자 론은 저녁형 인간으로, 오후 2시에서 밤 9시 사이에 업무 효율이 가장 좋지만 오전 9시에 직장에 출근해 저녁 5시까지 일해야 한다. 그에게 아침은 업무 효율이 좋은 시간이 아니기 때문에 집중력을 유지하기가 더 어렵고 주의집중이 급격히 흐트러지기 쉽다. 그는 아침 시간에는 주로 웹사이트, 트위터, 뉴스 사이트 및 기타 소셜 미디어를 돌아다닌다고 설명했다.

같은 회사의 또 다른 40대 분석가 스티브는 기기를 사용할 때 자제력이 거의 없다고 고백한다. 그는 클로이와 마찬가지로 직장에서 어려운 문제에 부딪힐 때면 간단한 게임을 하거나 소셜 미디어에 게시물을 올리는 등 주의집중을 다른 데로 돌리는 경향이 있으며, 이를 통해 자신이 쉽게 무언가를 성취하고 있다고 느낀다. 스티브 역시 업무 외 활동에 너무 많은 시간을 쓴다는 사실을 깨닫고는 죄책감을 느낀다고 말했다.

다른 참가자들처럼 스티브 역시 자신의 주의집중 전환 행동을 "무의식적"이라고 표현했다. 실제로 연구 참가자들은 주의집중을 빠르게 전환하는 모드에 빠져도 자각하지 못하다가 어느 순간 자신이 한동안 다른 데 빠져 있었음을 깨달았다고 자주 이야기했다. 이러한 무의식적 주의집중 전환은 윌리엄 제임스가 주장한 의지적 주의집중volitional attention, 즉 자기통제가 가능한 개념과는 대조적이다.

급격한 주의집중 전환은 정보처리 능력에 영향을 미친다. 특히 현재 보고 있는 것이 흥미롭지 않은 경우 이전에 보던 내용이 현재 보고 있는 활동에 방해가 될 수 있는데, 이는 연구원 소피 리로이Sophie Leroy가 주의집중 잔여물attention residue[13]이라고 부른 현상이다. 감정 또한 남을 수 있어서 트위터 게시물에서 비극적인 뉴스를 읽고 슬픔이 치밀어 오르는 등의 감정을 겪었다면 업무용 프로그램으로 주의집중을 전환한 후에도 감정 잔여물이 남는다. 주의집중과 감정의 잔여물은 집중적 주의집중을 더욱 어렵게 만든다.

주의집중 시간이 짧아짐과 동시에 나타난 또 다른 놀라운 변화 가운데 하나는 사람들이 책상에서 보내는 시간이 길어졌고 갈수록 앉아서 하는 업무가 많아졌다는 것이다(그림 2). 이메일이 등장하기 전인 1960년대 중반부터 1980년대 중반까지 지식노동자들이 직장에서 시간을 보내는 방식을 관찰한 초기 연구(이 연구는 스톱워치가 아닌 시계로 시간을 측정했다)에 따르면, 사람들은 하루 중 평균 28~35퍼센트만 책상에 앉아 있었다.[14, 15,16] 나머지 시간은 예정된 회의와 비공식 회의에 참석하는 데 보냈다. 인터넷과 이메일 사용이 급증하던 2004년에는 연구 참가자들이 하루의 평균 52퍼센트를 책상 업무(컴퓨터 및 전화 업무)에 사용하는 것으로 나타났는데, 이는 이전 연구 결과보다 훨씬 긴 시간이다.[17] 2019년 연구에서는 걸음 수 활동을 감지하는 웨어러블 손목 트래커와 사무실 위치를 감지하는 소형 무선송신기를 사용해 1년 동안 603명의 데이터를 수집했는데, 직장인들이 주어진 시간의 거의 90퍼센트를 책상에서 보내는 것으로 나타났다.[18]

물론 이메일과 인터넷의 등장이 책상에서 보내는 시간과 좌식 행동의 증가를 유발했다고 주장할 수는 없다. 그러나 우리는 무슨 일이 일어나고 있었는지에 관한 단서를 제공해주는 다

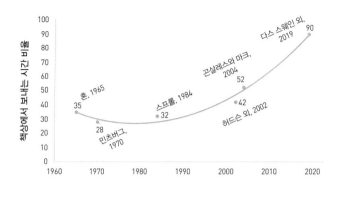

그림 2. **책상에서 보내는 시간 비율, 1965~2019**

곤살레스와 마크(2004)의 연구에서는 책상 업무에 유선전화와 휴대폰 사용을 모두 포함했다. 1965~1984년 연구는 직장에 이메일이 도입되기 전에 수행되었다.[19]

른 사실을 발견했다. 바로 수년 동안 사람들이 회의실에 모여, 혹은 다른 사람의 사무실에서 대면 회의를 하며 보내는 시간이 줄어든 것이다(이 연구는 코로나19 팬데믹 이전에 수행되었다). 1965년부터 1984년까지 지식노동자들은 하루 중 평균 34퍼센트를 이러한 대면 회의에 사용했지만, 2004년에는 그 비율이 평균 14퍼센트로 감소한 것으로 나타났다.[20] 이러한 변화를 어떻게 이해해야 할까? 데이터를 통해 이전에는 대면 회의에서 이뤄지던 업무가 이제는 이메일, 메시지, 화상회의 등 전화와 컴퓨터를 통해 더 많이 이뤄지고 있음을 유추할 수 있다. 컴퓨터 사용시간이 길어지면서 화면으로 주의집중을 돌릴 기회가 많아진 것이다. 특히 팬데믹 기간의 줌 회의처럼 컴퓨터에서 더 많은 회의가 이뤄지면서, 컴퓨터 작업과 해당 회의, 그리고 온라인 회의와 다음 온라인 회의 사이의 전환 시간도 줄어들었다. (물론 온라인 회의 중에도 이메일에 응답하거나 웹 서핑을 하는 등 멀티태스킹을 할 수 있다.) 회의실까지 걸어가기만 해도 최소한의 움직임과 짧은 정신적 휴식을 통해 지난 활동에서 벗어나 다음 활동을 준비할 수 있었다. 그런데 우리는 회의 사이에 숨을 돌리는 능력을 잃어가고 있었다. 독일에서 근무할 때 점심 식사후 긴 산책을 했던 기억이 떠올랐다. 오후 업무를 시작하기 전 양질의 휴식을 취하며 전환의 시간을 가졌던 경험이었다.

주의집중 사이를 왔다 갔다 하는 게 문제가 되는 이유

최근 몇 년 동안 사람들이 어떤 화면에 집중하는 시간은 약 47초로 꾸준한 상태에 도달했다. 하지만 동일한 업무 영역, 즉 동일한 프로젝트와 관련된 경우라면, 낮은 수준의 작업 사이를 전환하는 것이 그렇게 나쁠까? 학자인 나는 연구논문을 작성할 때 글쓰기, 이메일, 슬랙, 웹 정보 검색, 분석, 줌 회의, 동료와의 대화 사이에서 끊임없이 주의집중을 전환한다. 그런데 그 모든 과정에서 일반적으로 높은 수준의 관점을 사용하여 업무 영역에 대해 생각하며 그 안에서 하위 수준의 작업 사이를 오갈 수 있다. 이렇듯 주의집중 전환이 모두 동일한 프로젝트 영역 내에서 일어난다면 전환이 그리 문제가 되지 않을 수도 있다. 그렇지 않은가?

또 다른 직장 연구에서 대학원생 빅터 곤살레스와 나는 작업 영역 간 주의집중 전환에 대해 조사했다.[21] 이 연구에서 우리는 사람들이 하루 평균 열두 개가 조금 넘는 작업 영역을 처리한다는 사실을 확인했다. 실제로 나의 작업 영역 수는 늘 이 숫자 언저리를 맴돌고 있었다. 낮은 수준의 작업에 소요되는 시간 역시 매우 짧았는데, 사람들이 다른 작업 영역으로 전환하기 전 한 작업 영역에 머무는 실제 평균 시간은 10분 29초로 상당히 짧았다. 즉 사람들은 하루 동안 약 10분 30초에 한 번씩 작업 영역을 넘나들며 주의집중을 전환하고 있었다. 그리고 사람들의 행동을 더 자세히 살펴본 결과, 이메일 같은 사소한 작업에 대한 주의집중 시간이 훨씬 더 짧다는 걸 알 수 있었다.

하지만 모든 방해 요소가 똑같지는 않다는 점을 생각해보자. 예를 들어 문서에 서명을 요청하는 사람은 그다지 방해가 되지 않을 수도 있다. 반면 어떤 요소는 상당한 방해가 된다. 동료가 어떤 문제를 해결하는 데 도움을 요청하는 경우처럼 말이다. 그래서 우리는 업무에 큰 지장을 주지 않는 2분 이하의 중단은 데이터에서 제거하기로 정한 다음, 이런 짧은 중단은 발생하지 않은 것처럼 가정해 시간 경과에 따른 데이터를 연결했다. 놀랍게도 사람들은 전환 전에 평균 12분 18초만 작업 영역에 머무는 것으로 나타났다. 다시 말해 사람들이 12분 정도마다 2분

이상 지속되는 심각한 중단을 직면하고 있다는 의미였다!

　이런 상황은 좋지 않다. 우리는 각 작업에 필요한, 인지적으로 까다로운 처리 과정에 대비할 시간이 필요하다. (낮은 수준의 업무 간이라 해도) 작업 영역을 전환할 때마다 장기기억에 저장된 해당 작업 관련 지식에 접근해야 하므로 인지 자원이 필요한 것이다. 작업 영역에 접근한 지 시간이 꽤 지났다면 이메일 작성처럼 사소한 부분만 작업하더라도 해당 작업의 스키마를 검색하거나 개발하는 데 더 많은 자원이 요구된다.[22] 한동안 따로 제쳐두었던 논문으로 돌아간다면 이미 작성한 내용과 다음 단계에 대한 이해를 복구해야 하므로 많은 노력을 기울여야 한다. 현재 작업 영역에 관여하고 있더라도 다른 작업을 한 후에는 장기기억에서 해당 스키마를 불러와야 한다. 미완성 작업의 정확한 상태를 재구성해야 하므로 속도를 내려면 여전히 약간의 인지 자원이 필요하다. 사람들의 주의집중 전환 빈도와 이전 작업을 재개하는 데 드는 노력을 감안하면 인지 자원이 고갈되는 것은 당연한 일이다.

이거 했다가 저거 했다가
그거 했다가 이거 하는 업무 패턴

　그렇다면 작업을 중단했을 때는 어떻게 될까? 중단한 작업을 재개하는 데는 얼마나 걸릴까? 여기 좋은 소식과 나쁜 소식이 있다. 우선 좋은 소식은 중단한 작업 영역의 77.2퍼센트가 당일 재개된다는 것이다. 반면 나쁜 소식도 있다. 업무를 중단했다가 복귀하기까지 평균 25분 26초가 걸린다는 점이다. 이제 정말로 나쁜 소식이다. 사람들은 업무를 중단한 뒤 다른 작업으로 전환했다가 다시 원래 하던 업무로 돌아가는 것이 아니다. 원래 작업 영역으로 돌아가기 전 평균 2.26개의 작업 영역을 오간다.[23] 그림 3은 하루 동안 일어나는 전환의 일반적인 패턴을 보여준다. 즉 한 작업 영역에서 작업하다가 다른 작업 영역으로 전환하고, 또 다른 작업 영역으로 전환하고, 다시 다른 작업 영역으로 전환하고, 마지막으로 원래 하다가 중단한 작업 영역으로 돌아간다는 뜻이다. 이러한 작업 전환은 외부의 방해(예를 들어 전화 통화) 때문일 수도 있고, 다음 장에서 자세히 설명할 개인 자신 때문일 수도 있다. 전환할 때마다 장기기억에

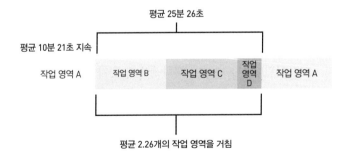

그림 3. **정보노동자의 하루 중 작업 영역 간 전환 패턴**

서 해당 작업 스키마를 불러와야 하므로 인지 부하가 늘어난다는 점을 기억해야 한다. 또한 작업을 완료하지 못한 채로 남겨두면 긴장이 쌓여 스트레스가 가중되는데, 이에 관해서도 다음 장에서 자세히 설명하겠다.

멀티태스킹을 하면 생산성이 떨어진다

어떤 이들은 멀티태스킹이 생산성에 도움이 된다고 생각한다. 그러나 멀티태스킹을 하면 생산성이 떨어진다는 증거는 오래전부터 존재해왔다. 거의 100년 전인 1927년, 미국의 아동심리학자 아서 T. 저실드Arthur T. Jersild는 사람들이 멀티태스킹을 할 때 성과가 느려진다는 사실을 입증했다. 그는 어린이와 젊은이가 복잡한 상황에 어떻게 적응하는지 이해하기 위해 이 연구를 실시했다.

이 연구에서 저실드는 사람들이 작업의 한 요소에서 다른 요소로 정신적 '전환'을 할 때 어떤 일이 일어나는지 알아보았다. 그는 어린이(6~8학년)와 대학생에게 숫자 목록을 주고 각각의 숫자에서 3을 빼라고 지시했다. 그런 다음 반대되는 단어의 이름을 말하도록 요청하고 또 다른 단어 목록을 주었다(예를 들어 뜨겁다를 보고 차갑다고 말하기). 그 결과 숫자와 단어가 섞여 있어 참가자들이 단어와 숫자 연산 사이를 전환해야 할 때 전환 비용이 발생한다는 사실을 발견했다.[24] 대학생보다 어린 이가 과제를 수행하는 데 더 오래 걸렸지만, 모든 연령대에서 동일한 전환 비용이 발생했다. 한 작업을 수행하면서 다른 작업을 생각하면 현재 작업뿐만 아니라 다른 작업까지 염두에 두려는 추가 인지 자원을 사용하기 때문에 정신적 부하가 늘어나는 것이다.[25]

최근 연구에서는 참가자에게 여러 작업을 주고 스스로 작업을 전환할 수 있도록 했다. 전환 빈도가 높을수록 주 작업의 수행 능력이 떨어졌다.[26] 멀티태스킹을 하면 작업을 완료하는 데 더 오래 걸리고 더 많은 오류를 범한다는 결과는 실험실 연구에서 거듭 발견되었다.[27] 실제 상황 속 연구에서도 수행 능력이 떨어지는 것이 증명되었다. 예를 들어 멀티태스킹을 한 의사는 처방 오류를 더 많이 범했고[28] 조종사는 비행 중 실수를 더 많이 했다.[29] 우리는 집에 있을 때도 멀티태스킹이 업무 수행에 어떤 영향을 미치는지 경험으로 알고 있다. 요리를 하면서, 문자를 보내면서, 아이들이 싸우지 않도록 애쓰고 있다고 상상해 보자.

앞서 언급했듯 멀티태스킹에 따르는 또 다른 비용이 있는데, 적포도주를 마시면 도버 서대기Dover sole(도버해협에서 잡히는 참서대의 일종-편집자)의 미묘한 향미를 제대로 음미할 수 없는 것과 같이[30] 이전 작업의 주의집중 잔여물은 현재 작업에 방해가 된다. 실제 상황에서 연구한 결과, 업무 중 주의 전환이

잦을수록 하루가 끝날 무렵 평가한 생산성이 낮아지는 것으로 나타났다.[31]

하지만 생산성만 저하되는 것은 아니다. 실험실 연구에 따르면 멀티태스킹이 스트레스 증가와도 연관된다는 사실이 일관되게 밝혀졌다. 멀티태스킹 결과 면역글로불린 A 반응성 분비가 감소했고[32] 미국 항공우주국의 정신적 피로도 지수NASA Task Load Index, NASA-TLX 척도로 측정한 정신적 부하도 증가했으며[33] 수축기 및 이완기 혈압도 높아졌다.[34] 실제 환경에서 얻은 결과도 실험실 연구 결과와 일치한다. 멀티태스킹이 많을수록 자가 보고된 인지 스트레스 양이 높아 상관관계가 드러났다.[35] 실생활에서 심박수 측정기를 사용한 자체 연구에서 발견한 것처럼, 기기 간 주의집중 전환이 빠를수록 스트레스는 더 높게 나타났다.[36,37]

아주아주 어릴 때부터
멀티태스킹에 노출되는 아이들

멀티태스킹의 기반은 아주 어린 나이에 다져진다. 2~4세 어린이가 이미 하루 평균 2시간 30분의 스크린 타임을 기록하고 있으며, 5~8세가 되면 평균 3시간 5분으로 치솟는다. 대부분 스크린 타임은 TV와 유튜브 시청으로 이뤄지지만 5~8세 어린이는 하루 평균 40분을 게임 플레이에 소비한다.[38] 유튜브를 시청할 때 어린이의 주의집중 시간이 어느 정도인지는 아직 알 수 없으나, 실험실 연구에 따르면 나이가 어린 아이일수록 주의가 산만해지기 쉽고 주의가 산만해지면 원래 대상에 다시 집중하는 데 더 오래 걸린다.[39] 어린 나이에 너무 많은 미디어에 노출되면 아이들은 화면 앞에서 오랜 시간을 보내는 것이 정상적인 행동이라 여긴다.

아주 어린 아이들이 디지털 미디어를 너무 많이 사용하는 상황과 관련해 우려해야 할 한 가지는, 그들의 자제력과 실행 기능이 아직 미성숙하다는 점이다. 이러한 기능은 성장 과정 내내 발달하여 10세쯤에 성인과 비슷한 능력에 이른다.[40] 물론 유튜브 동영상을 시청하는 동안에는 자제력이 그다지 중요하지 않을 수도 있다. 하지만 점점 더 많은 교육이 디지털 방식으로 이뤄지기 때문에 학교 공부에서는 중요해진다. 2020년 팬데믹의 해에 온라인 교육이 거의 보편화되었고 지금도 점점 더 퍼져나가고 있다. 자제력은 온라인 학습 중 차분하게 정보를 검색하고, 수학 문제를 풀고, 온라인에서 읽고 쓰기 위한 필수 능력이다. 어른들도 산만해지려는 충동을 참기가 이토록 힘든데, 아이들은 중요한 정신 기능이 온전히 발달하기도 전에 디지털 세상에 내몰리는 셈이다. 한편 아이들이 컴퓨터와 휴대폰을 사용하는 시간은 점점 더 길어지고 있으며, 이러한 환경은 지속적인 주의집중력을 기르는 데 도움이 되지 않는다.

소셜 미디어 역시 청소년들의 멀티태스킹 환경을 조성한다. 사이버 괴롭힘이나 유해한 행동 영향 등 소셜 미디어의 잠재적 위험성에 관한 글이 많지만,[41] 소셜 미디어는 다른 사람들과 사회적으로 연결되고 자신의 정체성에 대한 다양한 측면을 탐구할 수 있도록 돕는 등 성장하는 청소년에게 매우 중요한 역할을 하는 게 사실이다. 청소년은 증가하는 필요에 따라 자신만의 소셜 미디어 사용 패턴을 구축한다. Z세대는 소셜 미디어를 왕성하게 사용한다. 이 글을 쓰는 시점에 13~17세 청소년의 85퍼센트는 유튜브를, 72퍼센트는 인스타그램을, 69퍼센트는 스냅챗을 쓰고 있다.[42] 소셜 미디어 사용은 나이가 들어도 줄어들지 않으며 18~29세 연령대에서는 84퍼센트가 다양한 소셜 미디어를 사용한다. 팬데믹 기간 동안 이 연령대의 틱톡 사용률은 180퍼센트 증가했는데[43] 젊은 층의 55퍼센트가 틱톡을 썼다.[44] 사용 중인 소셜 미디어 플랫폼이 많다는 건 멀티태스킹의 기회도 늘어난다는 뜻이다. 대학생들이 깨어 있는 시간 동안 컴퓨터와 휴대폰을 얼마나 사용하는지 추적한 연구 결과, 하루 평균 118번 소셜 미디어를 확인하는 것으로 나타났다.[45] 소셜 미디어를 가장 자주 확인하는 사람들(표본의 상위 25퍼센트)은 하루 평균 237번 소셜 미디어 사이트를 확인했으며, 이는 표본의 하위 25퍼센트(하루 평균 39번)에 비해 여섯 배가 넘는 수치였다. 대학생 역시 연령대가 더 높은 성인층과 마찬가지로 컴퓨터나 휴대폰 화면에 집중하는 시간이 평균 48초에 불과했다. 멀티태스킹을 가장 많이 하는 열 명은 29초마다, 가장 적게 하는 열 명은 75초마다 주의집중을 전환했는데, 이는 여전히 놀라운 수치다. 주의집중을 전환하는 속도가 빠를수록 측정된 스트레스도 더 높았다.[46]

일반적으로 젊은이들은 온라인 과제를 하면서 문자를 보내는 등 두 가지 이상의 서로 다른 유형의 미디어를 동시에 사용했는데, 이를 미디어 멀티태스킹이라고 한다. 실험실 연구에 따르면 미디어 멀티태스킹을 많이 하는 사람들은 작업과 관련 없는 정보를 걸러내는 데 어려움을 겪는 것으로 나타났다.[47] 간단히 말해, 이러한 사람들은 주의집중을 자주 전환하는 데 익숙하며 기기를 사용하지 않을 때도 다른 사람들보다 더 쉽게 주의가 산만해진다. 커뮤니케이션 연구자인 쉬사너 바움하르트네르Susanne Baumgartner와 암스테르담대학교 동료 연구진들은 몇 달에 걸쳐 미디어 멀티태스킹에 어떤 일이 일어나고 있는지 알아보기 위한 연구를 진행했다. 연구진은 2390명의 네덜란드 청소년에게 "TV를 시청하면서 동시에 소셜 네트워크 사이트를 얼마나 자주 사용하나요?"와 같은 질문을 통해 설문을 작성하게 했다. 또한 정신질환 진단 및 통계 편람인 DSM-5에 따라 ADHD와 관련된 부주의 및 다양한 관련 증상에 대한 설문조사도 진행했다. 연구진은 주의력에 문제가 있는 청소년이 그렇지 않은 청소년보다 미디어 멀티태스킹을 더 많이 한다는 사실을 발견했다. 그러나 몇 달에 걸친 영향을 살펴보면, 미디어 멀티태스킹은 어린 청소년의 주의집중에만 영향을 미쳤고, 연령대가 조금 높은 청소년에게는 그러지 않았다.[48]

나이가 어릴수록 주의집중 방법을 더 잘 배울 수 있을까? 게임은 아이들 사이에서 인기가 많은데, 〈몬스터 헌터 라이즈 Monster Hunter Rise〉 같은 액션게임을 할 때 동시에 일어나는 다양한 활동을 모니터링하고 추적한 연구가 있다. 로체스터대학교의 숀 그린Shawn Green과 대프니 바벨리에Daphne Bavelier는 액션게임을 하는 사람들의 주의집중력이 더 뛰어난지 의문을 품고[49] 평균연령 21세의 게이머와 일반인 젊은 남성들을 대상으로 실험을 진행했다. 실험 참가자들은 화면의 원 안에 있는 목표 도형(정사각형, 다이아몬드)을 최대한 빠르게 식별하고 원 밖에 나타나는 방해 도형은 무시해야 했다. 실제로 게이머들은 이러한 시각적 선택 과제에서 화면 중앙과 주변부에 나타나는 도형을 더 잘 감지했다. 연구진은 비디오게임 플레이어가 더 많은 주의력 자원을 사용할 수 있다고 제시했다. 즉 사람들이 동적 주의집중을 사용할 때 게임에 더 능숙해지는 것으로 보였다. 그렇다면 어린이나 청소년이 슈퍼 멀티태스커로 성장하려면 액션비디오게임을 해야 한다는 뜻일까? 나는 자녀에게 액션게임 〈데스루프Deathloop〉를 사주기 전에 잠시 신중하게 생각해봐야 한다고 주장하는 바다. 최근 연구는 비디오게임이 실제로 집중력을 향상시키는지, 아니면 비디오게임을 하는 사람들이 스스로 이런 게임을 선택하도록 유도하는 인지 능력을 타고났는지 의문을 제기한다.[50] 아마도 그들은 슈퍼태스커일 것이다. 어떤 경우든 자녀에게 비디오게임을 시켜주려고 생각한다면 하루가 유한하다는 점을 고려해야 한다. 비디오게임을 한다는 것은 실제 생활에서 공부하고 일하고 사람과 교류하는 시간이 감소한다는 뜻이기 때문이다. 자녀(또는 부모)가 문자메시지에 반응하는 속도는 빨라질 수 있지만, 인생에서 더 중요한 다른 일에 할애할 시간은 줄어들 것이다.

어린이가 기기를 사용할 때의 주의집중 행동과 관련해서는 아직 연구해야 할 사항이 많다. 어린이와 청소년의 주의집중과 자제력은 아직 발달 중이기 때문에 매우 취약하다. 하지만 어린 자녀의 읽기와 운동 기능이 향상되리라 기대하는 부모의 부추김에 따라 어린이들이 많은 시간을 스크린에 할애하고 있으며, 청소년 역시 사회적 압박 때문에 인스타그램, 스냅챗, 틱톡 및 기타 여러 소셜 미디어를 많이 사용하는 실정이다.

디지털 문화에서 멀티태스킹은 아주아주 어릴 때부터 시작된다. 주의집중이 빠르게 이동하는 다중형 세상이 새로운 표준이 되었다. 자신의 삶이 "끊임없는 이어지는 광적인 멀티태스킹의 연속"이라고 말한 한 연구 참가자는 실제로 주목할 만한 생리적 스트레스 증가를 보였다. 주의집중의 분산은 업무의 파편화를 초래하고, 인지 자원을 고갈시키며, 생산성에 방해가 되고, 스트레스가 누적되어 건강에도 부정적인 영향을 미친다.

숙련된 도예가라면 작업 특성상 프로젝트를 순차적으로 진행할 수 있겠지만, 지식노동자가 한 번에 한 가지 일만 처리하기란 현재의 업무 및 개인 생활 특성상 사치처럼 보인다. 우리는 멀티태스킹을 강요하는 세상에 살고 있으며, 현대인의 라이프스타일이 되어버린 멀티태스킹을 하지 않으면 뒤처질 위험이 있다. 다음 장에서는 주의집중의 또 다른 측면인 방해 요소가 우리 삶에 미치는 영향에 관한 연구를 심층적으로 살펴보겠다.

5

쉴 새 없이 방해받으면
벌어지는 일

얼마 전, 내 연구에 관해 알고 있던 한 의사가 연구 지원서를 작성할 때 인터넷에 접속하지 않으려고 캘리포니아에서 워싱턴DC로 가는 왕복 비행기 표를 끊은 적이 있다고 고백했다. 그는 비행기에선 와이파이가 제공되지 않아 온라인 접속이 어렵다는 설명을 덧붙였다. 나는 그냥 인터넷을 끄고 집에서 일하는 게 더 편하지 않은지 물었다. 기내 방송, 사람들이 부산하게 떠들고 움직이는 소리, 아기 울음소리 등 비행기의 모든 방해 요소를 떠올리면서 말이다. 그는 자신의 주의집중을 분산시키고 방해하는 건 그런 게 아니라 인터넷이라고 말했다. 집에 있을 땐 인터넷을 멀리할 절제력이 없기에, 중독자들이 중독 약물이나 중독을 상기시키는 요소를 제거하려고 환경을 바꾸듯이 인터넷 접속이 불가능한 비행기에서 장벽을 만든다는 것이었다. 인터넷이 우리의 독서와 사고 습관에 어떤 영향을 미치는지에 대해 니컬러스 카는 저서《생각하지 않는 사람들》[1]에서 비행 중에 집중을 더 잘할 수 있었다는 어느 의사(같은 의사인지는 모르겠지만)에 관해 언급하기도 했다. 인터넷이 유발하는 주의산만의 심리적 영향이 너무도 강한 탓에 이 의사들은 수천 미터 상공에서 일하길 택한 것이다.

많은 이들이 방해 요소가 계속 늘어나는 인터넷에서 벗어나기 어려워한다. 방해 요소와 멀티태스킹은 우리의 주의집중을 방해하는 범죄 파트너다. 이 장에서는 우리 정신이 이러한 방해 요소들을 어떻게 처리하는지 살펴본다.

방해 요소들이 야기하는 비용은 잘 알려져 있다. 마틴 루서 킹 주니어는 "누군가 계속 문을 두드리는 바람에 쓰지 못한 사랑스러운 시"를 한탄했다.[2] 또한 가장 유명한 문학적 관련 사례는, 1797년 새뮤얼 테일러 콜리지Samuel Taylor Coleridge가 꿈을 꾼 뒤 시 〈쿠블라 칸Kubla Khan〉을 쓰기 시작했으나 방문객에 의해 중단된 일이다. 공교롭게도 콜리지에게는 특히 안 좋은 시기에 방해 요소들이 생겼다.[3] 영감을 잊은 그는 작품을 미완성으로 남겼다. 의사, 간호사, 관제소 운영자, 주식거래인, 조종사등 중요한 업무를 하는 사람들에게 영향을 미치는 방해 요소에 관해 문서화된 사례가 많은데, 일상생활에서도 방해 요소는 대부분 사람들에게 영향을 준다. 방해 요소 때문에 업무 생산성이 저하되고[4] 멀티태스킹과 마찬가지로 최종적으로는 스트레스를 유발한다는 점이 가장 큰 문제다.

하지만 방해 요소에는 장점도 있다. 업무에서 벗어나 정신적 휴식을 취함으로써 인지 자원을 보충하고, 다른 사람들과 소통하는 과정에서 사회적 휴식을 맛볼 수 있으며, 새로운 아이디어도 창출할 수 있다. 사람들에게 방해 요소와 그에 따른 감정을 일기로 쓰게 한 결과 80퍼센트가 긍정적인 감정뿐 아니라 부정적인 감정도 생겼다고 답했는데, 특히 가치 있는 노력과 관련한 방해 요소가 있었을 때 더욱 그랬다.[5] 따라서 모든 방해 요소가 나쁜 건 아니어도 원치 않는 방해 요소에 사로잡히지 않도록 주의집중을 활용하는 방법을 배워야 한다.

일을 하다 말면 계속 생각나는 이유는 뭘까?

블루마 자이가르니크Bluma Zeigarnik는 논문을 위해 사람들을 방해했다. 그녀의 연구는 우리가 왜 방해 요소들에 시달리는지 설명해준다는 점에서 의미가 있다. 1901년 리투아니아 프리에나이Prienai 마을에서 중산층 유대인 부부의 자녀로 태어난 자이가르니크는 뛰어난 재능 덕에 4학년을 건너뛰고 5학년으로 입학했다.[6] 그러나 그녀의 삶에도 훼방꾼은 있었다. 그녀는 뇌수막염으로 4년 동안 집에 머물다가 회복되었는데, 당시만 해도 뇌수막염에 걸리면 생존율이 20퍼센트에 불과했다. 그녀는 대학교에 진학하고자 했지만 여자고등학교의 교육은 제한적이었다. 수학, 과학, 문학 수업뿐 아니라 '하느님의 법'과 바느질 수업도 들어야 했다. 하지만 그녀에겐 투지가 있었다. 그녀는 도서관에서 오랜 시간 공부해 대학 입시를 다시 치렀으며, 1992년 베를린대학교 철학과에 입학했다. 이 대학은 게슈탈트 심리학Gestalt psychology(전체관과 형태성을 중시하는 입장의 심리학설로, 형태심리학이라고도 한다-옮긴이)의 중심지이기도 했다. 게슈탈트심리학 이론에 따르면 우리는 사물을 개별적인 구성 요소가 아닌 전체로 인식한다(IBM 로고를 생각해보라. 우리는 개별적인 획이 아닌 전체 글자 형태를 본다). 유명한 게슈탈트 이론가인 막스 베르트하이머와 볼프강 쾰러의 강의에 매료된 그녀는 심리학으로 전공을 바꾼다.

1927년, 자이가르니크는 훗날 자이가르니크 효과로 널리 알려진 이론을 발견했다.[7] 자이가르니크는 베를린 실험실에서 피험자들에게 약 스무 가지의 서로 다른 과제를 준 뒤, 절반은 중단하고 절반은 중단하지 않는 일련의 실험을 무작위 순서로 진행했다. 실험이 끝날 때 피험자들은 자신이 수행한 과제를 기억해내도록 요청받았다.《완료된 작업과 완료되지 않은 작업 기억하기Remembering Completed and Uncompleted Tasks》라는 제목의 논문에서 그녀는 사람들이 완료된 작업보다 중단된 작업을 더 잘 기억한다는 사실을 증명했다. 작업이 중단되면 작업을 끝내야 한다는 미충족 욕구 때문에 긴장 상태가 발생하는데, 이 긴장이 작업을 이어서 해야 한다는 점을 거듭 반복해서 상기시키는 역할을 한 것이다.

베를린대학교 재학 시절 자이가르니크는 사회적 맥락이 우리가 생각하고 느끼고 행동하는 방식에 어떤 영향을 미치는지 연구한, 사회심리학의 창시자로 꼽히는 쿠르트 레빈의 제자였다. 레빈은 내가 가장 좋아하는 심리학자로, 그의 연구는 디지털 시대의 우리네 삶과 매우 관련이 깊다. 자이가르니크와 마찬가지로 그는 1890년 프로이센 지방 독일 모길노Mogilno의 중산층 유대인 가정에서 태어났다. 프라이부르크대학교에서 의학을 전공한 그는 뮌헨대학교에서 생물학과로 전과한 뒤 여성 인권과 사회주의 운동에 참여했으며, 마침내 베를린대학교에 정착해 1914년 심리학 박사학위를 받았다. 그곳에서 가르치던 그는 자신보다 그리 어리지도 않은 학생들 사이에서 큰 인기를 얻었다. 하지만 1933년 나치즘이 부상하면서 레빈은 또다시 미국으로 이주해야 했다. 그는 행동에 관한 사회 이론을 개발하는 데 앞장섰던 테오도어 아도르노Theodor Adorno, 프리츠 하이더 Fritz Heider, 구스타프 이크하이저Gustav Ichheiser와 같은 다른 유럽 이민자들과 함께 미국에 정착했다. 사회심리학 분야는 이처럼 이민을 떠나야만 했던 위대한 인물들의 합류와 함께 탄생했다.

레빈이 베를린에서 지낼 당시, 심리학자들 사이에서는 개인을 지각, 사고, 감정 등 개별적이고 뚜렷한 심리적 속성의 관점으로 바라보는 게 일반적이었다. 그러나 자이가르니크처럼 레빈 역시 게슈탈트심리학의 영향을 받아 개인을 일상적인 사회환경, 즉 '생활공간'과 통합되어 영향을 받는 게슈탈트 혹은 '전체'로 보았다.[8] 이는 환경과 맥락이 사람에게 어떤 영향을 미치는지 고려하지 않았던 당시의 사고방식과는 근본적으로 다른 것이었다. '장field' 개념에는 주변 환경과 관계 맺는 개인이 포함되었다. 레빈의 장이론field theory에 따르면 충족되지 않는 욕구는 우리 내면에 긴장을 조성하고, 목표를 향해 나아갈 때는 긴장이 줄어든다. 우체국, 약국, 꽃집에 가는 것이 목표인 경우 심부름을 완수하면 긴장이 풀린다. 이런 장소로 향할 때 교통체증이 방해하면 긴장감이 조성된다. 그의 장이론에 따르면 사람들이 하는 모든 행동은 긴장 완화를 위한 노력으로 설명된다.

자이가르니크의 연구는 중단된 작업이 그것을 끝내고 싶은 욕구 또는 긴장을 불러일으킨다는 레빈의 장이론을 뒷받침했다. 이러한 긴장감이 계속 남아 있기 때문에 우리는 미완성 과제를 계속 생각하게 된다. 중단된 작업에 대한 생각을 마음 한구석에 미뤄둔 채 보글보글 끓이듯 기억하는 것이다. 자이가르니크와 레빈은 오늘날 우리의 주의집중과 감정 경험을 설명하는 데 장이론이 얼마나 적합할지 전혀 예상치 못했을 것이다. 흥미로운 사실은, 자이가르니크가 박사학위를 받고 몇 년 후 모스크바의 고등신경활동연구소에서 딱 알맞은 직책을 맡았다는 것이다.[9]

알림으로 방해받는 것에 길들면 벌어지는 일

대부분 사람들은 타인이나 기기 알림 등이 방해 요소라고 생각하는 경향이 있다. 하지만 자연스러운 업무 환경에서 사람들을 지켜본 한 연구에서 우리는 다음과 같은 이상하고도 규칙적인 현상을 관찰했다. 한 사람이 컴퓨터로 작업을 한다. 그러다가 관찰자가 보기엔 뚜렷한 이유 없이 갑자기 하던 일을 멈추고 이메일을 확인하거나 휴대폰을 집어 든다. 작업을 중단하게 만든 분명한 자극은 없었으니 아마 생각이나 기억, 습관 등 내부적 계기가 있었을 것이다. 이러한 방해 요소는 우리 내부에서 비롯된다. 이 연구에서 가장 놀라운 결과 중 하나는 사람들이 외부 요인에 의해 방해받는 것만큼이나 내부 요인에 의해 스스로 하던 일을 중단할 가능성이 높다는 사실이다.[10]

우리는 얼마나 자주 자가-중단self-interrupt을 하는지조차 인식하지 못한다. 최근 AI에 관한 기사를 읽던 나는 갑자기 유기농 딸기를 먹어도 안전한지 알아보고 싶다는 생각이 불쑥 들었다. 머릿속에서 이 질문을 지울 수 없어 브라우저로 전환해 딸기와 살충제에 관해 검색했다. 그런 다음 해당 주제에 관한 글을 읽으며 오랜 시간을 보냈다(상반된 견해가 있어 여전히 미완성 과제로 남아 있다). 많은 참가자들이 이러한 내면의 충동 때문에 업무와 분리된다고 보고했다. 한 대학원생은 배가 고프면 레시피를 찾아보기 위해 일을 중단한다고 말했는데, 이렇듯 인간의 기본적인 욕구조차 일을 중단하게 만들 수 있다.

무엇이 우리를 자가-중단하게 만들까? 카네기멜런대학교의 징 진Jing Jin과 로라 다비시Laura Dabbish는 이 질문에 답하기 위해 직장에서 사람들을 각각 한 시간여 동안 따라다니며 저마다의 방해 요소들을 기록한 다음, 인터뷰를 통해 자가-중단하는 이유를 물었다. 연구 결과, 사람들은 생산성을 높이려고 환경을 바꾸거나(예를 들어 방해가 되는 창문을 닫는다), 덜 지루한 일을 하거나, 정보를 찾거나, 해야 할 일을 처리하거나, 시간을 때우는(예를 들어 이메일을 기다리는 동안) 등 짐작 가능한 다양한 이유로 하던 업무를 스스로 중단하는 것으로 나타났다. 또한 현재 진행 중인 작업 자체가 이메일 전송하기처럼 자가-중단의 단서가 되기도 한다. 업무를 시작하기 전 뉴스를 확인하는 루틴처럼 습관적으로 자가-중단을 하는 이들도 있었다.[11]

자가-중단은 증기 밸브를 여는 것과도 같아서 스트레스 관리에 도움이 된다. 리아는 우리 연구 참가자였는데, 20대 후반에 소프트웨어 회사에서 고된 업무를 맡은 와중에 박사학위까지 취득했다. 일과 학교 프로젝트를 모두 감당해야 했던 그녀에겐 극도의 절제력이 필요했다. 그런데도 리아는 주로 소셜 미디어를 확인하느라 자주 작업을 중단했고 집중하는 데 어려움을 겪는다고 토로했다. 곰곰이 생각해본 그녀는 압도적인 일정에 인지적으로 대처하려고 자가-중단을 한다고 설명했다. 집중적 주의집중에서 무념무상 주의집중으로 전환하려고 자가-중단을 했던 것이다. 그녀는 자신의 주의집중 리듬과 사용 가능한 인지 자원 수준을 잘 이해하고 있었기에 자가-중단이 필요한 시점을 감지할 수 있었다. 하지만 그녀 스스로도 인정하듯, 다시 업무에 집중하는 데는 서툴렀다.

얼마 전 UC어바인을 떠나 안식년을 보내려던 나는 뉴욕의 아파트를 구하느라 여러 곳에 문의했다. 그다지 급한 상황이 아니었는데도 받은 편지함과 부동산 사이트를 계속 확인하며 응답이 왔는지 확인했다. 기다리는 게 있으니 스트레스가 쌓여 업무에 집중하기가 어려웠다. 마침내 첫 번째 아파트를 택했다. 그러나 아파트를 계약한 후에도 자가-중단을 멈추기가 힘들었고 계속 받은 편지함을 확인하느라 정신이 없었다. 습관이 형성되는 데는 18일에서 254일이 걸리는데[12] 나의 경우에는 18일 남짓 지나자 임대 관련 정보를 확인하는 습관이 형성된 것이었다.

나의 자가-중단 습관은, 2005년 대학원생 빅터 곤살레스와 함께 실시한 초기 연구에서 발견한 증거와 일치했다. 우리는 앞서 설명한 프레더릭 테일러 스톱워치 기법을 활용하여 세 곳의 각기 다른 회사에서 사흘간 직원 서른여섯 명이 일상 업무를 수행하는 모습을 관찰했다. 관찰자들은 각 참가자가 수행하는 모든 활동을 순간순간 기록했다. 활동 시간을 초 단위로 측정했을 뿐만 아니라 어떤 외부 요소(사람, 전화, 이메일 알림)나 내부 요소(즉 관찰 가능한 자극이 없는 상태)에 의해 방해받는 시점까지 관찰하고 기록했다. 그런 다음 업무 영역이라는 더 넓은 관점에서 방해 요소를 살폈다. 그 결과, 작업 영역 간 전환의 40퍼센트가 방해 요소 때문이라는 사실을 발견했다. 그 외 사람들이 작업 영역을 전환하는 경우는 작업을 완료했을 때였다. 하루 시간이 경과할수록 방해 요소로 인한 업무 중단은 점차 줄어들었다.

작업이 중단된 사례 가운데 56퍼센트의 원인은 외부에 있었고 44퍼센트는 자가-중단으로 인한 것이었다. 다음으로 우리는 사람들의 일상에서 이 두 가지 방해 요소가 서로 어떤 영향을 주는지 알아보고자 시간 단위로 내부적, 외부적 중단 횟수를 집계했다. 실제로 한 시간 동안 외부적 방해가 증가하거나 감소하면, 다음 한 시간 동안 내부적 방해가 비슷한 패턴을 따르는 안정적 양상을 나타냈다.[13] 그러니까 외부적 중단이 증가하면 다음 한 시간 동안 자가-중단도 증가했다. 그러나 외부적 중단만 내부적 중단을 예측했다. 이미 사람들은 중단하는 데 길들어서 외부 요소로 방해받지 않더라도 일관된 중단 패턴(그리고 짧은 주의집중 시간)을 유지하기 위해 자가-중단을 하는 것으로 보였다. 외부 요소로 중단되는 데 너무도 익숙해진 우리는 스스로 중단하기에 이른 것이다.

외부의 방해를 받는다는 건 시골길을 달리다 혼잡한 고속도로에 진입한 상황과 같다. 여유롭게 달리다 말고 뒤따라오는 차량과 오토바이 운전자들을 상대해야 한다. 혼잡한 고속도로에서의 운전과 한적한 시골길에서의 운전이 다르듯, 방해 요소를 직면하면 사용하는 인지 자원은 물론 목표까지 변한다. 내면의 가장 적극적인 목표가 우리의 주의집중을 지배하기 때문에[14] 작업을 계속하려면 동료의 슬랙 메시지에 응답하고 필요한 정보를 얻는 등 외인적 목표를 처리하는 동시에 내인적(내면적) 목표 통제를 유지하기 위한 인지적 춤을 춰야만 한다. 하지만 자이가르니크 연구를 통해 우리는 아무리 사소한 일이라도 미완성 작업을 기억하려는 경향이 있음을 알고 있다. 따라서 우리의 주요 목표는 이러한 미완성 작업으로 인한 정신적 어수선함에 묻힐 수 있다.

1장에서 언급했듯, 중단된 작업을 다시 시작하기 위해서는 내면의 칠판을 다시 작성하고 작업 스키마, 목표, 사고 과정을 재구성하여 실제로 작업을 수행하기 위해 가장 잘 저장되어 있는 한정된 인지 자원을 활용해야 한다. 작업 모델을 재구성하려면 시간과 노력이 필요하다.[15] 방해 요소들이 머릿속에 남아 있으면 현재 작업을 수행하는 데 신호 간섭을 일으킬 수 있다. 그러므로 바쁜 일과가 끝날 무렵에 특히 외부 방해 요소에 부딪힌다면 기운이 빠지는 건 당연한 일이다.

끊임없이 방해받는 과정에서 우리가 잃는 것들

2005년 나는 풀브라이트 장학금을 받으며 베를린에서 공부했고, 옛 서베를린에 살면서 구舊 동독에 위치한 홈볼트대학교 캠퍼스의 심리학과로 통학했다. 베를린장벽이 무너진 지는 이미 15년이 지난 참이었지만 동쪽으로 통학하는 길, 서베를린의 활기찬 네온사인과 북적이는 교통량이 구 동독의 스탈린식 건축물의 등장과 함께 희미해지는 등 주변 환경의 변화가 눈에 띄게 두드러졌다. 서베를린 거리의 사람들은 개성 넘치는 패션을 선보였지만, 동베를린 사람들의 복장은 1950년대에 머물러 있는 듯 보였다. 나는 블루마 자이가르니크와 함께 모든 것이 시작된 그 타임캡슐 도시의 실험실에서 21세기 기술 사용과 주의집중을 연구한다는 아이러니에 매료되었다.

이 실험실에서 나는 방해 요소가 초래하는 업무 중단 비용, 즉 실제로 사람들이 업무시간을 얼마나 빼앗기는지를 측정했다. 열정적인 학생인 다니엘라 구디트Daniela Gudith, 박사후연구원 울리히 클로케Ulrich Klocke와 함께 우리는 모의 사무실 환경에서 연구를 시작했다. 참가자 마흔여덟 명에게 인사 관련 주제를 다룬 이메일에 답해달라는 간단한 과제를 부여했다. 한 조건에서는 참가자들이 아무런 방해를 받지 않고 과제를 수행했다. 두 번째 조건의 그룹은 인적 자원 주제와 연관된 질문(전화 및 문자메시지)에 의해 업무가 중단됐다. 세 번째 조건의 참가자들은 인사와는 전혀 다른 주제(예를 들어 회사 야유회 음식 주문)에 대한 질문을 역시 전화 및 문자로 받아 업무가 중단됐다. 방해에 대처하는 데 드는 시간 비용을 알아보기 위해 우리는 각 조건의 총 작업 수행 시간에서 방해에 대처하는 데 소요된 시간을 빼는 방식을 사용했다.

참가자들은 주 작업과 맥락이 같건 다르건, 방해받지 않을 때보다 방해받을 때 이메일 작업을 더 빨리 수행한다는 놀라운 결과를 보여주었다.[16] 방해 요소가 있을 때 이메일에 사용하는 단어 수가 줄긴 했지만 정중함이나 정확성에는 차이가 없었다. 외부적 방해 때문에 잃게 될 시간을 보완하려고 더 빨리 일하고 더 짧게 작성한 듯 보였다. 직장의 시간은 유한하다. 가령 어린이집에 자녀를 데리러 가기 위해 오후 5시에 퇴근해야 한다면 그 요소를 처리하는 데 드는 시간을 메우기 위해 선제적으로 더 빨리 일하게 된다. 또한 방해가 적을 때보다 많을 때 작업을 더 빨리 재개하는 것으로 나타났다.[17] 두 결과를 종합해보면 방해 빈도가 잦을수록 업무 속도가 빨라질 뿐만 아니라 효율성도 높아진다는 것을 알 수 있다. 어쩌면 중단이 잦은 작업은 계속 기억되기 때문에 사람들이 더 신속하게 작업을 재개하는 것일 수도 있다. 그러나 이러한 결과에 너무 낙관하기 전에, 업무 효율성에는 대가가 따른다는 사실을 알아야 한다. 우리는 인지 자원 활용도를 측정할 수 있는 NASA-TLX 척도를 사용해 참가자들의 정신적 부하와 스트레스를 측정했다. 이 척도는 항공기 및 우주선 조종석 등에서 근무하는 사람들의 정신적 작업 부하를 측정하기 위해 NASA에서 개발했으며, 단기기억 과제와 암산 및 이중 과제 등 수많은 정신적 과제를 통해 검증되었다.[18] 사람들은 이 척도를 활용해 매우 낮은 수준부터 매우 높은 수준까지 다양한 차원의 업무량과 스트레스에 대한 경험을 평가했다. NASA-TLX 측정 결과에 따르면 방해 요소가 있을 때 사람들은 상당히 높은 정신적 부하, 좌절, 시간 압박, 노력, 스트레스를 경험하는 것으로 나타났다. 날마다 온종일 중단을 경험하면 자원이 더 많이 소모되고 스트레스가 증가해 높은 비용이 발생할 수 있는 것이다.

우리는 틈만 나면
이메일과 소셜 미디어를 확인한다

이메일이 항상 오늘날처럼 업무를 방해하는 악마였던 건 아니다. 내가 대학원생이었을 때만 해도 하루 한두 통의 이메일이 전부였는데, 그마저도 주로 학생들이 유포하는 농담 등이 담긴 장난 메일이었다. 당시 다녔던 컬럼비아대학교에는 휴게실에 컴퓨터가 있었다. 지도교수님과 나는 나란히 컴퓨터로 작업을 하다가 궁금한 점이 생기면 말로 묻지 않고 이메일을 보내곤 했다. 잠시 후 그가 답장을 보내면 우리는 그렇게 말 한마

디 없이 의견을 교환했다. 그런데 어느덧 이메일 사용량이 눈덩이처럼 불어나 오늘날에 이르렀다.

수년간의 연구 결과, 참가자들이 보고한 업무 중단의 가장 큰 원인(외부 및 내부)은 이메일이었다. 이메일이 정말 문제라면 사람들이 대체 얼마나 자주 이메일의 방해를 받는지 정확하게 알아보고 싶었다. 첫 번째 연구에서는 정확한 수치를 얻기 위해 닷새 동안 서른두 명의 컴퓨터 활동을 기록했다. 연구 참가자들은 받은 편지함을 하루 평균 74회 확인한 것으로 나타났다.[19] 1년 후 마흔 명의 컴퓨터 활동을 열이틀 동안 기록한 또다른 연구에서는 하루 평균 77회 이메일을 확인한 것으로 나타났다.[20] 한 헌신적인 직원은 하루 평균 374회 이메일을 확인했다. 또한 이메일 알림 사용 여부에 따라 외부 또는 내부 방해로 인해 이메일을 확인하는 빈도를 조금 더 정확히 추산할 수 있었다. 대부분 참가자(41퍼센트)는 알림 없이, 즉 스스로 업무를 중단해 이메일을 확인했고, 31퍼센트의 참가자는 주로 알림을 통해 이메일을 확인했는데 이는 외부 방해 요소에 해당한다. 나머지 28퍼센트는 알림을 켜놓긴 했지만 외부 또는 자가-중단으로 이메일을 확인한다고 답했다. 아침 일찍 또는 점심 식사 후에 업무를 중단하지 않고 이메일을 확인하는 경우도 있었다. 그럼에도 불구하고 사람들은 하루 종일 이메일을 확인하는 경향이 있었으며 주로 자가-중단에 의해 이메일을 확인하는 경우가 많았다. 이메일이 업무에 방해가 된다는 참가자들의 의견이 과학적으로도 입증된 것이다.

물론 이메일이 업무 중단의 유일한 원인은 아니다. 당시 연구 참가자들이 직장에서 가장 많이 사용하는 소셜 미디어는 페이스북이었다. 연구가 실시된 2016년에는 미국 성인의 68퍼센트가 페이스북 사용자였는데, 이 비율은 꾸준히 유지되다가 2018년부터는 유튜브 사용자가 73퍼센트가 되며 페이스북을 추월했다.[21] 닷새 동안 소셜 미디어 이용량을 기록한 결과, 페이스북을 적극적으로 사용하는 사람들의 하루 평균 방문 횟수는 38회였는데 심지어 어떤 사람은 하루에 264번 방문했다! 사람들은 페이스북을 자주 방문했지만 확인 시간은 약 18초로 매우 짧았다. 정말 소셜 미디어 스내킹이라고 할 만하다.

이메일 좀비에게서 탈출하면 문제가 해결될까?

2010년, 한 〈뉴욕타임스〉 기사는 이메일을 좀비로 묘사했다. 계속 죽여도(즉 삭제해도) 계속 다가오는 좀비 말이다.[22] 나는 사람들이 디지털 미디어로 작업할 때 이메일을 끄면 더욱 집중할 수 있는지 알아보기로 했다. 좀비를 완전히 제거하면 어떨까? 일부 직원의 이메일을 아예 차단할 의향이 있는 조직을 찾는 데만 6년이 걸렸고, 마침내 고위 관리자들이 이메일 과부하를 심각한 문제로 인식하고 있는 대규모 과학 연구 개발 조직에서 참여에 동의해주었다.

그런데 하마터면 연구 시행을 허가받지 못할 뻔했다. 이 단체는 나를 강연에 초대해 실험에 대해 발표해줄 수 있는지 물었다. 경영진이 기다란 테이블이 있는 회의실에 모였고, 나는 영사기 스크린 앞에 서 있었다. 조직 책임자인 전직 군 대위가 긴 테이블 상석에 나를 마주 보고 앉았고 양옆으로는 다른 부서장들이 앉아 있었다. 부서장들은 계속 상사를 쳐다보며 그녀의 의견만 따르려고 했다. 내가 제안하자 그녀가 고개를 절레절레 흔들기 시작했고, 그러자 긴 테이블에 앉은 다른 부서장들도 고개를 절레절레 흔들기 시작했다. 지푸라기라도 잡는 심정으로 나는 이 조직이 군대 같다고 불쑥 말해버렸다. 전장에서 군인 한 명이 쓰러지면 분대를 모두 재구성해야 한다. 만약 이메일을 사용할 수 없다면 어떨까? 팀원들이 신속하게 소통해 팀을 재구성할 수 있을까? 이 비유는 효과가 있었다. 전술적으로 생각하던 전직 군 대위가 갑자기 고개를 끄덕이기 시작했다. 그녀의 신호를 받은 다른 부서장들도 일제히 고개를 끄덕이기 시작했다. 소통 방식을 재구성하는 것도 흥미로운 일이었지만, 내가 정말 궁금했던 건 이메일이 없어지면 사람들이 더 오랫동안 집중할 수 있을지 여부였다. 업무가 덜 세분화될까? 사람들은 스트레스를 덜 받을까?

연구 허가를 받은 후 나는 박사후연구원이던 스티븐 보이다 Stephen Voida와 함께 우선 참가자들의 일반적인 컴퓨터 활동과 일상 업무에서의 이메일 사용을 사흘 동안 기록하여 기본 측정값으로 삼았다. 그다음 주에는 일주일 내내 닷새간 이메일 사용을 차단했다. 스트레스를 직접 측정하기 위해 참가자들에게 업무 중 심박수 측정기를 착용하도록 요청했는데, 심박수 측정기는 심박수 변동성, 즉 심장박동 사이의 시간 변화를 통해 생리적 스트레스를 측정했다. 연속적인 심장박동 사이의 변동성이 낮으면, 즉 심장박동이 매우 규칙적이라면 자율신경계가 스트레스를 받는 투쟁-도피 상태에 있다는 신호를 보낸다. 그러나 변동이 심하면 자율신경계가 편안하고 변화에 대응할 수 있는 상태라는 뜻이다. 정말 편안할 때를 생각해보면 아주 작은 소리에도 펄쩍 뛰다가 다시 차분해짐을 알 수 있다(과학자들은 기존 인식과 달리 건강한 심장의 리듬이 심신 이완 조건 아래에서도 매우 불규칙적이며, 연속적인 심장박동 사이의 간격은 끊임없이 변한다는 사실을 밝혀냈다-옮긴이).

이메일이 차단된 상태에서도 참가자들은 동료와 만나거나 전화를 받을 수 있었다. 물론 참가자들은 습관적으로 이메일을 확인하려고 계속 시도했지만, 닷새째가 되자 마침내 습관이 변했다. 이메일이 차단되었을 때 컴퓨터로 작업하는 동안의 집중 시간이 훨씬 더 길어졌는데, 말하자면 주의를 다른 곳으로 돌리는 빈도가 줄어들었다. 사람들이 더 오래 집중할 수 있었다는 사실은 이메일이 주의집중 시간을 감소시킨다는 점을 보여준다. 그러나 무엇보다도 가장 좋은 결과는, 이메일을 사용하지 않자 주말에도 심박수 측정기가 나타내는 스트레스 지수가 현저히 줄었다는 점이었다.

인터뷰 참가자들이 이메일이 있을 때("삶을 망친다", "행복을 방해한다")와 없을 때("자유로운 경험", "해방감을 느낀다", "인간적인 속도로 일할 수 있다")의 업무에 대해 설명한 방식은 분명 대조적이었다. 이 마지막 의견에 착안해 논문 제목을《전자기기에 의해 좌우되지 않는 속도A Pace Not Dictated by Electrons》로 정했다.[23] 이메일을 사용하지 않는 경우 사회적 이점도 생긴다는 사실을 발견했다. 이메일이 차단되자 참가자들은 디지털 상호작용을 대면 상호작용으로 대체했다. 전화할 수 있는 상황에서도 다른 사무실이나 심지어 다른 건물로 걸어가서 직접 만나기를 자주 택했다. 그들은 이메일로 대체되었던 직장 내 친목 활동을 더 즐겼다고 설명했다.

일부 참가자들은 (연구에 직접 참여하지 않은) 관리자들의 행동이 변하기도 했다고 진술했다. 한 연구 참가자는 이메일로 연락이 닿지 않자 상사가 훨씬 더 조급해졌다고 설명하며, 필요한 것이 있을 때 사무실로 찾아와 "미친 사람처럼 내 앞에서 종이를 흔들었어요"라고 말했다. 또 다른 참가자인 리치는 이메일이 차단되기 전에는 상사가 이메일로 업무를 할당하면서 자주 관여했다고 설명했다. 이메일이 끊기자 상사는 복도를 걸어와 직접 대면할 수 있었는데도 갑자기 업무 위임을 중단했다고 한다. 연구 결과 이메일이 없어지자 계층적 업무 위임 구조의 일부가 무너졌지만, 관리자는 그 외 결과에, 특히 필요할 때 이메일 없이도 소통 네트워크를 재구성할 수 있다는 점에 만족했다.

2012년 논문을 발표했을 때만 해도 이메일을 차단하면 스트레스가 줄어든다는 결과를 낙관적으로 받아들여 하루 두세 번씩만 이메일을 일괄 발송할 것을 조직에 권장했다. 하지만 2016년에 실시한 후속 연구에서 이메일을 한꺼번에 읽는 것이 실제 스트레스 감소로 이어지는지 실험했더니 안타깝게도 그렇지 않은 것으로 나타났다. 메리 체르빈스키, 샴시 익발, 폴 존스Paul Johns, 사노 아카네佐野茜와 함께 마이크로소프트 리서치에서 실시한 이 연구에서 우리는 컴퓨터로 이메일을 기록하고 심박수 측정기를 사용해 열이틀 동안 마흔 명의 스트레스를 측정했는데, 이메일을 묶어서 읽는 사람들의 스트레스 수준이 이메일을 계속 확인하는 사람들과 비교해 별 차이가 없는 것으로 나타났다. 하지만 스트레스에 진짜 영향을 미치는 것은 이메일 사용시간이었다. 매일 이메일에 더 많은 시간을 할애하는 사람들은 업무 요구와 업무 자율성을 통제한 후에도 스트레스를 더 많이 받았다.[24] 몇 년 후, UC어바인에서 동료들과 나는 열화상 카메라를 활용해 예순세 명을 대상으로 이 결과를 재현하여 스트레스를 측정했다. 이번에도 이메일을 일괄적으로 읽는다고 해서 스트레스 지수가 낮아지지는 않았는데, 오히려 신경증의 성격 특성에서 높은 점수를 받은 사람들은 이메일을 모아서 읽을 때 스트레스를 더 많이 받는다는 사실이 드러났다.[25]

이 연구에 따르면 이메일이 없으면 업무에 대한 집중력이 높아지고, 이메일을 처리해야 한다는 인지 부하가 줄어든다. 이메일의 방해에 저항할 필요가 없어 인지 자원이 절약되고, 스트레스가 덜한 편안한 업무 환경이 조성되며, 더 만족스러운 사회적 상호작용을 촉진할 수도 있다. 하지만 이메일을 차단하는 것은 쉬운 결정이 아니다. 게다가 개인이 단순히 이메일을 끊는다고 해서 이메일 문제가 해결되지도 않는다. 커뮤니케이션의 연결고리에서 부당하게 소외되기 때문이다. 이메일은 조직과 사회의 차원에서 해결해야 할 훨씬 더 큰 문제이며, 그에 관해서는 이 책 후반부에서 더 자세히 설명할 것이다.

남성보다 여성이 주의집중을 더 잘하는 까닭

방해 요소를 누가 더 잘 관리할 수 있을지 상상하는 사고실험을 해보자. 남성과 여성 중 누가 더 나을까? 만일 여성이 방해 요소를 더 잘 관리할 거라고 답했다면, 정답이다. 연구 결과 여성은 남성보다 평균적으로 더 많은 업무 영역을 날마다 관리해야 했다. 그럼에도 여성 직원은 남성 동료에 비해 업무 중단을 경험하는 횟수도 적었고 자가-중단할 가능성도 낮았다. 또한 큰 차이는 아니지만 같은 날 중단된 작업을 재개하는 비율도 여성(87퍼센트)이 남성(81퍼센트)보다 더 높았다. 이 데이터는 연구에 참여한 여성이 남성보다 전반적으로 업무 중단 후에도 더 잘 집중하고 회복력이 뛰어나다는 점을 시사한다. 이 결과를 발표하자 어떤 이들은 여성이 남성보다 업무에 더 집중하는 진화론적 이유를 제기했다. 무엇보다도 인류 초기 역사에서 여성이 채집자였다는 것이다(실제 여성의 역할이었는지는 확실하지 않다). 하지만 나는 현시대 상황과 참가자들의 설명을 바탕으로 해석했다. 설문조사에 참여한 여성들은 남성(특히 자신의 상사)과 동등한 위치에서 고려되기 위해 남성보다 더 뛰어난 성과를 내야 할 필요성을 자주 느낀다고 설명했다.

그럼에도 불구하고
디지털 세상을 떠날 수는 없기에

유기화학자 아우구스트 케쿨레는 벤젠 분자의 모양을 풀어내려 고군분투하던 중 원 안에 있는 뱀이 꼬리를 물고 있는 꿈을 꾸었고, 그 꿈에서 고리 형태 분자에 대한 아이디어를 떠올렸다고 한다. 이 사례는 내면의 생각을 따라가다가 정신-배회를 통해 해결책을 찾아낸 좋은 예다.

주의집중을 한 곳에 초점을 모으거나 더 너른 영역을 비추도록 확장할 수 있는 손전등이라 생각해보자. 외부 환경으로 주의집중을 분산하면 더 많은 신호를 알아차리고 처리할 수 있는

데, 이를 두고 연구자 미야타 요시로宮田義郎와 돈 노먼Don Norman은 방해 요소가 주도하는 처리 상태라고 묘사한 바 있다.[26] 이를테면 다른 작업을 하는 와중에도 기한이 촉박한 예산 입금 여부 등 중요한 과제나 사건을 주시할 수 있어 유용하다. 주의집중이 분산되어 내면을 향하게 되면, 케쿨레의 사례처럼 새로운 통찰에 마음이 열리기도 한다.

물론 미야타와 노먼의 설명에는 장단점이 있다. 무언가에 집중하다 보면 주변 환경의 중요한 정보를 놓칠 수 있는 게 사실이다. 하지만 주의가 지나치게 분산되면 방해 요소를 처리하는데 주의집중을 사용하느라 당면한 업무에서 많은 성과를 거두지 못할 수도 있다. 우리는 균형과 유연성을 유지하면서 환경과 상황에 적응해야 한다. 손전등의 빔을 동적으로 조정할 수있다면 이상적이다. 다시 말해 활발하고 동적인 주의집중을 활용해 외부든 내부든 중요한 일에 반응하고, 필요할 때는 지속해서 집중하며, 인지 자원이 부족할 때는 덜 어려운 일에 주의를 기울이는 능력을 활용하는 것이다. 업무와 감정적 필요에 따라 주의집중의 범위를 좁히거나 분산시키는 것은 주의집중의 주체성을 갖는다는 의미다. 우리는 그 손전등을 통제하기를 원한다.

어떻게 하면 효과적으로 절충해 관리할 수 있을까? 우선, 적어도 외부 방해 요소에 대한 통제력이 있으면 생산성 향상에 도움이 된다는 증거가 실제로 존재함을 기억하자. 연구자 대니얼 맥팔레인Daniel McFarlane이 수행한 실험실 연구에서 피험자들은 방해받는 상황에서 상황을 통제할 수 있거나 그럴 수 없는 조건에 있었다. 참가자들에게 닌텐도와 유사한 비디오게임(건물에서 떨어지는 시체를 잡아야 하는 심각한 조건의 게임)을 하도록 요청한 다음, 색상이나 모양을 맞춰야 하는 과제를 주었다. 피험자들은 언제 방해받을지 선택 가능했을 때(떨어지는 시체를 놓칠 위험이 있더라도!) 가장 좋은 성적을 거두었다. 과제를 즉시 처리해야 했을 때는 가장 낮은 수행 능력을 보였다.[27] 이 실험은 방해 요소에 대한 행동 시기를 통제할 수 있을 때 수행 능력과 생산성이 좋아진다는 사실을 보여준다. 주의집중을 의도적으로 다른 데로 돌릴 수 있다면 인지 자원을 더 효율적으로 관리할 수 있는 것이다.

주의집중을 의도적으로 다른 데로 돌리기에 좋은 시점은 집필 과정에서 한 챕터를 다 쓰거나 예산 편성을 완료하는 등 작업을 일시 중지하는 지점에 도달했을 때다.[28] 일시 중지 지점에서는 전력을 다해 작업할 때보다 인지 자원이 덜 사용된다. 작업 도중에는 메모리 부하가 높아 방해 요소들로부터 가장 큰 지장을 받는다. 이것이 바로 일리노이대학교 연구원 피오트르 아담치크Piotr Adamczyk와 브라이언 베일리Brian Bailey가 실험실 연구에서 발견한 결과다. 웹 검색, 편집, 영화 클립 시청 등의 방해를 작업 휴식 시점에 받았을 때, 임의 시점에서 받았을 때보다 더 나은 성과를 냈을 뿐 아니라 짜증, 좌절감, 시간 압박도 덜 느낀 것으로 나타났다.[29] 보고서의 한 부분 작성을 마칠 때처럼 자연스러운 중단 지점에서 작업을 일시 중지하는 것을 우선순위로 삼는다면, 중단 시점 이후 작업을 재개하기도 더 수월하다.

100년 전, 블루마 자이가르니크가 미완성된 중단 작업에서 발견한 바로 그 긴장을 해소할 수 있는 방법이 있다. 중단된 작업이 쌓이면 우리는 그 긴장을 계속 안고 다니면서 자원을 점점 더 많이 소모한다. 사무실에서 받은 스트레스가 사생활로 넘어가는 이월효과가 있기 때문에 스트레스는 업무가 끝나기 전까지로 제한하는 게 좋다.[30] 미완성 작업은 머릿속을 맴도는데, 이러한 현상을 줄이기 위해 할 수 있는 일은 미완성 작업에 대한 기억을 외부로 돌리는 것이다. 즉 가장 중요한 미완성 작업과 우선순위, 완료 상태, 다음 단계 계획에 대해 메모하거나 음성메모를 녹음하는 등 중단된 작업에 대한 정보를 마음 밖에 어떤 형태로든 기록해두는 것이다. 업무를 중단한 직후나 긴 휴식시간 혹은 하루를 마무리할 때 가능한 한 신속하게 이 작업을 수행해보자. 가장 중요한 작업에 대해서 말이다. 그러지 않으면 미완성 작업을 잊지 않으려고 계속 머릿속으로 떠올리게 되므로 자이가르니크 효과가 본격적으로 발휘된다. 하지만 글로 적어두면 마음속 원치 않는 긴장을 외부 어딘가로 옮겨놓는 셈이다.

베일러대학교Baylor University의 마이클 스컬린Michael Scullin과

동료들은 미완성 작업을 외부메모리로 빼내면 긴장이 완화된다는 사실을 증명한 흥미로운 실험을 수행했다. 연구진은 수면 실험실에 온 쉰일곱 명의 참가자를 대상으로 연구를 진행했는데, 참가자 절반에게는 내일과 앞으로 며칠 안에 끝내야 할 모든 미완성 과제를 메모하라고 요청했고 나머지에게는 그날과 지난 며칠 동안 이미 끝낸 일만 적으라고 요청했다. 미완성 과제를 적어둔 그룹은 그렇지 않은 그룹보다 훨씬 빨리 잠들었다. 흥미롭게도 미완성 작업의 해야 할 일 목록이 상세할수록 사람들은 더 빨리 잠들었다.[31] 이 결과는 자이가르니크 효과로 설명되는데, 사람들이 침대에 누워 있을 때 미완성 작업이 머릿속을 맴돌면서 긴장을 불러일으킨 것이다. 그렇다면 완료된 작업만 적어둔 사람들은 왜 쉬이 잠들지 못했을까? 한 가지 이유는 아마도 미완성 작업(적어두지 않은 작업)이 마음속에 남아 긴장을 조성했기 때문일 수 있다.

방해 요소는 디지털 세상의 일부이며 불가피하다. 스스로 차단하고 알림을 끄면 인지 자원을 확보하는 데 단기적으로 도움을 받을 수 있지만, 특히 요즘 같은 시대에 사회적 소통과 사무실을 단절하는 지식노동자는 중요한 정보를 놓치고 불이익을 받을 수 있다. 또한 방해 요소에 저항하거나 이에 대응하는 것은 업무 수행에 필요한 자원을 넘어서는 인지 자원을 소모한다. 디지털 세상에 발을 들여놓으면 봇bot(특정 작업을 자동으로 수행하도록 프로그래밍된 소프트웨어 응용프로그램-편집자)이나 팝업 광고, 자동 알림, 타인, 무엇보다도 나 자신에게서 오는 수많은 방해 요소에 노출된다. 레빈은 개인을 환경과 분리할 수 없는 존재로 보았는데 그에게 환경은 삶의 공간이다. 그의 이론에 따르면, 디지털 세상은 이제 우리 삶의 공간의 일부다. 우리는 이 공간에서 어떻게 존재하고 통제할지를 배워야 한다. 작업을 잠시 멈추고 휴식할 지점을 찾고, 동적 주의집중을 활용해 주의집중의 손전등을 통제하는 능력을 기르며, 미완성 작업에 대한 기억을 외부화해서 자이가르니크 효과와 레빈이 말한 긴장을 줄이는 행동을 취할 수 있다. 방해 요소는 삶의 일부이므로, 다음 장에서는 더 광범한 삶의 공간에서 우리의 주의집중을 끌어당기는 근본적인 힘에 관해 알아볼 것이다. 그리고 소중한 인지 자원을 잘 보존하고 효과적으로 주의집중을 활용하는 주체성을 길러 당면한 과제를 너무 오래 미뤄두지 않는 방법도 논의할 것이다.

2부

우리는 왜 이토록
산만해졌는가

6

인터넷의 부상과 집중력의 쇠락

　스마트폰이 세상에 나오기 전에는 디지털디톡스를 하려면 와이파이가 없는 시어머니 집에 머무르기만 하면 됐다. 물론 얼마 참지도 못하고 핫스폿을 찾아 오스트리아의 작은 마을을 이리저리 헤맸지만. 노트북을 열고 돌아다니며 신호가 잡히는지 확인하던 내 모습이 이상해 보였을지도 모른다. 2006년 어느 날, 핫스폿을 발견한 나는 어느 집 앞마당 모퉁이에 자리를 잡고 앉아 이메일을 보냈다. 이내 오스트리아 어르신 두 분이 접이의자를 들고 집 밖으로 나와 의자를 펴고 바로 내 앞에 앉았다. 두 사람은 아무런 말도 없이 매우 이상한 행동을 하고 있는 외국인, 즉 나를 그저 유심히 쳐다보았다. 여기서 나가달라는 요청을 받기 전에 얼른 이메일을 마무리하고 싶었는데, 나를 빤히 쳐다보는 그들의 표정이 그리 친절해 보이지 않았다. 빠르게 이메일을 쓰던 나는 결국 나에 대해 설명하려고 "캘리포니아"라고 말했다. 그러자 어르신들이 갑자기 환히 웃으며 "아널드 슈워제네거"라고 되받았고, 오스트리아 태생의 배우가 주지사가 된 곳에서 온 나를 받아들인다는 의미인지 힘차게 고개를 끄덕였다. 덕분에 나는 그 자리에 남아 이메일 전송을 완료할 수 있었다.

어쩌다 우리는 인터넷에서 벗어나기 어려운 지경에 이르렀을까? 그리고 일단 온라인에 접속하고 나면 한 사이트에서 적당히 오래 머무는 것조차 어려워하게 됐을까? 인터넷에 접속한 우리의 주의집중은 왜 그리도 많이 배회할까?

영화 〈서머 오브 솔Summer of Soul〉이 2022년 아카데미상을 수상하기 전, 친구에게서 이 영화를 추천하는 이메일을 받았다. 즉시 검색창에 '서머 오브 솔'을 입력했다. 이 영화는 1969년에 6주간 열린 할렘문화축제를 기록한 다큐멘터리영화였다. 스티비 원더, 머핼리아 잭슨, 슬라이 앤드 더 패밀리 스톤, 니나 시몬 등이 출연했던 이 축제에 대해 들어본 적이 없던 나는 의아했다. 곧장 위키피디아 글을 읽기 시작했고, 머핼리아 잭슨이라는 이름을 클릭해 다른 위키피디아 페이지로 이동한 뒤 그녀의 역사에 관해 읽었다. 여러 작업을 전전하며 고군분투한 머핼리아 잭슨의 회복력에 감탄하던 나는 잭슨이 어떻게 가수로 큰 성공을 거두었는지 점점 더 궁금해지기 시작했다. 해당 페이지에서 아폴로 레코드라는 단어가 눈에 들어와서 또 링크를 클릭했다. 글을 읽던 중 아폴로 극장이라는 링크가 눈에 들어왔고, 아폴로라는 단어가 낯설었던 탓인지 링크를 클릭해보았다. 이제 할렘, 음악, 연극에 대해 더 폭넓게 읽고 있는데 할렘 르네상스라는 단어가 눈에 띄어 그 링크를 재빨리 클릭했다. 한동안 이 작업을 계속하면서 관심사에 따라 다른 링크를 클릭했고, 어느새 내가 토끼굴에 얼마나 깊이 빠졌는지 깨달았다. 그 후 나는 내가 무슨 행동을 하고 있는지를 분석했다. 내 머릿속에는 겉으로 보기엔 우연처럼 보이나 서로 강하게 연결된 아이디어의 연상 경로가 흐르고 있었다. 그 연관된 생각의 경로를 따라 위키피디아를 깊이 파고들고 있었던 것이다. 이 경험은 우리의 주의집중에 영향을 미치는 한 가지, 즉 인터넷 자체의 설계를 잘 보여준다. 이 문제를 완전히 이해하려면 메멕스Memex(memory extender의 합성어-옮긴이)라는 기발한 아이디어에서부터 시작해야 한다.

메멕스는 1945년 모든 개인정보를 저장하고 검색할 수 있는 개인용 데스크톱 장치에 대한 아이디어의 일환으로 제안되었다. 인터넷과 이후 모든 디지털 세상의 전신인 메멕스의 원동력은 간단했다. 정보가 인간에게 적합한 방식으로 정리되어 있지 않아서 정보를 얻을 수 없다는 것이었다. 이 강력한 아이디어의 창시자는 사실 잘 나서지 않는 사람이었다. 1890년에 태어난 버니바 부시Vannevar Bush는 세기 전환기 문화의 격식을 차리는 인물이었다. 목사의 아들이었던 그는 늘 신중한 어조로 말했고 넥타이 없이 단정하지 못한 차림으로 공공장소에 모습을 드러내는 일도 거의 없었다. 그는 자연과학이 아닌 인문학이나 사회과학을 좋아하지 않는 뼛속까지 엔지니어였다. 오늘날 하이테크 문화의 관점에서 보면 그는 매우 시대착오적으로 보인다. 현대 기술 기업가들과도 달라서, 그는 비즈 스톤(트위터 공동 창업자)처럼 채식을 하거나 세르게이 브린(구글 공동 창업자)처럼 요가를 하지 않았고, 제프 와이너(링크트인 CEO)처럼 명상을 하거나 스티브 잡스처럼 맨발로 걸으며 LSD(강력한 환각제-옮긴이)를 복용하지도 않았다. 버니바 부시는 적어도 겉으로 보기에는 꽤 깐깐한 사람이었다. 내면적으로는 매우 파격적인 사람이었지만 말이다.

과학계와 대중 모두에게 존경받았던 그는 미국, 영국, 프랑스에서 민간인으로서는 최고의 훈장을 수상했다. 그는 미국 국립과학재단을 구상하고 아날로그컴퓨터를 발명했으며 레이시언Raytheon이라는 회사를 설립했다. 하지만 메멕스에 대한 발상은 그의 과학적 엄밀성과 일치하지 않았다. 오히려 사색적이고 마술적인 사실주의처럼 보였다.

사회과학을 경멸하던 그가 1945년 7월 〈디 애틀랜틱The Atlantic〉에 발표한 메멕스 관련 획기적인 글의 제목 '우리가 생각하는 대로As We May Think'는 역설적이었다.[1] 제2차 세계대전에서 독일이 항복하고 필리핀은 해방되었으며 UN헌장이 서명된 지 얼마 되지 않은 무렵이었다. 세계는 조심스럽게 낙관론을 향하고 있었다. 지난 5년 동안 미국은 전쟁을 위한 연구에 막대한 투자를 했다. 그런데 이제 전쟁이 끝나가고 있었다. 그 모든 과학적 재능으로 뭘 해야 할까? 미국은 물론 전 세계가 미래로 눈을 돌리기 시작했다. 부시는 과학 연구의 지속을 보장하기 위한 새로운 기관이 필요하다는 분명한 답을 내렸다.

그보다 몇 년 전인 1938년, 부시는 마이크로필름(대량의 문서, 자료, 도면 등을 축소 복사해 특수 필름에 보관한 것-옮긴이)을 고속으로 조회할 수 있는 기기인 급속 셀렉터rapid selector라는 일종의 자동 라이브러리를 발명했다. 표면적으로 메멕스라는 아이디어는 이 예전 발명품의 연장선에 불과했다. 그러나 메멕스의 진정한 천재성은 사용 매체가 아니라 정보를 저장하고 찾는 방식에 있었다. 부시는 문서가 서로 연결되는 '연관 색인' 기능을 쓰겠다는 비전을 갖고 있었다. 한 문서에 접근하면 그 문서와 연결된 다른 문서를 검색할 수 있었다. 책상에 앉아서 기록, 책, 사진, 메시지 등 모든 정보를 검색할 수 있는 이 기능은 인간의 기억력을 증강하는 기술이었다.

당시의 색인 시스템은 '인공적'이었다. 가장 일반적으로 사용되던 듀이 십진법은 주제별로 정보를 정리했다. 1876년 멜빌 듀이가 이 시스템을 발명했을 당시에는 놀랍게도 책등의 높이와 구입 시기에 따라 서가에 책을 정리하는 게 일반적이었으니, 듀이 십진법은 혁신이었다.[2] 도서관 서가에 가장 큰 책부터 가장 작은 책 순으로 꽂혀 있다고 상상해보자. 미관상 보기 좋을지는 몰라도 원하는 특정 책을 찾기가 얼마나 어려울지는 너무도 뻔하다. 듀이 십진법은 지식을 체계화했다는 점에서 커다란 도약이었다. 정보는 역사, 지리와 같은 정적인 범주로 분류된 다음 세계사, 유럽 지리와 같은 하위 범주로 나뉘었다. 하지만 사람들은 자동적으로 이렇게 생각하지 않을뿐더러 이러한 범주는 임의적이다. 책을 검색하는 사람들은 다른 사람들이 정한 경직된 범주에 맞추기 위해 자신의 생각을 비틀어야 했다.

버니바 부시는 기존 색인 시스템을 인간의 기억과 같은 방식으로 작동하도록 재설계해야 한다고 주장했다. 캐나다 심리학자 엔델 툴빙Endel Tulving과 웨인 도널드슨Wayne Donaldson이 개발한 의미망 이론semantic network theory에 따르면, 우리의 기억은 서로 연관된 개념으로 구성된다. 피자를 떠올리면 치즈, 맥주, 피자헛 같은 개념으로 쉽게 연결되는 것이다. 연관 구조는 정보를 더 쉽게 검색하도록 해준다. 문서가 관계에 의해 서로 연결되어 있으면 사용자가 한 문서에 접근할 때 다른 관련 문서에 대한 연결성을 쉽게 떠올릴 수 있다. 레오나르도 다빈치를 검색하면 〈모나리자〉가 연결되고, 〈모나리자〉는 다시 루브르박물관과 파리 센강의 우안으로 연결되는 등, 오늘날 위키피디아의 네트워크구조는 머릿속에서 이러한 빠른 연상을 가능케 한다. 인터넷이 없던 시절에는 도서관에 가서 책의 분류 번호를 검색하고, 서가에서 책을 찾고, 구절을 읽고, 다른 책에 대한 참고 문헌을 찾아서 보는 등의 과정을 거쳐야 했기 때문에 이러한 연결을 따라가는 것은 불가능했다.

그러나 전자식 메멕스 모델을 사용하면 쉬워진다. 부시의 비전은 대중에 의해, 대중을 위해 정보가 조직되는 오늘날 인터넷의 씨앗을 심었다. 메멕스는 19세기 듀이 정보 검색 시스템 시대에서 현대 컴퓨터 시대로 우리를 인도한 혁신적인 아이디어였다. 하지만 아이디어에 그쳤을 뿐 실제로 구현되진 못했다. 기술적 실현을 위해서는 여전히 더 많은 혁신이 필요했기 때문이다.

그리고 몇 년 후인 1949년, 컴퓨터과학자 에드먼드 버클리 Edmund Berkeley는 과학소설에 가까운 제목의 책을 썼다. 바로 《거대한 두뇌 혹은 생각하는 기계 Giant Brains, or Machines that Think》였다.[3] 그는 푸르덴셜보험에서 보험계리사로 근무 중이었지만, 핵전쟁을 반대하는 프로젝트 진행을 회사에서 허락하지 않아 회사를 나왔다. 그렇게 작가가 된 그는, 메멕스처럼 개인 저장소에서만 정보에 접근하던 개념을 거대한 두뇌를 통해 사회 전체의 정보에 접근하는 것으로 확장했다. 인터넷의 개념적 토대를 위한 초석이 서서히 마련되고 있었다. 버클리는 선견지명이 있었다.

우리는 도서관에 있는 정보를 자동으로 검색해주는 기계가 발명되리라 예상할 수 있다. 미래의 도서관에서 비스킷 만드는 방법을 찾는다고 가정해보자. 카탈로그 기계에 '비스킷 만들기'라고 입력한다. 기계에서 영사기 필름 돌아가는 소리가 난다. 곧이어 소리가 멈추고 비스킷 레시피가 담긴 서너 권의 책 제목이 적힌 카탈로그 일부가 스크린에 비친다. 결과에 만족했다면 우리는 버튼을 누르고, 봤던 내용의 복사본이 기계에서 출력된다.[4]

버니바 부시의 메멕스가 내연기관만큼이나 심오하고 중요한 아이디어이긴 했으나, 1960년에 말하자면 크랭크축(왕복운동을 회전운동으로 바꾸는 장치-옮긴이)을 개발한 사람은 테드 넬슨이었다. 넬슨은 요약, 주석, 각주를 포함하는 상호 연결 문서와 이미지에 부여된 이름인 하이퍼텍스트를 실질적으로 개발한 사람이었다.[5] 인터넷을 발전시키는 데 중요한 역할을 한 또 다른 의외의 인물이었던 셈이다. 그는 스워드모어대학과 하버드대학교에서 철학과 사회학을 공부했다. 덕분에 폭넓은 사고를 했던 그는 하이퍼미디어를 위한 프로그래밍 가능 설계, 즉 컴퓨터의 정보 네트워킹을 제공하는 기본파일 구조를 구상할 수 있었다. 그의 표현을 빌리자면 "전 세계의 기록 지식을 점점 더 많이 포함하면서 무한히 성장할 수 있는 정보 집합체"를 구상한 것이다.[6]

디지털 세상이 도래하고 있었다. 넬슨과 비슷한 시기에 멘

로파크에 자리한 스탠퍼드연구소에서 컴퓨터과학자로 일하던 더글러스 엥겔바트는 인류의 집단지성을 동원해 세상의 문제를 해결하겠다는 이상주의적 비전을 품고 있었다. 컴퓨터는 가능한 한 많은 전 세계 사람들로부터 정보를 수집해 이를 자유롭게 제공하는 방식이 될 것이었다. 테드 넬슨의 연구를 알지 못했던 엥겔바트는 1968년 최초의 하이퍼텍스트 시스템인 NLS('온라인시스템oN-Line System')의 데모를 선보였는데, 훗날 저널리스트 스티븐 레비는 이 데모를 두고 "모든 데모의 어머니"라고 말했다.[7] 당시 방 한 칸 크기였던 컴퓨터는 슈퍼 계산기로 사용됐기에, 개인용컴퓨터에서 하이퍼텍스트를 사용한다는 아이디어는 획기적이었다. 대부분 사람들은 향후 20년 안에 개인용컴퓨터가 일반 가정에 보편화되리라고는 상상도 못 했다. 그러나 이러한 데이터베이스는 여전히 개인정보를 저장하는데 그쳤고, 대다수는 자신의 데이터를 공개적으로 공유하지 않았다. 1969년에는 UCLA, 스탠퍼드연구소, UC샌타바버라, 유타대학교 이렇게 네 곳의 호스트 사이트를 네트워크로 연결하는 아르파넷Advanced Research Projects Agency Network, ARPANET이 미국 고등연구계획국에 의해 개발되었다. 엥겔바트의 비전이 실현되려면 그로부터 20년이 더 걸릴 터였다.

그러던 1990년, 스위스 주재 CERN(유럽입자물리연구소)에서 근무하던 한 소프트웨어 엔지니어가 상사에게 사이드 프로젝트를 맡자는 제안서를 보냈다. 상사는 그 프로젝트의 가치를 몰라 처음엔 거절했다. 나중에 그 상사가 마침내 받아들였으니 참으로 다행이었다. 팀 버너스리가 주도한 이 프로젝트는 정보를 공유하는 하이퍼텍스트용 소프트웨어를 개발하는 것이었는데, 이것이 이후 월드와이드웹이 되었기 때문이다. 공유된 문서는 모든 개인의 브라우저에서 볼 수 있었고, 이 프로그램은 전 세계 어디에서나 누구든 정보를 광범위하게 공유할 수 있도록 하는 인터넷의 초석이 되었다. 인터넷의 연결도로와 초고속도로 구조가 완성된 것이었다.

1990년대 중반에 인터넷은 폭발적으로 성장했다. 인터넷의 기술적 설계는 탈중앙화된 네트워크구조를 기반으로 했으며, 이는 개방적인 민주적 구조였기에 대기업은 물론 개인 누구든 다른 정보에 기여하고 연결될 수 있다는 것을 의미했다. 사람들은 그렇게 했다. 그리고 세상이 바뀌었다.

인터넷은 2000년 닷컴버블이 사그라지기 전까지 기하급수적으로 성장했다. 사람들은 컴퓨터와 네트워크 접근성을 확보한 후 이를 활용할 새로운 방법을 찾고 있었다. 아이디어는 넘쳐났다. 2001년, 지미 웨일스와 래리 생어는 현대판 알렉산드리아도서관을 만들겠다는 비전을 품고 누구나 콘텐츠에 기여하고 검토할 수 있는 무료 온라인 백과사전 위키피디아를 시작했다. 또한 람다무LambdaMOO, 인터넷 릴레이 챗Internet Relay Chat과 같은 소셜 온라인 커뮤니티가 1980년대부터 커다란 인기를 끌며 활발히 사용됐기 때문에, 프렌드스터Friendster, 마이스페이스Myspace와 같은 소셜 네트워킹 사이트의 출시는 필연적이었다. 그러던 2004년 어느 날, 하버드대학교 2학년 학생이 기숙사 방에서 같은 반 친구들의 외모를 평가하는 프로그램을 만들었다. 이 프로그램은 하버드 행정 당국과의 마찰로 결국 폐쇄되었다. 하지만 그 학생은 포기하지 않았고 마침내 페이스북이 탄생했다. 페이스북은 사회적 상호작용의 새로운 패러다임으로 나아가는 문을 열었고, 곧 인터넷은 소셜 미디어 사이트로 넘쳐나게 되었다. 소셜 미디어가 많아진다는 것은 사람과 정보와 연결되고 상호 작용할 수 있는 선택의 폭이 넓어진다는 의미였다. 무덤 속에서 멜빌 듀이는 당황했지만 버니바 부시는 웃고 있었다.

인터넷 네트워크구조는
자유롭고 유연한 사고를 촉진한다

버니바 부시가 이야기한 사고의 연상 경로에 관한 아이디어는 18세기 스코틀랜드 철학자 데이비드 흄과 20세기 영국 철학자이자 논리학자 버트런드 러셀로 거슬러 올라간다. 평화주의자였던 러셀은 여러 대학교에서 해고될 정도로 급진적 사상의 소유자였다. 혼전 성관계와 동성애를 옹호하는 등 도덕적으로 부적합하다는 뉴욕 대법원의 판결에 따라 1940년 뉴욕시립

대학교와의 교수 계약이 취소되기도 했다. 10년 후 러셀은 인도주의원칙을 장려한 작품으로 노벨문학상을 수상한다.

러셀은 연상을 통해 사고하는 방식에 대한 통찰이 뛰어났다. 러셀에 따르면 우리가 읽거나 듣는 단어는 그 단어와 관련된 모든 연상작용을 통해 단어의 광범위한 의미를 불러일으킨다.[8] 우리 마음은 유연하다. 어떤 사건을 보거나 어떤 단어를 들으면, 혹은 읽거나 심지어 기억을 떠올리면, 다른 관련된 개념을 생각하는 길이 열린다. 최근 뉴욕시 배릭 거리에서 차가 막히는 길로 향하는 고양이를 본 나는, 차들이 고양이를 피하는 모습에서 그 고양이와 내 고양이 버스터를 연관시켰다. 또한 '사고', '자동차', '자전거', '어린이'도 즉시 떠올랐다. 다행히 고양이는 주인에게 구조되었다. 개념은 일대일 연상이 아닌 다대다 연상을 통해 서로 연결된다.

의미기억semantic memory 이론은 인간의 기억이 이러한 상호 연결된 개념들의 네트워크로 구성된다고 설명한다. 비를 생각하면 우산이 떠오르고, 디즈니랜드를 생각하면 캘리포니아가 떠오르는 것과 같은 이치다. 가령 서로 다른 개념이라도 우연히 같은 상황에서 경험했다면 연결될 수 있다. 뉴욕 양키스 경기장에서 스마트폰을 잃어버렸다면 양키스 경기에 대한 이야기를 들을 때마다 스마트폰에 대한 기억이 떠오를 것이다. 한 개념이 다른 개념의 아이디어를 얼마나 잘 불러일으키는지는 두 개념이 기억 속에서 얼마나 밀접하게 연결되어 있는지에 따라 달라진다. 만일 경기장이라는 단어만 듣는다면 양키스 경기장이라는 특정 단어가 조합된 경우처럼 잃어버린 스마트폰을 떠올리게 하지는 못할 것이다.

버니바 부시가 메멕스에서 정보를 체계화하기 위해 구상한 노드와 링크 구조는 인간의 의미기억 개념을 모방한 것이다. 인터넷의 구조는 콜링과 도널드슨의 의미망 모델을 시뮬레이션한 것으로, 그 방대한 노드와 링크 네트워크에는 정보를 보는 순서가 정해져 있지 않다. 나는 머핼리아 잭슨에 대한 글을 읽을 때 아무 링크나 클릭해서 아무 경로로나 이동할 수 있었다. 정보가 네트워크구조로 구성되어 있으면 원하는 방식으로 링크와 콘텐츠를 탐색할 수 있다. 마찬가지로 인간의 의미기억은 유연하기 때문에, 우연적으로 또는 맥락과 주변 환경에 따라 원하는 방식으로 정보를 검색하고 연결할 수 있다.[9] 내가 배릭 거리의 고양이를 보고 했던 것처럼 말이다.

1990년대 중반 웹의 인기가 높아지는 과정에서 나는 하이퍼미디어의 노드와 링크 구조가 웹 사용자들이 연관성을 생각하게 유도하는 방식을 보여주는 실험을 했다. 독일 다름슈타트(엄밀하게 번역하면 '직감의 도시'라는 뜻)에 있는 독일 국립정보기술연구센터 동료들과 함께 하이퍼미디어를 이용한 실험을 진행한 것이다. 마흔여덟 명이 셋씩 조를 이뤄 회의실에 모였다. 이들에게 '미래의 도서관'에 대한 아이디어를 브레인스토밍하라고 요청했다. 회의실에는 전자 화이트보드가 있어서 그룹별로 미래의 도서관이 어떤 모습일지 각자 아이디어를 적을 수 있었다. 절반의 그룹은 전자 기능이 없는 일반 칠판을 사용해 원하는 방식으로 아이디어를 적을 수 있었는데 대부분 목록 형태로 작성했다. 나머지 절반은 동일한 화이트보드에 하이퍼미디어 형식으로 아이디어를 정리할 수 있는 컴퓨터 기능을 추가해 사용할 수 있었다. 사람들이 화이트보드에 쓴 아이디어에 동그라미를 치면 컴퓨터는 자동으로 그것을 노드로 인식했고, 사람들이 아이디어 사이에 선을 그으면 컴퓨터는 자동으로 링크로 인식하는 방식이 적용됐다. 덕분에 해당 그룹 참가자들은 링크를 그대로 유지한 채 화이트보드 곳곳에서 아이디어를 선택하고 이동하며 하이퍼미디어 구조를 만들 수 있었다. 내가 이 실험을 또렷이 기억하는 이유는, 임신 8개월이었던 당시가 무더운 여름이었는데 에어컨도 없는 방이 컴퓨터로 가득해 한증막처럼 공간이 후텁지근했기 때문이다. 하지만 땀을 흘린 보람이 있었다. 하이퍼미디어를 활용해 생각을 정리했던 사람들은 아이디어를 더 깊이, 더 정교하게, 더 많은 관계와 연관 개념으로 만들어냈다. 하이퍼미디어 기능을 사용하지 않는 그룹에 비해 아이디어 수가 두 배나 많았다. 또한 아이디어 간에 예상치 못한 관계도 발견해냈다. 실험 조건을 알지 못했던 독립적인 글쓰기 전문가들은 아마도 하이퍼미디어의 깊은 정교함 때문에 해당 그룹이 더욱 독창적인 아이디어를 창출했다고 평가했다.[10] 이러한 결과는 하이퍼미디어를 사용하면 아이디어 간에 더 많은 연관성이 촉진되어 마치 불꽃이 마른 숲에 불길을 퍼뜨리듯 전체적으로 더 많은 아이디어가 생성될 수 있음을 시사한다.

물론 책이나 잡지도 상상력을 자극할 수 있지만, 인터넷은 노드-링크 구조로 되어 있어 유연한 사고를 가능하게 한다. 이에 비해 책의 선형적 형식에는 한 페이지 한 페이지 정해진 순서대로 내용을 따라가야 한다는 제약이 있다. 인터넷 서핑을 할 때 우리는 어떤 연관 경로든 따라갈 수 있는 자유를 누린다. 때로는 웹페이지의 콘텐츠에서 영감을 얻기도 하고, 내면의 생각에 따라 새로운 링크를 클릭하기도 한다. 이 두 과정이 함께 작동할 때도 있다. 인터넷 구조는 우리의 상상력이 작동하도록 자극한다.

정신이 배회할 때 우리는 목표에서 멀어진다

인터넷 서핑을 할 때 우리의 주의집중에는 어떤 일이 일어날까? 내가 〈서머 오브 솔〉을 검색했을 때처럼 주의집중은 목표 지향적으로 시작될 것이다. 하지만 새로운 링크를 클릭하고 연관성을 만들면서 주의집중이 이동하여 정신은 예상치 못한 길로 향한다. 특정한 목표 없이 인터넷을 서핑할 때 우리의 마음은 개방적이고 기회주의적이어서, 각 웹페이지의 정보에 자극을 받고 내면의 의미망에서 자유롭게 연상을 만들어 어떤 방향이든 추구해나갈 수 있다.

정신-배회는 우리의 주의집중이 외부 환경에서 멀어질 때 발생한다. 정신이 배회할 때 우리는 당면한 과제와 무관한 생각을 하게 되는데, 여기엔 과거의 경험, 미래의 목표 또는 완전히 뜬금없는 생각 등이 포함된다. 사람들의 정신은 엄청나게 배회한다. 경험 샘플링을 사용한 어느 연구에 따르면, 2250명을 대상으로 실제 환경에서 무작위로 조사했을 때 사람들의 마음은 샘플링 시간 중 약 47퍼센트 동안 배회하는 것으로 나타났다.[11] 엄밀히 따지면 동일하진 않지만 인터넷 서핑은 정신-배회와 유사하다. 우선 인터넷 서핑은 일반적으로 목표 지향적이지 않고, 보이는 링크를 따라 개념 사이사이를 자유로이 넘나든다. 정신-배회와 인터넷 서핑이 비슷한 또 다른 이유는, 생각이 꼬리에 꼬리를 물고 있다는 사실조차 인지하지 못한 채 방황하는 경우가 많다는 점이다.[12] 인터넷에서 개념의 경로를 따라가는 데 너무 집중하다 보면 몇 시간 동안 주의집중의 함정에 빠져 있다는 사실조차 깨닫지 못할 수 있다.

호기심은 인터넷의 마약이다

인터넷은 우리가 마음속 네트워크에 있는 콘텐츠에 접근하도록 수많은 진입점을 제공한다. 뭔가를 보거나 듣는 자극에 노출되어 다른 자극에 쉽게 반응할 수 있게 되면 우리 마음속에서는 점화priming가 일어난다. 인지적 점화가 일어나면, 문맥이나 단어에 노출되었을 경우 기억에서 의미와 연관된 개념이 활성화되거나 단어와 연관된 개념이 활성화된다(바늘과 실처럼). 실험실에서 간단한 자극-반응 과제(참새라는 단어를 본 후에는 의자라는 단어보다 로빈이라는 단어를 볼 때 더욱 빠르게 반응한다)를 수행해보니 그 효과는 단 몇 초 동안만 지속되었다. 그러나 자료를 더 깊이 생각하고 처리하면 다른 단어가 개입하더라도 점화 효과가 2분 이상 지속된다는 증거가 나왔다.[13] 가령 내가 위키피디아의 동계올림픽경기 페이지로 이동했을 때, 글을 읽기 시작하자 아이스 스케이팅, 봅슬레이, 스키점프 등 다양한 연관 아이디어가 떠올랐고, '알파인스키'라는 링크를 보자 클릭하고 싶다는 생각이 들었다. 어떤 주제에 대해 읽는 동안 다양한 관련 아이디어가 떠오른다면, 링크가 네온사인처럼 시선을 끌 수 있다.

점화가 일어나면 우리가 의식적으로 선택하지 않아도 내면의 목표가 활성화되어, 어떤 신호에 대한 반응으로 자연스럽게 무언가를 생각하거나 때로는 행동으로 옮기게 된다.[14] 오래전부터 광고주들은 개념에 대한 노출이 우리가 무엇을 떠올리고 선택할지에 영향을 미친다는 사실을 알았다. 이는 실험 참가자들에게 먼저 제품 브랜드 이름이 포함된 문장("아이리시 스프링은 세탁 세제입니다")을 평가하도록 한 실험에서 잘 드러났다. 평가 후 다양한 제품 유형에 대한 브랜드를 불러줬을 때, 피험자들은 앞서 진술한 문장 중 하나에 언급된 브랜드를 선택할 가능성이 더 높았다.[15] 진술을 평가하는 과정을 거치며 해당 브랜드 이름이 피험자들의 머릿속에 가장 먼저 떠올랐기 때문이다. TV에서 맥주 광고를 보면 맥주 생각이 점화되고 그러다 광고 시간에 맥주를 마실 수도 있다.

웹페이지 링크가 어떤 아이디어를 떠올리게 했을 때, 그 사람은 어느 정도까지 의식적으로 그 아이디어를 연상하고 있을까? 수십 년 동안 연상기억을 연구해온 심리학자 존 앤더슨John Anderson은 우리 마음의 의미망에 연결된 개념이 활성화되는 것은 자동적인 과정이라고 주장한다.[16] 위키피디아 페이지에서 아이디어를 떠올리고 강조 표시된 링크를 클릭하는 행동은 자동적인 사고 과정과 통제된 사고 과정이 혼합된 작용일 가능성이 높다.[17] 뷔페에 도착했을 때 초콜릿케이크를 미리 생각하지 않았을 수도 있지만, 그것을 본 순간 그 맛에 대한 연상이나 아이 생일 파티에서 먹었던 기억이 떠오르는 것과 같은 이치다. 우리는 의식적으로 (혹은 충동적으로) 접시에 그 조각을 올려놓겠지만, 그 행동의 기저에는 그걸 먹으라고 촉구하고 있는 자동 연상의 빙산 전체가 있다. 마찬가지로 다른 위키피디아 페이지로 연결되는 링크를 클릭하는 것은 거부하기 어렵다. 영화 〈서머 오브 솔〉에 관한 글을 읽을 때 나의 인터넷 행동을 분석해보니 링크를 클릭할 때 매우 충동적이었음을 깨달았다.

물론, 우리는 순수한 호기심에 이끌려 링크를 클릭할 수 있고 반드시 점화에 의한 것이 아닐 수 있다. 하지만 이 두 가지를 분리하기란 매우 어려우며, 함께 작용하는 경우도 있다. 심리학자 조지 로웬스타인George Loewenstein은 호기심이 지식의 공백을 메우려는 충동이며, 우리는 호기심을 해소하는 데 도움이 되는 정보에 이끌린다고 설명한다.[18] 로웬스타인은 소량의 정보라도 호기심을 자극할 수 있는데 웹페이지에서 접하는 링크가 그 예가 될 수 있다고 말한다. 우리는 호기심에 대한 갈증을 해소하려고 의식적이든 아니든 충동적으로 행동하고, 그렇게 호기심이 충족되는 보상을 받는다. 호기심은 보상에 대한 기대감을 유발하는데, 실제로 fMRI 연구에 따르면 그런 기대감이 생겼을 때 보상 기대 및 학습의 본질적 가치와 관련된 뇌 영역인 꼬리핵과 외측 전전두엽 피질이 활성화되는 것으로 나타났다.[19] 웹페이지에서 링크를 보면 호기심에 불이 붙는다. 우리는 그 링크가 새로운 정보로 통하는 관문이라는 것을 알기에 보상을 기대하며 클릭한다. 그렇게 인터넷을 탐색하고 콘텐츠를 읽으면서 연상을 활성화하거나 호기심을 자극하면, 링크를 선택해 더 많은 콘텐츠를 읽고, 마음이 더욱 자극되어 새로운 링크를 클릭하는 데 쉽게 빠져든다. 호기심은 인터넷의 마약이다.

인터넷은 우리 뇌를 어떻게 바꿔놓았을까?

인터넷이 마법처럼 작동하는 듯 보이지만 우리 기억도 마찬가지다. 노드와 링크로 이뤄진 하이퍼미디어 형식의 인터넷 구조는 두뇌에서 지식이 이론적으로 조직되는 방식과 유사하며, 사람들이 일상에서 개념들을 유연하게 연관시키는 방식과도 닮았다. 인터넷의 시선을 사로잡는 디자인은 주의를 분산시키고, 그곳에서 마주한 아이디어는 내 생각만큼이나 거부하기 힘든 유혹을 불러일으킨다.

인터넷에서 아무런 제약 없이 배회하는 정신을 멈춰 세우려면 세 가지가 필요하다. 먼저 스스로의 행동을 인식해야 하는데, 이는 자동화된 행동을 의식적인 수준으로 끌어올리는 것을 의미하므로 쉽지 않다. 이 책 후반부에서는 자기 행동에 대한 메타인지meta-awareness를 개발하여 인터넷을 돌아다니는 이유를 더 잘 인식하는 방법을 배울 것이다. 둘째, 배회 행동을 중단하려는 동기가 있어야 한다. 셋째, 이러한 충동에 저항할 수 있는 충분한 인지 자원이 있어야 한다.

인터넷은 서로 연결된 수많은 정보를 이용하게 함으로써 《내추럴-본 사이보그》[20]의 저자 앤디 클라크가 사이보그 마음cyborg mind이라고 부르는 것을 만들어냈다. 사이보그 마음은 기억 저장공간을 늘리거나 처리 속도를 높이기 위해 전극을 이식한 것으로 생각할 수 있다. 하지만 클라크는 그것이 우리 마음의 확장을 의미할 수도 있다고 주장한다. 오랫동안 인간은 글쓰기부터 사진 촬영에 이르기까지 기억력을 확장하는 기술을 사용해왔다. 그러나 인터넷은 이 모든 것을 뛰어넘어 텍스트, 이미지, 비디오, 오디오를 북마크에 저장해 잊지 않도록 하는 컴퓨터화된 정신의 확장이라고 할 수 있다. 게다가 휴대폰을 통해 손끝으로 이 모든 정보를 확인할 수 있다. 실제로 연구에 따르면 사람들은 인터넷을 사용하여 검색할 때 그 지식이 인터넷에서 얻은 것인지 자신의 것인지 구별하는 데 어려움을 겪는다고 한다.[21] 우리 자신의 기억과 인터넷 정보를 구분하는 것이 점점 더 어려워지고 있는 것이다. 한 연구에 따르면 인터넷에 대한 의존도는 우리의 기억 능력을 저하시킬 수도 있다. 엿새 동안 인터넷 검색을 하자 실제로 일부 두뇌 기능이 저하되어 장기기억 검색과 관련된 두뇌 영역의 기능적 연결과 동기화가 감소했다.[22]

인터넷 개척자들은 전 세계 정보를 쉽게 이용할 수 있는 세상을 꿈꿨다. 모든 위대한 혁신에는 의도하지 않은 좋은 결과와 나쁜 결과가 따르기 마련이다. 자동차는 도로와 고속도로 인프라의 발달로 이어졌고, 결국 교외까지 진출해 사람들이 더 많은 생활공간을 확보할 수 있게 되었지만, 자동차가 배출하는 온실가스가 지구온난화를 유발하는 등 경제적, 사회적, 환경적 영향도 초래했다. 인터넷 개척자들은 사람들이 의미 있는 정보를 인터넷에 제공하고 목적을 갖고 정보를 찾다 보면 이러한 정보가 인류에 도움이 되리라는 이상주의적 비전을 품고 있었다. 인터넷 서핑이나 소셜 미디어에 수많은 시간을 쓰게 하는 유혹이나 다크웹, 에코체임버(비슷한 성향의 사람과 소통한 결과 다른 사람의 정보와 견해는 불신하고 본인 이야기만 증폭돼 진실인 것처럼 느껴지는 정보 환경-옮긴이), 사이버 괴롭힘 같은 유해한 결과는 예상치 못했을 것이다. 또한 최초의 자동차에 안전벨트나 에어백이 없었듯이 인터넷에도 사기, 잘못된 정보 또는 타깃광고를 방지할 안전 기능이 내장되어 있지 않았다.

미디어 이론가 마셜 매클루언은 "기술은 새로운 느낌과 사고의 구조를 만들어낸다"[23]라고 말하며 인쇄매체의 발달로 사람들이 인쇄된 페이지에 맞게 인식을 정리하게 되었다고 설명했다. 디지털 시대에도 마찬가지로 기술은 새로운 주의집중 구조를 이끌어냈다. 노드와 링크, 끊임없이 변화하는 콘텐츠로 이뤄진 인터넷 구조는 우리가 주의집중을 기울이는 위치뿐만 아니라 주의집중을 이동하는 빈도도 새로이 형성했다. 사람들은 디지털 하이퍼미디어가 제공하는 자극에 맞춰 자신의 인식을 조정하고 처리한다. 아이러니하게도 사람들은 인터넷 구조를 추가하고 발전시키고 있으며, 인터넷 구조는 사람들이 새로운 유형의 동적이고 변화하는 주의집중을 형성하도록 영향을 미치고 있다. 매클루언의 말이 옳았다. 인터넷은 새로운 사고 구조를 이끌어냈고, 이는 수년에 걸쳐 사람들이 기기에 주의집중하는 시간이 짧아지고 있는 현상과 일치한다.

인터넷 사용은 단순한 주의집중 시간의 변화 그 이상과 관련이 있을지도 모른다. 뇌가 구조적이고 기능적으로 조직되는 방식의 변화는 정상적인 인간 발달의 일부이며, 이러한 구조는 평생 변화할 수 있다.[24] 인터넷이 기억력에 영향을 미치는 것과 마찬가지로, 일부 연구에 따르면 인터넷 사용이 특히 복잡한 추론 및 의사 결정과 관련된 영역에서 뇌의 기능적 반응성을 변화시킨다고 한다.[25]

버니바 부시의 메멕스 아이디어는 정보 검색의 장애물을 없앴을 뿐만 아니라 웹을 즐겁게 이용할 수 있는 발판을 마련했다. 하지만 그는 연관된 정보를 보여주는 단순한 설계가 훗날 우리의 주의집중에 강력한 영향을 미치는 방식으로 발전하리라고는 예상치 못했다. 인터넷은 디지털이고 비선형적이며 불연속적인 요소로 이뤄져 있기 때문에 우리의 주의집중은 이를 반영해 쉽게 파편화된다. 인터넷은 평범한 사람들에 의해 만들어졌다. 누구든 어디서든 인터넷에 정보를 추가할 수 있었고, 실제로 사람들은 그렇게 했다. 인터넷 성장의 즉흥적인 특성은 사용자들의 즉흥적인 행동을 낳았다.

1990년대에 멀티태스킹 행동을 조사하기 시작했을 때, 나는 내가 거대한 현상을 다루고 있다는 사실을 깨달았다. 기기 사용 시 주의집중의 작동 방식을 이해하려는 노력은 마치 해류와 같은 다른 요인도 선박에 영향을 미치는 와중에 풍향만으로 범선의 항로를 이해하려 하는 것과 같았다. 인터넷 개척자들의 이상주의적 비전은 이윤을 위해 무한 스크롤을 하게 만드는 방법을 고안해낸 기업들의 새로운 비전으로 대체되었다. 다음 장에서는 이러한 새로운 비전이 어떻게 실현되고 우리의 주의집중에 어떤 영향을 미치는지 이야기해보겠다.

7

AI와 알고리즘이 우리 사고에
영향을 미치는 방식

부츠 한 켤레가 나를 쫓고 있다. 이 부츠는 지난 한 달 동안 나를 따라다녔고 예상치 못한 곳에서 모습을 드러냈다. 아침에 가장 먼저 나타나기도 하고 밤에 가장 마지막으로 보이기도 했다. 〈뉴욕타임스〉를 읽을 때도, 페이스북에 접속할 때도, 헤드폰을 사려 할 때도 부츠가 나타나 나를 조롱했다. 부츠를 보면 부츠에 끌릴 수밖에 없다. 편집증은 아니지만 이 부츠가 나를 쫓는 것이 우연이 아니란 건 안다. 거기엔 이유가 있다. 그들은 내가 부츠를 원한다는 걸 안다. 나는 그것들을 피할 수 없을 것 같다. 부츠가 나를 쫓지 못하게 할 유일한 방법은 그것을 사는 것이다.

당신만 인터넷을 검색하는 게 아니다. 인터넷도 당신을 탐색한다. 인터넷 구조가 우리의 온라인 행동에 영향을 미치는 유일한 기술적 메커니즘은 아니다. 알고리즘 역시 우리의 주의집중을 조작한다. 디지털 세상에서 매일 접하는 알고리즘은 우리의 주의집중을 거의 완벽하게 조작한다.

알고리즘은 인간에게 낯선 존재가 아니다. 자연선택 혹은 적자생존을 알고리즘으로 모델링할 수 있을 정도다. 알고리즘이라는 단어는 8세기 페르시아의 수학자 무함마드 이븐무사 알콰리즈미의 이름에서 유래했으며, 라틴어로는 Algoritmi라고 했다. 알고리즘의 근본적 정의는 단순하게 말해 일련의 지침이다. 따라서 유전적 적응력을 고려할 때, 인류 자체가 자연 알고리즘에 기반을 두었다고 해도 과언이 아니다. 레시피를 따라 요리를 하거나, GPS의 지시에 따라 길을 찾고, 이케아 책장을 조립하는 등 우리는 일상에서도 알고리즘에 의존한다. 컴퓨터 알고리즘은 교통 흐름 설계, 자율주행 내비게이션, 비즈니스 의사 결정, 질병 진단, 보석금 설정, 범죄 형량 결정 등에 활용된다. 알고리즘은 (의사 결정 모델을 활용하여 프로젝트를 선정하는) 단체나 (회사에서 누구를 고용할지, 대학에 누구를 입학시킬지 정하는) 조직, (기상이변을 파악해야 하는) 사회 전체에 도움이 되도록 설계되기도 하지만 훨씬 더 개인적이고 개별적인 수준에서 사람들의 주의집중을 프로그래밍하는 데 적용되기도 한다.

사람들의 주의집중 자원은 한정적이므로 소셜 미디어, 메시지, 전자상거래를 전문으로 제공하는 인터넷 기업들은 사람들의 주의집중을 가능한 한 많이 끌려고 노력한다. 마음속 지분을 차지하기 위한 치열한 경쟁이 벌어지는 것이다. 이러한 기업들은 정교한 알고리즘을 개발하는 데 많은 재정적, 인적 자원을 투자하여 사용자의 주의집중을 자사 제품에 투자하도록 유도한다.

사용자의 주의집중을 끄는 알고리즘

그 부츠가 나를 끈질기게 쫓은 이면에는 사실 다 계획이 있다. 대체 무슨 일이 일어나고 있는지 분석해보자. 얼마 전 한 쇼핑 사이트를 방문해 부츠를 자세히 살펴보려고 클릭했다. 이 쇼핑 사이트는 광고주와 게시자 사이를 중개하는 광고 네트워크의 일부다. 광고 네트워크는 쇼핑 사이트에서 내가 본 내용을 기록하는 소프트웨어를 실행해 이 정보를 웹브라우저의 쿠키 데이터 또는 광고 네트워크 데이터베이스의 프로필에 저장한다.[1] 동일한 광고 네트워크에 속한 다른 사이트를 방문할 때마다 브라우저는 나를 인식하고 내가 부츠를 살펴본 걸 알게 된다.

그리하여 나는 추적당하고, 부츠는 '광고 리마케팅remarketing' 이라는 명목으로 인터넷에서 나를 따라다닌다. 부츠는 보면 볼수록 더 익숙해지는데, 나는 무언가에 더 많이 노출되고 친숙해질수록 그것이 더 좋아진다는 사실을 알고 있다.[2] 이는 내가 그 부츠에 집중하는 이유도 잘 설명해준다. 우리 대부분은 라디오에서 어떤 노래를 반복해서 듣다 보면 그 곡이 머릿속에 맴도는 현상을 경험해봤을 것이다. 실제로 fMRI를 통해 측정한 뇌 활성화에 따르면 사람들은 노래가 익숙할수록 그 노래에 감정적으로 더 애착을 품었다.[3] 브랜드 친숙도가 구매 행동에 미치는 영향은 광고 분야에서 오랫동안 알려진 사실이다.[4] TV에서 맥주나 구강청결제 광고가 반복해서 나오는 이유도 거기에 있다. 하지만 디지털 영역에서는 다른 맥락에서도 내가 계속 부츠에 노출되는 현상이 일어났다. 최근 롤링스톤스의 드럼 연주자 찰리 와츠Charlie Watts에게 바치는 〈뉴욕타임스〉 헌사를 읽으려고 클릭했을 때 부츠가 나타났다. 그 순간 롤링스톤스와의 연관성에 따라 그 부츠를 힙한 로커 부츠라고 생각하게 된 것이 내 주의집중(그리고 상상력)에 불을 붙였다. 부츠가 나를 미행하도록 지시하는 알고리즘이 내 마음을 가지고 노는 지경에 이른 것이다.

6장에서 노드와 링크로 이뤄진 인터넷 구조가 의도치 않게 우리의 주의집중을 분산시키도록 설계된 방식에 관해 논의했다. 물론, 타깃광고를 통한 의도적 주의산만을 빼놓고는 인터넷 사용 시 주의집중 시간에 관해 논할 수 없다. 사람들의 주의집중을 교묘히 조종하는 것은 새로운 일이 아니다. 광고는 기원전 3000년 바빌로니아 시대부터 사용되어왔다.[5] 특히 신문 같은 인쇄매체가 대중화되고 산업혁명을 거치면서 그 사용률이 증가했다. 광고의 목표는 먼저 사람들의 주의를 끌고 특정 제품이나 서비스가 필요하다는 점을 설득하는 것이었다. 이 기본 아이디어는 디지털 미디어 시대에도 여전하다. 최초의 광고는 일반 대중에게 어필했다. 가령 천연 영양보충제가 1960년대에야 등장했다고 생각하는 사람들도 있겠지만, 19세기 영국에서 '이노의 과일 소금Eno's fruit salts'은 '혈액에서 악취와 독성물질'을 제거해준다는 광고로 모든 사람에게 어필했다.[6] 주의집중을 사로잡는 광고는 일대다 방송으로 시작되었고, 모두가 똑같은 코카콜라 광고를 보았다.

하지만 사람들은 모두 같지 않기에, 오래전부터 영리한 광고주들은 사람들이 개인적으로 관심을 두는 것에 호소해 광고를 맞춤화하면 비즈니스가 활성화되리라고 믿었다. 그렇게 광고는 타깃화되었다. 1890년대 천식 환자를 대상으로 한 맞춤형 광고 사례는 아이러니하게도 조이스 담배Joy's cigarettes 판매를 목적으로 했다(천식을 완화해주는 담배라고 광고했다-옮긴이).[7] TV를 시작으로 시청자의 위치나 시청 시간 등의 요인에 따라 광고를 구성하는 방법에 수많은 특허가 출원되었다.[8] 하지만 TV와 라디오 시청자를 대상으로 하는 광고 타기팅은 디지털 시대에 가능한 것에 비하면 매우 조잡한 수준이었다. 인터넷 사용자들은 온라인 행동 중에 디지털 흔적을 남기기 때문에 훨씬 자세한 정보를 수집할 수 있다. 1993년에 시작된 온라인 사이트에 대한 타깃광고 특허는 20년 후 2900건이 출원되었으며[9] 그 후에도 급증하고 있다. 디지털 광고에 대한 지출은 2020년 기준 거의 4000억 달러로 폭발적으로 증가했다.

타깃광고 역시 정교해졌다. 광고 제작자는 알고리즘을 활용해 사용자에 대한 정보를 파악하고 광고를 더욱 정확하게 개인화한다. 부츠를 판매하는 회사는 내가 어떤 스타일의 옷을 사는지, 어떤 사이트를 방문하는지, 온라인에서 무엇을 읽는지등 나에 대해 꽤 많은 것을 알고 있으며, 이는 부츠에 대한 내거부감을 없애기에 충분하다. 컴퓨터 알고리즘은 이보다 더 많은 정보, 즉 사람들의 습관과 욕구, 주의력 행동에 대해 알고 있다. 정보 타기팅은 사람들이 가장 주의를 기울이는 맥락에서적시에 특정 콘텐츠를 제공한다는 뜻이다. TV 광고와 달리 디지털 광고는 다양한 맥락에서 끊임없이 등장할 수 있으며 각광고는 사람들이 해당 제품에 대해 다른 방식으로 생각하도록유도한다. 기후변화에 관한 기사를 읽던 웹페이지에서 가죽 재킷을 본다면 관심이 안 가겠지만, 페이스북 페이지에서 가죽재킷을 본다면 그걸 샀을 때 친구들이 어떤 반응을 보일지 떠올릴지도 모른다.

타깃화된 온라인 광고는 1990년대 중반부터 특정 소비자 웹사이트에서 특정 고객을 겨냥한 광고를 게재하는 것으로 시작되었으며, 이후에는 사용자 인구통계(나이, 성별), 사용자 위치(IP 주소 기반), 행동(어떤 사이트를 보았는지), 심지어 온라인에서검색한 내용(〈허핑턴포스트〉나 〈뉴스맥스〉를 읽었는지 여부) 등으로 유추되는 값까지 포함하기 시작했다. 알고리즘은 또한 소셜 미디어 및 네트워킹 사이트에서 얻은 사람들의 사회적 정보도 통합하기 시작했다. 이제 기업은 사용자가 소셜 미디어에 얼마나 자주 접속하는지, 몇 시에 접속하는지, 접속하면 무엇을 보는지, 어떤 친구의 게시물을 읽는지, 어떤 게시물을 좋아하는지(또는 사랑하는지, 신경 쓰는지, 분노하는지), 어떤 동영상을 시청하는지, 어떤 이야기를 공유하는지, 어떤 내용을 직접 올리는지 등 친구 네트워크의 영향을 받는 방식도 파악할 수 있다. 모바일 기기가 확산되며 기업이 사용자에 대해 얻을 수 있는 정보의 정확도도 높아졌다. 만일 어떤 사람이 격렬한 운동을 하고 많이 움직인다면 스마트폰 센서 데이터는 그 사람을 달리기 선수로 기록하고 해석할 수 있다. 그러면 이 사용자에게는 러닝복 광고가 노출될 것이다. 맥락을 전략적으로 활용해 광고 관련성을 높이는 것이다. 11월이 되면 미네소타 거주자에게는 첨단 겨울 재킷이 표시되지만 캘리포니아 남부에 사는 사람에게는 그렇지 않을 것이다(겨울스포츠로 유명한 애스펀행 항공권을 구매했다는 사실이 있다면 이야기는 달라진다). 제품이 위치 맥락에 적합하면 사용자의 주의집중을 끌 가능성이 더 높다. 스스로 깨닫지 못할 수도 있지만 사용자는 자신에 관한 많은 데이터를 제공해 알고리즘과 협력한다. 주의집중을 쏟음으로써 의도치 않게 알고리즘에 연루되는 것이다.

사용자의 주의집중을 끄는 알고리즘은 사람들의 행동, 태도,

성격을 측정하는 학문 분야인 심리측정학psychometrics을 기반으로 한다. 심리측정학은 19세기 후반에 등장했고 영국인 프랜시스 골턴 경이 발전시켰는데, 소위 만능 교양인이었던 그는 상관관계 통계를 발명한 것으로 유명한 한편 우생학을 장려했다는 악명을 떨치기도 했다. 초기의 심리측정 연구에서는 사람들의 인지 능력을 신체검사로 먼저 측정한 다음 설문조사를 했는데, 이것이 바로 IQ 점수가 탄생한 배경이다. 하지만 사람들의 생리적 신호를 눈에 띄지 않게 감지하고 추적하는 센서가 온라인 행동의 디지털 흔적을 감지하게 되면서 설문조사와 테스트는 더 이상 필요하지 않게 되었다. 예를 들어 마케팅리서치 회사인 이너스코프Innerscope 같은 회사들에서는 실험실에서 바이오센서, 시선 추적 및 표정 변화를 활용하여 사람들이 광고를 볼 때 땀을 얼마나 흘리는지, 광고에서 정확히 무엇을 보는지, 광고가 어떤 감정을 불러일으키는지 파악하는 식으로 사람들의 생체 데이터를 수집한다. 땀을 흘린다는 것은 흥분했다는 의미이며, 표정을 통해 광고에 흥분했는지 스트레스를 받았는지 해석할 수 있다. 마케팅 회사인 뉴미레이터Numerator는 소비자의 행동, 태도, 구매를 기반으로 한 알고리즘을 써서 350개의 심리묘사적 변수에 따라 사람들을 분류하고 이 정보를 기업에 제공하여 제품 판매에 도움을 준다.

온라인 광고는 이런 발전된 기술을 활용해 사람들의 개성을 파악한다. 상향식 광고의 새로운 시대가 열렸다고 기대를 모으던 무렵, 영국의 데이터 분석 회사 케임브리지 애널리티카 Cambridge Analytica는 미국 내 모든 사람의 온라인 행동을 통해 그들이 인식하지 못하는 사이 성격을 파악할 수 있다고 주장하며 빅 5 이론을 사용한 다섯 가지 기본 성격 특성을 설명했다. 바로 개방성, 성실성, 외향성, 친화성, 신경성이다. 이를테면 케임브리지 애널리티카는 뉴욕에 사는 사람들이 캘리포니아에 사는 사람들보다 일반적으로 신경과민이라는 사실을 발견했다(다음 장에서 빅 5에 관해 더 자세히 살펴보고 신경성이라는 한 가지 특성이 온라인에서의 집중과 감수성부터 주의산만에까지 어떤 영향을 미치는지 설명하겠다). 정치 광고 전문 고객을 위해 일하는 케임브리지 애널리티카는 심리측정 프로필을 기반으로 개인을 타깃화했다. 해당 데이터는 영국 브렉시트 투표 등 미국 및 해외 선거에 잠재적으로 영향을 미치는 데 활용되었다고 한다. 하지만 무분별한 탐욕은 역풍을 불러왔다. 이 회사는 페이스북 사용자의 동의 없이 친구 네트워크를 포함한 개인 데이터를 사용한 혐의로 폐쇄되었으며 악명 높은 기업으로 남았다.

그런데 이렇듯 사람들에 관한 구체적 세부 정보가 수집되면 이 정보를 어떻게 분석하여 의미를 파악할 수 있을까? 빅데이터의 시대가 이 문제를 해결했다. 사용자가 아마존 사이트를 방문할 때마다, 보고 있는 콘텐츠, 검색 패턴, 프로필 모두가 수백만 명의 다른 사용자로부터 수집된 데이터와 함께 분석된다. 아마존은 유사성 검색을 수행하여 나와 비슷한 다른 사람들이 무엇을 하는지를 기반으로 사용자의 주의집중을 끌 만한 것을 찾아낸다. 이 알고리즘은 지속적으로 업데이트된다. 이것이 바로 인터넷의 힘이다. 사용자와 온라인상의 모든 사람이 하는 일에 대해 실시간으로 수집하는 수억 개의 데이터포인트가 있으며 이를 통해 패턴을 발견할 수 있다. 알고리즘은 사용자가 누구인지, 어떻게 느끼는지, 언제 어디서 무엇을 하는지 등의 여러 정보를 통합해 사용자의 주의집중을 끄는 데 활용한다.

개인 최적화 알림이 우리를 산만하게 하는 과정

이쯤 되면 온라인 행동을 바탕으로 당신에 대해 또 어떤 정보를 유추할 수 있는지 궁금할 것이다. 설문조사에 참여해 자신에 대한 질문에 답한다면 스스로 어떤 정보를 제공하는지 정확히 알 것이다. 하지만 디지털발자국만 보고서 당신에 대해 어떤 정보를 얻는다는 것일까? 생각보다 꽤 많은 정보가 있다.

디지털 표현형digital phenotyping이란 사람들이 온라인 행동에서 생성하는 데이터를 수집해 기분이나 인지 등 개인에 대한 정보를 측정하는 학문을 말한다. 그리스어 어근 pheno는 '나타나다'라는 뜻이며, 표현형phenotype은 주근깨, 귀지의 종류, 고음 또는 저음 목소리처럼 유전자의 발현을 기반으로 개인에 대해 관찰할 수 있는 특성을 가리킨다. 우리는 온라인에 접속할 때 무의식적으로 성격 이상의 것을 드러낸다. 인터넷에서 하는 모든 행위를 떠올려보자. 소셜 미디어 프로필 등에서는 성별, 나이, 위치 등 인구통계학적 정보를 제공한다. 웹 검색을 수행하고, 친구의 게시물에 '좋아요'를 누르고, 직접 콘텐츠를 올리기도 한다. 당신의 게시물은 다양한 용도로 조사될 수 있으며 작성한 글의 의미 이상으로 당신에 관해 드러낼 수 있다.

중국과학원 및 난양이공대학교 연구진들은 소셜 미디어 게시물의 언어 패턴, 즉 사용하는 단어의 패턴이 사용자의 주관적 웰빙을 드러낸다는 사실을 발견했다. 행복해, 대단해 같은 긍정적인 단어를 쓰느냐뿐만 아니라 사용하는 대명사의 유형처럼 그것을 어떻게 표현하느냐, 이른바 언어의 구조도 중요한 요소였다. 연구진은 트위터와 유사한 중국 소셜 미디어 사이트인 시나웨이보 사용자 1785명의 게시물을 수집했으며, 참가자들은 자신의 웨이보 소셜 미디어 데이터를 다운로드하는 데 동의했다. 연구진은 이 사용자들에게 두 가지 검증된 설문지를 작성하도록 요청했다. 하나는 개인의 정서(긍정적 또는 부정적 감정)를 평가하는 긍정 및 부정 영향 일람표Positive and Negative Affect Schedule, PANAS[10]이고, 다른 하나는 심리적 웰빙 척도Psychological Wellbeing Scale였다.[11] 이 설문지를 통해 개인의 주관적 웰빙 수준을 잘 파악할 수 있었다. 연구진은 각 사용자의 성별, 나이, 거주지역의 인구밀도, 팔로우하는 다른 사용자와의 상호작용, 개인정보 설정, 사용자 아이디의 길이, 게시물의 언어적 패턴을 수집했으며, 이러한 특징의 조합이 개인의 감정 상태 및 심리적 웰빙과 상당히 높은 상관관계를 보인다는 사실을 알아냈다.[12] 상관계수는 변수가 서로 연관된 정도를 나타내는데, 결괏값이 모두 0.45였다. 심리학 분야에서 0.45의 상관계수는 매우 인상적이다. 매우 가변적인 인간 특성상 측정된 심리 현상 가운데 이렇게 강한 상관관계를 보이는 것은 많지 않기 때문이다. 보다 구체적으로, 이 연구자들은 주관적 웰빙과 긍정적 또는 부정적 상관관계가 있는 다양한 단어 패턴을 발견했는데, 예를 들어 사람들이 게시물에 1인칭 대명사 나를 더 많이 사용할수록 덜 긍정적으로 느끼는 것으로 나타났다. 불행한 사람은 자신의 주의집중을 스스로에게 돌리는 경향이 있기에 어쩌면 당연한 결과다. 이 결과는 스파 입욕제와 같은 스트레스 해소 제품을 판매하는 회사가 트위터 게시물의 기본정보를 활용해 누구에게 광고를 타기팅할지 알아내는 방법을 보여준다. 특정 기분 상태에 있는 사용자는 자신에게 필요하다고 느끼는 광고에 주의를 더 기울일 가능성이 높다. 그러나 주관적 웰빙 평가는 온라인에서 내가 하는 일로 식별할 수 있는 더 많은 개인정보에 비해 꽤 무해하다. 주요 우울장애가 있는지 여부는 트위터에서 공개적으로 사용 가능한 데이터[13]나 심지어 인스타그램 사진으로도 예측할 수 있다.[14]

위 연구에서는 인구통계학적 정보와 사람들이 게시한 콘텐츠 및 사진을 사용했다. 하지만 페이스북의 '좋아요'라는 최소한의 정보만으로도 사용자의 성격 특성을 어느 정도 예측할 수 있는 것으로 나타났다. 페이스북 '좋아요'와 빅 5 성격 특성 간 상관계수는 0.29에서 0.43[15]에 달하며, 이는 매우 인상적인 상관관계다. 또한 페이스북 '좋아요'로 사람들의 지능, 중독성물질 사용 여부, 나이, 정치적 견해 등도 어느 정도 예측할 수 있다.[16] 실제로 알고리즘은 '좋아요' 300개만 분석해도 배우자보다 내 성격을 더 잘 알 수 있다.[17]

알고리즘은 우리 성격에 대한 지식을 활용해 우리의 주의집중에 영향을 미치도록 설계되며, 이미 살펴본 바와 같이 기업은 우리의 인터넷 행동을 통해 이를 발견한다. 예를 들어 신경증 성향은 비신경증 성향보다 스트레스와 공포에 더 취약한 경향이 있다.[18] 신경증 성향의 사용자는 보험 광고에서 불타는 집이나 홍수처럼 공포를 불러일으키는 이미지에 주의를 기울일 가능성이 높다. 외향인은 내향인보다 더 사교적이므로 당신이 외향인이라는 사실이 드러나면 기업에서는 유람선 여행 광고를 타기팅할 수도 있다. 외향인들은 파티를 즐기는 모습을 담은 '내일이 없는 듯이 춤을 추라' 광고를 클릭할 가능성이 높은 반면, 내향인들은 거울을 들여다보는 모습을 담은 '아름다움은 소리칠 필요가 없다' 광고를 클릭할 가능성이 더 높다는 연구 결과가 이러한 생각을 뒷받침한다.[19]

스마트폰만으로 자신과 신체 활동에 대한 많은 데이터를 제공할 수 있으며, 이는 자신도 모르는 사이에 이루어지고 있다. 나는 3장에서 사람들이 주의집중에 리듬이 나타나는 방식에 대해 설명했다. 매일 얼마나 규칙적으로 스마트폰을 사용하는지, 스물네 시간 일주기 리듬이 스마트폰 사용에 어떤 영향을 미치는지, 심지어 한 시간 단위로 얼마나 규칙적으로 사용하는지 등 스마트폰 사용을 포함한 다른 행동에도 리듬이 존재해 사용자에 대해 많은 것을 알 수 있다. 다트머스, 스탠퍼드, 케임브리지 대학교의 연구진은 대학생 646명의 스마트폰 사용량을 이레에서 열나흘간 추적하여 그 사람의 신체 활동, 휴대폰에 잡히는 주변 소리, 위치, 휴대폰 사용 빈도 등의 데이터를 수집했다. 이러한 유형의 스마트폰 사용 리듬을 통해 신경증을 제외한(그 이유는 불분명하다) 빅 5 성격 특성을 예측할 수 있었다.[20] 인터넷 행동과 마찬가지로 스마트폰이 눈에 띄지 않게 수집하는 데이터는 알고리즘에 통합되어 사용자의 주의집중을 효과적으로 타기팅할 수 있다.

하지만 알고리즘은 전자상거래 광고만을 위해 설계되지 않았다. 소셜 미디어와 메시징 플랫폼은 성격과 주관적인 행복감 등 사용자에 대한 정보를 파악하여 각자에게 맞춤화된 알림을 제공하는 데 더 폭넓게 사용한다. 당연히 페이스북은 사용자의 주의를 더 잘 끌기 위해 알고리즘을 사용하는 데 필요한 많은 특허를 출원했다. 예를 들어 한 특허 제목은 '소셜 네트워킹 시스템 커뮤니케이션 및 특성에서 도출한 사용자 성격 특성 결정'[21]이다. 사용자의 성격 특성은 알고리즘에 활용되고, 알고리즘은 사용자의 주의를 끌 가능성이 높은 광고와 뉴스 기사를 제공한다. 좋아하고 관심 있는 정보가 더 많이 표시될수록 당신은 알림에 더 많은 주의를 기울일 것이며, 당연히 페이스북에서 더 많은 시간을 보낼 것이기 때문이다.

사람들의 주의집중을 끌기 위해 이용되는 저차 감정

친구가 새로운 게시물을 올렸다는 페이스북 알림을 받으면 호기심에 해당 게시물을 클릭하게 된다. 이러한 소셜 알림은 인간관계의 기본 속성인 타인에 대한 호기심을 활용한다. 친구의 게시물이 143개의 '좋아요'를 받았다는 알림을 보면 우리는 그 게시물을 더 자세히 알아보려고 클릭한다. 긍정적 기분이 들길 기대하면서 말이다.

일부 알림은 주의를 기울여 반응해야 하는 반면 어떤 알림은 비자발적 또는 자동적 주의집중을 활용한다. 많은 알고리즘은 행복, 놀라움, 두려움, 혐오와 같은 기본 감정을 이끌어내 우리의 주의집중을 사로잡도록 설계되었다. 이러한 유형의 기본적 감정 반응은 인지적 처리 없이 자발적이고 자동으로 발생하는데, 이를 저차 감정lower-order emotions이라고 한다.[22] 저차 감정을 건드리는 알림은 우리의 주의집중을 요구하며 충동적인 클릭

반응을 유발한다. 전복된 자동차 이미지가 포함된 광고는, 특히 청소년 자녀를 둔 부모라면 어쩔 수 없이 느끼는 저차 감정인 공포와 두려움을 유발한다. 주의력이 부족하거나 지루하고 무심한 상태, 즉 주의가 산만해지기 쉬운 상태에서 저차 감정을 자극하는 타깃 알림을 받으면 이에 반응할 수밖에 없다.

분노는 주의집중을 끌기 위해 사용되는 저차 감정 가운데 하나다. 2021년, 전직 페이스북 직원 프랜시스 하우건Frances Haugen이 미국 증권거래위원회에서 증언한 바 있다. 여러 폭로가 있었지만, 그녀는 사람들의 주의집중이 논란의 여지가 있는 게시물에 쏠린다는 사실을 페이스북이 어떻게 활용하는지 설명했다. 페이스북은 사용된 이모티콘에 따라 게시물에 가중치를 부여하고 '화나요' 이모티콘을 유도한 게시물을 사용자 피드 상단에 표시했다. 하우건은 페이스북의 AI 프로그램이 사람들에게 해로울 수 있는 콘텐츠를 의도적으로 제공하도록 조정되었다고 증언했다. 결국 페이스북은 '화나요' 이모티콘에 가중치를 부여하던 관행을 중단하고 '사랑해요'와 '슬퍼요' 이모티콘에 더 많은 가중치를 부여했다. 페이스북은 '화나요' 이모티콘 게시물의 가중치를 낮추면 알고리즘이 사람들에게 잘못된 정보를 덜 전달하고 불쾌한 게시물을 덜 표시한다고 주장했지만, 이것이 회사 외부 연구자들에 의해 검증되진 않았다.[23]

그러나 대부분 사람들은 자신이 얼마나 똑똑한지 알고 싶어 하기 때문에, 지능 테스트 퀴즈가 포함된 버즈피드 광고 같은 게시물이 여전히 대중에게 큰 인기를 끌고 있다. 주의산만을 견디는 능력은 여러 요인의 영향 아래 있다. 알다시피 인지 자원이 부족하거나 친구 네트워크의 어떤 사람이 관련되어 있는 경우라면 쉽게 산만해진다. 우리의 주의집중은 여전히 천편일률적인 광고의 희생양이 되고 있다.

우리가 틱톡에서 눈을 떼지 못하는 이유

알고리즘이 사용자의 주의집중을 사로잡는 방법을 더 자세히 설명하기 위해 인기 소셜 미디어 플랫폼인 틱톡의 사례를 살펴보겠다. 틱톡에는 추천엔진이라는 매우 정교한 알고리즘이 있는데, 이 알고리즘은 보통 15초가량의 짧은 동영상에 우리가 집중하도록 만든다. 알고리즘은 사용자의 주의집중을 끄는 요소를 빠르게 파악하여 그 모멘텀을 계속 유지하려 노력한다. 하지만 어떤 동영상이 추천되는지 설명하기 전에 한 단계 더 거슬러 올라가야 한다. 틱톡이 사용자에게 무언가를 추천하려면 사용자에 대한 올바른 데이터를 수집해야 하고 해당 동영상에 어떤 내용이 있는지 파악해야 하기 때문이다. 사이트에 올라오는 모든 동영상에 대해 콘텐츠의 키워드, 이미지와 설명이 수집된다. 예를 들어 당신이 퀸덤 컴Queendome Come이 피처링한 비트킹Beatking의 〈덴 리브Then Leave〉에 맞춰 춤을 추는 댄스 동영상을 시청했다면, 추천엔진은 배우가 무엇을 하는지(춤), 노래가 무엇인지(덴 리브), 심지어 장르가 무엇인지(랩) 등의 단어를 수집한다. 그렇지만 이는 개략적인 정보일 뿐, 실제로 추천엔진은 배우가 춤을 추는 장소(침실, 야외, 옷장, 옥상 등)와 같은 훨씬 더 많은 세부 정보를 수집하고 있다. 동물도 틱톡 스타가 될 수 있으므로 댄서에 대한 정보에는 '여성', '남성', '아기' 또는 '개'와 같은 세부 사항이 포함된다.

틱톡은 알고리즘을 위해 사용자의 성별, 나이, 직업, 거주지역, 관심사 등 사용자에 관한 데이터도 수집한다. 사용자가 쓰는 검색엔진은 알고리즘에 활용할 IP 주소 및 위치와 같은 많은 세부 정보를 생성하며, 이를 통해 사용자가 어느 국가에 있는지, 해당 지역의 정치적 성향 등은 무엇인지 파악할 수 있다. 사용자는 자신과 비슷한 사용자들과 함께 그룹화되는데, 더 많은 사람들이 틱톡을 쓸수록 회사는 더 많은 데이터를 활용하고, 더 나은 추천이 뜨며, 더 오랫동안 사용자의 주의집중이 사로잡힌다.

틱톡은 사용자의 사이트 사용 빈도 정보도 수집한다. 당신은 한 번에 몇 편의 동영상을 시청하는가? 한 번에 얼마나 오래 틱톡에 머무르는가? 우리는 약 30분에 해당하는 120편의 동영상을 쉽게 둘러볼 수 있으며, 더 많은 동영상을 시청할수록 틱톡은 사용자가 좋아하는 콘텐츠에 대한 더 많은 정보를 얻는다.

또한 틱톡 엔진은 특정 동영상을 시청하는 사람의 수와 해당 동영상의 인기 순위, 그리고 당신이 인기 있는 주제의 동영상을 시청하는지 여부 등 트렌드를 파악한다.

사용자는 인지하지 못하겠지만 틱톡 엔진은 사용자의 맥락에 대한 데이터 혹은 시나리오라고 부르는 데이터를 수집한다. 말하자면 사용자가 언제 어디서 틱톡 동영상을 시청하는지에 대한 데이터다. 집에 있을 때 어떤 동영상을 주로 보는가? 휴가를 떠나 집에서 멀리 머물 때는 어떤가? 시나리오를 알면 선호도에 대한 많은 정보를 알 수 있다. 가령 아침에는 빠른 속도의 힙합댄스 동영상을 시청하고, 늦은 저녁에는 느린 속도의 영상을 시청하고 싶을 수 있다. 저녁 무렵 집에 머무르는지 여부 등 사용자의 상황을 파악한 틱톡은 해당 장소와 시간에 특히 시청하고 싶을 만한 동영상을 추천한다. 적절한 맥락에 적합한 콘텐츠는 사이트에 대한 충성도를 높인다.

나는 남편과 몇 년 동안 함께 영화를 봤지만, 남편이 어떤 영화를 좋아할지 매번 예측할 수 없고(보통 우울한 흑백영화를 선호한다) 가끔 틀릴 때도 있다(남편은 컬러 액션영화를 좋아하기도 한다). 틱톡은 틀릴 일이 없고, 적어도 파악하는 데 오래 걸리지 않는다. 갑자기 다른 종류의 댄스 장르를 시청하기로 하면 틱톡 엔진은 민첩하고 빠른 조정을 거쳐 새로운 댄스 장르 동영상을 보여준다.

추천엔진은 피드백루프feedback loop라는 과정을 통해 학습한다. 추천엔진은 사용자가 시청하는 콘텐츠를 보고 사용자, 사용자의 행동 및 맥락에 대해 학습한 다음, 해당 정보를 엔진에 다시 입력하여 조정한다. 즉 관찰하고, 조정하고, 다른 동영상을 제시하고, 반복하는 과정이 눈 깜빡할 사이에 이뤄지는 것이다. 더 많이 시청할수록 알고리즘은 사용자가 좋아하는 것과 싫어하는 것에 대해 더 많이 알게 되고, 타기팅을 미세 조정하여 사용자의 주의를 끌 콘텐츠를 더 적절히 제시한다.

이제 메커니즘을 알았으니 틱톡이 사용자의 주의집중을 끄는 심리적 이유를 살펴보자. 나는 틱톡에서 눈을 떼지 못하는 행동이 주의집중에 어떤 영향을 미치는지에 관해 누군가와 논의하고 싶어 하던 중에 레이철을 소개받았다. 음악 박사과정을 밟고 있는 전문 플루트 연주자인 그녀는 틱톡에 빠지지 않을 듯한 사람이었다. 서른한 살인 그녀는 일반적인 틱톡 사용자보다 조금 연령대가 높기도 했다. 그녀는 일과가 소강상태에 접어들면 무념무상으로 뭔가를 하고 싶다고 말한다. 그녀는 지루함과 호기심이 결합된 빠른 오락을 위해 틱톡을 찾는다. 하지만 틱톡에 들어가면 콘텐츠가 점점 더 재밌어져서 생각보다 더 오래 빠져 있다고 설명한다. 동영상의 스토리가 매우 압축적이기 때문에 보통 처음 5초 이내에 그녀는 동영상에 하트(좋아요)를 누른다.

레이철의 주의집중을 끌기 위해 15초 분량의 틱톡 동영상에서 어떤 일이 일어나는지 살펴보자. 많은 틱톡 동영상은 영화의 압축 버전처럼 구성돼 줄거리 전개가 있다. 그러나 일반적으로 고전적인 플롯 개발의 다섯 단계 중 초반 세 단계인 도입부, 긴장감 조성, 클라이맥스만 보여준다(마지막 두 단계는 추락하는 액션과 결말이다). 많은 틱톡 영상이 시청자를 사로잡는 이유는 깜짝 놀랄 만한 결말로 끝나는 경우가 많기 때문이다. 때로는 긴장감을 조성하려는 예고가 있기도 하지만, 거의 항상 마지막 1~2초 동안 사람들이 갑자기 이상한 의상으로 갈아입는 등 플롯의 반전이 있다. 빌리 아일리시가 우쿨렐레 헤드 부분을 통째로 입에 넣는 장면은 틱톡 동영상에서 하나의 클라이맥스다(이 동영상에서는 빌리 아일리시가 나중에 웃는 장면으로 플롯이 해결된다). 보스턴테리어 한 마리가 〈수아베멘떼Suavemente〉 노래에 맞춰 살사 춤을 추는 영상처럼 플롯이 없는 영상도 있다. 이렇듯 짧은 길이에도 불구하고 15초 이내에 클라이맥스에 도달하기 때문에 시선을 사로잡을 수 있는 것이다.

웃음과 같은 보상을 통해 어떤 행동이 긍정적으로 강화되면 그 행동을 다시 할 가능성이 매우 높다. 행동주의심리학자 B. F. 스키너는 조작적 조건화를 발견하면서 이 사실을 알아냈다. 스키너는 쥐와 같은 동물을 우리(일명 스키너 상자)에 넣었다. 쥐는 상자의 레버를 누르면 그 행동에 대한 긍정적 강화인 사료 알갱이를 받는다는 사실을 알아차렸고, 계속해서 레버를 눌러 보상을 받으려고 했다. 웃음을 유발하는 틱톡 동영상을 시청하면 웃음이 보상이 되고, 이 느낌은 더 많은 동영상을 계속 시청하도록 행동을 강화하고 증가시킨다. 틱톡 동영상은 일반적으로 웃음이나 분노, 심지어 슬픔 같은 저차 감정을 활용한다. 에스컬레이터에서 춤을 추는 사람을 보거나 음악에 맞춰 웃는 귀여운 아기를 보면 긍정적인 기분이 들 수밖에 없다. 영상을 더 많이 보면 볼수록 계속 더 시청하도록 강화가 되는 셈이다.

틱톡에 우리의 주의집중이 사로잡히는 또 다른 이유가 있다. 동영상 시청으로 인한 웃음은 보상을 처리하는 두뇌 부위에서 내인성 오피오이드endogenous opioid 분비를 촉발하는데, 실제로 시간 흐름에 따른 반복적인 웃음 경험은 뇌의 신경가소성 변화를 일으킨다.[24] 웃음은 스트레스를 줄여주기도 한다.[25] 그러므로 틱톡 영상은 15초 이내에 우리에게 웃음으로 보상을 주고 잠재적 스트레스를 줄여준다. 틱톡에서 보내는 시간이 길어질수록 앱에 더 빠져서 보상을 얻는 것은 물론이다. 그러나 모든 틱톡 영상이 웃음을 유발하는 것은 아니며 분노와 같은 다른 감정을 유발하기도 한다.

동영상이 짧고, 빠른 속도로 진행되며, '흥미도'가 높고, 깜짝 반전이 있는 경우 시간이 금방 지나간다. 그런데 피드에 올라온 동영상이 사용자의 마음을 사로잡을 만한 동영상이라면 시간이 정말 빠르게 날아간다. 틱톡의 작동 방식을 더 잘 이해하기 위해 나는 많은 동영상을 시청했다. 짧은 시간만 시청하리라 예상했기 때문에 심각한 프레이밍 오류를 범하고 말았다. 하지만 틱톡을 보기 시작할 때마다 나는 화면에 오랫동안 붙들린 스스로를 발견했다. 더 좋은 할 일이 있다는 걸 알았지만 시간이 너무 빠르게 흘렀고 눈을 떼기도 무척 힘들었다.

틱톡 추천엔진 모델은 해당 기업에서만 아는 알고리즘을 사용하는 블랙박스다. 그런데 이 모델이 잘 작동하는 이유는 피드백루프 때문이다. 사용자가 동영상을 시청하면 알고리즘이 사용자의 관심사에 대해 계속 학습한다. 웃음을 유발하는 동영상을 시청하는 것 자체가 나쁘지는 않지만, 행동루프에서 벗어나지 못하고 주의집중의 함정에 빠지면 더 중요한 업무를 처리하지 못하는 문제가 발생한다.

우리는 인스타그램으로부터 숨을 수 없다

인스타그램 계정이 없었던 나는 조사를 위해 가명으로 가입했다. 가입할 때 페이스북 연락처와 연결 여부를 묻는 메시지가 떴는데 이를 거절해 연락처 목록을 제공하지 않았다. 그러자 다음 화면에서 연결 가능한 사람을 추천해주었다. 상위 스무 명의 추천인 중 일부는 셀리나 고메즈나 미셸 오바마 같은 유명 인사였다. 하지만 나머지 열다섯 명 정도의 추천인 중 일곱 명은 나와 연관이 있는 사람이었다. 다섯 명은 페이스북 친구였고 두 명은 페이스북 친구가 아니더라도 아는 사람이었기 때문이다. 특히 한 명이 조금 이상했다. 몇 달 전 뉴욕에서 직접 인터뷰했던 사람이었는데, 이 사람과 내가 기기로 연결된 것은 짤막한 이메일 교환이 전부였다. 수백만 명의 인스타그램 사용자 가운데 그 사람이 추천된 건 우연이 아니었다.

그래서 온라인 개인정보 보호 전문가인 클렘슨대학교Clemson University의 교수 바트 크니넌버그Bart Knijnenburg라는 지인을 찾아 어찌 된 영문인지 문의해봤다. 그는 내 휴대폰의 IMEI(국제 모바일 장비 식별 번호로, 이를테면 제조업체가 부여한 고유 번호)가 나를 식별하는 데 사용되고 있을지도 모른다고 의심했다. 인스타그램을 소유한 페이스북도 내 휴대폰의 IMEI를 추적할 가능성이 높다. 바트가 추측할 수 있는 건, 물론 확실하진 않지만, 내가 인터뷰한 사람이 언젠가 페이스북에서 내 프로필을 검색했을 수도 있다는 사실이었다. 알고리즘은 사용자가 원치 않더라도 연락처를 찾아낸다.

(페이스북과 마찬가지로 메타Meta 소속인) 인스타그램은 사용자의 주의집중에 사회적 영향력이 행사하는 힘을 알고 있다(다음 장에서 자세히 다룬다). 사용자가 친구의 피드에 호기심을 품고 주의를 기울인다는 사실을 잘 안다. 나처럼 인맥에서 숨으려고 해도 인스타그램 알고리즘은 당신을 찾아낸다. 온라인에서 내가 접속하는 곳마다 계속 쫓아다녔던 부츠처럼 말이다.

내 주의집중은 취약해져도
알고리즘은 나약해지지 않는다

인터넷에 접속하는 순간 당신은 다른 사람, 정보, 무엇보다도 알고리즘과 상호 작용하는 디지털 생태계의 일부가 된다. 인지하건 못하건 알고리즘 개발에 기여하고 있는 셈이다. 인터넷에서 수행하는 거의 모든 작업과 사용자가 남기는 거의 모든 디지털 흔적은 알고리즘에 정보를 제공하며, 배우자나 파트너 또는 적과 마찬가지로 알고리즘은 사용자에 대해 더 많이 알수록 사용자의 행동을 더욱 잘 예측한다.

그러나 알고리즘은 틀리기도 한다. 현재 서던캘리포니아대학교 교수로 재직 중인 마이크 애너니Mike Ananny는 2011년 스마트폰에 그라인더Grindr 앱을 설치하던 중 다른 앱이 추천되는 것을 보고 깜짝 놀랐다. 그것은 자신의 지역에 거주하는 성범죄자를 검색할 수 있는 '성범죄자 찾기Sex Offender Search'였다.[26] 그라인더는 게이와 양성애자를 위한 소셜 네트워킹 앱으로, 사용자의 위치에서 파트너나 상대를 찾도록 도와주는 데 중점을 둔다. 이러한 앱 간의 연결은 안드로이드 마켓플레이스 알고리즘에 의해 이뤄졌다. 애너니는 성범죄자가 아니다. 하지만 마켓플레이스 알고리즘에 통합된 몇 가지 지침에 따라 그라인더를 다운로드하는 사람에게 성범죄자를 검색하는 앱도 추천한 것이다. 우리의 주의집중을 노리는 알고리즘은 이렇듯 엉망일 수 있다.

그런데 알고리즘이 제대로 작동한 경우, 자신의 성격과 감정적 성향에 맞춤화된 정보를 거부할 수 있는 사람이 얼마나 될까? 물론 알림을 끄면 알고리즘의 영향을 일부 차단할 수는 있다. 그렇지만 알고리즘에 대한 최선의 방어책은 그것이 어떻게 작동하는지, 우리가 주의집중 통제권을 알고리즘에 어떻게 넘겨주는지, 동적이고 빠르게 전환되는 주의집중이 충동적으로 주의를 돌리게 만드는 알고리즘에 따라 어떻게 유도되는지를 이해하는 것이다. 기업은 사용자의 성격 특성과 온라인 행동을 활용하여 사용자가 어떤 영상을 시청하고 어떤 친구의 게시물을 읽고 쇼핑할 때 무엇에 흥미를 느끼고 어떤 제품을 구매할 가능성이 높은지 파악한다. 신발 판매원은 매장에서 물건을 팔려다가 포기하기도 하지만, 인터넷에서 나를 따라다니는 부츠는 절대 포기하지 않는다. 점점 더 많이 보다가 어느 순간 그냥 포기하고 사버릴지도 모른다. 알고리즘은 정밀 유도 미사일처럼 주의집중을 조작하도록 설계되어 사용자의 주의집중을 공격하고 파괴하는 방법을 정확히 알고 있다. 내 인지 자원은 부족하고 취약해질 수 있지만 알고리즘은 결코 그 힘을 잃지 않는다.

8

디지털 소셜 월드

2021년, 마크 저커버그는 메타버스를 회사의 미래라고 발표했다. 그 계기로 메타버스는 대중의 주목을 받았지만 사실 오래전부터 존재해온 개념이다. 사람들이 가상공간에서 상호 작용하고 정보에 접근할 수 있는 메타버스에 대한 아이디어는 1992년 닐 스티븐슨의 과학소설《스노 크래시》에서 비롯되었다. 인터넷 초창기에는 가상 세계 형태의 여러 메타버스가 오래도록 존재해왔다. 1990년대 후반에 나는 그러한 메타버스 가운데 하나인 온라이브! 트래블러OnLive! Traveler라는 가상 세계를 연구했는데, 그 세계는 내가 본 것 중 최고였다. 노트북에서 프로그램을 열면 컴퓨터 마이크를 사용해 다른 사람들과 대화도 할 수 있었다. 이 시스템에 적용된 공간 오디오는 실제 세계에서 우리가 소리를 인지하는 방식을 모방했다. 이 가상환경에서는 (늑대, 물고기, 여신 또는 다른 이미지의) 아바타로 다른 사람에게 더 가까이 다가갈수록 상대방의 말이 더 크게 들렸다. 그룹에 속해 있는데 아바타가 말하는 사람 쪽을 향하지 않으면 웅얼거리는 소리로만 들렸다. 아바타의 입술은 사람의 목소리에 맞춰 움직였다. 이런 환경은 정말 매력적으로 다가왔다. 그곳에서는 전 세계 사람들을 만날 수 있었다. 당시 나는 초기 메타버스에서 사람들이 어떻게 행동하고 상호 작용하는지를 배우는 중이었다.

어느 날 온리브! 트래블러에 들어간 나는 저팬 월드Japan World라는 새로운 링크를 클릭했다. 갑자기 다른 3D 시뮬레이션 풍경으로 이동하더니 멀리 세 명의 아바타가 보였다. 나는 아바타로 그들에게 더 가까이 다가가 자기소개를 했다. 일본 사용자 셋은 자기 아바타를 내 아바타에서 멀리 떨어뜨렸고 각자 아바타로 낯선 동작을 했다. 그것은 내게 절하는 동작이었다. 시스템에 내장된 기능이 아니었지만 일본인들은 아바타가 절하는 동작을 마임으로 표현하는 방법을 알아냈던 것이다. 내가 말을 걸자 그들은 내 영어를 알아들으려는 듯 아바타로 조금 더 가까이 다가왔다가 사회적 거리를 유지하기 위해 다시 뒤로 물러났다. 나는 사회적 관습이 얼마나 강력한지 깨달았다. 우리는 각자 자국의 규범을 가상 세계로 옮겨 왔고 서로의 문화적 차이를 목격하고 있었다(너무 가까이 다가가면 공격적인 미국인이 된 기분이 들었다). 가상 세계의 상호작용을 연구하면서, 나는 그룹에 누군가가 새로 참여할 수 있도록 아바타들이 움직여 공간을 만든다거나 탈퇴 이유를 정중하게 설명하고 (일본인처럼) 사회적 거리를 유지하는 등 다양한 사회적 관습이 적용되는 현상을 관찰했다. 때로 사람들은 아바타의 등을 돌려서 비공개 대화 중임을 알리는 등 독특한 사회적 관습을 개발하기도 했다. 이러한 가상 세계는 단순한 물리적 컴퓨터 시스템이 아닌 사회적 시스템이었다.

이러한 관습 가운데 상당수는 즉흥적으로 생겨났다. 예의 바르게 행동하는 것 외에 가상 세계 행동 방식과 관련하여 문서화된 규칙이나 지침은 없었다. 이러한 가상 세계를 연구하면서 나는 인터넷에서의 행동은 사회적 본성이 유도하거나 심지어 주도한다는 사실을 알아차렸다. 바버라 베커Barbara Becker와 함께 쓴 논문에서 언급했듯이, 사람들은 자연스러운 행동에 대한 일반적인 관습을 채택하여 시스템을 사용하는 방법을 이끌어 냈다.[1]

이메일, 슬랙, 페이스북 같은 소셜 미디어도 사회적 시스템이다. 이러한 미디어는 사용자의 관점과 배경에 큰 차이가 있더라도 커뮤니케이션을 위한 공유된 프레임워크를 제공한다. 해당 미디어에서 사용되는 몇 가지 기본적인 사회적 관습이 있다는 사실은 누구나 공통으로 이해하고 있다. 예를 들어 이메일을 받으면 응답해야 한다는 기대가 있고(모든 사람이 이를 따르지는 않지만) 종종 신속하게 답해야 한다는 사회적 압박도 존재한다. 사회적 계층구조에서 나보다 훨씬 높은 위치에 있는 사람에게는 이메일은 보내더라도 문자는 보내지 않을 것이다. 이메일, 슬랙, 소셜 미디어는 사람으로 구성된 시스템이기 때문에 그 안에는 사회적 역학 관계가 존재한다. 즉 사람들은 타인의 행동에 영향을 받을 수 있다. 우리는 사회적 영향을 받아 참여하고, 사회적 자본이라고 불리는 것을 거래하며, 온라인 정체성을 구축할 뿐만 아니라 권력자들은 상호작용을 통해 다른 사람들에게 영향을 미친다. 물론 사람마다 달라서 어떤 사람은 다른 사람보다 이러한 사회적 힘에 더 큰 영향을 받기도 한다.

이러한 미디어를 사회적 시스템으로 본다면 우리가 왜 그렇게 많은 시간을 미디어에 쓰는지, 이메일 때문에 왜 그리 갈등을 겪는지, 왜 문자메시지에 곧바로 답장을 보내는지 이해하는 데 도움이 될 것이다. 다른 사람과 상호 작용할 때 우리는 지위, 우정, 자원 등 어떤 종류의 사회적 보상을 기대한다. 인간의 사회적 본성이 주의산만에 대한 취약성에 어떤 영향을 미치는지 알아보려면 인간의 사회적 행동을 더욱 자세히 살펴볼 필요가 있다. 이 장에서는 우리가 이메일, 문자메시지, 소셜 미디어에 집중하는 이유와 혼자서도 쉽게 방해받는 이유를 설명하는 데 인간의 기본적인 사회적 본성이 어떻게 기여하는지 살펴볼 것이다.

우선 라디오나 책과 같은, 인터넷이 아닌 다른 미디어가 간접적으로나마 우리 행동에 어떤 영향을 미치는지 보여주는 두 가지 역사적 사례를 살펴보자. 1932년, 헝가리의 가난한 남성 레죄 세레시Rezső Seress는 작곡가로서 큰 성공을 거두겠다고 마음먹었다. 이 불쌍한 남성은 오전 9시부터 오후 5시까지 일하는 직장에 들어가길 거부해가며 곡을 썼지만, 작품을 내지도 못했고 어느 일요일엔 여자 친구까지 그를 떠났다. 그래서 그는 연인을 떠나보낸 슬픔을 묘사하는 우울한 가사의 노래 〈글루미 선데이Gloomy Sunday〉를 썼다. 세레시에겐 잘된 일이었다. 노래가 전 세계적으로 히트한 것이다. 하지만 가사가 너무 우울해서 1930년대에 이 노래 때문에 수백 명이 자살했고 BBC는 2002년까지 이 노래를 금지했다.

물론 당시는 독일에서 파시즘이 부상하고 전 세계가 대공황에 시달리는 등 세상이 암울했다. 그럼에도 불구하고 이 노래를 듣고 사람들이 정신을 놓아버렸으리라는 정황증거는 충분했다(이를테면 일부 사망자의 주머니에는 악보 사본이 들어 있었다). 그러나 라디오와 신문이 대중매체가 되기 전에도 작가 괴테는 간접적으로 사회적 영향력을 행사할 수 있음을 보여주었다. 1774년 괴테는 소설 《젊은 베르테르의 슬픔》을 발표했다. 괴테는 다른 사람과 약혼한 샤로테 부프와 절망적인 사랑에 빠져 있었다. 부분적으로 자전적인 이 소설에서 주인공 베르테르는 짝사랑에 괴로워하다 스스로 목숨을 끊는다. 〈글루미 선데이〉와 마찬가지로 이 소설 역시 자살로 끝나는 실연을 다룬 이야기로, 18세기에 자살이 급증한 원인이 되었다. 이 책은 세 나라에서 금서가 되었다.

오늘날 소셜 미디어의 사회적 영향력은 잘못된 정보를 퍼뜨려 식습관[2]과 백신에 관한 태도[3] 등 건강에 영향을 미치고, 암호화폐 거래 같은 금융적 결정에도 영향을 미치는 등 훨씬 더 직접적이고 타깃화된 경우가 많다.[4] 누구나 체중 감량, 특이한 음식과 음료 디자인, 새로운 패션 창조와 같은 사회적 트렌드를 형성할 수 있으며, 여기서는 의류 회사나 소매업체가 아닌 인플루언서가 주도권을 쥐고 있다. 플레어 요가 팬츠 등의 유행도 인스타그램에서 시작되었다.[5] 해시태그, LOL('크게 웃다 laugh-out-loud'의 줄임말–옮긴이), BRB('금방 올게I'll be right back'의 줄임말–옮긴이) 등 소셜 미디어에서 시작된 표현이 일상언어로 확산되었다.[6] 그렇지만 주의력과 집중력은 우리가 인지하지 못하는 훨씬 더 미묘한 수준에서 인터넷의 사회적 영향 아래 놓이곤 한다.

소통하라는 압박을 받는 우리의 주의집중

1956년 사회심리학자 솔로몬 아시Solomon Asch[7]의 고전적 연구에서 입증되었듯, 사람들은 이성적 판단에 반하는 행동을 할 정도로 타인에게서 강력한 사회적 영향을 받는다. 아시는 자신의 경험을 바탕으로 영향력에 매료되었다. 어릴 적 폴란드에서 유월절 만찬이 열리던 어느 밤, 할머니가 선지자 엘리야를 위해 포도주 한 잔을 더 따르는 모습을 지켜본 그는, 훗날 회상하길, 엘리야가 만찬에 오리라는 확신을 품게 되었고, 심리학자가 된 후 사회적 영향력이 사람들의 행동을 얼마나 변화시킬 수 있는지 연구하기로 결심했다고 말했다.

아시의 실험에서 참가자는 먼저 혼자 방에 앉아 분명히 길이가 다른 두 선이 비슷한지 아닌지 판단하도록 요청받았고, 각자는 항상 정답을 말했다. 그러나 실험 팀의 비밀 요원들이 방에 앉아 두 선의 길이가 같다고 차례로 말하자, 아무것도 모르던 피험자는 그룹의 의견에 따라 두 선의 길이가 비슷하다고 답했다. 아시의 실험은 집단이 개인에게 순응하도록 압력을 가하는 방식을 보여주었다. 흥미롭게도 훗날 로봇을 투입해 동일한 실험을 현대적으로 수행했을 때는 이런 현상이 나타나지 않았다.[8] 사람들이 기계에게 사회적 영향을 받지 않으며 순응할 필요성을 느끼지 않았다고 하니 상당히 안심이긴 했다. 하지만 인터넷에서 소셜 미디어에 글을 올리는 주체가 사람인지 로봇인지는 알 수 없는 노릇이다.

인터넷에서 우리는 다른 사람과 직접 소통하지 않더라도 다른 사람의 사회적 존재를 인지한다. 타인의 디지털 흔적은 게시물, 이미지, 댓글 등으로 타인의 존재를 알려준다. 트위터나 페이스북에 글을 올릴 때 우리는 우리의 소셜 미디어를 소비하는 잠재고객이 있으며, 댓글만 달더라도 우리에게서 무언가를 필요로 하는 사람이 있다는 사실을 인지한다. 이러한 인식은 이메일을 읽을 때도 마찬가지다. 어떤 이들은 다른 사람의 존재를 예민하게 감지하여 이메일 발신자 '내면의 낭독 목소리'를 듣는다고 말한다. 실제로 설문조사에 참여한 사람들의 81퍼센트가 문자를 읽을 때 적어도 가끔은 목소리를 듣는다고 대답했다.[9]

젊은이들은 사회적 영향력에 매우 취약하다. 온라인 상호작용의 속도는 메시지의 긴급성과 요구를 증폭하며[10] 이는 또래의 영향력을 강화하여 연결 상태를 유지하도록 한다. 게다가 모바일 기기를 통해 언제 어디서나 소셜 미디어에 접속할 수 있기 때문에 또래 압력에 대한 반응 주기가 빨라지고, 이는 청년층의 알코올 및 약물 사용과도 연관된다.[11] 물론 대부분 기업이 구직자의 소셜 미디어 계정을 검토하여 부적절한 행동의 증거를 찾는다는 사실에서 알 수 있듯이 사람들이 소셜 미디어에서 하는 일은 오래도록 기록으로 남는다.[12]

소셜 미디어가 젊은이들에게 미치는 영향력을 부분적으로나마 설명해주는 신경학적 근거가 있다. 이는 각자의 계정에서 받는 '좋아요' 수를 볼 때 사람들의 뇌를 영상화하면 알 수 있다. '좋아요'는 또래에게 사회적 검증이나 지지를 받는다는 것을 의미한다. 보상 시스템과 관련된 두뇌 영역은 측좌핵nucleus accumbens인데, 청소년의 경우 이 영역의 민감도가 높다. 템플대학교와 UCLA 연구진이 실시한 연구에서 13세에서 21세 사이의 고등학생과 대학생 예순한 명을 실험실에 데려왔는데, 실험실에 오기 전 자신의 인스타그램 계정에 올린 사진을 제출해달라고 요청했다. 참가자들은 다른 참가자들이 내부 소셜 네트워크에서 이 사진을 보게 될 것이라고 들었다(실제로는 그렇지 않았으며, 실험자들은 '좋아요' 수를 조작하여 절반의 사진에는 많은 '좋아요'를, 절반의 사진에는 적은 '좋아요'를 표시했다). fMRI 이미지 분석 결과, '좋아요'가 많은 인스타그램 사진을 볼 때 '좋아요'가 적은 사진을 볼 때보다 젊은이들의 뇌 해마가 더 활성화되는 것으로 나타났다.[13] 고등학생의 경우 학년이 높을수록 뇌 활성화가 증가했지만 대학생은 그렇지 않았는데, 이는 또래의 영향을 받는 최고 연령이 16~17세임을 시사한다.[14] 이 연구는 '좋아요'를 많이 받을 때 보상 시스템이 어떻게 활성화되는지 드러내며, 사회적 보상을 받고자 하는 욕구가 더 커진 이들이 자가-중단을 계속할 수 있음을 보여준다. 실제로 젊은 층을 대상으로 한 나의 연구에서도 소셜 미디어 사용이 멀티태스킹과 밀접한 관련이 있는 것으로 나타났다. 하지만 멀티태스킹과 관련된 소셜 미디어 사용은 특정 유형에 국한되어 있었다. 방해 요소를 더 많이 경험하고 주의집중을 더 빨리 전환하는 사람들은 페이스북처럼 양방향 상호작용이 이뤄지는 소셜 미디어를 더 많이 사용하는 반면, 주의집중을 덜 전환하는 사람들은 주로 일방향 상호작용이 이뤄지는 사이트, 즉 유튜브 같은 동영상 스트리밍 사이트를 더 많이 사용하는 경향이 있었다.[15]

젊은이들뿐만 아니라 모든 연령대의 사람들이 소셜 미디어를 관리하려고 노력하는 이유는 상호작용에 대한 사회적 압박을 느끼기 때문이다. 페이스북이나 트위터 같은 공적 포럼에서는 전체 대중이 응답을 기다리고 있기 때문에 상호작용에 대한 기대가 높아진다. '좋아요'와 공유, 댓글 등 상호작용을 통해 얻게 되는 보상은 이러한 미디어에 대한 주의집중을 더욱더 강화한다.

우리 집단이라고 생각하면
더 집중하고 더 반응한다

인터넷에서 사회적 영향력은 이상한 방식으로 일어나기도 한다. 인터넷상의 낯선 사람이 물리적으로 어디에 있는지 비교적 적은 양의 정보만 알고 있어도, 그 사람이 우리에게 미치는 사회적 영향력이 달라진다는 사실이 밝혀졌다.

대학원생인 에린 브래드너Erin Bradner와 나는 이를 입증할 연구를 수행했다. 우리 연구실에 아흔여덟 명의 피험자가 방문했고, 이들은 모두 파트너와 함께 세 가지 과제를 수행했다. (게임 이론에서 사용되는 죄수의 딜레마 과제를 활용해 파트너와 협력하기로 결정했는지 여부를 측정하는) 협력 과제, (사막 생존 과제를 활용해 피험자가 사막에서 생존하는 데 사용할 아이템의 순위를 바꾸도록 설득하는 정도를 측정하는) 설득 과제, [폴허스 기만 척도Paulhus Deception Scales를 활용해 파트너가 묻는 질문(가령 "나는 잡힐 것 같지 않더라도 항상 법을 준수한다")에 진실하게 대답하는지 여부를 측정하는] 기만 과제, 이렇게 세 가지 유형의 사회적 행동을 측정한 것이다. 피험자들은 화상회의나 문자메시지를 통해 파트너와 상호 작용했다. 실제로 파트너는 실험 팀의 일원이었다. 가발과 안경을 착용한 파트너는 상당히 달라 보여 아무도 알아보지 못했다. 실험 대상자 절반은 파트너가 캘리포니아 남부 어바인에 있다고 들었고 나머지는 보스턴에 있다고 들었다. 두 조건에서 화상회의의 배경과 문자메시지는 완전히 동일했고 상대방의 조건 모두 동일했다. 유일하게 다른 점은 대화 상대가 어디에 있다고 믿는가였다. 피험자들은 파트너가 먼 도시에 있다고 들었을 때 덜 협조하고 덜 설득당했으며 자신을 더 기만적으로 묘사했다.[16] 파트너의 이미지를 영상으로 볼 수 있는지 혹은 텍스트만 사용했는지는 중요하지 않았으며, 결과는 같았다. 이 결과는 인터넷에서 상대방의 위치 등 미묘한 사회적 정보조차도 우리 행동에 강력한 영향을 미칠 수 있음을 보여준다. 전 세계 사람들과 거의 즉각적으로 메시지를 주고받을 수 있지만 인터넷에서도 여전히 거리가 중요한 것이다.

이 실험에서 가까이 있는 파트너는 피험자와 같은 내집단in-group에 속해 있다는 신호를 보냈을 수 있다. 멀리 떨어져 있으면 외집단out-group에 속한다는 신호를 보냈을 것이다. 사람들은 자신을 내집단으로 분류하고 외집단의 다른 이들과 자신을 구분하여 자부심을 높이려는 경향을 타고났다.[17] 외집단에 속한 사람과 협력할 가능성은 낮고 그들에게 설득당할 가능성이 떨어질 수 있으며 심지어 그들을 속일 가능성도 더 높다. 물론 내집단은 근접성 이외의 속성을 공유함으로써 형성되기도 한다. 무신론 관련 온라인 포럼에 수년간 게시물을 올렸던 한 사람은 이 사이트에서 내집단에 속하는 것이 자신의 실생활에 어떤 도움이 되었는지 설명했다. 무신론을 혐오하는 보수적인 콜로라도 지역사회에서 30년 동안 살다가 이제야 고향에 사는 누군가에게 직접 자신의 신념을 털어놓을 수 있게 되었다고 말이다.

일상에서 인터넷을 사용하다 보면 내집단에 속하지 않는 사람, 즉 조직 외부에 있거나 다른 나라에 있는 사람이 보낸 이메일에는 답장을 잘 보내지 않게 된다. 반대로 같은 직장에 다니는 사람, 같은 취미 생활을 하는 사람, 같은 도시에 사는 사람 등 내집단에 속한다고 생각되는 사람이 보낸 이메일에는 답장을 보낼 가능성이 더 높다. 나도 마찬가지다. 이메일 발신자가 모르는 사람이고 공통점을 찾을 수 있다는 단서를 찾지 못하면 보통은 그 이메일을 그냥 지나친다.

"온 세상이 무대이고
모든 여자와 남자는 배우일 뿐"

디지털 세상에서의 정체성은 물리적 세상에서의 정체성보다 훨씬 더 큰 보상을 안겨주기도 한다. 실제 세계에서는 마트에서 일하는 사람이 유튜브에서는 스타가 될 수 있다. 대학 재학 중 페인트 가게에서 일하다가 페인트를 혼합하는 특이한 방법을 담은 동영상으로 틱톡 스타가 된 토니 필로시노Tony Piloseno가 하나의 사례다. 그의 동영상 가운데 일부는 조회수 100만 회 이상을 기록하기도 했다. 한 영상에서는 신선한 블루베리를 흰색 페인트에 으깨서 블루베리 밀크셰이크처럼 보이게 만들었다. 이 영상이 입소문을 타면서 그는 페인트 가게에서 해고당했지만[18] 지금은 자신의 페인트 브랜드를 소유하고 다른 페인트 가게에서 일하며 틱톡에서 페인트 믹싱 아티스트의 정체성을 계속 유지하고 있다.

우리는 온라인 정체성을 구축하는 데 많은 주의집중과 시간을 투자한다. 인터넷과 우리의 관계는 셰익스피어 희곡 〈뜻대로 하세요〉의 유명한 대사 "온 세상이 무대이고 모든 여자와 남자는 배우일 뿐"으로 잘 설명된다. 1959년 사회학자 어빙 고프먼은 사회적 환경에서 사람들을 배우로 지칭하며 셰익스피어의 말을 상기시켰다. "공연자로서 개인은 자신과 자신의 제품을 평가하는 많은 기준에 부합하는 인상을 유지하는 데 신경을 쓰게 될 것이다."[19] 그러나 디지털 시대에는 인터넷이 우리의 광활한 무대다. 고프먼은 '현실 세계'에서의 인상을 언급했지만, 인터넷에서 우리는 다른 사람들이 온라인상의 나에 대해 갖기를 바라는 인상도 관리한다. 대면 환경에서 우리는 인상 관리에 꽤 능숙하다. 이를테면 파티에 갈 때 입을 옷을 고르고 파티에 도착했을 때 누구와 어울릴지 신중하게 선택한다. 하지만 온라인에서도 인상 관리를 하는데, 인간인 우리는 인터넷을 통해 거짓 인상을 쉽게 연출할 수 있기 때문에 이를 과도하게 사용하기도 한다. 가령 사람들은 페이스북 상태 업데이트에서 자신의 중요도를 부풀리고도 대부분 이를 인지하지 못하는 것으로 나타났다.[20] 틱톡은 이미지를 쉽게 조작할 수 있는 동영상 편집 도구를 제공했는데, 이 기능은 사람들이 자신의 외모를 바꾸는 데 쓰면서 입소문이 났다. 줌에도 '내 모습 수정 필터Touch up my appearance' 기능이 있다.

인터넷에서 우리의 정체성을 구축하는 일은 복잡하다. 특히 젊은이들뿐 아니라 대부분 사람들이 소셜 미디어에서 서로 다른 친구 그룹을 많이 가지고 있는 상황이라 맥락 붕괴를 잘 처리해야 한다. 링크트인에서 직장 동료에게 자신을 소개하는 방식과 인스타그램에서 부모나 친구에게 자신을 소개하는 방식은 상당히 다르다. 친구 네트워크에 할머니도 있는 상태에서 대학 친구들에게나 보낼 만한 술 취한 사진을 올리고 싶지는 않을 것이다. 우리가 관리해야 하는 자기 자신의 모습은 여러 가지다. 온라인 정체성을 구축하고 유지해서 보상을 얻을 수도 있지만 시간 낭비에 그칠 수도 있다. 내가 방문했던 초창기 메타버스에서는 정체성이 그다지 중요해 보이지 않았다. 하지만 오늘날에는 온라인 정체성이 훨씬 더 중요해졌으며 (입사 지원자를 심사할 때나 데이트 상대를 미리 파악할 때 보기도 한다) 모든 것을 포괄하는 메타버스가 실현된다면 온라인 정체성은 훨씬 더 중요해질 것이다.

소셜 미디어 소통을 통해 얻는 것과 잃는 것

인스타그램, 틱톡, 페이스북 같은 소셜 미디어 플랫폼은 다른 사람들과의 상호작용을 통해 보상을 얻고자 하는 인간의 기본욕구를 이용한다. 인터넷은 사회적 자본의 시장이다. 사회적 자본은 집단에 속함으로써 얻을 수 있는 혜택이다. 이때 우리는 사회적, 무형적, 유형적 자원 등을 관계를 통해 교환한다. 이메일이나 슬랙에 응답하는 이유는 언젠가 동료가 내게 도움을 주리라는 기대 때문이다. 현실 세계에서 내가 상대를 위해 식료품점으로 달려가는 경우처럼, 언젠가 내가 곤경에 처했을 때 그가 내게 호의를 베풀어주리라고 기대한다. 지인이 조직의 중요한 행사에 당신을 초대한다면 당신도 어떤 식으로든 보답할 가능성이 높다. 사회적 자본은 관계를 유지하고 성장시키는 데 도움이 되므로 우리에게 중요하다. 훗날 언젠가 되찾을 수 있는 매출채권 같은 개념이다.

연구에 참여한 재무분석가 조앤은 이메일 답장을 투자라고 생각한다며 다음과 같이 말했다. "행정관리팀에서 보낸 이메일에는 늘 바로 답장을 보내요. 저 역시 제 이메일과 관련해 빠른 조치를 취하려면 그들에게 신세 져야 할 때가 있다는 걸 아니까요." 그녀의 의견은 온라인 상호작용에서 동료, 친구, 때로는 낯선 사람과도 사회적 자본의 균형을 유지하고자 하는 이유를 반영한다. 예를 들어 향후 일자리를 제안할 가능성이 있다고 생각되는 사람이 보낸 이메일에는 곧장 답장을 보낼 것이다. 사회적 자본은 매우 강력한 사회적 메커니즘이기 때문에 우정, 정보, 사회적 관계 등 우리에게 자원을 제공할 수 있다고 여겨지는 사람들이 보내는 메시지에 우리는 경계를 늦추지 않고 응답한다.

사회적 자본을 얻고자 하는 인간의 욕구는 소셜 미디어에 계속 주의를 기울이게 한다. 소셜 미디어에서 사람들은 다양한 유형의 자원을 얻는데, 사회학자 로버트 퍼트넘은 이를 결속형 bonding과 가교형bridging 사회적 자본이라고 불렀다.[21] 결속형 사회적 자본을 통해 사람들은 소셜 미디어에서 긴밀한 유대 관계를 형성해 정서적 지원을 받는다. 반면 가교형 사회적 자본을 통해서는 지인이나 지인의 친구 등 다양한 사람들과의 교류와 상호작용을 통해 정보를 얻는다. 페이스북 같은 사이트는 친밀한 소규모 친구 그룹에서 정서적 혜택을 받을 수 있을 뿐만 아니라 보다 다양한 친구 그룹을 통해 정보도 얻을 수 있기 때문에 결속형과 가교형 자본의 이점을 모두 제공한다.[22] 다양한 유형의 사람들과 관계를 맺을수록 더 다채롭고 잠재적으로 가치 있는 정보에 접근할 수 있다. 예를 들어 페이스북 친구 2000명을 보유한 사람은 아파트를 어디에서 구할지 궁금할 때 활용할 가교형 사회적 자본이 많다. 친구의 범위가 넓다는 것은, 사회학자 마크 그래노베터가 느슨한 연결의 힘이라고 불렀던 것, 즉 가까운 친구보다는 약한 사회적 관계의 지인을 통해 일자리를 구할 가능성이 높다는 의미다.[23] 그러나 더 많은 가교형 사회적 자본을 확보하는 데는 주의집중이라는 대가가 따르는데, 이는 더 많은 알림과 더 많은 사람들의 소식을 놓치지 않아야 한다는 뜻이다.

사회적 자본 자원을 축적하려면 노력이 필요하다. 페이스북을 스크롤하는 것만으로는 그것을 얻을 수 없다. 수동적으로 게시물을 읽기보다는 실제로 정보를 제공하고 다른 이들과 교류할 때 더 많은 혜택을 누릴 수 있다.[24] 하지만 우리는 사회적 자본 자원을 축적하려는 욕구가 이메일과 소셜 미디어에 시간을 투자하게 만든다는 사실을 간과한다. 그리고 당연히 이로 인해 해야 할 다른 일에서 주의집중이 분산될 수 있다.

주의집중은 사회적 권력관계에 따라 좌우된다

인터넷에서 우리의 주의집중과 주의산만은 인간관계에 존재하는 권력의 영향을 받는다. 사회 행동을 예리하게 관찰한 버트런드 러셀은 "사회역학의 법칙은 권력의 관점에서만 설명할 수 있는 법칙"이라고 설명했다.[25] 인간은 항상 권력을 축적하거나 다른 사람의 권력에 종속되는 등 권력의 영향을 받아왔다. 권력은 다른 사람을 통제하거나 다른 사람이 갖지 못한 지식을 가지는 능력이다. 우리는 스스로 깨닫지 못하는 방식으로 타인에게 권력을 행사한다. 런던의 지리를 잘 아는 사람은 런던에서 길을 찾으려는 관광객에게 권력을 행사할 수 있다. 권력관계는 균등할 수도, 불균등할 수도 있으며, 어떤 사람이 다른 사람보다 더 큰 권력을 가질 수도 있다. 부모는 자녀에게, 관리자는 직원에게, 유명인은 팬에게, 잠재적 고용주는 구직자에게, 존 고티는 감비노 범죄 조직(미국 최대 마피아 집단-옮긴이)에 권력을 행사할 수 있다. 하지만 어쩌면 존 고티의 어머니 역시 그에게 권력을 휘둘렀을지도 모른다.

권력은 사회적 위계질서에 내재되어 있다. 직장 동료, 동네 반상회, 독서 모임, 스포츠 팀, 친구 그룹, 고등학교 동창회 등 우리 모두는 비공식적으로라도 아주 자연스레 사회적 서열에 속해 있다. 사람들은 자신이 속한 사회집단에서 지위를 얻고자 하며 그 누구도 사회계층에서 지위를 잃고 싶어 하지 않는다.

다른 사람보다 사회적 권력을 더 가진 사람은 권력이 약한 사람이 원하는 어떤 유형의 가치 있는 자원을 통제할 수 있다. 이러한 자원은 돈, 직업 또는 영향력일 수 있으며, 방금 만난 누군가가 당신이 소속되길 갈망하는 사회적 모임에 당신을 소개할 힘을 가졌을 수도 있다. 따라서 이메일이나 소셜 미디어 같은 사회적 시스템에도 권력관계가 개입되는 것은 당연하다. 권력을 쟁취하고 사회적 위계질서에서 자신의 위치를 유지하고자 하는 인간의 기본적인 동기가 인터넷에 대한 주의집중에 반영되는 것이다.

권력에 대한 생각은 우리 기억 속에 잠재되어 활성화되며, 이는 우리가 무의식적인 방식으로 권력에 반응할 수 있음을 시사한다.[26] 이메일이나 소셜 미디어에서 권력관계에 대한 단서가 드러나는데, 이는 다시 지위에 대해 생각하게 하는 단서가 된다. '이사' 직함이 적힌 이메일 서명, '박사'가 포함된 트위터 소개, 매우 격식 있는 어투를 사용하는 이메일 내용을 떠올려보자. 사실 권력은 이러한 유형의 신호뿐 아니라 실제로 이메일을 작성하는 방식에도 반영된다. 배스대학교의 니키 판텔리Niki Panteli가 두 학과의 이메일 사용을 분석한 결과, 이메일 작성 방식에서 개인의 지위에 따른 차이가 발견되었다. 지위가 높은 사람(예를 들어 교수)이 보낸 이메일은 간결하고 더 격식을 갖추었으며 서명을 사용한 반면, 지위가 낮은 사람(예를 들어 행정 보조 직원)이 보낸 이메일은 인사말을 사용하고 더 개인적이며 친근한 경향을 보였다.[27] 미시간대학교 에릭 길버트Eric Gilbert의 연구도 이메일 작성에서 지위와 권력의 차이를 보여주는데, 이 경우 사람들이 사용하는 문구에도 반영되어 있었다.[28] 길버트는 50만 통이 넘는 이메일로 구성된 엔론 언어집Enron corpus(미국의 에너지 회사 엔론이 2001년 파산하기 전까지 직원들이 쓴 이메일로 구성되어 있는 데이터베이스로, 연구용으로 활용 가능하다-옮긴이)을 활용해 지위가 낮은 사람들은 더 높은 권력자에게 보내는 이메일에 "그럴 것 같았습니다"와 같은 정중한 경어를 사용하는 반면, 지위가 높은 사람들은 낮은 사람들에게 "논의해봅시다"와 같은 문구를 사용하는 현상을 발견했다. 트위터에서도 이모티콘을 사용하는 방식을 통해 사회적 권력을 구분할 수 있는데, 권력이 높은 사람들은 이모티콘을 더 자주 사용하는 경향이 있었다.[29] 따라서 의식하건 하지 않건 우리 모두는 미디어 사용 시 지위의 높낮이에 관계없이 권력을 드러낸다.

하지만 인터넷에는 메시지가 아닌 다른 권력의 단서도 존재한다. 트위터나 유튜브, 페이스북에서 팔로워 수를 보면 해당 사용자가 영향력 있는 사람인지, 얼마나 큰 영향력을 가지고 있는지 알 수 있다. 우리는 사회적 위계를 높이고 더 많은 권력을 얻고자 하며, 트위터에서 유명인이 나를 팔로우하면 로토에 당첨된 듯한 기분을 느낀다.

인간관계에서 권력은 우리의 주의집중에 중대한 영향을 미친다. 지위가 낮은 사람이 높은 사람에게 더 많은 주의집중을 기울이는 것은 그 반대의 경우보다 당연한 일이다.[30] 당신이 상사의 이메일을 확인하는 데 걸리는 시간은 상사가 당신의 이메일을 확인하는 시간보다 더 길 것이다. 우리는 우리에게 어느 정도 권력을 행사하는 사람이 보낸 메시지에 곧장 답장을 보낸다. 권력을 가진 사람들은 다른 사람의 운명을 통제할 수 있는 능력이 있다.[31] 우리가 이메일과 슬랙, 문자메시지에 응답하는 이유는 상대가 우리 자신의 운명에 어느 정도 영향력을 행사할지도 모르기 때문이다. 따라서 우리는 중요한 메시지를 놓친 결과가 두려워 받은 편지함을 계속 확인하는 등 늘 경계를 늦추지 않는다. 내 연구에 참여한 사람들은 마감일이 임박할 때뿐 아니라 해당 업무와 관련된 관리자나 영향력 있는 동료가 자신에게 어떤 종류의 권력을 가지고 있는 경우에도 업무의 우선순위를 전환한다고 보고했다. 인터넷은 사회적 관계의 전체 그물망이며, 그에 따른 모든 복잡한 권력이 내재되어 있다. 권력이 낮은 사람은 사회계층을 상승시키고자 인터넷에 심리적으로 묶이고, 권력이 높은 사람은 권력을 유지하기 위해 심리적으로 묶인다.

온라인 관계가 끊어지면
사회적 관계도 무너진다는 공포

우리는 현실 세계에서와 마찬가지로 인터넷에서도 친구 네트워크 같은 관계의 패턴을 조성한다. 소셜 미디어 플랫폼은 이를 위한 기본 재료를 제공하고, 우리가 네트워크를 구성하는 방식은 주의집중에 영향을 미친다. 우리는 네트워크에 누구를 포함할지, 얼마나 많은 사람을 포함할지 선택한다. 하지만 의미 있는 상호작용이 가능한 사람의 수에는 한계가 있다. 영국의 인류학자 로빈 던바는 인간이 자연스레 안정적인 대인관계를 유지할 수 있는 사람의 수는 약 150명이며, 이 숫자는 선진사회뿐 아니라 이누이트 같은 다양한 현대 수렵채집사회에서도 마찬가지라는 사실을 발견했다.[32] (던바는 이 범위 내에서 깊은 정서적 관계를 맺을 수 있는 사람의 수는 약 다섯 명에 불과하다는 사실도 발견했다.) 던바의 연구에 따르면, 150명이라는 숫자는 대뇌 신피질 처리 능력의 한계와 사람들이 투자할 수 있는 시간의 한계에 근거한 것이다. 어쩌면 우리는 온라인 소셜 네트워크가 사람들의 능력을 확장하고 시간 제약을 줄여준다고 상상할 것이다. 전화 통화나 술자리에서 시간을 보내는 것보다 친구에게 문자를 보내 문제를 논의하는 편이 더 빠르다. 만날 약속 일정을 조율하거나 어딘가를 여행하려면 시간이 걸리며, 대면 대화는 전자 메시지보다 더 오래 지속된다. 하지만 온라인 네트워킹을 통해서도 생물학적, 시간적 제약을 극복할 수는 없는 것 같다. 트위터 사용자 약 200명을 대상으로 한 연구에 따르면, 온라인에서 안정적인 대인관계를 유지할 수 있는 사람의 수는 던바의 수와 비슷한 100~200명 사이인 것으로 나타났기 때문이다.[33] 던바는 페이스북과 트위터에서 사람들의 친구 네트워크 내 접촉 빈도를 조사하여 본래 평균인 150명이라는 수치를 다시 한번 검증했다.

그렇다면 던바의 수를 어떻게 활용할 수 있을까? 던바의 수는 우리가 더 가치 있는 사회적 관계에 집중하는 데 도움을 준다. 물론 인맥을 150명으로 제한하고 그 외의 사람들을 무시하기란 쉽지 않다. 그러나 소셜 네트워크에서 우리가 어떤 유형의 사회적 자본을 교환하고 있는지, 어떤 혜택을 받고 있는지 생각해볼 필요가 있다. 주의집중을 관리하려면 우선 소셜 네트워크가 제공하는 혜택에 대한 기대치를 바꿔야 한다. 페이스북 같은 소셜 네트워킹 사이트는 새로운 친구 관계를 구축하기 위함이 아니라 기존 친구 관계를 유지하기 위해 설계되었다는 점을 기억해야 한다. 따라서 시간을 투자하여 1000명과 친밀하게 안정적인 관계를 발전시킬 수 있으리라 기대해선 안 된다. 물론 사회적 자본(다양한 사람들에게서 얻는 자원)을 연결하여 때때로 보상받을 수는 있겠으나 네트워크에 투자하는 시간 대비 그 네트워크의 규모가 가져다주는 보상의 균형을 신중하게 고려해야 한다. 온라인 커리어 네트워크 싱XING의 연구에 따르면, 네트워크로 구인 제안을 받는 데 가장 큰 성공을 거둔 사람은 공교롭게도 던바의 수와 일치하는 150명으로 구성된 네트워크를 형성하고 있었다. 대규모 네트워크보다 소규모 네트워크가 더 많은 이점을 제공한 셈이다.[34] 나는 누군가와 친구를 끊으라고 제안하는 것이 아니라(물론 그렇게 생각할 수도 있지만) 소셜 미디어에 쓰는 시간 비용 대비 인간관계를 통해 얻는 이득에 관해 생각해보자는 취지로 말하는 것이다. 2장에서 다룬 프레이밍 오류를 생각해보자. 사람들은 종종 특정 선택이 어떤 이득을 가져다줄지, 그리고 그 선택에 얼마나 많은 시간을 할애할지 제대로 판단하지 못한다. 그러므로 한정된 시간을 정말 소중히 여기며 혜택을 받을 수 있는 관계에 투자해야 한다. 네트워크가 넓을수록 더 많은 시간을 투자해야 하는데, 그만큼의 보상을 얻지 못할 수도 있다는 점을 고려하자. 소셜 미디어를 확인하기 전, 사회적 보상 측면에서 실제로 무엇을 기대하는지 자문하자. 지금보다 훨씬 더 적은 시간을 투자해도 사회적 보상을 얻을 가능성이 높다. (적어도 오늘만큼은) 더 많은 시간을 할애할 필요가 없을 정도로 이미 충분한 보상을 받지 않았을까? 소셜 미디어에 소비하는 시간을 한계수익 측면에서 생각해보자.

특히 젊은이들은 온라인 소셜 시스템의 강한 압력을 받는다. 그들에게 소셜 미디어에서 탈퇴하는 행위는 세상과 연결되는 생명줄을 끊는 것과 같다. 가령 내 연구에 참여한 한 젊은이는 소셜 미디어에서 자유롭지 못한 상황을 이렇게 표현했다. "끊으려고 시도해보기도 했지만, 모든 친구와 동료가 거기 있어서 거의 필수처럼 느껴요."[35] 그래서 젊은이들은 보상을 받고, 인정을 구하고, 자신이 속한 사회적 단체에서 스스로의 지위를 성취하고 유지하며, 동료 평가와 비교에 참여하고, 사회적으로 연결되어 있다고 느끼기 위해 자신의 계정을 몇 번이고 확인한다. 진정한 변화를 위해서는 더욱 광범한 사회적 수준에서 젊은이들이 소셜 미디어에서 벗어나거나 사용시간을 줄일 수 있도록 돕는 조치가 이뤄져야 하며, 이에 관해서는 마지막 장에서 이야기하겠다.

메타버스가 실현되면 가장 거대한 온라인 소셜 시스템이 될 것이다. 그에 따른 우리의 주의집중이 우려스럽다면 사전 준비가 필요하다. 안타깝게도 초기 가상 세계인 온라브! 트래블러는 그리 오래가지 못했다. 메타버스는 기술 기업들의 훨씬 더 큰 제국이 되어 우리가 온라인에서 하는 거의 모든 일을 포괄할 것이므로 그 사회적 역학에 저항하기가 지금보다 엄청나게 더 어려워질 것이다. 인간이라는 존재는 사회적 영향력에 민감하고, 정체성을 구축하고 유지해 집단 내 사람들과 연결되고자 하며, 사회적 자본을 확보하고 사회적 지위를 얻고자 한다. 이렇듯 서로 연결된 디지털 세상과 그에 따른 사회적 권력과 역학 관계는 우리의 주의집중을 끌어 다른 목표에 집중하지 못하게 한다. 하지만 우리는 고유한 개성을 지닌 각기 다른 개별적 존재이기도 한데, 이것이 기기를 사용할 때 주의집중 행동에 어떤 영향을 미치는지는 다음 장에서 살펴볼 것이다.

9

성격을 고치면 집중력이 높아질까

모든 사람은 타인과 구별되고 우리를 독특하게 만들어주는 특정한 자질을 갖고 태어난다. 어떤 사람은 자연스레 파티를 즐기지만, 어떤 사람은 집에서 영화 보는 편을 훨씬 더 선호한다. 호기심과 모험심이 많은 사람이 있는가 하면 익숙한 일상을 선호하는 사람도 있다. 어떤 이는 부정적인 생각에 쉽게 빠지는 반면 또 어떤 이는 전혀 걱정이 없어 보이기도 한다. 심지어 한 개인이 서로 어울리지 않는 다양한 성격 특성을 가지고 있기도 하다. 감성이 풍부하고 해석력이 뛰어났던 천재 피아노 연주자 블라디미르 호로비츠는 매일 똑같은 도버 서대기와 아스파라거스 식단으로 저녁을 먹을 만큼 일정한 식습관을 지켰는데, 모스크바에서 연주가 있을 때면 매일 그 음식을 모스크바로 공수해 와야 할 정도였다.[1] 우리의 성격은 행동 방식에 영향을 미친다. 우리는 행동은 바꿀 수 있어도 태생적으로 우리가 누구인지는 바꿀 수 없다. 디지털 세상에서 우리의 주의집중 행동에 영향을 미치는 요소에는 인터넷의 설계, 알고리즘, 사회적 권력 등이 있지만, 개인의 성격 자체도 중요한 역할을 한다.

어떤 사람들은 자신의 감정, 생각, 행동을 조절하는 데 매우 능숙하다. 즉 자기통제에 능숙한 것이다. 자기통제력이 디지털 행동을 결정하지는 않지만 영향을 미칠 순 있다. 성격심리학자 월터 미셸Walter Mischel은 자기통제에 관한 개념을 대중에게 널리 알린 인물이다. 컬럼비아대학원에서 나의 지도교수였던 그가 만족지연delay of gratification에 관한 수업을 했을 때 그와 했던 토론이 기억에 남는다. 교수였던 그가 학생들의 말에 귀 기울이고 우리의 아이디어와 의견을 진지하게 받아들이던 모습이 참 인상 깊었다. 이 불타는 지성을 가진 온화한 교수는 심리학 분야에서 산을 들어 옮겼다. 대부분 사람들은 한 분야에서 길이 남을 업적을 하나라도 이루기를 꿈꾸지만, 미셸의 연구는 실제로 두 가지 패러다임전환paradigm shift을 일으켰으며, 각각은 심리 현상에 대한 기존의 사고방식을 크게 뒤흔들었다.

한 가지 중요한 변화로, 그는 자기통제에 관한 새로운 사고방식을 도입했다. 그는 마시멜로연구라는 자기통제 연구로 잘 알려져 있는데, 마시멜로를 보상으로 사용했기 때문에 대중매체에서 그렇게 이름 붙였다. 1970년대 스탠퍼드대학교에 재직 중이던 미셸은 어린아이들을 실험실에 데려와 테이블에 앉힌 다음 먹음직스러운 마시멜로를 앞에 놓아두었다. 아이들에겐 마시멜로를 당장 먹어도 되지만 15분만 기다리면 마시멜로를 하나 더 먹을 수 있다고 말했다. 마시멜로를 바로 먹을지 말지, 즉 만족감을 늦출 수 있을지에 대한 이 단순해 보이는 선택은, 수십 년 후 인생의 여러 결과를 예측할 정도로 중대한 영향을 미친다고 밝혀졌다. 마시멜로 한 개를 참지 못한 아이들은 자라서 SAT 점수와 취업 성공률이 낮았고, 비만율이 높았으며, 기타 여러 면에서 결과가 좋지 않았다. 마시멜로를 안 먹고 참으며 기다렸던 아이들은 이후 10대가 되었을 때 집중력이 훨씬 우수했다.[2] 미셸의 연구는 수십 년 동안 수없이 반복되었다.[3] 작은 마시멜로를 참는 능력이 40년 후의 인생 결과를 예측할 수 있으리라고 누가 상상이나 했겠는가?[4] 대학원생 시절, 이 간단한 실험에서 어린아이의 행동이 왜 훗날의 인생 결과를 예측할 수 있는지 미셸과 논의한 기억이 난다. 아이들에게 어떤 심리적 메커니즘이 작용했을까? 한 가지는 만족을 지연시킨 아이들은 마음속으로 상상하거나 시각화하여 간식을 기다리는 15분을 더 잘 보냈을 거라는 추측이었다.

미셸의 또 다른 큰 업적은 1968년 출간된 그의 저서《성격과 평가Personality and Assessment》다.[5] 당시만 해도, 심지어 지금도, 성격 이론가들 사이에서는 외향성과 같은 성격 특성이 비교적 안정적이라는 가정이 깊이 자리 잡고 있다. 미셸은 자신의 연구를 통해 성격이 상황에 따라 변할 수 있다는 점을 보여주며 이러한 관념에 도전했다. 어떤 상황에서건 사람들이 어떻게 행동할지 이끄는 단서가 존재한다. 나는 가족들 사이에서는 외향적이지만 낯선 사람들 사이에 있으면 상당히 내향인이 된다. 이러한 통찰은 1938년 나치의 빈 점령 당시 부모와 함께 피란을 떠났던 미셸 자신의 경험에서 나왔다. 부모와 미국에 왔을 때 그는 열 살이었다. 그의 부모는 브루클린에 정착해 저렴한 물건을 파는 잡화점을 열었고, 미셸은 방과 후 배달 일을 도우며 성장했다. 오스트리아 출신 이민자인 그는 학급 수석 졸업생이 됐고 임상심리학 박사학위를 취득했다. 하지만 성격에 대한 생각에 영향을 준 것은 그의 부모였다. 빈에서 지낼 때만 해도 화학자로 일하던 아버지는 자신감이 넘쳤고 어머니는 신경증 환자였는데, 미국에 와서 두 사람의 성격이 크게 바뀌었다. 가게에서 일하던 아버지는 우울해졌고 식당 종업원으로 일하던 어머니는 점점 자신감이 생겼다.

사는 나라가 바뀌고 생활 방식이 바뀌자 성향도 바뀐 것이다. 미셸은 이 관찰을 통해 성격의 일관성에 관한 오랜 가정에 도전했고, 성격은 상황에 따라 달라진다는 이론을 발전시켰다. 반대로 다른 진영에서는 상황과 관계없이, 특히 서른이 넘으면 성격이 비교적 고정적으로 자리 잡는다고 주장했다.[6]

상황적 성격과 고정적 성격이라는 상반된 이론을 내세운 두 진영은 미셸과 쇼타 유이치正田佑一에 의해 통합 성격 이론이 제안되기 전까지 교착 상태였다.[7] 이는 고정된 기본 성격 체계나 상황에 따라 변화하는 성격이 모두 존재할 수 있다고 주장하는 이론이다. 말하자면 상황에 대응하는 방식은 근본적인 심층 성격 체계에 따른 패턴을 가진다는 것이다. 뉴욕 그리니치빌리지에서 상당히 외향적으로 행동하는 사람이 코네티컷의 그리니치를 방문하면 덜 외향적으로 행동할 수 있다.

성격은 사람들이 생각하고, 감정을 경험하고, 행동하는 방식을 특징짓는 체계라고 볼 수 있다. 오늘날 가장 일반적으로 사용되는 성격 이론인 빅 5는 그 역사가 흥미롭다. 이는 의미 있는 성격 특성은 사람들이 사용하는 언어의 일부여야 한다는 어휘 가설lexical hypothesis이라는 아이디어에서 시작되었다. 까칠하다, 수다스럽다, 매력적이다 같은 표현이 사람을 묘사하는 특성을 반영해야 한다는 것이다. 다시 말해 1930년대에 고든 올포트Gordon Allport와 헨리 오드버트Henry Odbert라는 두 심리학자가 시도한 것처럼, 언어에서 성격 특성을 도출할 수 있어야 했다. 그들은 웹스터 사전을 뒤져 성격의 양상을 설명하는 단어 1만 7953개를 찾아냈다. 그런 다음 관찰 가능한 행동을 설명하는 형용사 약 4500개로 목록을 좁혔다. 그래도 단어가 너무 많았기 때문에 1948년 심리학자 레이먼드 커텔Raymond Cattell은 새로운 기술인 컴퓨터를 활용해 이 단어들의 유사점을 찾아 열여섯 개 특성으로 묶었다. 이러한 뚜렷한 특성은 성격을 설명하고 평가하는 데 쓸 수 있다. 그런데 1968년 미셸이 성격 평가는 상황에 따라 달라지는 성격을 예측할 수 없다고 주장했다. 미셸이 이 분야에서 영향력이 컸으므로, 연구에는 차질이 생겼다. 1970년대 중반부터 다른 심리학자들이 이 프로젝트를 다시 시작했는데 그중 폴 코스타Paul Costa와 로버트 매크레이Robert McCrae가 이끈 팀이 성격을 오늘날 빅 5로 알려진 다섯 가지 핵심 특성으로 설명할 수 있다는 사실을 발견했다.[8] 외향성(사람들과 함께 있는 것을 선호하는가, 혼자 있는 것을 선호하는가), 친화성(다른 사람과 잘 어울리는가, 어울리기 어려워하는가), 성실성(부지런한가, 자유방임인가), 신경성(정서가 불안한가, 안정적인가), 개방성(새로운 경험에 열려 있는가, 신중하고 폐쇄적인가)이 바로 그것이다. 미셸은 빅 5 성격 특성에 다소 회의적이었다. 사람들이 그렇게 느끼고 행동하는 이유를 제대로 설명하지 못하는 분류법이라고 생각했기 때문이다.[9] 어떤 사람이 신경증적이라고 설명할 수는 있지만, 다른 도시로 이사했을 때 왜 우울해지는지는 설명하지 못한다. 또한 빅 5 특성은 성격이 사회적, 문화적 역할에 따라 실제로 어떻게 형성되는지 설명하지 못하는데, 미셸에 따르면 이는 상황이 성격에 영향을 미치는 방식을 반영하지 못한 것이다. 1998년 UC 버클리의 올리버 존Oliver John과 UC 데이비스의 베로니카 베닛-마르티네스Veronica Benet-Martinez는 빅 5 특성을 측정하는 테스트를 개발했다.[10] 미셸의 지속적인 비판에도[11] 빅 5 설문조사는 널리 사용되기 시작했다. 빅 5 설문조사에 직접 참여하면 자신의 성격 프로필을 알아볼 수 있다.˚

당신은 맥락의 중요성을 강조하는 미셸의 생각처럼 사람들이 문화에 따라 성격이 다른지 궁금할 것이다. 사람들은 다른 나라 사람들의 성격에 대해 고정관념을 갖는 경향이 있다. 영국인은 내성적이라고 생각하지만, 외향성 특성에서 세계에서 가장 높은 점수를 받은 것으로 나타난다.[12] 일본인은 수줍음이 많고 내향적이라고 생각할 수 있지만, 외향성 점수에서 푸에르토리코인과 별 차이가 없다. 또한 독일계 스위스인은 매우 성실하다고 생각할 수 있지만, 이 특성의 점수가 칠레나 스페인 사람들과 크게 다르지 않다.[13] 그러나 문화에 따라 약간의 성별 차이는 있으며 미국과 유럽 문화에서 그 차이가 가장 크다. 여성이 친화성, 신경성, 감정에 대한 개방성(광범위한 개방성 특성의 한 측면)에서 더 높은 점수를 받는 경향이 있는 반면, 남성은 외향성, 아이디어에 대한 개방성(개방성의 또 다른 측면)에서 더 높은 점수를 받는 경향이 있다.[14] 하지만 문화에 따른 고정관념적인 성격 특성은 근거가 없는 이야기다. 성격이 특정 맥락에서 다르게 표현될 수는 있어도 한 국가 전체를 두고 일반화할 수는 없다. 성격이 디지털 행동에 미치는 영향을 고려할 때, 국가나 문화에 관계없이 우리 모두가 여기에 해당한다는 사실을 깨달아야 한다.

───────────────

● https://www.ocf.berkeley.edu/~johnlab/bfi.htm

부지런한 사람들이
온라인쇼핑에 더 열성적이다?

성격은 많은 행동을 설명한다. 가령 성격은 사람들이 어떤 장르의 책을 좋아하는지도 부분적으로 설명할 수 있다. 개방성으로 문학과 서스펜스소설을 읽으리라 예측할 수 있지만 로맨스를 읽는지는 예측하지 못한다.[15] 신경성은 게임중독자뿐 아니라 이상하게도 게임을 하지 않는 사람들과도 연관된다.[16] 표절 같은 비윤리적 학술 활동을 위해 인터넷을 사용하는 사람은 친화성과 성실성 점수가 낮고 신경성 점수가 높은 경향이 있다.[17] 빅 5 특성은 일부 인터넷 행동도 설명해준다. 일례로 외향인은 페이스북 친구가 더 많다.[18]

하지만 이러한 특정 온라인 행동 외에 성격이 인터넷이나 소셜 미디어 사용량에 영향을 미치는지에 관해서는 오랫동안 논란이 있었다. 예를 들어 일부 연구는 외향성이 인터넷 사용량과 부정적 상관관계가 있다고 밝힌 반면, 다른 연구는 상관관계가 없다고 결론짓는 등 연구 결과가 엇갈린 것이다. 다른 네 가지 성격 특성에서도 비슷한 혼란이 발견되었는데, 그 결과는 매우 다양하다. 이러한 과거 연구의 한 가지 문제점은 대부분 서로 다른 대학생 집단의 표본을 사용했다는 점이다. 하버드대학교에 다니는 학생과 캘리포니아주립대학교 풀러턴캠퍼스에 다니는 학생은 인터넷을 사용하는 방식이 매우 다를 수 있으므로 결과를 비교할 수 없다. 게다가 대학생은 백인 및 중산층에 속하는 경향이 있어 다양한 표본으로 볼 수도 없다. 또한 이러한 연구 대부분은 인터넷이 빠르게 변화하던 2000년대 중반 이후 10년 동안 수행된 것이다.

어느 해 안식년을 보내던 중 나는 지금은 텔아비브대학교 교수로 재직 중인 옛 대학원생 동료 요아브 간자크Yoav Ganzach를 찾아갔다. 성격에 관심이 많았던 그와 나는 성격이 인터넷 사용에 어떤 영향을 미치는지에 관해 함께 논의했다. 우리는 논란의 여지가 있는 연구 결과를 해결하려는 노력에 착수했다. 대학생 표본의 잠재적 편향성을 극복하고자 개인의 대규모 대표표본으로 실험하고 싶었다. 이러한 표본을 찾기가 어려웠지만, 한참을 검색한 끝에 미국 노동통계국 프로그램인 전국 청소년 추적연구 자료National Longitudinal Survey of Youth를 활용하기로 결정했다. 이 프로그램은 수년에 걸쳐 개인을 추적하여 고용, 교육, 건강뿐 아니라 인터넷 사용 같은 주제에 대한 설문조사 데이터를 수집한다. 이 표본은 아프리카계 미국인, 히스패닉 및 기타 인종을 비롯해 대학 설문조사에 나타나지 않을 수 있는 경제적으로 취약한 백인까지 미국의 다양성을 대표한다. 6921명으로 구성된 해당 표본의 평균연령은 26세로 일반 대학생보다 나이가 많았다. 응답자들은 전반적으로 인터넷을 얼마나 자주 사용하는지, 커뮤니케이션, 엔터테인먼트, 교육, 쇼핑 등 다양한 유형의 활동에 인터넷을 얼마나 자주 사용하는지에 관해 답했다. 모든 응답자는 빅 5 성격 조사에도 참여했다.

데이터를 확보한 우리는 성격 특성과 다양한 인터넷 활동의 상관관계를 살펴보기로 했다. 그 결과 외향성, 성실성, 신경성 점수가 높은 사람일수록 인터넷에서 더 많은 시간을 보내는 것으로 나타났다.[19] 외향인들은 자기 외부의 정보를 추구하기에, 그리 놀랍지 않게도 내향인들보다 다른 사람과의 소통, 인터넷 엔터테인먼트, 교육활동, 온라인쇼핑에 더 많은 시간을 소비했다. 그러나 체계적이고 계획적인 것을 좋아하는 성실한 사람들은 직관에 반하는 결과를 보여주었다. 부지런하지 않은 사람들에 비해 엔터테인먼트와 쇼핑 사이트에 더 많은 시간을 소비한다는 사실이 놀라웠다. 업무 계획을 철저히 세우는 성실한 사람들은 엔터테인먼트와 쇼핑에 시간을 할애할 여유가 없으리라고 추측하기 쉽다. 하지만 그들의 열성에도 이유는 있다. 성실한 사람들은 업무 중 휴식을 취할 때 (산책 같은 물리적 휴식을 취하는 것과는 반대로) 온라인 사이트에 의존하는데, 온라인 사이트가 업무시간에 대한 시간적 방해를 최소화하기 때문이다. 이에 대해서는 곧 더 자세히 설명하겠다. 따라서 성실한 사람들은 열심히 일하는 와중에 스트레스의 균형을 맞추기 위해 엔터테인먼트와 쇼핑 활동을 전략적으로 사용한다. 걱정이 팔자인 신경증적 사람들도 비신경증적 사람들보다 인터넷에 더 많은 시간을 쓰는 것으로 나타났다. 이들의 행동은 불안을 해소하려는 시도로 설명할 수 있다. 또한 신경증적 사람들은 다른 사람들과 소통하는 데 더 많은 시간을 보내고, 교육활동에 더 많은 시간을 투자하며, 쇼핑에 더 많은 시간을 소비하는 것으로 나타났다. 말하자면 신경증 환자는 인터넷에서 쇼핑 치료를 받는 셈이다.

이 연구는 우리의 성격이 인터넷 사용량 및 온라인 활동 유형과 연관됨을 시사한다. 그렇지만 성격이 기기 사용 시의 주의집중 시간에 어떤 영향을 미치는지 살펴보면 이야기는 훨씬 더 복잡해진다.

신경증적인 사람은 주의집중에 어려움을 겪을까?

다른 해 시애틀에서 아름다운 여름을 보내던 나는 성격이 컴퓨터 멀티태스킹에 어떤 영향을 미치는지 조사해보는 것도 흥미롭겠다는 생각이 들었다. 마이크로소프트 리서치 동료인 메리 체르빈스키, 샴시 익발과 함께 우리는 서로 다른 빅 5 성격 특성에 관해 매우 신중하게 고민했다. 가장 먼저 떠오른 생각은 빠르고 동적인 주의집중 전환과 신경성의 관련성이었다. 신경성은 음악 트랙을 계속 재생할 때처럼 과거 사건을 머릿속에서 반복하여 재분석하는 경향이 있다. 마음속에서 일어나는 이러한 지속적이고 즉각적인 재생은 인지 자원을 많이 사용한다.

과거 걱정으로 자원이 소진되면 현재 활동에 투입할 주의집중 자원이 줄어든다. 성격 테스트에서 신경성 점수가 높은 사람은 스트룹 과제와 같이 어떤 것에 주의를 기울이고 산만한 자극을 무시해야 하는 선택적 주의집중 과제[20]에서 더 낮은 성적을 보이는 경향이 있다. 그러므로 신경증적인 사람들은 기기 사용 시 주의집중에 더 어려움을 겪는다고 예상할 수 있다.

멀티태스킹 행동에 영향을 주는 또 다른 성격 특성은 지연된 만족과 반대되는 충동성이라는 생각도 들었다. 충동적인 이들은 다급한 욕구에 따른 행동을 자제하는 데 어려움을 겪는다. 눈앞에 있는 마시멜로를 참지 못하는 것과 마찬가지로 이메일 알림 클릭이나 알림 없이도 이메일을 확인하고픈 생각을 참지 못할 수 있다.

충동성은 행동의 여러 측면에서 다양한 방식으로 나타난다. 한 가지 방식은 곧장 마시멜로를 집는 것처럼 단기적으로 나타나는데, 이러한 유형의 충동적인 행동을 조급성urgency이라고 한다. 충동성의 또 다른 측면은 인내력 부족lack of perseverance으로, 어떤 일을 너무 쉽게 포기하는 성향이다. 보고서 작성이 어렵거나 숫자 계산이 복잡해지면 금방 포기하는 사람이 인내력 부족에서 높은 점수를 받는다. 우리는 충동성의 두 측면이 기기 사용 시 짧은 주의집중 시간을 설명할 수 있다고 판단했다. 조급성에서 받은 높은 점수는 외부 또는 내부의 방해 요소에 대한 반응을 통제하지 못한다는 의미이며, 인내력 부족에서 받은 높은 점수는 외부의 방해 요소 없이도 당면한 작업을 쉽게 포기하고 주의집중을 전환할 수 있음을 의미한다. UPPS 충동적 행동 척도 조사를 통해 자신의 충동성 점수를 확인할 수 있다.

성격과 주의집중 전환의 관련성을 알아보기 위해 하이테크 조직에서 다양한 직무를 맡고 있는 마흔 명(여성 스무 명, 남성 스무 명)의 참가자를 모집해 빅 5 성격 검사를 실시했다. 또한 앞서 설명한 충동성의 두 측면에 초점을 맞춘 UPPS 조사를 사용하여 개인의 충동성을 측정했다.[21] 마지막으로 우리는 지각된 스트레스 척도Perceived Stress Scale를 활용해 각 개인의 체감 스트레스도 측정했다.[22] 참가자들에게 일상적으로 컴퓨터를 사용해 업무하도록 요청한 뒤 열이틀 동안 컴퓨터 활동을 기록해 사람들이 컴퓨터 화면에 얼마나 오래 집중하고 있는지 살펴보았다. 참가자들은 자신의 컴퓨터 활동이 기록된다는 사실을 알았으며 원할 경우 언제든 기록을 끌 수 있었다(끈 참가자는 아무도 없었다). 다른 연구에서와 마찬가지로 어떤 콘텐츠도 기록하지 않았으며 단지 그들이 사용한 프로그램과 방문한 URL의 타임스탬프만 기록했다. 컴퓨터가 절전모드로 전환되면 온라인 상태가 아니라는 사실을 알 수 있었으므로 해당 데이터는 무시했다. 그 결과 사람들이 각 컴퓨터 화면에서 얼마나 오래 머무르는지 초 단위로 정확하게 측정할 수 있었고, 이는 사람들의 주의집중 시간 및 주의를 기울이는 대상을 알 수 있는 좋은 지표가 되었다.

《신경증 환자는 집중하지 못한다Neurotics Can't Focus》라는 논문에서 보고한 바와 같이, 신경성 성격 특성에서 높은 점수를 기록한 사람일수록 컴퓨터 화면에 주의집중하는 평균 지속 시간이 짧았다.[23] 신경증 환자는 걱정거리가 많아 당면한 업무 중에도 방해를 받는다. 또한 조급성 점수가 높을수록 컴퓨터 화면에 집중하는 시간이 짧아지는 것으로 나타났으며 여기에는 매우 강력한 상관관계가 있었다. 하지만 인내력 부족 특성과 주의집중 지속 시간 사이에는 어떠한 관계도 나타나지 않았다. 따라서 힘들면 쉽게 포기하는 성향이 컴퓨터 주의집중 시간에는 영향을 미치지 않을 가능성이 높다.

신경성과 충동성의 조급성 측면은 더 빈번한 주의집중 전환과 관련되므로, 이는 주의산만이라고 부를 수 있는 근본적인 성격 특성이 있음을 시사한다. 우리는 통계적 기법을 활용해 데이터에 근본적인 구조가 있는지 조사했다. 그 결과 신경성, 조급성, 개인이 인지하는 스트레스가 이 공통점을 구성한다는 사실을 발견했다. 우리는 이를 통제력 부족lack of control이라 불렀는데, 이는 컴퓨터 사용 시의 짧은 주의집중 시간과 상관관계가 있는 주의산만이라는 성격 특성이 존재할 수 있음을 시사한다.

실제로 주의산만을 일반적인 성격 특성으로 보는 관점이 제안되어왔으며 이는 ADHD 증상과 연관된다고 볼 수 있다.[24] 연구자들은 실험실 연구를 통해 어렸을 때 ADHD 증상을 경험한 사람들이 종종 더 산만하다는 사실을 발견했다. 하지만 ADHD 증상이 극단적인 신경성 및 충동성과 관련 있기는 해도, 우리 참가자들은 이러한 특성의 극단적인 범위에서 점수를 받지 않았다는 점을 강조하고 싶다. 그러므로 연구 참가자들에게 발견한 주의산만의 근본적 성격 특성을 ADHD와 혼동해서는 안 된다.

성실한 사람들은 보초를 서듯이 이메일을 확인한다

우리 주변에는 생산성 측면에서 매우 바람직한 성격 특성으로 여겨지는 성실성을 지닌 사람들이 있다. 그러나 이메일 사용 시 이러한 특성은 오히려 역효과를 낼 수 있다. 연구에 앞서 우리는 성실한 사람들이 업무와 관련된 이메일을 신속하게 확인하고 응답할 것이라 예상했다. 참가자들의 컴퓨터 프로그램 사용 일지를 모두 기록해두었으므로 이메일 사용을 집중적으로 분석할 수 있었다. 타임스탬프가 찍힌 컴퓨터 로그 기록을 통해 모든 참가자의 일상적인 이메일 행동을 면밀히 조사했다. 이메일을 지속적으로 확인하는 사람과 하루 중 한 번 또는 몇 번만 확인하는 사람의 두 가지 기본 유형으로 이메일 페르소나가 나뉘었다. 우리는 성실한 사람들이 지속적으로 이메일을 확인할 가능성이 높으리라 예상했는데, 실제 결과도 그렇게 나타났다. 성실한 사람들의 이메일 확인 행동은 놀라운 수준이 었다.[25] 그들은 철저하고 신중하며 단련되어 있었고 들어오는 모든 이메일을 놓치지 않기 위해 받은 편지함에서 보초를 서고 싶어 할 정도였다. 따라서 알림이 없어도 지속해서 이메일을 확인하는 사람이라면 성실성 항목에서 높은 점수를 받을 가능성이 높다.

마지막으로 개방성 역시 디지털 행동에 영향을 미치는 또 다른 성격 특성이라는 점을 언급해야겠다. 방해받는 사람과 그렇지 않은 사람을 비교한 이전 연구에서는 개방성 성격 특성에서 높은 점수를 받은 사람이 방해받는 환경에서 더 나은 성과를 내는 것으로 나타났다.[26] 개방성 점수가 높을수록 지속적인 방해를 받는 상황에서도 작업을 더 빨리 마무리했다. 새로운 경험에 개방적인 사람들은 더 민첩하고 유연하게 중단된 작업을 재개하는 것으로 보인다.

주의산만을 물리치는 데
차단 소프트웨어가 도움이 될까?

주의산만 문제를 해결해주는 거대한 시장이 형성되어 자기 계발 서적뿐 아니라 기술 기업들도 주의산만을 차단하는 소프트웨어 경쟁에 뛰어들었다. 기본적으로 두 가지 주요 소프트웨어 접근 방식이 있는데, 하나는 사용자가 다양한 사이트에서 얼마나 많은 시간을 소비하는지 알려주는 방식이고, 다른 하나는 가장 산만하게 만드는 사이트를 차단하여 완전히 끊도록 하는 방식이다.

기술에서 비롯된 산만함을 극복하기 위해 기술에 의존한다니, 아이러니한 일이다. 그런데 이러한 차단 소프트웨어는 실제로 얼마나 잘 작동할까? 나는 멀티태스킹과 주의산만에 관해 수년간 연구해오면서 기술이 사람들의 주의산만을 줄이는 해결책을 제공할 수 있을지 매우 궁금해졌다. 사람의 성격 유형이 이러한 차단 소프트웨어의 상대적인 성공에 영향을 미친다는 사실이 밝혀졌다. 또 다른 여름에 메리와 샴시, 나는 마이크로소프트 리서치를 방문해 주의산만을 차단하는 소프트웨어가 실제로 사람들의 기기 집중력을 향상시키는 데 도움이 되는지 실험하는 연구를 진행했다.[27] 한 조직에서 서른두 명을 모집해 2주간 연구에 참여하도록 했다. 첫 번째 주에는 연구 참가자들이 평소처럼 업무를 수행했다. 두 번째 주에는 컴퓨터에 차단 소프트웨어를 설치하도록 요청하고 주의집중을 방해한다고 생각하는 사이트를 차단하게 했다(선택한 사이트의 90퍼센트가량이 소셜 미디어 사이트였다). 또한 빅 5 성격 조사를 작성하도록 요청했다. 매주 말에는 업무 성과와 집중력을 측정하는 인지 몰입 척도Cognitive Absorption Scale[28]를 작성하도록 요청했다.

두 번째 주가 끝났을 무렵 측정 결과, 사람들은 업무에 훨씬 더 집중하고 있다고 답했으며 스스로 더 생산적이라고 평가했다. 좋은 소식이었다. 하지만 이 작업을 하는 동안 시간적 해리^{解離}도 감소했는데, 이는 시간의 흐름을 더 잘 인식하게 되었다는 의미다. 그들이 가장 좋아하는 취미인 소셜 미디어를 빼앗아버렸으니 어쩌면 당연한 결과일지도 모른다. 몰입할 때 시간 경과를 의식하지 못한다는 점을 떠올려보면, 이는 참가자들이 작업 중에 몰입 상태는 아니었으나 집중하고 있었음을 보여준다.

그러나 의외로 차단 소프트웨어를 사용한 후에도 스스로 주의집중을 통제하고 있다는 평가의 평균치에는 변화가 없었다. 왜 그럴까? 무엇보다도, 사람들은 집중력이 높아졌다고 보고했다. 한 발을 끓는 물에 담그고 다른 발은 얼음물에 담그면 평균적으로 미지근한 물에 발을 담그는 것과 같지만 이것이 두 경험을 모두 설명할 수 없듯, 때로는 전체 평균이 우리를 속이곤 한다. 자세히 살펴본 결과, 주의집중 통제에 변화가 없다고 보고한 평균 결과는 실제 일어나는 일을 드러내지 못하고 있었다. 실제로는 자제력이 높은 사람과 낮은 사람의 두 가지 기본 성격 유형이 존재했다. 자제력이 높은 그룹에 속하는 사람들은 충동성 점수가 낮고 성실성 점수가 높았다. 반대로 자제력이 낮은 그룹에 속한 사람들은 충동성이 높고 성실성이 낮았는데, 충동성이 높으면 자제력이 낮다고 알려져 있다.[29] 이 두 그룹이 있다는 것을 알아낸 후 우리는 놀라운 결과를 발견했다. 첫째,

예상대로 자제력이 낮은 사람들은 주의산만을 차단했을 때 정신적 노력이 덜 든다고 답했는데, 이는 소프트웨어가 주의산만을 차단하기 위해 인지 자원을 사용하는 수고를 덜어준 것으로 해석할 수 있다. 따라서 그들은 당연히 정신적 노력이 줄어든다고 느낄 수밖에 없다. 그러나 의외로 자제력이 높은 사람들은 실제로 업무량이 증가했다고 보고했다. 자제력이 높은 이들은 왜 업무량이 증가했다고 느꼈을까? 처음엔 의아했지만 이내 이해가 되었다. 이들은 자제력이 매우 뛰어난 사람들이다. 이들은 소셜 미디어 같은 사이트에 접속할 때도 들어갔다가 다시 나올 수 있다. 하지만 온라인에서 쉴 수 있는 기능을 빼앗았기 때문에 이 성실한 사람들은 계속 일할 수밖에 없었다. 한 사람은 생산성이 10퍼센트 더 높아졌지만 훨씬 더 많이 피곤하다고 말했다. 자제력이 뛰어난 또 다른 직원은 업무에 푹 빠진 나머지 집으로 돌아가는 마지막 통근 셔틀버스를 놓쳤는데, 전에는 한 번도 이런 일이 없었다고 밝혔다.[30]

정신뿐만 아니라 신체도 주의산만에 반응한다. 이번 연구에서는 디지털 세상에서 주의가 산만해지는 습관이 사람들에게 뿌리 깊게 박혀 근육기억muscle memory을 대신할 수 있다는 사실을 발견했다. 자제력이 낮은 연구 참여자 앤드루는 차단 소프트웨어를 사용했음에도 불구하고 페이스북에 접속하려는 의도를 자각하기도 전에 손가락이 습관적으로 Facebook.com을 입력하기 시작했다고 보고했다. 이러한 암묵적인 감각운동 기술은 피아노 연주자가 피아노 앞에 앉으면 본능적으로 잘 배운 곡을 연주하기 시작하는 것과 유사하게 의식적 고려 없이 발생한다. 스키마라는 개념으로도 이 현상을 설명할 수 있다. 스키마는 정신에서 나타나는 행동 패턴의 내적 표상으로, 이 경우 스키마는 페이스북에 접속하는 일상적인 행동이다. 손가락으로 Facebook.com의 시작 부분을 입력하기 시작하면 근육 움직임이 정신에 저장되어 있던 스키마를 활성화한다. 이는 무의식이 어떻게 주의산만에 영향을 미칠 수 있는지 보여준다.

그 주가 끝날 때 단 두 명만이 소프트웨어를 계속 사용하고 있었다(소프트웨어는 무료였다). 나머지 사람들에게 어떻게 생각하는지 물어보았다. 스무 명은 계속 쓰겠지만, 스스로 통제하는 법을 배울 수 있도록 더 많은 정보를 제공하는 등의 수정이 필요하다고 답했다. 어떤 이들은 너무 통제당하는 것 같아서 절대 사용하지 않겠다고 답했다.

소프트웨어 차단이 해결책처럼 보일 수도 있지만, 자기통제를 기술에 떠넘기는 결과가 초래될 수도 있을까? 이 책 말미에는 주체성을 기르는 작업을 소프트웨어에 미루는 것의 단점을 논의해보겠다. 나는 자제력 발휘를 위한 기술을 스스로 개발하는 것이 얼마나 중요한지 주장할 것이다.

잠을 못 잔 다음 날
자꾸만 페이스북에 끌리는 이유

　수면 부족은 전 세계 모든 국가, 모든 연령대, 모든 성별의 사람들에게 영향을 미치며 공중보건 전염병으로 불린다.[31] 하지만 간밤의 수면 부족이 오늘의 집중력에 왜 영향을 미치는지는 잘 모를 것이다. 인지 자원이 고갈되면 자기통제에 영향을 미치는데, 수면이 부족하면 인지 자원이 떨어진다. 따라서 잘못된 수면 습관(혹은 불면증)이 디지털 세상에서 주의집중에 영향을 미치는 것은 당연한 결과다. 충분한 수면을 취하지 못하면 다음 날 집중력이 떨어진다는 것은 누구나 다 아는 사실이다. 그래도 수면 부족이 기기 사용 시 주의집중에 어떤 영향을 미치는지 정확히 알아볼 필요가 있다. 대학생들은 수면 습관이 좋지 않은 것으로 악명이 높기 때문에, 수면 부족이 주의집중에 어떤 영향을 주는지 실험하기 위해 내가 일하는 대학교에서 연구 대상자를 모집했다. 대학원생인 이란 왕Yiran Wang, 멜리사 니야Melissa Niiya와 함께 UC어바인에서 이레 동안 학부생 일흔여섯 명에게 컴퓨터 활동을 기록하고 수면 일지를 쓰도록 요청했다. 이 연구는 수면 양상을 정확하게 추적하는 웨어러블 기기에 의존하기 전에 수행되었으며 당시에는 수면 일지가 임상연구에서 사용되는 수면 측정의 표준이었다. 컴퓨터 로그 기록을 통해 컴퓨터와 스마트폰 화면에 얼마나 오래 주의집중하는지 확인할 수 있었다. 전날 밤 수면 시간이 짧을수록 다음 날 컴퓨터와 휴대폰에 집중하는 시간이 줄어드는 현상을 확인했다. 충분한 수면을 취하지 못하면 우리 몸의 자원이 고갈되고, 주의산만을 물리치고 주의집중에 투자할 실행 기능의 연료가 부족해진다.

단 하룻밤의 수면 부족뿐만 아니라 여러 밤의 수면 부족 누적도 주의집중에 영향을 미친다. 이러한 누적 수면 부족을 수면 부채라고 한다. 재충전을 위해서는 여덟 시간의 수면이 필요한데 매일 밤 여섯 시간만 자고 있다면 수면 부채가 쌓인다. 수면 부채는 나날이 수면 부족 시간이 늘어남에 따라 꾸준히 늘어난다. 수면을 은행 계좌에 돈을 예치하는 것과 같다고 생각해보자. 꾸준히 숙면을 취하면 은행 계좌에 잔고가 많이 쌓인다. 하루를 활기차게 시작할 수 있는 것이다. 주말에 잠을 많이 자면 인출한 금액을 채워 넣듯이 수면을 저축할 수도 있다. 하지만 지속적으로 충분히 자지 않으면 수면 부채가 쌓인다.

일흔여섯 명의 학생을 대상으로 조사한 결과, 매일 밤 수면 부채가 늘어날수록 다음 날 페이스북 사용시간이 늘어났다.[32] 이러한 관계는 학생의 나이, 성별, 학업량, 마감일과 관계없이 유지되었다. 수면 부채가 페이스북 접속을 끌어내는 이유는 무엇일까? 첫째, 하룻밤의 수면 부족은 개인에게 큰 영향을 미치지 않을 수 있다. 그러나 시간이 지날수록 양질의 수면을 취하지 못해 수면 부채가 누적되면 주의집중 자원을 나날이 더 많이 빼앗긴다. 자원이 줄면 페이스북 같은 소셜 미디어 사이트 접속을 자제하는 자기통제력이 약해진다. 둘째, 지친 상태에서는 고도의 집중력이 필요한 일을 하는 것보다 페이스북이나 인스타그램, 캔디크러쉬 같은 단순한 활동에 참여하는 편이 훨씬 더 쉽다. 장시간 자전거를 타다가 지치면 오르막길을 오르기보다 내리막길을 내려오는 게 더 쉬운 것과 같은 이치다.

성격 특성이 자제력 부족과 주의산만을 모두 설명하진 못한다

당신도 알다시피, 자기통제에는 인지 자원이 필요하다.[33] 오전에 정신적으로 지친 상태에서 줌 회의를 했다면 오후에 레딧 Reddit(미국의 소셜 뉴스 온라인 커뮤니티-편집자)에 들어가고픈 마음을 참기가 더 어렵다. 마찬가지로 수면 부채가 쌓이면 집중이 어렵다. 또한 자기통제를 실행하면 유혹이나 주의산만에 저항하는 데 필요한 자원이 고갈될 수 있다. 탄수화물을 먹지 않기 위해 많은 감정 에너지를 소모한 사람은 그날 인터넷에서 자신을 쫓아다니는 반짝이는 부츠를 사지 않기 위한 자기통제력이 부족할 가능성이 높다.

미셸의 마시멜로 연구에 따르면 두 번째 마시멜로를 얻기 위해 만족을 늦춘 아이들은 자제력이 더 뛰어났고 10대 후반에 훨씬 더 세심하며 집중력이 좋았다.[34] 자제력은 어릴 때부터 형성되는 것처럼 보이지만, 타고난 성향에 너무 실망하기 전에 유전뿐만 아니라 환경도 영향을 미친다는 사실을 명심하자. 미셸은 스탠퍼드 교수와 학생의 자녀를 대상으로 연구했지만, 이후 사회경제적 지위가 낮은 가정의 자녀를 대상으로 한 연구에서는 수년에 걸쳐 자제력을 예측하는 효과가 더 약했다는 사실도 발견했다.[35] 이는 환경적 요인이 작용하고 있음을 강력히 시사한다. 실제로 다른 연구에서는 자녀를 면밀히 감독하고 자녀의 잘못된 행동을 바로잡는 것과 같은 양육 방식이 자기통제를 촉진할 수 있음을 보여주었다.[36]

우리 연구에 따르면 성격이 동적 주의집중에 영향을 미친다는 증거가 있다. 신경증적인 사람들은 실제 또는 지각된 내면의 걱정으로 인해 주의가 산만해지며, 이메일, 페이스북, 인스타그램, 뉴스 또는 온라인쇼핑 등 여러 곳으로 빠르게 주의집중을 분산했다. 반면 성실한 사람들은 당면한 과제에 집중하고 부지런히 이메일을 확인하는 등 더 적은 대상 사이에서 주의집중을 전환했다. 개인마다 성향이 다른 것처럼, 기기를 사용할 때 주의집중을 할당하는 방식도 서로 다른 패턴을 보인다.

디지털 시대에 우리는 스스로 불안정한 위치에 처한다. 온종일 기기를 사용하고 정보와 다른 사람들은 우리의 주의집중을 끌려고 끊임없이 경쟁하며, 그 결과 우리는 멀티태스킹을 하고 쉴 새 없이 방해받고 종종 스스로 부과한 높은 스트레스를 경험하기 때문이다. 그렇다면 주의산만을 성격과 자제력 탓으로 돌려야 할까? 전적으로 그렇지는 않다. 성격은 인터넷을 얼마나 자주 사용하는지, 어떤 사이트를 방문하는지, 얼마나 자주 주의집중을 전환하는지, 그리고 그 전환의 질적 특성은 무엇인지 등 디지털 행동에 대한 몇 가지를 설명하는 데 도움이 되지만, 이야기의 일부일 뿐이다. 특정 성향이 있더라도 그로 인해 나타나는 몇 가지 약점은 충분히 극복할 수 있다. 하지만 미셸의 주장처럼 성격은 우리가 처한 상황에 따라 달라질 수 있음을 기억하자. 신경증 환자는 조용한 공원에 앉아 신문을 읽을 때는 주의집중 시간이 길지만 컴퓨터나 스마트폰을 사용할 때는 그렇지 않을 수 있다. 반면 성실한 사람은 컴퓨터나 스마트폰으로 업무할 때는 주의집중을 더 오래 지속할 수 있지만, 대화할 때는 집중력이 떨어질 수 있다. 그러나 기기에 대한 주의집중은 성격만 관련이 있진 않으며, 다음에 살펴볼 것처럼 기기가 우리를 행복하게 만들어주는 역할(또는 그렇지 않은 역할)에도 영향을 받는다.

몰입해야 한다는 압박에서
자유로워지기

그리스신화 속 영웅들은 종종 고대 그리스 버전의 천국, 신들에게 불멸을 부여받은 이들이 사는 곳, 엘리시온을 찾았다. 호메로스는 〈오디세이〉에 엘리시온 평원에서는 아무도 일할 필요가 없었고, 신들은 폭풍우 대신 시원한 산들바람이 부는 아름다운 날씨를 허락했다고 썼다. 오늘날 플로리다에 자리한 은퇴자 커뮤니티를 예언한 것처럼 들릴지도 모르지만, 그리스인들의 엘리시온은 지구 끝에 위치해 있었으며 그곳에 가면 끝없는 행복을 경험할 수 있었다. 그래서 사람들은 늘 엘리시온을 찾아 헤맸다. 역설적이게도 신화는 과학적 연구의 영감으로 작용하기도 한다. 마틴 셀리그먼과 미하이 칙센트미하이가 주도한 긍정심리학 분야는 인간이 낙관적이고 희망적이며 만족감을 느끼는 상황을 비롯해 이와 유사한 태도를 어떻게 배양할 수 있을지에 대한 과학적 이해를 얻기 위해 개발되었다.

이러한 유형의 긍정적 감정을 경험하면 특히 신체 건강에 매우 이롭고, 심지어 수명 연장으로도 이어진다. 1930년에 발표된 한 고전적 연구에서, 노트르담 수녀회의 일원이자 미국 여러 도시에 거주하던 수녀들이 20대와 30대에 수녀원 원장으로부터 자서전을 써달라는 요청을 받았다. 60년 후, 연구자들은 수녀들이 자서전에서 긍정적 감정을 얼마나 표현했는지 평가한 뒤 수녀들의 수명에 대해서도 조사했다. 그 결과, 긍정적 감정을 가장 많이 가장 다양하게 표현한 수녀들이 가장 적게 표현한 수녀들보다 최대 10년 더 오래 산 것으로 나타났다.[1]

이 책의 핵심은 디지털 기술을 효과적으로 사용하고, 주의집중을 관리하며, 긍정적인 경험을 하도록 돕는 것이다. 지금까지 나는 사람들이 멀티태스킹을 많이 한다는 점과 업무 중 방해를 많이 받는다는 점, 그리고 이 두 가지 모두에 높은 스트레스가 따른다는 사실을 보여주었다. 서로 연결된 세상에서 기기는 계속 우리 곁에 있을 것이고, 우리는 오랜 기간 기기를 사용하지 않을 수 없다. 그렇다면 어떻게 해야 긍정적인 기분을 느끼며 기기를 사용할 수 있을까? 흔히들 개인 기기를 사용할 때는 엘리시온을 추구하듯 깊은 심리적 몰입 상태에 도달하기 위해 노력해야 한다고 주장한다. 하지만 앞서 설명했듯 정보 작업의 특성상 대부분 사람들이 몰입에 도달하기란 힘들며, 몰입을 경험하려면 예술 작품을 만들거나 음악 연주하기 등 다른 방법을 택하는 편이 낫다. 그럼에도 불구하고 스트레스를 유발하지 않는 방식으로 개인 기기를 사용하는 방법을 배우면 긍정적이고 심리적으로 균형 잡힌 상태로 생산적인 기분을 느낄 수 있다.

이 장에서는 디지털 세상에서 감정의 역할을 비롯해 감정과 주의집중의 관계, 그리고 기기에서 무심한 활동에 주의집중을 빼앗기는 이유를 설명하는 데 감정적 경험이 어떤 식으로 도움이 되는지 설명하겠다. 무의식적이고 반복적인 활동이 왜 사람들을 행복하게 만들고 인지 자원을 재충전하는 데 도움이 되는지 알면, 사람들이 업무에서 멀어지는 활동에 집착하는 이유를 이해하는 데도 도움이 될 것이다. 캔디크러쉬를 하면 실제로 업무 중 심리적 균형을 이루는 데 도움을 받으리라 생각하지 못했을 수도 있지만, 그 생각은 곧 변하게 될 것이다.

베토벤은 왜 작곡을 하면서
손에 계속 물을 부었을까?

소설 《우리는 정말 헤어졌을까》의 삽화로 유명한 일러스트레이터 겸 작가 마이라 칼먼Maira Kalman은 다림질하는 걸 좋아한다. 칼먼에게 다림질은 기계적이고 명상적인 작업으로 생각을 정리하는 데 도움을 준다. 그녀는 식탁에서 글을 쓰다가 때로 중간중간 은식기를 닦기도 한다. 다림질이나 광내기는 마이아 앤절로의 솔리테어 게임이나 십자말풀이처럼 무심하고 반복적인 활동이다. 칼먼은 "통제할 수 있는 게 너무 적을 때는 통제 가능한 작은 일을 찾아 그 일을 통해 엄청난 위안을 얻는다"라고 설명했다.[2]

창작 작업 중에 특이하고 부담스럽지 않은 습관을 즐기는 예술가나 작가는 드물지 않다. 인터넷이 생기기 훨씬 전부터 예술가들은 머리를 맑게 하고 때로는 영감을 얻기 위해 의식적으로 무심한 활동을 해왔다. 베토벤은 머릿속으로 음악을 작곡하는 동안 바닥에 물이 쏟아져 아래층 세입자를 괴롭힐 정도로 손에 계속 물을 붓곤 했다. 이따금 강박적으로 손을 씻던 행위를 멈추고 악보의 일부를 적었다.[3] 쉼표나 마침표 같은 문장부호를 생략하여 쉼 없이 읽히는 글을 쓴 거트루드 스타인은 정작 창작 작업 중에는 쉬어 가길 반복했다. 그녀는 작업을 잠시 멈추고 소를 응시하곤 했다. 동반자 앨리스 B. 토클라스Alice B. Toklas와 함께 그들이 지내던 프랑스 앵Ain 지방의 시골을 드라이브하기도 했다. 스타인은 캠핑 의자를 펼치고 글을 쓰다가 틈틈이 휴식을 취하며 소를 바라보았다. 토클라스는 가끔 스타인의 시야로 소를 몰아 그녀가 소를 관찰할 충분한 기회를 제공했다.[4]

다림질, 손 씻기, 소 관찰하기 등의 활동을 하면 무의식적으로 집중하게 된다. 무심한 활동에는 장점이 있다. 인지 자원을 많이 사용하지 않고도 정신을 집중할 수가 있다는 점이다. 쉽게 몰두할 수 있어 해결하기 어려운 문제를 제쳐두고 마음을 열어놓으면 새로운 아이디어가 떠오르거나 불완전한 아이디어가 발전할 여지가 생긴다. 예술가와 작가에게 무심한 작업은 의도적이며 심지어 목적이 있는 주의산만이었다. 이러한 유형의 단순 활동은 기기에서 테트리스 같은 프로그램이나 워들 Wordle 같은 간단한 게임 형태로 쉽게 접근할 수 있으며 비슷한 기능을 한다. 그리고 해당 활동에는 우리가 생각하는 것보다 더 많은 목적이 있다는 사실이 밝혀졌다.

긍정적 감정은 부정적 사건의 영향을 상쇄한다

감정에 관해 자세히 살펴보자. 감정이 무엇인지에 대한 정확한 개념은 오랫동안 논쟁의 대상이었지만, 감정 연구자들 사이에서 확고해진 공통 개념은 감정이 내적(생각이나 기억)이거나 외적(친구의 전화)인 어떤 사건에 대한 반응이라는 것이다.[5] 그러나 감정은 사건이나 다른 사람에 대한 반응에서 그치지 않고 행동을 유도하기도 한다. 사람들은 갈등을 마주하면 접근할 것인지 아니면 피할 것인지 딜레마에 직면한다. 진화론적 관점에서 생각할 때 당신은 곰을 피해 도망갈 것인가 아니면 남아서 싸울 것인가? 난폭한 동료와 맞서 싸울 것인가 아니면 그냥 물러날 것인가? 사람은 긍정적인 감정을 느낄 때 투덜대는 사람이나 갈등이 있는 상황에 직면할 가능성이 더 높다.[6] 긍정적 감정은 탄약을 제공한다. 동료와 화해하면 당신은 더욱 긍정적으로 느끼게 될 것이다. 내가 가장 좋아하는 격언 중 하나는 철학자 칼릴 지브란이 자신의 시 〈베풂에 대하여On Giving〉에서 긍정적 감정과 행동의 순환적 특성을 표현한 부분이다. "기쁨으로 베푸는 자에게는 그 기쁨이 보상이 된다."[7]

이를 염두에 두면 사람들이 행복감을 선사하는 무심한 활동을 찾는 이유를 조금 더 깊이 이해할 수 있다. 먼저 우리가 하루 동안 하는 업무 중 인지 자원을 고갈시키는 몇 가지 일을 살펴보자. 앞서 언급했듯 긴 시간 지속적인 주의집중은 인지 자원을 많이 요구한다. 줌 회의가 많은 날에는 주의를 기울이고 상호작용을 해야 한다. 다음으로, 멀티태스킹 또는 다른 활동으로 주의집중을 전환하는 것 역시 한정된 자원을 소모하며 스트레스를 유발한다. 또한 자기통제를 실천해도 자원이 소모되며 부정적인 사건에 대처할 수 있는 여력이 줄어든다는 사실을 떠올려보자. 하루 종일 트위터나 페이스북에 접속하지 않으려 애쓰다 보면 소중한 자원이 서서히 사라지는 것이다.

예를 들어 직장에서 인정받지 못하거나 보고서를 거부당해서, 혹은 자녀 또는 배우자와의 갈등 같은 부정적 사건을 경험해 우울한 기분이 든다면, 자원이 고갈되어 피로감을 느낄 수 있다. 실제로 자원이 많이 고갈될수록 부정적 사건이 우리에게 더 큰 영향을 미친다.[8] 그러므로 지쳤다고 느끼면 앞으로 발생할 부정적 사건에 대처할 수 있는 능력이 떨어진다. 하지만 긍정적 감정은 이러한 원치 않는 사건으로부터 우리를 보호하는 갑옷 역할을 한다.

긍정적 사건이 부정적 사건의 영향을 상쇄하는 데 도움이 된다는 아이디어는 스위스 연구자들에 의해 실험되었다. 스위스의 한 직장에서 일흔여섯 명에게 이틀 동안 일기를 쓰라는 지시를 내렸고, 매번 6개월 간격을 두고 세 차례에 걸쳐 일기를 쓰도록 했다. 참가자들은 그날 경험한 긍정적 사건과 부정적 사건을 발생 즉시 기록했다. 그런 다음 하루가 끝나면 피로를 측정하는 설문지를 작성했다. 연구진은 사람들이 그날 부정적 사건을 경험한 경우 이내 긍정적 사건을 경험하면 소모된 자원을 회복하는 데 도움이 된다는 사실을 발견했다.[9] 이 결과에 대한 한 가지 설명은 긍정적 사건이 사람들의 생각을 반복되는 걱정에서 멀어지게 한다는 것이다. (부정적 경험을 머릿속에서 반복 재생하는 경향이 있는 신경증 환자에게는 이러한 결과가 덜 나타날 수 있다.) 따라서 이 연구는 긍정적 사건을 경험하는 것이 나쁜 하루를 보냈을 때 우리의 자원을 보충하는 데 도움이 됨을 시사한다. 긍정적 느낌과 관련되고 쉽게 할 수 있는 무심한 활동도 자원을 쌓는 데 도움이 된다. 이러한 활동을 통해 스트레스가 많은 업무에서 잠시 벗어나 재충전 시간을 가질 수 있다. 불안하거나 스트레스를 받으면 컴퓨터나 스마트폰으로 쉽게 접근 가능한 소셜 미디어나 게임에 끌릴 수 있다. 거트루드 스타인처럼 시골에 산다면 소를 관찰하는 행위에 끌릴지도 모른다.

　사람들이 긍정적으로 느끼면 상황에 따라 취할 수 있는 행동의 레퍼토리가 더 넓어진다. 까다로운 사람과 회의실에 갇혀 있다고 가정해보자. 긍정적 기분이 든다면 그 사람을 대하는 방법에 대해 더 많은 선택지를 떠올릴 가능성이 높다. 비협조적인 자녀가 있는데 당신이 기분 좋은 상태라면 자녀를 대하는 방법에 대한 아이디어가 더 많이 떠오를 것이다. 이는 긍정적 감정이 인지 자원을 증가시켜 주의집중의 범위와 취할 수 있는 행동의 폭을 넓힌다고 믿는 확장-구축 이론broaden-and-build theory 으로 설명할 수 있다. 이를 뒷받침하는 증거가 있다. 미시간대학교 연구원 바버라 프레드릭슨Barbara Fredrickson과 크리스틴 브래니건Christine Branigan은 실험실에서 피험자들에게 긍정적 감정 (예를 들어 기분 좋은 영화 〈펭귄스Penguins〉)을 불러일으키거나 부정적 감정(예를 들어 영화 〈클리프 행어〉에 나오는 등반 사고 장면)을 유발하도록 설계된 영화 클립을 보여주었다. 영화 클립을 보고 나서 두 그룹의 피험자들은 자신이 느끼는 감정과 관련한 시나리오를 상상하고 그 상황에서 할 수 있는 모든 행동을 적도록 요청받았다. 시나리오의 일례로 자연 속 야외에 있는 상황이 있었다. 피험자는 산책을 하거나, 새를 관찰하거나, 해변에 앉아 있거나, 꽃을 꺾는 등의 행동을 할 수 있었다. 긍정적 감정을 불러일으키는 영화를 본 피험자들은 부정적 감정을 불러일으키는 영화 클립을 본 피험자들보다 훨씬 더 많은 행동을 취할 것이라고 보고했다.[10] 이 연구는 긍정적 감정이 행동 선택의 폭을 확대해 시야를 넓혀준다는 점을 보여주었다. 따라서 긍정적 기분이 들 때 난폭한 동료를 마주친다면 그 사람을 대하는 방법에 대한 더 많은 선택지가 생길 것이다.

프레드릭슨과 그녀의 동료인 로버트 레븐슨Robert Levenson이 다른 연구에서 밝힌 것처럼, 긍정적 감정은 부정적 사건을 경험한 후에도 회복하는 데 도움을 준다. 피험자들에게 부정적 감정을 불러일으키는 영화 클립 다음에 긍정적 감정을 유발하는 영화 클립을 보여주자, 피험자들은 기본 감정 수준으로 더 빨리 회복했다.[11] 부정적 감정이 계속되지 않은 것이다. 이 두 결과를 종합하면 긍정적 감정은 회복력을 높이고 고갈된 자원을 회복하기 위한 행동을 취하는 데 도움을 준다는 것을 알 수 있다. 긍정적 감정은 심리적 휴식을 제공해 우리가 한 발 물러서서 회복하고 에너지를 되찾도록 해준다.[12]

목표 지향 업무에 고도로 집중하면
과연 행복할까?

우리는 사람들이 업무에 고도로 집중할 때 가장 행복할 거라고 예상한다. 물론 사람들이 무언가에 몰두할 때 긍정적 감정을 느낀다는 사실을 보여주는 수많은 연구 결과가 있다. 관여를 설명하는 주의집중 상태(몰입, 인지적 몰두, 인지적 관여, 마음챙김 등으로 다양하게 불린다)는 긍정적인 기분과 일관되게 관련이 있다.[13,14,15] 지루함은 우리가 예상하듯 부정적 감정과 일관되게 관련된다. 따라서 사람들이 목표 지향적으로 지속해서 업무에 집중할 때 캔디크러쉬 같은 무심한 작업을 할 때보다 더 행복하리라고 예상할 수 있다. 하지만 내 연구 결과는 그렇지 않다는 사실을 밝혀냈다.

3장에서 사람들의 주의집중 리듬이 하루 종일 어떤 변화를 보이는지 설명했다. 메리 체르빈스키, 샴시 익발과 나는 경험 샘플링 기법을 활용해 사람들이 현재 얼마나 관여하고 있는지, 얼마나 어려워하는지 관찰했다. 연구에 참여한 서른두 명에게 열여덟 가지 설문지, 즉 짧은 설문조사를 일주일 동안 매일 작성하도록 했고, 동일한 설문조사에서 감정적 경험도 보고하도록 요청했다. 설문조사에 보고한 내용을 통해 근무일 내내 어떤 감정을 느꼈는지 잘 파악할 수 있었다.[16]

이 설문조사는 감정 전문 심리학자 제임스 러셀James Russell의 연구에서 나온 정동情動, affect 모델을 기반으로 했다.[17] 감정은 여러 정서적 구성 요소로 이루어진다. 다른 요소보다 감정적 경험에 더 많이 기여한다고 밝혀진 가장 중요한 두 가지는 유인가valence와 각성가arousal라는 기본 상태였다. 유인가는 느낌이나 감정의 질을 측정하는 데 쓰이는 용어로, 극도의 긍정부터 극도의 부정까지 다양한 범위가 존재한다. 에너지의 양으로 생각할 수 있는 각성가는 극도로 높은 각성(기운이 넘쳐서 바로 일을 시작할 수 있는 상태)에서 극도로 낮은 각성(에너지가 바닥난 상태)에 이르는 연속체를 따른다. 이 모델을 개발하게 된 원동력은 사람들이 다양한 유형의 감정을 구분하는 데 어려움을 겪는다는 점, 즉 때로는 감정의 경계가 모호할 수 있다는 점이다. 우리는 부정적 감정을 느끼면서도 그것이 정말 슬픔인지, 아니면 수치심이나 분노인지 정확히 파악하지 못한다. 감정이 얼마나 긍정적인지 부정적인지, 에너지가 얼마나 많은지 두 가지만 결정하면 감정을 구별하기가 훨씬 쉬워진다. 가령 방금 급여가 인상됐을 때 에너지가 넘쳐나서 매우 행복하다고 느끼거나, 열심히 준비했던 제안이 거절당했을 때 화가 나고 기운이 빠지기도 한다. 이 두 감정 모두 신경과학 및 생리학 연구를 통해 검증되었다. 긍정 또는 부정 유인가와 관련된 다양한 주관적 감정에 해당하는 두뇌 영역에서 활성화가 발견된 것이다.[18] 또한 심박수, 피부 전도도, 뇌파 등의 생리적 신호가 사람들의 각성 정도에 대한 주관적 감정과 높은 상관관계를 보인다는 사실이 검증되었다.[19,20]

그림 1은 연구 참가자들의 컴퓨터에 팝업된 설문지다. 설문지에는 가로축과 세로축의 격자가 표시되었는데, 가로축은 유인가를, 세로축은 각성가를 나타낸다. 참가자들은 사분면에서 현재 자신의 기분을 가장 잘 나타내는 부분을 클릭하도록 요청

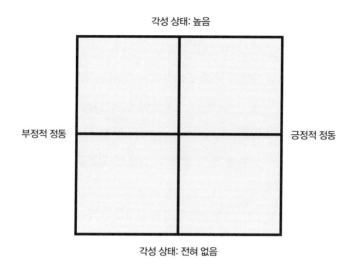

각성 상태: 높음

부정적 정동   긍정적 정동

각성 상태: 전혀 없음

그림 1. 참가자에게 제공된 경험 샘플링 설문지로, 하루 동안의 감정을 측정하기 위해 고안되었다. 참가자들은 사분면에서 그 순간의 감정을 가장 잘 반영하는 부분을 클릭하도록 요청받았다.

받았다. 매우 긍정적이고 에너지가 넘친다고 느낀다면 우측 맨 위 모서리를 클릭했다. 어느 정도 긍정적이고 에너지가 적당하다고 느낀다면 우측 상단 사분면 가운데를 클릭했다. 즉 전체 사분면에서 현재 자신의 감정과 일치하는 정확한 위치를 클릭한 것이다. 느낌의 유형인 유인가와 느낌의 양인 각성가의 차원은 사람들의 감정적 경험이 전 범위에 걸쳐서 나타난다는 개념에 부합하는 연속적인 측정치였다. 따라서 참가자는 사분면의 아무 곳이나 클릭하여 이 두 차원에 따라 자신이 느끼는 감정을 최대한 정확하게 포착할 수 있었다. 연구 참가자들은 사분면에 자신의 감정을 보고하는 방법을 이해했는지 확인하기 위해 함께 연습하고 질문할 기회를 가졌다. 참가자들이 자신의 감정을 설문지에 정확하게 반영할 수 있다는 확신이 들었을 때, 우리는 연구를 시작했다. 사무실이 살아 있는 실험실이었기 때문에 사람들은 일상 업무에서 모든 감정을 경험했다. 또한 참가자들의 동의를 얻어 그들의 컴퓨터 활동을 눈에 띄지 않게 기록했다.

유인가와 각성가는 다양한 감정을 설명하는 두 가지 구성 요소라는 점을 기억하자. 그러므로 러셀을 따라 우리는 사분면의 응답을 스트레스, 행복, 만족, 슬픔 같은 기본 감정으로 해석할 수 있다(그림 2). 사람들은 이러한 감정의 명칭은 보지 않은 채 그림 1처럼 범주의 차원만 표시된 사분면에 답했다. 사람들이 우측 상단(긍정적 유인가와 높은 각성가)을 클릭했다면 행복을 느낀 것으로 해석할 수 있다. 좌측 상단(부정적 유인가와 높은 각성가)을 클릭했다면 스트레스를 받은 것으로 해석할 수 있다. 우측 하단(긍정적 유인가와 낮은 각성가)을 클릭했다면 만족을, 좌측 하단(부정적 유인가와 낮은 각성가)을 클릭했다면 슬픔을 느낀다는 뜻이다. 더 넓게 보면, 사분면의 우측 절반을 클릭하면 긍정적 감정(행복 또는 만족)을, 좌측 절반을 클릭하면 부정적 감정(스트레스 또는 슬픔)을 느낀다는 의미다.

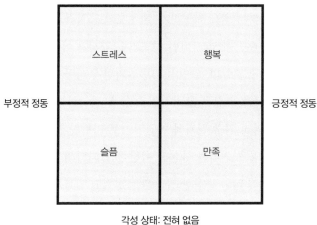

각성 상태: 높음

스트레스	행복
슬픔	만족

부정적 정동 / 긍정적 정동

각성 상태: 전혀 없음

그림 2. 러셀 모델 4사분면에서의 기분 해석[21]

우리는 단순한 활동에 몰두할 때 가장 행복하다

이제 앞서 언급한 내용, 즉 사람들이 독서처럼 무언가에 고도로 관여할 때 긍정적 기분으로 이어진다는 오랜 연구 결과로 돌아가보겠다. 이러한 과거 연구 결과에도 불구하고 우리의 연구 결과를 살펴보면 놀랍게도 사람들은 집중할 때보다 무념무상 주의집중을 기울일 때 가장 행복했다. 무념무상 주의집중은 우리가 매일 하는 흥미롭지만 어렵지 않은 활동, 즉 솔리테어 게임뿐 아니라 트위터 훑어보기, 온라인쇼핑, 페이스북 둘러보기 같은 활동에 사용된다. 사람들이 무언가에 관여하고 있다고 답한 경우, 그 활동이 얼마나 어려웠는지도 함께 기록하도록 요청했다는 점을 기억하자. 관여도가 긍정적 감정과 연관된다는 과거 연구에서는 이번 연구처럼 과제가 어려운지 아닌지를 구분하지 않았다. 칼먼의 다림질처럼 무심한 활동에 관여하는 것과 글쓰기 같은 도전적인 활동에 관여하는 것은 다르다. 하지만 과거 연구 결과와 마찬가지로 지루한 활동을 할 때 부정적 감정을 느낀다는 사실은 여전했다. 따라서 인지 자원을 거의 소모하지 않는 무심한 활동은 긍정적 느낌과 관련되며 이 결과는 사람들이 지속적으로 집중하는 일을 할 때보다 캔디크러쉬를 할 때 더 행복하다는 점을 시사한다.

참가자들이 집중 상태일 때 가장 행복하지 않았던 이유는 무엇일까? 첫째, 사람들은 업무에 집중할 때 스트레스를 받는 경향이 있었다. 스트레스는 긍정적 감정을 낮추고 부정적 감정을 높인다.[22] 둘째, 과거 연구에서는 집중하는 것이 긍정적 감정과 관련된다는 것을 발견했지만, 이러한 주의집중 상태는 다양한 도전 과제, 즉 어떤 일에 주의를 기울이는 것이 다른 일에 비해 인지적으로 더 어려울 수 있다는 점을 고려하지 않고 관여도라는 단일 차원으로 측정되었다. 활동에 관여한다는 것의 의미를 풀어보면, 어려운 자료를 읽는 것 같은 도전적인 경험뿐 아니라 유튜브 동영상 시청처럼 그다지 도전적이지 않은 경험도 포함할 수 있다. 어려운 활동에 지속적으로 주의를 기울이면 인지 부하가 발생하는데, 실험실 연구에 따르면 너무 오래 집중할 경우 수행 능력이 저하되기 시작한다. 이는 자원의 고갈로 설명된다.[23] 반면 무념무상 주의집중은 주의 자원을 거의 사용하지 않는다. 나는 간단한 십자말풀이를 즐겨 한다. 빠르게 풀수 있고 만족감도 빠르게 느낀다. 디지털 멀티태스킹 환경에서 이러한 무심한 활동은 매우 수월하고 즐겁다. 게다가 쉽게 접근할 수 있다. 따라서 우리가 무심한 활동에 많은 시간을 할애하는 이유는 우리를 행복하게 하는 일에서 벗어나기 어렵기 때문이다. 하지만 안타깝게도 우리 대부분은 하루 종일 무심한 활동을 하며 시간을 보낼 수 없다.

무심한 활동이 행복의 원인이 아니라 이미 행복하기 때문에 노력하지 않아도 되는 일을 하는 것일 수도 있을까? 우리가 발견한 강력한 연관성은 단순 활동이 긍정적 감정의 원인임을 증명하진 못한다. 그러나 나는 그것이 긍정적 감정을 유발한다고 주장한다. 마이라 칼먼은 단순 활동을 통해 위안을 얻는다고 말했고, 나도 많은 연구 참여자들에게서 스트레스를 해소하고 기분을 나아지게 할 때 무심한 활동을 한다는 이야기를 들었다. 내 경험에 비추어 볼 때, 무심한 활동은 한 발 물러서서 재충전할 수 있는 방법이다. 기기를 쓰는 상황에서의 주의집중을 연구하기 시작한 이후 나는 무심한 활동에 긴장을 완화하고 진정하는 효과가 있다는 사실을 깨달았다.

페이스북을 통한 상호작용과 대면 상호작용 중 무엇이 사람들을 더 행복하게 만든다고 생각하는가? 나는 사람들에게 이 질문을 자주 하는데, 대부분 대면 상호작용이라고 답한다. 하지만 결과에 당신은 놀랄 것이다. 3장에서 페이스북을 사용할 때 무심한 활동을 한다고 느끼거나 심지어 지루함을 느낀다는 점에 관해 논의한 내용을 기억할 것이다.[24] 마이크로소프트 리서치의 메리, 샴시와 함께 진행한 연구에서 우리는 참가자 서른두 명에게 일주일간 센스캠을 착용하고 15초마다 자신이 보고 있는 것을 사진으로 찍어달라고 요청했다.

얼굴 인식 소프트웨어를 적용한 덕에 사람들이 언제 얼굴을 맞대고 소통했는지 확인할 수 있었다. 또한 흥미, 열정, 불안, 괴로움 등 스무 가지 유형의 감정에 대한 느낌을 평가하도록 요청하여 주관적인 기분을 측정하는 데 검증된 PANAS 척도를 활용했다.[25] 아침에 출근할 때와 퇴근하기 전 일과를 마무리할 때 PANAS 척도를 작성하도록 요청했다. 아침을 매우 긍정적으로 시작했지만 힘든 하루를 보냈다면 하루를 마무리하는 기분이 긍정적 느낌에서 부정적 느낌으로 바뀌었다는 것이 PANAS 척도 점수에 반영되었다. 또한 러셀의 감정 모델에 따라 그림 1과 같은 경험 샘플링을 활용해 사람들의 순간적인 감정을 조사했다. 또한 얼마나 관여하고 얼마나 어려웠는지도 보고해달라고 했다.

그렇다면 페이스북을 통한 상호작용과 대면 상호작용을 비교했을 때 얼마나 긍정적인 감정을 느꼈을까? 먼저 상호작용이 일어났을 때의 감정을 조사했는데, 경험 샘플링 설문지를 통해 측정했다. 그 결과 사람들은 페이스북에 있을 때보다 사람들과 직접 대면했을 때 더 행복하다고 답했다.

하지만 하루를 마무리할 때의 기분으로 살펴보았더니 페이스북에 더 많은 시간을 할애할수록 하루를 마무리할 때 더 행복하다고 답한 것으로 나타났다. 반면 하루 동안 대면 상호작용에 들인 시간은 하루를 마무리할 때의 기분 변화와 아무런 관계가 없었다.

이렇게 서로 다른 결과를 어떻게 받아들여야 할까? 설문조사는 오래 지속되지 않는 순간의 감정을 포착한다는 점을 고려하자. 반면 하루를 마감하는 PANAS 조사는 하루 동안의 모든 기복을 반영한다. 따라서 사람들이 대면 상호작용을 하는 동안 그 순간에는 더 행복했을지라도 그 행복한 순간들이 누적되어 더 높은 긍정적 기분으로 이어지지는 않았을 가능성이 있다.

다른 근본적인 이유도 있을 것이다. 우리는 각 유형의 상호작용이 사람들의 주의집중에도 영향을 미치는지 궁금해 상호작용 직후에 사람들이 보고한 관여도를 살펴보았다. 예상한 대로, 사람들은 페이스북을 할 때보다 대면 상호작용을 할 때 더 많이 관여한다고 응답했다. 대면 상호작용이 우리의 주의집중을 더 많이 요구하는 것은 당연해 보이지만, 동시에 사람들은 일단 대면 상호작용에 돌입하면 자신의 주의집중을 통제하기 어려워하기도 했다. 대면 상호작용에는 여러 단계가 있다. 누군가를 맞이하는 시작 단계, 그런 다음 상호작용 자체가 있고, 마지막으로 이별 의식("내일 다시 연락할게요")을 하는 마무리 단계가 있다. 스트레스를 받거나 할 일이 산더미처럼 쌓여 있거나 마감일이 다가오고 있다면, 대면 상호작용에 갇혀 있고 싶지 않을 것이다. 무례한 성향이 아닌 사람은 일단 시작 단계를 지났을 때 대화를 끊기가 매우 어렵다. 반면 사람들은 언제 페이스북에 접속할지 선택할 수 있다(많은 이들이 일단 사이트에 접속하면 통제력을 잃긴 하지만). 열심히 일하던 중에 페이스북은 휴식과 무심한 활동을 위한 편리한 방법을 제공하며, 이는 물론 자원을 보충하고 더 긍정적인 느낌을 받는 데 도움이 된다.

멀티태스킹을 하며 끊임없이 방해받으면 분노가 치밀어 오른다

우리는 긍정적 감정을 표현하는 사람이나 휴게실에서 우리에게 미소 짓는 사람에게 끌린다. 혹시 방해가 될까 봐 확인하려고 상대의 사무실을 들여다보았을 때, 그의 표정이 시무룩하면 조용히 뒤로 물러나게 된다. 4장에서 사람들이 하루 중 많은 시간 멀티태스킹을 하고 그럴 때 스트레스를 받는다는 사실을 언급했다. 하지만 조직은 사회적 환경이며 사람들이 멀티태스킹을 할 때는 직장 내 다른 이들과 함께 있는 경우가 많다. 사람들이 멀티태스킹을 하면서 계속해서 방해받을 때 받는 스트레스는 다른 이들과 함께일 때의 감정 표현에 어떤 영향을 미칠까? 멀티태스킹을 할 때 사람들의 감정은 다른 사람들이 눈치챌 정도로 얼굴에 공개적으로 드러날까?

우리는 이를 실험해보기로 했다. 동료인 리카도 구티에레스-오수나Ricardo Gutierrez-Osuna, 이오아니스 파블리디스Ioannis Pavlidis, 대학원생들과 함께 사람들이 멀티태스킹을 할 때 감정을 어떻게 표현하는지 조사하는 실험을 진행했다. 실험에 참가할 예순세 명을 모집한 후 실험실에 데려와 멀티태스킹으로 방해받는 모의 사무실 환경을 조성했다. 이메일이 방해의 주요 원인이라는 점을 알고 있었기에 이메일로 사람들을 방해하기로 결정했다.

먼저 참가자들에게 에세이를 작성하는 과제를 주었다. 주제는 기계가 인간 문명을 능가할 때 일어날 수 있는 기술 특이점이었다. 이 주제는 참가자들에게 도발적이고 흥미로운 주제가 될 터였다. 그런 다음 참가자들은 두 조건 중 하나에 무작위로 배정되었다. 순차적 과제 조건의 피험자들은 먼저 일련의 이메일을 받고 답장을 보낸 다음 에세이를 작성했고, 멀티태스킹

조건의 피험자들은 에세이를 작성하되 그 시간 동안 같은 수의 이메일을 무작위로 받으면서 바로 답장을 보내라는 지시를 받았다. 이메일에 사려 깊은 답장을 보내달라고 사전에 요청했으며, 국내 여행에 대한 조언이나 선의의 거짓말에 대한 의견을 달라는 등의 내용이 포함되었다.

두 조건에서 참가자들의 표정을 비디오로 촬영했다. 또한 코와 입술 사이 인중 부위의 땀을 기반으로 스트레스를 감지하는 열화상카메라를 사용해 스트레스를 측정했다. 그런 다음 분노, 혐오, 공포, 행복, 슬픔, 놀람, 중립의 일곱 가지 감정을 인식하는 자동 표정 인식 프로그램을 활용했다. 멀티태스킹을 하는 사람들의 표정에는 그림 3에서 볼 수 있듯 분노 같은 부정적 감정이 더 많이 나타나는 것으로 밝혀졌다. 멀티태스킹을 하지 않았을 때는 감정 표현이 더 중립적이었다.[26] 흥미롭게도 사람들이 이메일을 한꺼번에 받은 경우, 에세이 작업을 할 때보다 이메일 작업을 할 때 표정에 분노가 증가한 것으로 나타났다. 또한 5장 앞부분에서 설명한 NASA-TLX 척도를 참가자들에게 제공한 결과, 계속 방해받은 참가자들은 정신적 부담과 노력이 더 늘었다고 스스로 평가했다. 따라서 객관적으로 측정된 감정 표출은 사람들이 실제로 경험하는 감정과 일치했다. 인지 부하는 사용되는 기본 인지 자원과 일치하므로[27] 지속적으로 방해받는 사람들의 정신적 부하가 높다는 것은 더 많은 자원이 쓰인다는 뜻이다.

그림 3. 좌측 이미지는 방해받지 않고 작업을 수행할 때의 중립적 감정을 보여준다. 우측 세 이미지에서는 같은 사람이 멀티태스킹하는 가운데 계속 방해받으며 화난 표정을 짓고 있다.[28]

사람들의 표정이 실제 느낌을 나타내는지 확실히 알 수는 없지만, 사람들이 느끼고 표현하는 감정이 서로 밀접하게 연관되어 있음은 분명하다.[29] 따라서 표정이 슬퍼 보이면 실제로도 슬플 수 있지만 항상 그렇지는 않을 수도 있다. 마찬가지로, 얼굴에 흥분한 기색이 역력하다면 긍정적 감정을 느낄 가능성이 높지만 항상 그렇지는 않을 수도 있다. 사람들의 감정 표현과 행동은 특히 공공장소에서 다른 사람에게 영향을 미친다. 감정은 전염효과가 있어 한 사람의 감정이 다른 사람에게 영향을 주어 비슷한 감정을 표출하게 할 수 있다.[30] 선도적 연구자인 시걸 바세이드Sigal Barsade는 사람들을 "걸어 다니는 감정 유발자"라고 표현했다.[31] 말하자면 우리가 기기에서 하는 일은 우리의 감정에 영향을 미치며 이러한 감정은 공개적으로 드러나기도 한다. 다시 말해 사람들은 멀티태스킹을 할 때 스트레스를 받고 지칠 뿐만 아니라 부정적 감정을 다른 이에게 전달하기도 하는 것이다.

생산적인 일에만 몰입해야
생산성이 높아진다는 믿음의 함정

사람들이 경험하는 멀티태스킹과 방해 요소의 양을 고려할 때, 무심한 활동은 스트레스가 많은 환경에서 긍정적 감정을 이끌어내는 기능을 한다. 반복적인 활동을 통해 얻는 긍정적인 정서 보상은 우리가 소셜 미디어나 간단한 게임처럼 힘들지 않고 즐거움을 주는 활동에 끌리는 이유를 설명해준다. 작가 니컬슨 베이커Nicholson Baker는 "낮에 하는 일"이라고 부르는, 즉 메모를 타이핑하거나 인터뷰를 받아쓰는 등 압박이 적고 인지적 부담이 없는 일에 시간을 할애한다.[32] 3장에서 살펴본 다양한 주의집중 리듬을 통해 우리는 사람들이 집중력을 높이는 데 시간이 걸린다는 것, 즉 베이커의 활동이 글쓰기라는 힘든 작업에 대한 준비라는 사실도 발견했다. 하루의 대부분을 스크린과 마주하는 디지털 시대에는 트위터 훑어보기나 틱톡 동영상 시청처럼 업무와 무관한 단순 활동을 할 기회가 더 많아졌다. 디지털 기기에서 무심한 활동으로 전환하는 것은 스트레스와 시간에 쫓기는 멀티태스킹의 결과일 수도 있지만, 긴장을 해소하는 데 도움이 된다는 긍정적 측면도 있다.

노력이 필요 없는 무심한 활동이 업무에 도움이 된다고는 생각하지 못했을 것이다. 무심한 활동을 하는 동안 우리 두뇌는 문제를 계속 품고 있다가, 인지 자원에 부담을 주지 않는 다른 일을 생각하는 과정에서 해결책을 찾아내기도 한다.[33] 긍정적 느낌은 행동 방식에 대한 더 많은 선택지와 관련이 있기 때문에, 무심한 활동을 통해 긍정의 감정을 얻고 보충할 수 있다면 잠재적으로 더 창의적으로 사고하는 데 도움이 된다. 감정을 바람직한 상태로 되돌릴 수 있다는 점도 우리가 무심한 활동에 끌리는 이유를 설명할 수 있을 것이다. 물론 심리적으로 균형을 잡는 데도 도움이 된다.

주의집중은 목표 지향적이라는 사실을 기억하자. 목표를 잊으면 내면의 생각이나 외부 자극에 의해 덜 힘들고 잠재적으로 더 긍정적인 보상을 주는 정서적 활동에 주의가 쏠리기 마련이다. 하지만 마이아 앤절로의 작은 마음이 큰 마음과 함께 작동했듯이, 더 높은 수준의 목표를 염두에 둔 상태에서 무심한 활동을 목적 달성을 위한 수단으로 본다면 무념무상 주의집중의 함정에 빠질 위험은 줄어든다.

무심한 활동이 생산성 향상에도 도움이 될까? 프레더릭 테일러(스톱워치를 사용하여 작업자의 생산성을 측정했던 사람) 같은 효율성 전문가라면 무심한 활동이 생산성에 어떻게 도움이 되는지 측정하기 어려울 것이다. 행동주의를 신봉한 저명한 심리학자 B. F. 스키너는 정원 가꾸기와 수영은 업무시간을 줄이기 때문에 "유익하게 소비"되지 않는 시간이라고 설명했다.[34] 스키너의 방식으로 그는 버저를 사용하여 업무 시작과 종료 시간을 기록하고 밤에 알람이 네 번 울리도록 설정하여 한 시간 동안 일할 수 있도록 자신을 깨웠다. 스키너에겐 무심한 활동을 고려할 여지가 없었다. 오늘날 기기 사용시간을 추적하는 데 사용되는 생산성 앱은 트위터 같은 사이트에 언제 접속했는지, 워드 같은 프로그램을 언제 사용했는지에 관한 정보를 제공한다. 이러한 앱은 정량화 방식으로 업무량을 극대화하기 위한 것이다. 하지만 지식노동자에게 이러한 앱은 주요 프로젝트 이외의 잡다한 작업을 하는 것이 실제로 어떻게 우리를 행복하게 하고, 스트레스를 해소하며, 잠재적으로 문제를 해결하는 데 도움이 될 수 있는지를 포착할 수 없다. 이러한 생산성 앱은 비트겐슈타인이 감자 껍질을 벗길 때(그는 감자 껍질을 벗길 때 머리가 제일 잘 돌아간다고 언급했다) 생산적이라고 분류하지 않을 것이며, 아인슈타인이 오랜 시간 사색에 잠기거나 바이올린을 연주할 때도 생산적이라고 분류하지 않을 것이다. 아인슈타인은 음악이 자신의 연구에 도움을 주었고 상대성이론의 직관으로 이어졌다고 주장한 바 있다.[35] 이제 컴퓨터와 휴대폰을 넘어 우리가 사용하는 모든 미디어와 관련해 더욱 넓은 관점에서 주의집중을 살펴볼 것이다.

미디어가 우리의 주의집중을
길들이는 방식

    부모인 나는 내 아이들이 TV 없는 가정에서 자랐다는 사실에 자부심을 느낀다. 2000년에 우리 가족이 독일에서 미국으로 이주했을 때, 남편은 집에 TV를 두지 말자고 제안했다. 유럽에서 자란 남편이 보기에 미국 TV에는 폭력적인 내용이 너무 많았기 때문이다. 하지만 미국에서 TV 없이 아이들을 키우는 건 쉽지 않았다. 아이들은 친구들의 강한 또래 압력에 시달렸고 소외감을 느꼈다. 나는 우리가 옳은 일을 하고 있는지 의문이 들기 시작했다. 그런데 흥미로운 일이 일어났다. 몇 년 후, 안식년을 맞아 베를린에서 1년 동안 살았는데 당시 TV 두 대가 있는 아파트를 빌렸다. 어느 날 일을 하려고 하는데 아이들이 주변에서 어슬렁거려 집중할 수가 없었다. 그래서 불과 몇 달 전만 해도 생각지도 못했던 말을 꺼냈다. "가서 TV나 보렴." 그러자 아이들은 "싫어요, 지루해요!"라고 큰 소리로 항의했다. 그 순간 내가 뭔가를 제대로 했다는 것을 깨달았다.

대부분 사람들은 일상에서 컴퓨터와 휴대폰 외에도 다양한 미디어에 노출된다. 컴퓨터뿐만 아니라 TV나 영화, 뮤직비디오, 광고를 볼 때도 주의집중이 빠르게 전환되는 것으로 나타났는데, 이러한 경우 감독과 편집자가 주의집중 전환 속도를 결정한다. 이 장에서는 우리가 소비하는 다양한 미디어에서 주의집중 전환이 얼마나 빠르게 이뤄지는지 보여주겠다. 나는 우리가 광범위한 미디어에 빠져들면서 빠른 화면 전환에 대한 기대가 생겼고, 이것이 무의식적으로 개인 기기에서의 주의집중 전환에 영향을 미쳤다고 주장한다.

뮤직비디오 〈강남스타일〉의
평균 숏 길이는 겨우 2.9초

대부분 어린이는 아주 어릴 적부터 TV에 노출되어 하루 평균 약 2시간 15분 동안 TV 화면 앞에서 시간을 보낸다.[1] 물론 가족 구성원 모두가 TV에 노출된다. 2021년 닐슨 총시청자 보고서에 따르면[2] 18세 이상 미국 성인은 하루 평균 4시간 24분 동안 TV를 시청했으며 이는 다른 나라 평균에 비해 더 긴 시간이다. 영국인의 일일 시청 시간은 평균 3시간 12분,[3] 프랑스인의 경우 3시간 49분,[4] 일본인의 경우 2시간 41분,[5] 중국인의 경우 2시간 30분이었다.[6] 여기에는 스트리밍 사이트에서 보내는 시간은 포함되지 않았다. 다른 컴퓨터 및 휴대폰 활동에 소비하는 화면 시간도 제외했다. 닐슨 보고서에 따르면 미국인은 매일 평균 5시간 30분 동안 컴퓨터, 태블릿, 휴대폰을 사용하는 것으로 나타났다.[7] 이 평균 시간은 업무에 컴퓨터를 사용하는 사람들뿐 아니라 모든 연령대의 모든 미국인을 기준으로 도출한 것이다. 하지만 정말 놀라운 사실은 여기에 TV나 영화 같은 다른 미디어를 시청하는 시간을 더하면 사람들은 하루에 거의 열 시간 동안 어떤 형태의 화면과 어떤 유형의 매개 환경에 주의를 집중하고 있다는 사실이다.[8]

그렇다면 TV나 영화를 시청하는 이 모든 시간이 기기 사용 시의 주의집중력과 어떤 관련이 있을까? TV 프로그램, 영화 또는 뮤직비디오를 시청할 때 우리의 주의집중은 매우 빠른 속도로 한 카메라 숏에서 다른 숏으로 이동한다. 한 숏은 시청자가 인식할 수 있는, 끊김 없이 가장 짧은 영상 단위다.[9] 각각의 숏은 초당 24~30개의 프레임으로 구성되며, 이렇게 빠른 속도 때문에 개별 프레임은 육안으로 구분할 수 없다. 숏의 길이 자체는 편집실에서 세심하게 조정된다. 각 숏의 모션 및 조명과 더불어 길이는 시청자의 흥미와 감정을 유도하고 긴장감을 조성하도록 설계된다.

그런데 숏 안의 모션 유형이 변화하고 있다. 영화학자 제임스 커팅James Cutting과 그의 코넬대학교 동료들에 따르면, (서 있던 인물이 달리기 시작하는 것처럼) 모션을 개시하는 숏이 증가했는데, 이것이 관객의 주의집중을 더 잘 끌어들일 수 있다고 제작자들이 생각하기 때문이다.[10] 사람들은 이미 움직이고 있는 물체보다는 정지했다가 움직이는 물체를 더 정확하게 감지한다.[11] 물체가 움직이기 시작하면 우리는 컴퓨터 화면의 깜박이는 알림처럼 자극으로 인식하고 처리한다. 우리는 그것을 알아차릴 수밖에 없다.

시청자의 주의집중에 영향을 미친 또 다른 변화는 수십 년간 짧아진 숏의 길이와 연관이 있다. 1920년대 후반 유성영화가 도입되면서 처음에는 대사에 더 집중하도록 숏의 길이가 길어졌다. 제임스 커팅과 동료들이 측정한 바에 따르면 1930년 영화의 평균 숏 길이는 12초였으나 이후 짧아지기 시작하여 2010년 이후에는 평균 4초 미만이 되었다.[12] 흥미롭게도 영화 속편의 숏 길이도 감소했다. 가령 첫 번째 〈아이언맨〉의 숏 길이는 평균 약 3.7초, 〈아이언맨 2〉의 경우 3.0초, 〈아이언맨 3〉의 경우 약 2.4초였다.[13]

TV 프로그램은 영화와 비슷한 양상을 보이며 수년에 걸쳐 숏 길이가 줄었다. 그림 1은 2010년까지 영화(제임스 커팅과 동료들이 보고한 1930년부터 시작)와 TV 프로그램(제러미 버틀러Jeremy Butler[14]가 측정한 1950년부터 시작)의 평균 숏 길이를 보여준다.

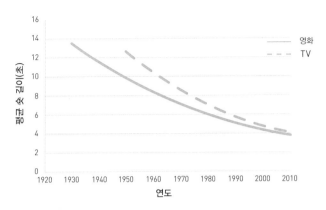

그림 1. **수십 년에 걸친 영화 및 TV 프로그램의 평균 숏 길이 추이**
(커팅 외,[12] 버틀러 외[14])

위 그림에서 볼 수 있듯 영화와 TV 숏의 평균 길이는 수십 년에 걸쳐 짧아지는 추세다. 1950년 TV 숏의 평균 길이는 약 13초였으며(1930년 영화의 평균 12초와 비슷했다) 2010년에는 영화와 TV의 숏 모두 평균 4초 미만으로 짧아졌다. 사람들이 TV를 시청하는 시간이 매일 4시간 30분에 달한다는 점을 고려할 때, 시청자들은 짧고 빠르게 전환되는 콘텐츠를 기대하게 되었다고 볼 수 있다.

짧은 숏 길이는 뮤직비디오에서도 관찰된다. 1984년부터 2014년까지 MTV 어워드 베스트 편집상 수상작 및 후보작 155편의 평균 숏 길이는 1.6초에 불과한 것으로 나타났다.[15] 시네메트릭스Cinemetrics 웹사이트에 설명된 대로 이 평균 숏 길이는 30년 동안 MTV 비디오에 적용되어왔다. 유튜브에서 조회수가 가장 많은 상위 클립 열 편은 모두 짧고 빠르게 변화하는 숏으로 구성된 뮤직비디오였다.[16] 유튜브에서 역대 가장 인기 있는 뮤직비디오 가운데 하나인 싸이의 〈강남스타일〉은 조회수가 40억 회가 넘는데, 내가 직접 계산해본 결과 평균 숏 길이는 2.9초였다. 하지만 스트로보 촬영으로 속사포처럼 빠르게 전환되는 장면은 따라잡을 수가 없어 계산에 포함하지 않았다. 뮤직비디오는 특히 Z세대에게 인기가 높다. 2021년 모닝컨설트Morning Consult의 미디어 추적조사에 따르면 Z세대의 36퍼센트가 날마다 뮤직비디오를 시청하는 것으로 나타났다.[17]

숏 전환이 빨라졌다고는 하지만 모든 숏 전환이 시청자의 주의집중을 끌거나 시청 경험에 불연속성을 유발하는 것은 아니며, 이는 편집 유형에 따라 다르다. 전통적인 연속편집continuity editing에서는 숏 전환이 시청자에게 '보이지 않도록' 의도된다. 이러한 종류의 편집은 시간과 공간 배경이 충분히 유사한 숏을 결합해 시청자가 인지적으로 영화 조각을 연결해 연속적인 내러티브로 오해하게 만든다.[18] 영화를 볼 때와 컴퓨터를 다룰 때 주의집중을 전환하는 방식에는 유사점이 있다. 가령 연속편집은 전자책에서 다음 페이지로 넘어가는 것과 같고, 갑작스러운 편집은 엑셀 스프레드시트에서 이메일 수신함으로 전환하는 것과 같다.

그러나 연속편집 규칙을 따르더라도 사람들은 여전히 숏 전환을 인지할 수 있다. 사람들이 컷을 감지할 수 있는지 조사한 연구에서는 참가자들에게 다양한 장르의 영화에서 발췌한 장면을 보여주고 편집이 관찰되면 버튼을 누르라고 지시했다. 그 결과, 사람들은 영화에서 편집된 컷의 84퍼센트를 감지할 수 있었다. 예상한 대로 같은 장면 내에서 다른 시점으로 장면이 전환되면 다른 장면으로 전환될 때보다 편집을 더 적게 감지했다.[19] 갑작스레 숏이 전환되는 다른 편집 스타일은 의도적으로 주의집중을 끌기 위해 고안된 것으로, 뮤직비디오, 광고, 유튜브, 특히 〈인크레더블 헐크〉나 〈트랜스포머〉 같은 블록버스터 액션영화에서 자주 볼 수 있으며 곧 자세히 다루겠다.

점프컷으로 생략된 이야기의 빈틈을 채우는 우리의 주의집중

오늘날 TV와 영화에서는 빠른 숏 전환이 일반적인 관행이지만 여기까지 오게 된 데에는 오랜 역사가 있다. 초창기 영화는 원래 편집 없이 원숏one-shot으로 촬영했다. 그러나 곧 바뀌었다. 영화에서 숏 변화의 혁신은 1869년에 태어난 영국인 로버트 윌리엄 폴Robert William Paul의 공로라고 할 수 있다. 과학 기기 제작자로 경력을 시작한 폴은 우연히 영화 제작 분야에서 명성을 얻었다.[20] 1894년 그는 두 명의 기업가로부터 토머스

에디슨의 키네스코프(최초의 영사기)를 재현해달라는 요청을 받았다. 에디슨의 키네스코프가 영국에서 특허를 받지 않아서 폴은 그것을 제작할 수 있었다. 하지만 당시에는 볼 수 있는 영화가 거의 없었기 때문에 영리한 기기 제작자였던 폴은 1년 후 필름 카메라를 설계했다. 이를 계기로 그는 약 800편의 영화를 제작하는 경력을 쌓게 된다.

1898년, 폴은 영화 역사상 최초로 영화를 편집했다. 〈이리와요, 도!Come Along, Do!〉의 44초 동안 지속된 첫 장면에서는 미술관 밖에 앉아 점심을 먹는 남녀의 모습을 풀숏으로 보여준다. 이 장면에서 커플은 평온한 관계로 보인다.

그런 다음 장면이 갑자기 미술관 내부로 바뀌는데, 배경이 밝은 곳에서 어두운 곳으로 바뀌면서 13초간 남자가 누드 조각상을 주의 깊게 살펴보고 여자는 짜증스러운 표정으로 남자를 끌어내려고 한다. 이 장면 전환은 관객을 놀라게 하는 동시에 공간과 시간의 명확한 변화를 보여준다.

연속편집은 앞서 언급한 대로 컷과 컷 사이를 매끄럽게 전환하여 선형적인 내러티브를 이어가기 위한 작업으로, 1910년대 영화 제작자 D. W. 그리피스D. W. Griffith가 개발했다. 연속편집은 고전할리우드영화(1910년대부터 1960년대에 이르는 기간)의 상징이 되었는데, 그 예는 1954년 히치콕 영화 〈이창〉에서 찾아볼 수 있다. 영화의 한 부분에서 사진작가인 주인공이 망원

카메라 렌즈를 통해 이웃을 바라본다. 이 숏에선 카메라를 통해 바라보는 사진작가의 모습과 그가 바라보는 이웃의 이미지가 앞뒤로 전환된다. 이 전환은 장면의 시공간적 연속성을 방해하지 않으며, 시청자는 많은 노력 없이도 사진작가가 보고 있는 것이 이웃이라는 사실을 이해할 수 있다.

미국에서 연속편집이 부상함과 동시에 1920년대 중반 러시아 영화학교에서는 영화 제작자 세르게이 예이젠시테인이 변증법적 몽타주라는 매우 색다른 기법을 개발했다. 예이젠시테인은 지속적인 대립과 투쟁이 일어나 더 큰 종합으로 나아간다는 소련의 변증법적 유물론을 모델로 삼아, 의미는 서로 다르지만 관련된 아이디어를 연속적인 숏에서 대조함으로써 영화를 만들었다. 가령 그의 유명한 영화 〈전함 포템킨〉에서는 신부가 십자가를 두드리는 장면에서 군인이 칼을 두드리는 장면으로 바로 전환된다. 관객이 숏 사이의 연관성을 찾으려면 더 많은 노력이 필요했지만 예이젠시테인은 이러한 유형의 컷으로 영화에 대해 더 깊이 생각하도록 유도해야 한다고 믿었다.

1950년대 프랑스 뉴웨이브 시대의 편집은 더욱 혼란스러워졌다. 점프컷은 '점프'하듯 급격히 장면을 전환하여 내러티브의 연속성을 깨뜨리는 영화 편집 방식이다. 최초의 점프컷은 1896년 공포영화 〈악마의 저택Le Manoir du diable〉에서 조르주 멜리에스 감독이 사용한 것으로 알려져 있다. 장-뤼크 고다르 같은 프랑스 뉴웨이브 감독들은 점프컷을 혁신적으로 대중화했는데, 점프컷은 놀랍고도 다소 부자연스러운 느낌으로 관객의 주의를 집중시킨다.

　1960년 개봉한 장-뤼크 고다르의 영화 〈네 멋대로 해라〉(평균 숏 길이 11.8초)의 한 장면에서는 주인공이 도난당한 자동차를 운전하다가 열려 있는 조수석 서랍을 힐끗 본 뒤, 그 안에 총이 들어 있는 것을 점프컷으로 보여준다. 그는 총에 손을 뻗는다. 그리고 또 한 번의 점프컷과 함께 총이 갑자기 그의 손에 쥐여 있다. 동작의 흐름이 중단되어 약간 당황스럽지만 관객은 여전히 내러티브를 따라갈 수 있다. 이 경험은 장면의 일부를 잘라내고 그 빈칸은 관객의 주의집중에 의존해 채운다고 볼 수 있다. 관객은 이야기를 따라가기 위해 숏을 주의 깊게 관찰하고 기억에 담아두었다가 장면을 조합하여 내러티브를 구성하는 등 몇 가지 작업을 해야 한다. 영국 비평가 페널러피 휴스턴Penelope Houston은 고다르가 이야기보다는 영화라는 매체에 중점을 두는 '시각적 입체주의visual cubism' 스타일을 개발했다고 주장했다. 하지만 고다르의 라이벌 클로드 오탕-라라는 고다르가 점프컷을 활용해 일부러 〈네 멋대로 해라〉를 망치려 했다고 주장했다.[21] 고다르 자신은 한 시간이나 더 길었던 영화를 줄이기 위해 이 기법을 활용했다고 말했다.

　〈뉴욕타임스〉 영화평론가 보즈웰 크라우더Boswell Crowther의 말처럼,[22] 장-뤼크 고다르가 "프랑스 뉴웨이브의 원시적이고 불안한 흐름을 통해 근본 없는 날것의 젊은 파리지앵"을 잘 보여주려고 점프컷을 능숙하게 사용했다면, 오늘날의 점프컷은 주로 시청자의 시선을 사로잡기 위한 유튜브의 독특한 미학으로 자리 잡았다.

절대 지루해서는 안 된다는 유튜브 동영상 편집의 법칙

유튜브 영상에서는 최단 시간 내에 콘텐츠의 양을 최대화하기 위해 점프컷을 사용한다. 점프컷은 특히 편집에 익숙하지 않은 사람들이 미디엄숏에서 클로즈업숏까지 숏 크기를 다양하게 활용하는 것과 같은 보다 매끄러운 편집 기법보다 더 쉽게 사용할 수 있다. 유튜브에서 점프컷이 증가하면서 시청자에게 새로운 기대치가 생겼다. 영화에서는 전문 편집자가 대사를 능숙하게 편집하여 자연스러운 느낌을 유지하면서 대사를 압축한다. 하지만 유튜브에서 '죽은' 방송 시간이나 글쎄, 이런 같은 짧은 발화를 없애는 목적은 짧은 시간 안에 더 많은 액션과 콘텐츠를 담아 사람들의 주의집중을 붙잡아놓는 것이다. 점프컷을 만드는 방법을 설명하는 유튜브 동영상을 봤는데, 죽은 방송 시간이 제거되면 동영상이 더 매끄럽게 보인다고 설명했다.[23] 그러나 실제 대화에서는 글쎄, 이런과 같이 말을 구성하는 동안 시간을 벌어주는 단어가 전환을 알리고 사람의 대화를 자연스레 보이게 하는 데 필수적이다. 유튜브는 대화 중 점프컷이 일상화된 영화적 언어를 만들어냈다. 시각적으로는 영상이 삐걱거리면서 끊기고 활기찬 와중에 말이 쉴 틈 없이 흘러나오지만, 영상을 압축해 시청자의 짧은 주의집중력을 잡아둔다는 목적에는 부합한다.

원래 영화는 시청자를 끌어들여 다른 세계로 빠져들게 하는 마법을 창조해냈다. 그런데 새로운 형태의 영상은 시청자가 이 세계 안에서 지루해하지 않도록 하는 것을 목표로 한다. 따라서 편집할 때 빠른 컷과 점프컷을 계속 넣어서 시청자의 주의를 계속 집중시켜야 하는데, 이는 마치 빠르게 진행되는 비디오게임 플레이 같다. 아이러니하게도 영화 편집이 너무 역동적인 경우, 이야기의 일관성을 인지하려는 사람들의 자연스러운 경향에 역행해 오히려 영화에 대한 기억력을 떨어뜨릴 수 있다.[24] 점프컷이 포함된 유튜브 동영상에 시각적 주의집중을 붙잡아둘 수는 있지만 무슨 내용을 봤는지 기억하는 데는 어려움을 겪을 수 있다.

더 짧게! 더 빠르게!
혼돈의 영상 속에서 우리는 무엇에 집중하는가

숏을 만드는 사람의 관점에서 빠른 편집의 부상과 그것이 우리의 주의집중에 미치는 영향을 이해하기 위해, 나는 에미상을 두 번이나 수상한 감독 더그 프레이와 이야기를 나눴다. 그는 아날로그 필름으로 편집을 배웠지만 비선형 편집 분야의 선구자로 자리매김한 사람이었다. 프레이는 경력 전반에 걸쳐 영화를 연출하고 편집하면서 숏 발전의 관찰자이자 그 변화의 관계자로 활동해왔다. 줌 통화를 할 때 그는 편집실에 앉아 있었다. 배경으로 현재 진행 중인 프로젝트의 이야기를 정리해놓은 다채로운 색상의 인덱스카드가 보였다. 어느 순간 프레이는 프레임 밖으로 손을 뻗었다가 다시 화면으로 돌아와 아날로그 필름 릴을 꺼냈다. 그는 16밀리미터 필름으로 편집하는 법을 배웠다고 설명한 뒤 스풀(카메라에서 필름을 감는 틀-편집자)을 풀었다. "아시다시피, 필름입니다." 그는 1990년대 이전의 강도 높은 아날로그 편집 과정을 떠올렸다. "편집 시스템 옆에 큰 통이 있고 그 통에는 수백 개의 작은 고리가 달려 있었는데, 고리마다 수백 개의 작은 필름 조각이 달려 있었어요. 그래서 촬영할 때마다 먼저 필름을 찾아서 내려놓고, 테이프로 이어 붙여야 했죠. 1분짜리 영상에 해당하는 숏 스무 개를 찍으려면 몇 시간이 걸릴지 상상해보세요. 한 장면에서 몇 프레임을 조정하려면 이 모든 과정을 다시 반복해야 하죠. 1분당 숏의 수를 따져봤을 때 추상적이거나 예술적으로 난해한 장면을 표현하고 싶다면 엄청난 시간이 걸릴 거예요. 그런데 몇 날 며칠이 걸리던 작업을 이제는 1분 만에 할 수 있어요."

어떤 프레임이든 원하는 순서대로 빠르게 편집할 수 있는 최초의 디지털 비선형 편집 시스템인 CMX-600은 1971년에 출시되었다. 25만 달러에 달하는 높은 가격, 저화질 모니터, 작은 저장공간 때문에 영화 제작자들 사이에서 인기를 얻지는 못했다. 그러던 1989년 아비드Avid에서 비선형 편집이라는 새로운 분야에 혁명을 일으킨 소프트웨어 아비드 미디어 컴포저Avid Media Composer를 출시했다. 프레이는 1992년 아비드 기계 앞에 처음 앉았을 때를 이렇게 회상한다. "'세상에'라는 생각밖에 안 들었어요. 정말 놀라웠죠. 모든 게 바뀌었어요."

프레이는 즉흥적으로 새로운 숏 하나를 테스트해볼 수 있었다. 숏이 수십 개로 늘어도 상관없었다. 이제 몇 시간이나 며칠이 아닌 몇 분 만에 숏을 교체하거나 순서를 바꿀 수 있었다. "할 수 있으니까 그렇게 했어요. 그랬더니 작업에 재미가 붙기 시작하더군요. 스토리텔링 측면에서도 갑자기 기하급수적으로 많은 옵션을 바로바로 사용할 수 있게 됐어요. 이야기를 빠르게 진전시킬 수 있었고, 다른 종류의 사고도 가능해졌어요." 편집의 효율성이 높아져 더 많은 컷을 빠르게 삽입할 수 있게 되었고, 그 결과 전체 숏 길이가 짧아졌다.

프레이는 숏 길이가 짧아진 데는 '영화적 언어' 또는 관습을 잘 이해하는 현대 관객도 관련이 있다고 생각한다. 예전 관객들은 길거리에서 등장인물을 보여주는 시퀀스에 이어 급하게 방 안으로 장면이 전환되면 혼란스러워했을 것이다. 관객들은 모든 단계를 따라가야 했으니까 말이다. "설정숏(한 신의 도입부에서 장소와 위치를 설명해주는 숏-옮긴이)을 찍고, 집으로 걸어가는 인물을 보여준 다음, 문에 손을 대는 장면을 클로즈업하고, 문을 여는 장면을 보여줘야 했죠." 오늘날 관객은 훨씬 더 수준이 높아졌기 때문에 이런 중간 숏을 생략하거나 길이를 줄일 수 있다.

영화 숏이 짧아진 것은 MTV의 등장 및 뮤직비디오의 부상과도 관련이 있다고 설명한 프레이는, 이를 영화 스타일과 미학 측면에서 "최고의 게임 체인저"라고 표현한다. 음악은 '더 강렬하고' 더 빨라졌다. 펑크록, 그런지록(1990년대 초에 유행한 시끄러운 록 음악의 일종-옮긴이), 스피드메탈, 뉴웨이브 형태의 음악이 깔렸다. 그리고 힙합이 있었는데, 프레이는 힙합이 비선형적이라고 말했다. "힙합은 서로 어울리지 않는 두 아이디어의 충돌이죠. 이 비트 위에 이 스크래치를 얹고 또 저 노래 위에 이 사람의 목소리를 얹는 식이니까요." 이러한 새로운 음악 스타일은 컷에 주의를 집중시키는 플래시컷(컷과 컷 사이의 흰색 플래시) 같은 새로운 유형의 영화 편집을 탄생시켰는데, 프레이는 이를 "시각적 타악기"라고 설명한다. 이런 새로운 음악 형식은 다큐멘터리 〈하이프Hype!〉(그런지 신의 상품화에 관한 내용)부터 〈스크래치Scratch〉(힙합 디제이의 등장에 관한 내용)에 이르기까지 그의 작품에 큰 영향을 미쳤다.

비선형 편집은 프레이의 영화적 미학뿐 아니라 숏 길이, 더 구체적으로는 '빠를수록 좋다'라는 생각에도 영향을 미쳤다. 1980년대에 그는 좀 더 '짧은' 뮤직비디오를 작업했는데, 이에 대해 "더 흥미로워 보였기 때문에 모두들 그런 뮤직비디오를 원했어요"라고 설명한다. "이유는 잘 모르겠어요. 모든 프로듀서가 '좀 더 짧게, 좀 더 재미있게, 좀 더 활기차게' 만들 수 없는지 물어봤어요. 어떻게 보면 자본주의적이라고 할 수 있죠. 더 많이! 더 빨리! 더 크게! 더 멋지게! 밴드를 팔고, 노래를 팔고, 3분이라는 시간을 파는 거예요. 그야말로 부동산이었어요."

마지막으로, 프레이는 숏 길이의 감소가 다양한 미디어 공급자의 확산과도 관련이 있다고 생각한다. 초기 TV의 경우 미국에는 채널이 세 개뿐이었지만 지금은 거의 2000개에 가까운 TV 방송국이 있으며, 넷플릭스, 유튜브 등의 사이트를 비롯해 웹에서 시청할 수 있는 다른 스트리밍 미디어는 말할 것도 없다. 즉 선택의 폭은 넓어졌지만 시간과 주의집중 능력은 넓어지지 않았으니 미디어가 타깃으로 삼고 있는 것은 바로 이 제한된 정신의 공간이다. 프레이는 "편집은 생략입니다. 어떤 숏이 이야기에 도움이 되지 않는다면 과감히 생략하세요. 숏 길이가 6초인데 3초로 만들 수 있다면 이야기를 해치지 않는 선에서 3초로 만들지 않을 이유가 없죠." 시청자의 주의집중을 끌기 위한 경쟁이 더욱 치열해지면서 사람들이 더 짧은 것에 더 집중할 가능성이 높아졌다고 프레이는 믿는다.

편집이 시청자의 주의집중 시간에 미치는 영향에 대한 전문적인 시청자 관점을 알아보기 위해 〈뉴욕타임스〉와 '로저이버트닷컴RogerEbert.com'에 글을 기고하고 뉴욕대학교에서 언어 및 영화를 가르치고 있으며《메이드 맨: 좋은 친구들의 이야기 Made Men: The Story of Goodfellas》의 저자이기도 한 장수 영화평론가 글렌 케니Glenn Kenny와 이야기를 나눴다. 케니는 영화를 사랑한다. 그 마음은 그가 처음 영화에 관심을 갖게 된 계기이기도 했던, 어렸을 때 부모의 차 뒷좌석에서 앉아 자동차극장에서 영화를 보던 시절 이후로 여전히 변함이 없다. 케니는 사색을 불러일으키는 영화를 좋아한다. 하지만 그는 빠른 컷이 진화하면서 사색할 수 있는 영화가 점점 더 드물어진다고 느낀다. 평균 2초인 액션영화 컷과 같이 매우 빠른 컷은 이제 일반적인 관행이 되었으며, 케니는 이를 카오스 편집이라고 설명한다.

영화 제작자 마이클 베이의 '트랜스포머' 시리즈는 이 기법의 상징이다. 2007년에 개봉한 영화 〈트랜스포머〉(평균 숏 길이 3.0초)를 보면 한 장면에서 로봇이 피라미드를 파괴하는 장면이 나오다가 폭발 장면으로 전환되고, 사람들이 공중으로 떨어지는 장면으로 바뀌었다가, 기둥이 있는 긴 아케이드에서 로봇이 돌진하는 장면이 나온다. 이 모든 일이 15초 안에 일어난다. 영화의 한순간을 놓치더라도 바로 돌아와 이야기를 따라갈 수 있다. 줄거리 전개를 놓친 것이 아니라 대혼란의 일부를 놓친 것뿐이니까. 카오스 편집이 적용된 영화 컷은 어쩔 수 없이 눈에 띈다. 케니는 관객이 깊이 사유할 수 있는 영화는 아니지만 "머릿속이 복잡해질 거예요. 주의집중을 요구하지만 주의를 기울이지 않으면 고작 더 많은 혼돈을 놓칠 뿐이죠"라고 말했다. 카오스 편집은 빠른 컷으로 스릴 넘치는 장면을 연출하기 때문에 액션영화에 적합하다. 각 장면의 콘텐츠가 롤러코스터를 타는 것처럼 어지러울 정도로 빠른 속도로 화면을 가로지르며 감각 정보로 가득 차게 된다. 케니는 시각적으로는 컷에서 컷으로 이어지는 액션을 따라갈 수 있지만, 정신적으로는 무슨 일이 일어나고 있는지 의미 있게 파악할 시간이 없다고 말한다. 그는 이러한 빠른 컷의 목적이 시각적 무질서를 만들기 위한 것은 아닌지 의문을 제기한다.

영화 컷이 짧아지는 진화와 컴퓨터에 주의집중하는 시간이 짧아지는 현상에는 비슷한 점이 있다. 수십 년 전에는 영화 숏이 더 길었다. 하지만 이제는 빠르게 변화하는 장면의 숏에서 숏으로 주의집중이 회전한다. 이는 컴퓨터 화면과 화면 사이, 종종 서로 연관성이 거의 없는 콘텐츠 유형 사이를 정신적으로 '컷'하는 것과 유사하다. 그리고 우리의 주의집중이 동적으로 빠르게 기기를 전환하는 것은 마치 우리가 스스로를 카오스 편집하는 것과 같다고도 할 수 있다.

하나의 광고 길이가 짧아질수록
수익성이 더 높아진다

TV 프로그램 및 영화처럼 TV 광고의 숏 길이도 시간이 지날수록 짧아졌다. 1978년 광고의 평균 숏 길이는 3.8초였는데, 1991년에는 평균 2.3초로 줄었다.[25] 미국의 대중문화 잡지 〈버라이어티〉에 따르면, 2022년 가장 많은 시청자들이 본 슈퍼볼 광고는 아마존의 알렉사Alexa를 초능력자로 묘사한 마인드 리더Mind Reader 광고였는데, 평균 숏의 길이가 2.4초로 측정되었다. 광고 숏의 길이가 한계에 도달했는지도 모른다.

하지만 숏 길이만 짧아진 게 아니라 TV 광고의 전체 길이도 줄었다. 1950년대의 초기 광고는 대부분 60초 이상이었지만,[26] 2017년 이 길이의 광고는 전체 광고의 5퍼센트에 불과했다. 1980년대에 광고주들은 30초 광고 대신 15초 광고를 보여주는 실험을 시작했다. 특히 귀여움과 유머를 표현하는 요소를 사용한 광고의 경우 15초짜리가 30초짜리보다 훨씬 더 설득력이 있다는 사실이 밝혀졌다.[27] 2014년에는 광고의 61퍼센트가 30초 길이였지만, 3년 후 그 비율은 49퍼센트로 감소했다.[28] 흥미로운 사실은 2018년 미디어 정보 분석 기업 닐슨에서 동영상 광고를 더 짧은 시간으로 압축하는 특허를 출원했다는 것이다. 원래 30초 길이의 동영상 광고를 프레임을 제거하는 등의 방법으로 15초 길이로 압축했을 때, 광고 효과가 더 좋은 것으로 나타났다.[29] 이러한 광풍의 이면에는 금전적 동기가 있다. 15초 광고에 드는 비용은 30초 광고에 드는 비용의 60~80퍼센트에 불과하다.[30] 광고 시간에 15초 광고를 더 많이 넣을수록 네트워크는 더 많은 수익을 올릴 수 있다. 따라서 광고는 더 짧은 시간 안에 더 많은 정보를 담아내야 하고, 이는 우리의 짧은 주의집중 시간을 더욱 강화한다.

유튜브에서는 일반적으로 처음 5초 후에 광고를 건너뛸 수 있는 옵션을 준다. 훌루Hulu(뉴스코퍼레이션과 NC유니버설이 합작하여 영화와 TV 프로그램 등의 콘텐츠를 공급하는 동영상 사이트-옮긴이)는 시청자에게 처음에 긴 광고를 보는 대신 프로그램 전반에 걸쳐 짧은 광고를 보는 옵션을 선택할 수 있는 기회를 제공한다. 페이스북은 웹사이트에서 자사 플랫폼용 모바일 동영상 광고 디자인 모범 사례를 발표한다. 목록 맨 위에 "동영상을 짧게 유지하세요"라는 문구가 쓰여 있고, 사람들의 주의집중을 끌기 위해 15초 이하 길이를 권장한다.[31] 이 권장 사항에는 사람들의 주의집중 시간이 너무 짧아져 15초가 광고에 대한 주의를 끌 수 있는 최대 시간이라는 의미가 내포되어 있다. TV와 영화가 사람들의 주의집중 시간이 짧아지는 것에 적응하는 것과 마찬가지로, 광고 시간 또한 명백한 수익 동기에 따라 짧은 주의집중 시간에 맞춰진다. 실제로 이제는 6초짜리 광고를 흔히 볼 수 있다.[32]

영상 길이와 글자 수를 제한하는
소셜 미디어의 속내

소셜 미디어에서 우리의 주의집중 시간에 관해 잠시 생각해 보자. 소셜 미디어에서는 광고만 짧은 게 아니다. 많은 플랫폼이 사용자가 게시할 수 있는 콘텐츠의 길이를 제한하여 짧은 토막으로 읽거나 보도록 강요한다. 디지털 세상에서는 스내킹(한국에서 시작된 용어로, 젊은이들이 기기에서 콘텐츠를 한 번에 평균 10분 단위로 소비한다는 의미)이라는 문화가 진화하고 있다.[33] 그러나 소셜 미디어 플랫폼은 게시된 콘텐츠 길이에 제한을 두어 이러한 짧은 콘텐츠 표본을 강제하기도 한다. 물론 이는 우리가 하나의 게시물에 주의를 기울일 수 있는 시간을 실제로 제한한다. 틱톡의 경우, 처음에는 사람들이 제작하고 공유하고 시청하는 동영상의 길이를 15초로 제한했다가 60초로 늘린 후 현재는 3분으로 제한하고 있다. 이 회사는 더 많은 창의성을 허용하기 위해 시간을 늘렸다고 주장하지만, 그 덕분에 더 많은 광고가 삽입될 여지가 생겼다.[34] 이 글을 쓰는 시점에 전 세계 월간 활성 사용자 수가 1억 3000만 명이 넘고[35] 18세에서 29세 미국 성인의 약 절반이 사용하고 있는 틱톡은 엄청난 규모의 잠재고객에게 도달하고 있다. 이러한 시간 길이의 확장이 사람들의 주의집중 시간을 고려할 때 좋은 소식으로 보일 수도 있겠지만, 안타깝게도 9~15초의 짧은 동영상이 조회수를 극대화

하는 데 가장 효과적이라는 사실이 밝혀졌다.[36]

틱톡뿐만 아니라 다른 인기 소셜 미디어 플랫폼의 구조도 긴 콘텐츠 시청(및 제작)을 제한하긴 마찬가지다. 인스타그램과 스냅챗은 모두 동영상 길이를 60초로 제한한다. 문자메시지 문화는 짧게 작성하는 것을 원칙으로 하며 트위터에도 글자 수 제한이 있다. 광고주들이 짧은 길이의 광고가 더 쉽고 설득력 있게 사람들의 주의집중을 사로잡을 수 있다는 사실을 발견했듯이, 이러한 사이트들도 짧은 길이의 콘텐츠가 사람들의 주의집중을 가장 잘 사로잡는다는 사실을 알아냈다. 틱톡, 인스타그램, 스냅챗은 콘텐츠가 짧으리라는 기대감을 품고 성장하는 젊은 사용자를 대상으로 한다. 짧은 분량의 콘텐츠는 모바일 라이프스타일에 잘 맞는다. 회의 중, 업무하다가 잠깐의 휴식시간, 다른 미디어를 시청하는 도중, 심지어 대면 대화 중에도 온라인 스내킹은 일상에 쉽게 접목된다.

빠른 속도로 편집된 영상을 많이 보면 주의집중력이 떨어진다

물론 이런 경향이 동시에 발생하긴 했지만, 미디어 숏의 길이가 짧아진 것과 컴퓨터나 휴대폰 사용 시 주의집중 시간이 줄어든 것 사이에 어떤 관계가 존재한다는 증거가 있을까? 연구에 따르면 TV와 컴퓨터 시청은 교차적으로 영향을 미쳐 결과적으로 우리의 주의집중에도 영향을 준다. S. 애덤 브래셀S. Adam Brasel과 제임스 깁스James Gips는 보스턴칼리지의 한 실험실에서 참가자 마흔두 명을 노트북컴퓨터가 놓인 테이블에 앉힌 뒤 36인치 TV 화면을 1.5미터 떨어진 곳에 두었다. 참가자들은 원하는 웹사이트를 방문하거나 원하는 컴퓨터 앱을 사용할 수 있었으며, TV 리모컨으로 쉰아홉 개의 네트워크 및 케이블 채널 가운데 원하는 채널로 바꿀 수 있었다. 참가자들이 보는 화면과 각 화면에 대한 주의집중 지속 시간을 추적한 결과, TV 화면을 보는 시선의 75퍼센트와 컴퓨터 화면을 보는 시선의 49퍼센트가 5초 미만으로 지속되는 등 두 화면 모두에서 주의집중 지속 시간이 매우 짧은 것으로 나타났다. 특히 흥미로운 점은 사람들의 주의집중이 TV와 컴퓨터 사이에서 빠르게 전환된다는 점이었다(1분에 네 번). 각 매체에서 주의집중 지속 시간이 매우 짧았다는 사실과 매체 간 주의집중이 빠르게 전환되었다는 사실은 교차 영향이 있다는 가정을 뒷받침한다.[37] 이 연구는 실험실에서 미디어를 사용하는 사람들을 대상으로 수행되었지만 이 결과는 실생활에 적용될 수 있다. TV(및 영화)를 시청하고 컴퓨터 및 휴대폰을 수년에 걸쳐 하루에 여러 시간 사용하면 교차 영향이 발생한다. 다른 미디어에서 장면이 빠르게 바뀌는 것을 보는 습관은 기기에서 관찰된 우리의 동적 주의집중 행동과 관련이 있을 수 있다. 하지만 시청 습관이 수동적이라고만 볼 수는 없다.

리모컨으로 채널을 넘겨야 하기 때문이다.

빠른 속도와 짧은 컷으로 움직이는 영화와 TV의 경우, 사람들은 약 4초마다 새로운 콘텐츠, 각도, 동작, 원근감을 받아들이면서 시각적 주의집중의 방향을 빠르게 바꿔야 한다.[38] 이는 한정된 인지 자원에 부담을 준다. 인디애나대학교의 애니 랭Annie Lang이 수년에 걸쳐 수집한 증거에 따르면, 컴퓨터에서 화면을 전환할 때 인지 자원이 소모되는 것과 마찬가지로 빠른 속도의 영화와 TV를 시청할 때도 인지 자원이 소모된다.[39] 특히 숏의 변화가 눈에 띄고 갑작스러운 경우, 사람들은 한정된 주의집중 자원을 사용해 새로운 숏으로 계속 초점을 전환해야 한다. 따라서 영화 속도가 빨라질수록 심박수와 각성이 증가한다는 연구 결과가 나온 건 전혀 놀랍지 않다.[40]

그런데 카오스 편집이나 뮤직비디오처럼 영화 컷이 너무 빠르면 시각적으로는 처리하더라도 정신은 따라가지 못할 수 있다. 영화 및 TV 편집자와 감독은 긴장감과 역동적인 시청 환경을 조성하기 위해 숏을 전환하는 속도를 결정하는 등 시청자의 주의집중을 통제하기 위해 아슬아슬한 줄타기를 한다. 편집실에서 만들어지는 컷들은 이야기의 속도를 뒷받침하기 위한 것으로, 시청자가 보는 이미지와 동작, 변화 속도를 연출한다.

연구에 따르면 빠른 편집은 실행 기능의 능력을 저하한다. 기억하겠지만 마음의 지배자인 실행 기능은 반응을 억제하는 등 많은 역할을 담당한다. 그러므로 실행 기능이 과부하되면 충동적으로 이메일 아이콘을 클릭하는 행동을 효과적으로 막을 수 없다. 길들이기는 어릴 때부터 시작되며, 영화 숏의 전환이 실행 기능과 주의집중 조절에 미치는 영향이 실제로 어린이에게서 발견된다. 한 실험 연구에서 어린이 마흔일곱 명을 실험실에 데려와 빠른 속도 또는 느린 속도의 동영상을 보여주었다. 영상이 끝난 후, 화면에 숫자가 나타날 때는 버튼을 누르고 문자가 나타날 때는 버튼을 누르지 말라는 '누르기/안 누르기' 과제를 주었다. 실행 기능의 역할은 원하지 않는 반응을 통제하는 것인데, 이 경우 화면에 문자가 나타났을 때 아이가 버튼을 누르지 못하도록 하는 것이었다. 그러나 속도가 빠른 영상을 본 아이들은 글자가 나타날 때 버튼 누르기를 자제하지 못했고 더 많은 오류를 범했다. 영상 속 빠른 장면 전환을 계속 따라가며 초점을 전환하느라 실행 기능에 과부하가 걸렸던 것이다. 실제로 뇌파 기록을 보자 억제력이 떨어지는 반응이 뇌피질 신경 수준에서도 분명히 나타났다.[41]

4세 어린이를 대상으로 한 실험실 연구에서도 비슷한 결과가 나왔는데, 속도가 빠른 영상 시청하기와 그림 그리기, 두 조건 중 하나에 속한 어린이들 가운데 속도가 빠른 영상을 시청한 어린이들보다 그림을 그린 어린이들이 활동 후 충동을 더 잘 조절했다.[42] 이러한 결과를 종합해볼 때, 속도가 빠른 영상을 시청한 후에는 충동을 억제하는 능력이 떨어진다고 예상할 수 있다. 성인의 경우에도 인지 자원이 부족할 때 동일한 유형의 반응 억제 능력이 저하된다고 알려져 있다.

이러한 결과는 빠른 속도로 숏이 전환되는 미디어를 시청하면 실행 기능이 저하되고 충동성이 증가하여 책, 화이트보드 또는 컴퓨터 화면 같은 다른 사물에 일정 시간 동안 주의집중을 고정하는 능력이 떨어질 수 있다는 가정과 일치한다. 물론 이러한 실험실 연구에서는 사람들의 실행 기능이 과부하된 상태에서 동영상을 시청한 직후에 주의집중을 테스트했다. 따라서 뮤직비디오나 〈트랜스포머〉 같은 블록버스터 영화를 연속으로 시청한 직후에도 비슷한 주의집중의 어려움이 나타날 것으로 예상할 수 있다. 그러나 무언가를 오랫동안 하다 보면 뿌리 깊은 습관이 생길 수 있으며, 하루에 몇 시간씩 속도가 빠른 동영상을 수년간 시청하다 보면 이러한 습관이 기기를 사용할 때에도 이어질 수 있다.

이러한 습관이 형성될 수 있다는 생각은 어린이가 시청하는 TV의 양이 청소년기 후반에 주의집중 문제를 일으킨다는 증거에 의해 뒷받침된다. 뉴질랜드의 한 장기 연구에서는 세 살부터 열다섯 살까지 어린이 1037명을 추적 관찰했다. 연구진은 아동의 성별, 사회경제적 지위, 초기 주의집중 문제, 인지 능력 등 결과에 영향을 미칠 수 있는 다른 요인들을 통제한 후에도 어린이가 TV를 많이 시청할수록 청소년기 후반에 주의집중 문제가 더 커진다는 사실을 발견했다. 저자들은 TV처럼 빠른 화면 전환에 노출되면 사람들이 더 오래 집중해서 보는 것에 대한 내성이 떨어질 수 있다고 설명한다.[43] 이 연구는 숏 길이가 짧은 TV나 영화를 시청하면 컴퓨터나 휴대폰 같은 다른 기기에서 더 오래 집중하지 못하게 된다는 가정에 더욱 힘을 실어준다.

"우리는 우리가 보는 대로 된다"

빠르게 변화하는 미디어 환경에 하루 열 시간을 푹 빠져 살아가는 우리가 주의집중에 영향을 받지 않기란 당연히 어렵다. 우리에게 영향을 미치는 것은 콘텐츠뿐이 아니다. 액션이 많은 영화, TV, 유튜브, 뮤직비디오, 짧은 광고의 빠른 숏 길이 같은 미디어 구조도 영향을 미친다. 게다가 소셜 미디어 플랫폼에서는 콘텐츠 길이가 제한되어 있다. 이렇게 많은 미디어를 사용하는데 어떻게 우리의 주의집중 시간이 영향을 받지 않을 수 있겠는가?

그렇다면 이러한 트렌드를 이끄는 건 뭘까? 감독들의 빠른 장면 컷은 감독 자신의 짧은 주의집중 시간에 어느 정도까지 영향을 받고 있을까? 숏 길이를 단축하는 트렌드는 편집 과정에서 무의식적으로 재생산되고 있을까? 편집실에 있는 사람들도 관객과 마찬가지로 시청자의 기대치를 똑같이 적용받을까? 아니면 감독의 빠른 장면 컷은 오히려 우리의 주의집중 시간이 점점 짧아지고 있다는 믿음에서 비롯되었을까? 이는 닭이 먼저냐 달걀이 먼저냐 같은 질문이다. 오히려 우리가 경험하고 있는 것은 우리의 주의집중 시간이 점점 짧아짐과 동시에 주의집중 시간을 짧게 유지할 수 있는 조건을 만들고 적응하는 순환이 아닌가 싶다.

우리는 TV를 켜거나 영화를 보거나 소셜 미디어를 사용할 때마다 다양한 경로가 결합하여 우리의 주의집중을 빠르게 전환하는 문화적 진화를 목격하고 있다. 이러한 문화 속에서 새로운 세대가 성장하고 있다. 실제로 숏 길이가 우리의 정신적 변동 패턴, 즉 실험실에서 측정한 생각에서 생각으로 자연스레 변화하는 패턴과 유사해지기 시작했다.[44] 75년 동안 영화 숏을 추적해온 코넬대학교의 제임스 커팅과 동료들은 우리가 영화에서 이러한 빠른 숏 변화에 익숙해졌고 심지어 기대하게 되었다고 주장한다.

또한 우리는 문화를 창조하고 있다. 조너선 갓설은 저서《스토리텔링 애니멀》에서 스토리텔링이 인류에게 얼마나 본질적인지를 설명한다.[45] 우리는 생산자이자 소비자이며, 누구나 자신의 이야기를 미디어에 담아내는 제작자가 될 수 있다. 이것이 바로 유튜브와 소셜 미디어의 핵심 요소다. 따라서 미디어 구조를 변화시킬 책임은 영화 및 TV 감독이나 기술 플랫폼뿐만 아니라 우리 모두에게 있다.

영화와 TV는 컷을 활용하여 이야기를 전달하고 액션이 강한 영화의 경우 아드레날린을 자극한다. 하지만 컴퓨터와 휴대폰의 프로그램과 화면 사이에서 주의집중을 옮겨 다닐 때 우리의 프로젝트에서 우리가 창조한 내러티브가 무너진다. 우리는 내부 화이트보드에 계속해서 글을 쓰고 고쳐 쓴다. 미디어 이론가인 마셜 매클루언은 "우리는 우리가 보는 대로 된다"라고 아주 예리하게 파악했다.[46] 우리의 주의집중 시간이 미디어를 형성하고 미디어가 다시 우리의 주의집중 시간을 형성하고 있다.

3부

집중력, 리듬, 균형

자유의지로
집중력을 회복할 수 있을까?

    지금까지 인터넷의 구조, 타깃화된 알고리즘, 사회적 역학 관계, 개인의 성격, 감정, 사회에서 광범위한 미디어 노출 등 주의집중에 관여하는 사회기술적 힘에 관해 알아보았다. 그렇다면 이렇듯 다양한 힘은 우리가 기기를 사용할 때 주의집중을 통제하는 데 얼마나 많은 영향을 미칠까? 컴퓨터와 스마트폰을 사용할 때, 윌리엄 제임스가 생각한 바와 같이 사람의 주의집중이 전적으로 자신의 의지에 따르는 것은 어느 정도까지일까? 디지털 세상에서 사람들은 정말 자유의지를 가지고 있을까?

    자유의지에 관해 더 자세히 알아보자. 인간에게 자유의지가 있는지에 관한 논쟁은 플라톤과 아리스토텔레스로 거슬러 올라가 오늘날까지 계속 이어진다. 이 논쟁은 디지털 시대에도 여전히 유효하다. 우리는 누구에게 투표할지, 어떤 직업을 가질지 등 삶에서 내리는 선택이 자유의지를 통해 이뤄졌다고 믿는 경향이 있다. 하지만 디지털 시대의 많은 사람들이 소셜 미디어에 접속하거나 낚시성 링크에 반응하는 것을 멈출 수 없다고 불평한다. 자유의지가 우리의 생각과 행동을 통제한다면, 스마트폰을 확인하거나 소셜 미디어를 확인하려는 충동에 반응할 때 우리는 자유의지를 행사하고 있는 것일까? 이러한 행동은 진정으로 우리 자신의 의지에서 비롯된 것일까, 아니면 이러한 행동을 하도록 유도하거나 심지어 강요하는 사회기술적 영향에 의해 길든 것일까?

디지털 세상에서 자유의지에 대한 대조적 입장을 보여주는 두 가지 다른 경험을 살펴보자. 기술 회사에서 소프트웨어 개발자로 일하는 벤은 기기 사용 시 주의를 집중하는 데 아무런 문제가 없다고 한다. 그는 소셜 미디어를 들여다보는 시간을 자유로이 선택할 수 있고, 이메일 사용시간을 완전히 통제할 수 있으며, 몇 시간 동안 게임에 몰두하지 않는다고 단호하게 말한다. 원할 때 언제든 중단할 수 있으며 자신의 기기 사용을 완전히 통제할 수 있다고 주장한다.

반면 리서치 애널리스트로 일하는 연구 참여자 맷은 컴퓨터 앞에서 자신이 주체성을 거의 갖지 못한다고 느낀다. 그는 이메일과의 관계를 설명하면서 "벨 소리와 팝업이 내 삶을 지배하도록 내버려두었어요"라고 말한다. 그는 이런 식으로 일하고 싶지 않으며, 처음 컴퓨터와 스마트폰을 사용하기 시작할 때는 상상하지도 못했던 자신의 멀티태스킹 행동은 "스스로 선택한 것이 아니라 억지로 강요된 것"이라고 주장한다. 그는 무력감을 느낀다. 디지털 세상을 언급하며 "세상이 나에게 강요하는 방식을 바꾸기 위해 할 수 있는 게 많지 않아요"라고 덧붙인다.

벤과 맷은 디지털 세상에서의 행동에 얼마나 자유로운 선택권이 있는지에 관한 세계관에서 뚜렷한 차이를 보인다. 누구 말이 맞을까? 끝내야 할 다른 일이 있다는 사실을 알고 있는데도 틱톡에 접속해 눈을 못 떼는 사람이 의식적으로 시청 중단을 선택하지 못하는 이유는 무엇일까? 사람들은 주의산만에 저항하고 주의집중을 생산적으로 통제하며 방향을 전환하는 방법을 선택할 때 자유의지를 발휘할 수 있을까? 나는 주의산만에 대한 민감성은 사용 가능한 인지 자원, 온종일 경험하는 다양한 주의집중 상태, 성격, 기술 설계, 정서적 보상, 사회적 역학 관계, 다양한 미디어 노출 환경에 따라 달라진다고 주장하며 이를 증명해왔다. 우리가 기기에 주의를 집중하는 방식은 전적으로 자유의지 문제일까 아니면 자유의지는 그저 착각일 뿐일까?

맷이 말한 내용을 따라 자유의지에 대한 반박 사례를 간단히 살펴보자. 자유의지에 대한 가장 강력한 회의론자 중 한 명은 어쩌면 당신이 상상했던 사람이 아닐 것이다. 1905년《움직이는 물체의 전기역학에 관하여On the Electrodynamics of Moving Bodies》라는 논문은 물리학계를 뒤흔들고 곧 전 세계를 뒤흔들며 공간과 시간에 대한 우리의 생각을 바꾸어놓았다. 이 논문의 저자 알베르트 아인슈타인은 세계적인 유명 인사가 되었다. 그는 자신의 능력에 대해 단순히 겸손함이라 할 수 없는 훨씬 더 극단적인 놀라운 믿음을 가졌다. "어떤 것도 제 공로가 아닙니다. 모든 일은 결정되어 있습니다"라고 그는 말했다. "우리는 바라는 무엇이든 할 수 있지만, 반드시 해야 하는 것만 바랄 수 있습니다. 실제로 저는 마치 의지의 자유가 존재하는 것처럼 행동할 수밖에 없었습니다."[1]

아인슈타인의 말은 무슨 뜻일까? 우리는 흔히 아인슈타인이 유전적으로 뛰어난 지성을 타고났으며 특수상대성이론을 발견하기 위해 열심히 노력했다고 믿는다. 하지만 아인슈타인은 모든 일에 선행 원인이 있다고 믿었다. 아인슈타인은 달이 스스로 궤도를 그리고 있다고 믿듯이 인간도 자신의 길을 자유롭게 선택하고 있다고 잘못 믿는다고 말했다.[2] 아인슈타인은 자유의지에 대한 철저한 회의론자로서 궁극적으로 인간은 자신의 행동 방식에 대해 완전한 자유 선택권을 가지고 있지 않다고 믿었다.

아인슈타인만 그런 견해를 가진 것은 아니었다. 엄격한 행동주의심리학자들은 인간의 행동은 환경의 자극에 노출됨으로써 형성되며, 이러한 행동의 형성은 자동으로 이뤄진다고 생각했다. B. F. 스키너는 인간의 행동, 즉 "남성과 여성의 마음과 정신"은 사회적, 물리적 환경의 우연성에 의해 변화한다고 믿었다.[3] 스키너에게 인간의 인지는 인식상의 오류다. 그는 환경이 우리가 일상에서 행동하는 방식을 결정한다고 주장했다. 실제로 스키너는 이를 강력하게 믿었기 때문에 딸이 잠자고 노는 환경을 세심하게 통제하는 '에어 크립Air Cribs'을 설계했다. 유리창 딸린 밀폐된 금속 상자 안에 공기 흐름과 최적의 온도와 침구류를 제공해 딸을 생후 첫 2년 동안 그 안에서 키웠다. 1940년대 중반에는 약 300명의 미국 유아가 그의 에어 크립을 사용했다. 스키너의 딸을 비롯한 다른 아이들은 정상적으로 성장했다고 판명되었지만, 환경이 인간을 형성한다고 믿은 그의 신념이 어느 정도였는지를 잘 보여준 사례였다.

두뇌 스캔에서 나온 증거는 자유의지가 존재하지 않는다는 주장에 힘을 실어주는 듯하다. 이러한 연구에 따르면 일부 행동 유형은 무의식적인 메커니즘에 따라 결정되는 것으로 나타났다. 벤저민 리벳Benjamin Libet의 고전적 연구[4]에서 여러 번 반복된 실험에 참여한 피험자들은 손목을 구부리는 등의 동작을 하라는 지시를 받았는데, 이 동작을 언제 할지는 각자 선택할 수 있었다. 그 결과 의식적인 동작을 하기 전 준비 전위readiness potential라는 두뇌 활동이 손목을 움직이기 400밀리초 전에 선행하는 것으로 나타났다. 리벳의 실험에 따르면 사람의 행동은 손목을 움직인다는 것을 인식하기도 전에 무의식 수준에서 먼저 시작된다. 다시 말해 먼저 무의식적으로 반응한 다음 뇌의 의식적인 부분이 작동하는 것이다. 그러나 이 실험에 참여한 이들은 손목 움직임이 자신의 의식적 결정에서 비롯되었다고 믿었다. 리벳의 연구는 스마트폰을 집어 들고 메시지를 확인하는 것과 같은 우리 행동에 광범하게 적용될 수 있다. 만일 누가 물어본다면 우리는 의식적으로 확인하려고 결정했다고 말할 가능성이 높다. 하지만 우리는 보통 반사적으로 스마트폰을 집어 들기 때문에 무의식적인 결정에 가깝다고 할 수 있다.

자유의지라는 개념은 서구문화에 강하게 내재되어 있다. 실제로 북미와 유럽 사람들에게 자유의지가 있는지 물어보면 대부분 직관적으로 자유의지가 있다고 대답한다. 그렇지만 이를 액면 그대로 받아들여야 할까? 오랫동안 자유의지 문제를 연구해온 터프츠대학교의 철학자 대니얼 데닛 교수는 인간에게는 자신이 선택한 대로 행동하는 능력과 자신이 어떻게 행동하는지에 대해 성찰하는 능력이 부여되어 있다고 믿는다. 이러한 자유의지 때문에 우리는 자신의 행동에 도덕적 책임을 져야 한다. 데닛은 결정론적 세계, 즉 결과가 선행 원인에 의해 결정되는 세계에서도 우리는 여전히 자유의지를 가질 수 있다고 믿는다.[5]

그러나 여기에 딜레마가 있다. 사람들이 디지털 세상에서 진정으로 자유의지를 가지고 있다면 왜 간단히 그것을 실행해 더 집중하기를 선택하지 않을까? 왜 사람들은 윌리엄 제임스가 표현한 방식으로 주의집중에 의지를 발휘하지 않을까? 자유의지란 우리가 어떻게 행동할지 선택하는 것뿐만 아니라 행동을 스스로 통제하는 것을 의미한다. 달리 말해 주의집중을 조절하고 트위터나 인스타그램을 확인하고픈 마음, 방해 요소에 반응하려는 행동을 거부할 수 있어야 한다. 사람들은 스스로 통제하고 싶다고 말한다. 그런데 우리에게 원하는 방식대로 행동할 수 있는 완전한 자유의지가 있다면, 수면이 부족하거나 몇 시간 동안 선택을 거부하려고 할 때와 같은 상황에서 자기통제력이 떨어지는 이유가 무엇일까? 사람들은 이메일을 자주 확인하느라 불평하면서도 왜 간단히 자유의지를 발휘해 확인을 중단하지 않을까? 수년간의 연구 결과, 사람들은 더 집중하고 싶다는 욕구를 표명했지만, 그럼에도 불구하고 주의집중이 동적인 방식으로 전환된다는 사실을 알 수 있었다.

자유의지의 행사는 행동이 아닌 욕망에 있어서는 다를 수 있다. 흡연자는 담배에 대한 갈망을 조절할 수 없다.[6] 마찬가지로 사람들은 인스타그램을 방문하고 싶다거나 캔디크러쉬를 하고 싶다는 욕구를 멈출 수 없다. 자유의지가 존재한다면 사람들은 욕망을 무시할 수 있다. 가령 인스타그램에 접속하고 싶은 충동을 참고 밀린 보고서를 작성할 수 있는 것이다. 앞서 설명한 것처럼 성실성이나 낮은 충동성 같은 특정 성격은 욕구를 억제하는 데 중요한 역할을 한다. 하지만 오디세우스가 세이렌의 부름을 거부할 수 없다는 것을 알고 배의 돛대에 스스로를 묶었듯이, 우리도 소프트웨어 차단 도구를 사용해 스스로를 억제해야 할까?

자유의지에 대한 세 번째 입장은 우리의 디지털 행동을 가장 잘 설명한다. 일부에서 약한 결정론soft determinism이라고 부르는 이 관점은 완전한 자유의지에 대한 믿음과 회의론 사이에 위치한다. 약한 결정론은 다른 요인이나 조건이 우리의 행동 방식을 형성할 수 있다는 점을 인정한다. 우리의 행동에는 유전적 구성, 문화적 성장, 환경 같은 선행조건이 있을 수 있지만, 이러한 선행조건이 우리의 행동을 완전히 결정하지는 않는다는 것이다. 이러한 제한 안에서 우리는 행동을 형성할 능력을 어느 정도 가지고 있다. 환경이 우리의 결정에 영향을 미친다는 사실을 부인하기는 어렵다. 우리가 진학한 학교와 선택한 진로를 되돌아보면, 이러한 결정은 환경뿐 아니라 어쩌면 운에 따라 이루어졌을 가능성도 있다. 빈곤층에서 태어난 사람은 부유층에서 태어난 사람보다 30년 후 사회경제적 지위가 낮을 가능성이 높다. 게다가 가난하게 태어나면 훗날 건강 상태가 나빠져 더 일찍 사망할 확률도 높아진다. 수학 수업을 듣지 않은 여학생은 일반적으로 이공계 분야로 진학하지 않는다. 이는 행동을 유도하거나 제한하는 환경의 역할을 보여주는 예다. 우연한 기회도 우리의 결정에 영향을 미친다. 파티에서 만난 사람 때문에 일자리를 얻었을 수도 있다. 나는 동료들과 함께 식사하자는 초대를 거절했다가 마지막 순간에 가기로 결정했는데, 식당에서 맞은편에 앉은 남편을 만났다. 우리는 또한 특정 방식으로 행동하는 경향의 독특한 개성을 갖고 태어난다. 마찬가지로 유년기의 사회적 만남은 행동에 영향을 미친다. 괴롭힘을 당했는지, 마약에 노출되었는지, 영감을 주는 롤 모델을 만났는지 등의 경험이 나중에 다른 사람과 관계를 맺는 방식을 형성하는 것이다. 그러나 약한 결정론은 우리에게 낙관론을 제공한다. 어릴 때건 현재건 행동에 영향을 미칠 수 있는 상황에도 불구하고 사람들은 여전히 자유롭게 행동 방식을 선택할 수 있다. 이는 우리 행동을 좌우하고 주의를 산만하게 만드는 수많은 요인에도 불구하고 디지털 세상에서 우리의 주의집중을 통제할 수 있다는 사실을 암시하는 좋은 소식이다.

화면에서 깜박거리는 광고 팝업을
거부할 자유는 존재하는가

의식적 결정과 자동 결정은 그 특성이 뚜렷하게 구분되며, 신경과학 연구는 그것들이 두뇌의 서로 다른 영역에서 비롯된다는 사실을 보여준다. 자유의지는 의식적인 통제를 수반하는데,[7] 우리는 기기를 사용할 때 내인적 또는 목표 지향적 주의집중을 사용해 정기적으로 의식적인 결정을 내리는 게 분명하다. 의식적인 행동의 수행은 뇌의 여러 영역에서 일어나는 일련의 과정을 통해 이뤄진다. 노트북을 열면 먼저 가능한 계획을 세운다. 예를 들어 뉴스를 확인할지, 트위터나 페이스북을 둘러

볼지, 밀린 보고서를 작업할지 결정하는 것이다. 이러한 결정은 이마 바로 뒤에 자리한, 계획을 담당하는 두뇌 부위인 전두엽 피질에서 이뤄진다. 다음으로, 두뇌의 보상회로는 무엇이 우리에게 긍정적 또는 부정적 경험을 불러올지 평가한다. 그런 다음 뇌의 주의집중 영역에서 긍정적 경험을 선택한다.

하지만 리벳의 연구를 다시 살펴보면, 우리가 의식적이고 의도적이라고 생각하는 행동 가운데 일부는 사실 자동으로 이뤄진다. 예를 들어 사용자의 성향을 파악한 알고리즘 기반 타깃광고나 주의집중을 끌기 위해 깜빡이는 알림에 반응할 때는 의도적으로 행동하는 게 아니라 자동으로 행동하는 것일 수 있다. 자유의지 회의론자들은 이러한 행동이 우리의 의식적 인식 밖의 신경 메커니즘에 의해 주도된다고 주장한다. 앞서 설명한 스트룹 검사에서와 같이 자동 반응을 거부하긴 힘들다.

신경과학적 관점에서 볼 때, 이러한 유형의 디지털 알림에는 상향식 현저성bottom-up salience이 있다. 현저성은 복측 주의집중 네트워크(또는 외인적 주의집중 네트워크)라는 두뇌 부위를 통해 작동한다. 이는 우리 조상들이 덤불 속에서 움직이는 포식자의 신호에 반응하기 위해 경계심을 높였던 것과 같은 방식으로, 깜박이거나 움직이는 물체에 주의를 기울여야 한다는 것을 알려준다. 따라서 타깃광고가 화면을 가로지르며 깜빡이거나 흥미를 끄는 매력적인 키워드가 있으면 사람들은 마치 자동조종장치처럼 자동 반응을 일으켜 광고를 본다. 이러한 자동 반응의 다른 일반적인 예로는 휴대폰 가까이 두기, 화면 상단의 페이스북 알림 클릭하기, 이메일 아이콘 클릭하기 등이 있으며, 이는 다른 사람들과 형성한 사회적 자본을 유지하고 싶은 사회적 힘에 의해 유발된다. 그리고 우리는 스스로 인지하기도 전에 행동한다.

자동 반응은 주의집중 자원을 사용하지 않으므로 이론적으로는 정신에너지를 절약한다는 장점이 있다. 하지만 이러한 유형의 자동 반응이 우리의 상위 목표에 반하는 행동으로 이어질 경우 해로울 수 있다. 게다가 휴대폰이나 이메일 확인 같은 동일한 자동 반응은 더 자주 수행할수록 더 강해진다. 자동 반응이 굳어지면 실행 기능이 통제력을 발휘하기 어렵다. 수년 동안 휴대폰을 수없이 확인하다 보니 휴대폰이 손에 닿았을 때 홈버튼 누르기를 참기 어렵게 되는 것도 바로 이 때문이다.

디지털 세상에서 주체적으로 행동하기 위해 필요한 동력들

컴퓨터와 휴대폰을 일상적으로 사용하는 우리는 끊임없이 목표에 집중해야 하는 과제에 직면한다. 그러나 높은 수준의 목표는 우리를 유혹하는 웹상의 모든 유혹들로 인해 너무도 자주 약해진다. 보고서를 완성하는 대신 소셜 미디어에 두 시간을 써버리고 마는 것이다. 유튜브 동영상을 보는 데도 시간을 허비한다. 심리학자들은 바람직하지 않은 행동에 굴복하지 않고 하던 일을 통제하려는 사람들의 의지를 무시하지 않았다. 앨버트 밴듀라는 자유의지에 관한 광범한 논의를 인간의 주체성에 대한 보다 집중적이고 실행 가능한 문제로 전환했다. 주체성을 가지고 행동한다는 것은 이 복잡한 세상에서 자신이 원하는 방식에 따라 의도적으로 행동한다는 뜻이다. 주체성을 가진 사람은 자신의 강점과 약점의 범위 내에서 선택할 수 있고, 행동의 원인과 결과를 인식하며, 자신을 통제하고 환경의 제약을 이해한다.

밴듀라는 우리가 처한 환경이 우리 행동의 선택지를 억제하고 제한한다는 사실을 깨달았다. 가령 감옥에 갇힌 사람은 감방 벽을 벗어날 수 없다. 그러나 사고방식에 있어서는 여전히 주체성을 행사할 수 있다. 캘리포니아에서는 때로 정전으로 인해 전자레인지 사용이 제한되는 등 사람들이 행동에 제한을 받는다. 하지만 이러한 정전 덕분에 산불을 예방하고 전력 공급을 보호한다면 사람들은 앞으로 더 많은 행동을 선택할 수 있을 것이다. 밴듀라는 사람들이 환경의 영향을 극복하고 자신의 미래를 선택할 수 있다고 믿기 때문에 낙관적인 입장을 취한다. 대부분 사람들이 가난이라는 환경을 극복하고 일류 로펌의 파트너가 되는 것은 불가능할지 모르지만, 적어도 자신이 나아갈 방향에 영향을 미치고 법학 학위를 취득하기 위해 노력할 수는 있다.

　많은 심리학자의 연구 관심사에 영감을 준 것은 그들의 삶을 형성한 개인적인 사건이다. 밴듀라도 마찬가지로 캐나다 북부의 거친 지형에서 성장한 어린 시절의 경험에 이끌려 인간의 주체성을 연구하게 되었다. 그는 학교가 하나뿐인 인구 400명의 작은 마을 앨버타주 먼데어Mundare에서 자랐다. 고등학교 전 과정을 가르치는 교사가 단 두 명뿐이었기 때문에 그는 대부분 자기 주도적으로 학습했다. 그 지역에 계속 거주하며 자기 주도적으로 학습한 경험을 비롯해 대학 진학 전 일했던 유콘의 거친 생활 방식에 노출된 경험은 그의 자기효능감 연구에 대한 관심의 씨앗을 심었다. 결국 그는 아이오와대학교에서 박사학위를 받은 뒤(쿠르트 레빈이 이미 교수직을 떠난 후였다) 스탠퍼드대학교 교수진에 합류했다. 개척적인 라이프스타일로 삶을 시작한 그는 결국 20세기 가장 유명한 사회심리학자 중 한 명이 되었다.

　내가 이 책을 집필하는 동안 세상을 떠난 밴듀라는 사람들이 자신의 행동을 통제할 수 있다는 믿음을 어떻게 발전시킬지에 대해 오랫동안 연구했다. 그는 인간의 주체성에는 의도성intentionality, 사전사고forethought, 자기통제self-regulation, 자기성찰 및 수정행동self-reflection and corrective behavior이라는 네 가지 속성이 있다고 생각했다.[8] 우리가 실제 세계에서 행동할 때 이러한 속성이 어떻게 행동에 반영되는지 쉽게 떠올려볼 수 있다. 예를 들어 어떤 사람이 대학에 진학하기 위해 의도적인 선택을 한다고 치자. 이 사람은 사전사고를 활용해 다른 지역에 있는 학교에 진학하기로 결정하면서 미래가 어떻게 될지 상상한다. 동일한 사람이 광란의 파티에 참석하는 대신 시험공부를 함으로써 자기통제를 발휘할 수 있다. 주체성의 마지막 속성인 자기성찰과 수정행동은 졸업 후 취업 제안을 수락할 때 잘못된 결정을 내렸음을 깨닫고 실수를 바로잡기 위해 주도적으로 직업을 바꿀 때 이루어진다.

이러한 주체성의 속성이 디지털 세상에서 어떻게 작동할지, 특히 주의집중 통제에 적용하려 할 때 어떻게 작동할지 생각하는 건 조금 더 어렵다. 첫 번째 속성인 의도성을 통해 우리는 계획을 세우고 월별 보고서를 작성하며 받은 편지함에 쌓여 있는 이메일을 처리하거나 트위터 피드를 확인하는 등의 작업을 의식적으로 선택할 수 있다. 주체성의 두 번째 속성인 사전사고는, 가령 소셜 미디어 활동을 계속하는 게 우리의 미래에 어떤 영향을 미칠지 생각하는 경우에 적용되는데, 특히 그 행동이 순간의 선택에서 비롯되었다면 명확하지 않을 수 있다. 페이스북 접속이 그날 남아 있는 업무에 미치는 영향을 미리 생각해본다면 이는 사전사고를 활용하는 것이다. 이 책을 쓰는 것도 좋은 예다. 나는 컴퓨터에서 시간을 보낼 때마다 책이 어떻게 나올지 미리 생각하려고 노력한다. 밴듀라의 세 번째 속성인 자기통제는 이 책 앞부분에서 살펴본 바와 같이 디지털 세상에서 많은 이들이 어려움을 겪는 부분이다. 사람들은 게임을 하거나 밤낮으로 휴대폰을 확인하거나 소셜 미디어를 과도하게 사용하는 등 내인적(내적) 목표에 방해가 되는 행동을 스스로 통제하는 데 어려움을 겪는다. 물론 충동성이 낮고 성실성이 높은 성격 특성을 타고난 사람은 처음부터 좋은 카드를 받았기 때문에 훨씬 더 수월하게 통제한다. 하지만 다음에 설명하겠지만 패가 반드시 고정되어 있는 것은 아니다.

이제 밴듀라의 네 번째 주체성 속성인 자기성찰과 수정행동에 대해 알아보자. 이러한 주체성의 측면은 기기로 하는 행동을 반성하고 이러한 인식을 바탕으로 행동을 변화시킬 수 있다는 점에서 주의집중을 통제하는 데 매우 중요하다. 가령 주체성을 가지면 게임에 과도한 시간을 쓰고 있다는 사실을 깨달을 뿐 아니라 이를 중단하기 위한 조치를 취할 힘을 갖게 된다. 그러나 어떻게 할 수 있을까? 변화가 쉽지 않다는 것을 알지만, 자신의 행동을 돌아보고 궁극적으로 변화하기 위해 먼저 그것을 유발하는 근본적인 요인을 인식해야 한다. 즉 인간의 주체성을 실천하는 데 있어 핵심인, 우리 행동을 바꿀 수 있다는 믿음을 키우려면 먼저 왜 그런 행동을 하는지 이해해야 하는 것이다. 이를 통해 방향을 바꿀 수 있는 자신만의 내부 도구를 개발할 수 있다. 밴듀라에 따르면, 이러한 이해는 자기성찰로 이어지고 궁극적으로 행동의 방향을 수정하게 해주므로 주체성을 개발하는 데 중요한 토대가 된다.

주의집중 상황에서 우리는 무엇에 휘둘리는가

그렇다면 이토록 복잡한 디지털 세상에서 어떻게 하면 주체성을 가지고 행동할 수 있을까? 어떻게 하면 더 높은 수준의 목표에 부합하는 방식으로 행동할 수 있을까? 우선 한 걸음 물러나 우리가 진공 상태에서 기술을 사용하는 게 아니라는 점을 기억하자. 우리의 주의집중은 우리 자신 외부에서도 수많은 영향을 받으며, 디지털 세상에서 우리의 주의집중을 유도하고 가능하게 하고 제한하는 내외부 여러 요소와 복잡한 관계로 얽혀 있다. 주의집중에 영향을 미치는 요인 중에는 인과적 요인(알고리즘에 의해 설계된 광고가 화면의 시야에 들어와 우리의 주의집중을 사로잡는 것)이 있다. 다른 요인들은 상호적인 방식으로 우리의 주의집중에 영향을 미친다. 일례로 우리는 온라인 소셜 네트워크를 구축하는 데 주의를 기울이다가도 그 안에 있는 사람들 때문에 주의가 산만해진다. 기기와 우리의 관계는 복잡하고 지저분하다. 이제 2부에서 논의한 요인들이 어떻게 함께 작용하여 주의집중에 영향을 미치는지 좀 더 자세히 살펴보자. 이번 검토는 우선 우리의 행동 인지를 개발하는 데 도움이 되며, 주체성과 관련한 밴듀라의 첫 번째 속성과도 연관된다. 우리 행동에 대한 자각은 변화를 위해 가장 중요하다. 다음 장에서는 행동에 대한 메타인지, 즉 우리가 하는 일에 대한 깊은 '순간적' 인식을 어떻게 개발할 수 있는지 이야기하겠다. 또한 주의집중을 통제하는 것과 관련된 선택의 다른 측면도 살펴볼 것이다.

첫째, 알고리즘은 우리에 관한 정보, 즉 인터넷 활동을 기반으로 우리가 무의식적으로 제공하는 정보를 활용하여 우리의 주의집중에 직접적인 영향을 미친다. 광고, 추천, 뉴스피드는 클릭을 유도하기 위해 정밀하게 맞춤화되어 있다. 물론 거부할 수는 있지만 이것들은 강력하고 끈질기게 우리를 유혹한다.

덜 직접적인 영향을 미치는 성격은 주의집중 행동을 결정하지는 않지만, 우리가 어떻게 반응할지에 대한 무대를 설정한다. 충동성이라는 성격 특성을 타고난 사람은 그 특성이 낮은 사람에 비해 주의가 산만해지는 걸 막기 위해 다른 사람보다 더 열심히 노력해야 한다. 내 연구에 따르면 신경성에서 높은 점수를 받은 사람이 점수가 낮은 사람보다 평균적으로 주의집중을 화면 사이에서 더 자주 이동했다.

우리의 주의집중에 관한 사회적 영향도 강력하다. 사람들은 사회구조를 만들고 그에 따라 행동을 형성한다. 물리적 세계에서 사람들은 학교, 직장, 클럽 같은 기관을 만들어 규범을 준수한다. 또한 사람들은 사회적 자본의 교환과 사회적 영향력의 발휘를 통해 사회적 연결을 유지하도록 강력하게 촉구하는 그룹 및 커뮤니티 같은 사회구조를 만들어낸다. 사람들은 이러한 사회구조를 형성하고 그 안에서 행동 방식을 만들어간다.

디지털 세상에서 기술 기업은 사람들이 페이스북 친구 네트워크나 트위터 팔로잉 같은 사회구조를 구축하도록 플랫폼을 제공한다. 따라서 우리는 우리의 주의집중을 형성하는 디지털 사회구조를 스스로 창조한다. 친구 네트워크를 친한 친구로만 제한하기로 결정했을 수도 있고, 많은 초대를 수락하고 다른 많은 사람들을 파티에 초대해 1000명으로 구성된 서클에 속하게 됐을 수도 있다. 1000명으로 구성된 친구 네트워크는 쉰 명으로 구성된 네트워크보다 더 많은 알림과 스크롤해야 하는 게시물 때문에 주의집중을 더 잡아먹을 가능성이 높다. 또는 인스타그램에서 많은 팔로워를 확보하고 '좋아요'를 받으면 더 많은 게시물을 올리게 되어 주의산만으로 이어지는 악순환이 계속된다.

또 다른 유형의 상호 관계는 인터넷의 설계와 우리의 주의집중에 관한 것이다. 인터넷의 설계와 구조의 비전은 개방형 건축양식을 통한 민주적인 것이었다. 개인이든 기업이든 누구나 콘텐츠를 제공하고 구조를 발전시킬 수 있다는 사실은 새로운 콘텐츠의 지속적인 성장을 촉진하며, 이는 새로운 것을 발견하고자 하는 인간의 타고난 호기심과도 연결된다. 또한 많은 사람들이 FOMOfear of missing out(놓치는 것에 대한 두려움)를 경험한다. 우리는 다른 사람들이 올린 내용을 기반으로 더 많은 정보와 링크를 제공하여 모든 사람의 주의집중을 끌려고 애쓴다. 만일 박물관이 제공하는 콘텐츠가 계속 퍼져 나간다면 우리는 계속 다시 방문할 것이다. 또한 노드와 링크 구조는 내부 의미 기억망을 통해 주의집중-배회를 끌어들이는 매끄러운 경로를 제공한다.

소프트웨어 디자이너들은 특정 행동을 수행하도록 유도하는 인터페이스를 교묘하게 설계하여 우리가 고의로 이런 행동을 한다고 믿게 만든다. 가령 영상 에피소드가 끝났을 때 가만히 자리에 앉아 있으면 넷플릭스는 자동으로 다음 에피소드를 재생하는데, 우리는 자발적으로 계속 재생하기로 결정했다고 믿는다. 사실상 우리는 초읽기의 긴장감에 넘어가 계속 시청하게 된다. 또 다른 예로 트위터 공유 버튼을 들 수 있는데, 이는 사용자가 트윗을 공유하도록 유도한다. 자극에 사로잡힌 우리는 그런 행동을 하게 된다. 하지만 이런 식의 유도를 설계한 사람들은 사용자의 반응에 따라 디자인을 개선하여 그 효과를 극대화한다.

더 광범위한 미디어 환경에서도 비슷한 상호 관계를 찾을 수 있다. 영화, TV, 유튜브 및 뮤직비디오에서 빠르게 변화하는 숏과 점프컷은 줄거리를 따라가기 위해 개발되었으며, 우리가 시청하는 동안 주의집중을 조종한다. 또는 일부 감독과 편집자가 빠른 숏 전환이 주의집중 시간이 짧은 사람들의 몰입도를 높이는 방법이라고 믿기에 선택했을 수도 있다. 또는 짧은 시간에 최대한 많은 내용을 담으려는 이윤추구에 따른 선택일 수도 있고 감독 자신의 짧은 주의집중 시간이 미적 선택에 영향을 미쳤을 수도 있다. 우리의 주의집중은 정신의 공간을 두고 잔인할 정도로 치열하게 경쟁하는 시장에서 타깃이 되고 있다.

주의집중 행동은 상황과 맥락에 크게 영향을 받기도 한다. 회의하느라 지친 하루를 보내 정신적 자원이 거의 바닥났다고 느끼는 사람은 알고리즘 타깃광고를 클릭하는 데 거의 저항하지 않을 것이며, 웃음 보상을 얻기 위해 틱톡으로 향하고 싶은 내적 충동을 느낄 것이다. 또는 내 연구 결과에서 알 수 있듯 인스타그램이나 캔디크러쉬처럼 쉽고 만족감을 주는 가벼운 활동을 선호할 가능성이 높다. 저녁 늦은 시간에 잠이 부족한 상태에서 숙제가 밀린 청소년이라면, 친구의 인스타그램 알림에 응답하지 않기가 매우 어려울 것이다.

주체성을 가지고 앞으로 나아가는 방법

그렇다면 그동안 우리는 일부 사람들이 자유로운 선택권을 행사하기 어렵거나 불가능한 디지털 세상을 만든 것일까? 우리의 디지털 세상과 그 안에서 우리가 행동하는 방식은 우리의 문화, 현재의 관행, 역사에 의해 형성되었으며, 이러한 요소들이 없는 디지털 세상을 만들 수는 없다. 문화적 영향은 특히 기술 디자인을 보면 명백해진다. 개인용컴퓨터 인터페이스의 파일, 폴더, 휴지통에 대한 비유, 인스타그램과 페이스북의 '친구' 및 '네트워크' 용어 등 디지털 세상의 기호와 상징은 서양의 물리적 세계에서 유래했다고 볼 수 있다. 이러한 상징은 디지털 세상에서 우리가 어떻게 행동할지 알려주도록 의도된 것이며, 우리는 이러한 상징이 물리적 세계의 삶과 관련 있기 때문에 기꺼이 따른다. 우리의 짧은 주의집중 시간을 알고리즘과 알림 탓으로만 돌릴 수는 없다. 기기 사용 시 우리의 주의집중 행동은 단순한 기술을 넘어 훨씬 더 광범한 문화에 둘러싸여 있다. 디지털 행동에 영향을 미치는 물리적 세계에 우리도 포함된다는 사실을 잊지 말아야 한다.

디지털 세상에서 자유의지를 가지려는 목표를 주체성을 추구하는 것으로 재구성하고 디지털 세상에서 주체성을 개발하는 것이 가능하다고 믿는다면(나는 그렇게 믿는다), 이러한 근본적인 요인이 어떻게 복잡한 방식으로 우리의 주의집중을 조종하고 제한하는지 이해할 필요가 있다. 우리 행동의 이유에 대한 인식과 자기성찰은 디지털 세상에서 주의집중을 통제하는데 도움이 될 것이다.

앞서 벤이 설명했듯, 어떤 이들은 디지털 세상에서 자신이 통제권을 쥐고 있으며 기기를 사용할 때 더 높은 수준의 목표를 쉽게 달성할 수 있다고 생각한다. 그러나 내 연구에 참여한 많은 참가자들은 그렇지 않았다. 우리 대부분은 주의집중 행동을 좌우하는 개인적, 환경적, 기술적 힘에 영향을 받기 쉬우며 심지어 이를 깨닫지 못하기도 한다. 하지만 밴듀라의 주체성에 대한 관점은 우리에게 앞으로 나아갈 길을 제시한다. 우리가 우리의 조건과 환경을 인식할 수 있고, 욕망은 통제할 수 없더라도 행동은 통제할 수 있음을 시사한다. 이러한 인식은 새로운 업무 방식을 구축하는 데 도움이 된다. 이러한 주체성을 활용해 우리는 과제를 완수한다는 더 높은 수준의 주의집중 목표를 달성하고, 주의집중 상태를 전략적으로 조절해 균형을 더 잘 맞추며, 동적 주의집중 경향을 유익하게 활용하는 방법을 배울 수도 있다. 다음 장에서는 주의집중에서 주체성과 통제력을 얻기 위해 무엇을 할 수 있을지 구체적으로 살펴보겠다.

균형 잡힌 일상을 위한
주의집중 관리법

　책의 서두에서 언급했듯, 이제는 개인 기술과 우리의 관계를 재고해야 할 때다. 우리는 기기로 인간의 생산성을 극대화하는 것에서 기기를 사용해 목적을 달성하면서도 동시에 건강한 심리적 균형을 유지하는 것으로 목표를 재구성해야 한다. 물론 기기 사용 외에도 파트너와 논쟁하거나 말썽꾸러기 아이와 실랑이를 벌이거나 승진에서 밀려나는 등 심리적 균형을 깨뜨리는 일들은 무수히 많다. 하지만 사실 우리는 깨어 있는 시간의 대부분을 컴퓨터, 태블릿, 휴대폰에서 보내므로 이 장에서는 스트레스를 받거나 지치지 않고 긍정적이고 활기찬 기분을 느낄 수 있는 방법, 즉 기기를 사용하며 심리적 균형을 잡는 방법에 초점을 두고자 한다.

　심리적 균형이란 정확히 무슨 의미일까? 자율신경계는 특정 신체 과정을 제어하며 부교감신경계와 교감신경계의 두 부분으로 구성된다. 부교감신경계는 심박수를 낮추고 소화를 조절하는 등 신체가 이완될 때 '휴식과 소화' 기능을 통제한다. 반면 교감신경계는 투쟁-도피 반응, 즉 스트레스 상황에 대응하여 심박수를 높이고 근육으로 가는 혈액의 흐름을 증가시키는 기능을 담당한다. 연구 결과에서 알 수 있듯, 급격한 주의집중 전환과 중단, 지나친 지속적 집중을 수반하는 멀티태스킹은 스트레스를 유발하며 이러한 현상이 장시간 지속되면 교감신경계가 지나치게 우세해진다. 교감신경계가 부교감신경계보다 우세하면 신체는 투쟁-도피 상태를 유지하게 되고, 이는 고혈압 같은 모든 종류의 건강 악화로 이어지는 계기가 된다.[1] 스트레스를 계속 경험하면 심리 시스템도 균형을 잃는다. 우리는 심리적 항상성psychological homeostasis이라고 하는 내부 심리적 균형을 이루기 위한 조치를 취할 수 있다.[2]

자율신경계가 균형을 이루면 더 나은 성과를 낼 수 있다. 심리적 항상성과 연관된 기분은 만족감, 행복감, 활기참의 조합으로 긍정적이다.[3] 긍정적으로 느낄 때 우리는 더 많은 성취를 이룰 수 있다. 긍정적 정서는 창의성의 선행조건으로 알려져 있으며,[4] 10장의 확장-구축 이론에서 논의했듯이 긍정적 정서는 우리가 취할 수 있는 생각과 행동의 폭을 넓혀 문제에 대한 더 광범한 해결책을 만들어낸다.[5]

3장에서 다루었듯이, 내 연구에 따르면 주의집중은 단순히 집중하고 집중하지 않는 이분법적인 것이 아니라 하루 중 다양한 유형으로 존재하며, 각기 다른 목적을 지닌다. 집중적 주의집중은 자료를 심도 있게 처리하게 해주고, 무념무상 주의집중은 뒤로 물러나서 새로고침 하도록 해준다. 지루함이 지나치면 부정적 기분을 유발하기도 하지만 인지 부하를 완화하는 데 도움을 주기도 한다. 우리는 일주기 리듬에 따라 언제 자고 일어나야 하는지 몸에 신호를 보내고, 밤낮의 리듬에 맞춰 일상을 조정하며, 말하기에도 리듬을 사용한다.[6] 우리의 주의집중에도 리듬이 있는데, 때로는 깊이 집중할 수 있는 자원이 있지만 그렇지 않을 때도 있다. 내면의 집중력 용량을 계속 생각하면서 주의집중 탱크가 가득 차 창의적인 작업을 열심히 할 준비가 된 시점과 주의집중을 멈추고 보충해야 할 시점을 알아차리자. 자원을 고려하면서 다양한 유형의 주의집중을 의도적으로 사용하면 목표를 달성하면서도 내면의 심리적 균형을 유지하는 데 도움이 될 것이다.

내면의 심리적 균형은 왜 그토록 중요할까?

내적 균형을 유지하려면 주의집중을 통제하기 위한 주체성을 기르고 이를 일상적인 행동으로 내면화해야 한다. 12장에서 의도성, 사전사고, 자기통제, 자기성찰 및 수정행동이라는 네 가지 속성을 포함하는 밴듀라의 주체성 개념에 관해 설명했다.[7] 이러한 속성은 디지털 세상에서 주의집중을 통제하는 데에도 적용된다.

주의집중을 통제한다는 것은 주의집중을 어떻게 사용하는지에 대한 의식적인 인식 개발을 의미한다. 가령 수년간 습관적으로 페이스북을 사용한 후 나는 소셜 미디어를 통해 실제로 무엇을 얻고 있는지 의문을 품기 시작했다. 직접 대면하거나 전화 통화를 하는 게 훨씬 더 가치 있고 관계에서 신뢰를 쌓는 데 도움이 된다는 걸 알아차렸다. 팬데믹 기간에 나는 친구들뿐만 아니라 평소 직장이나 콘퍼런스에서 볼 수 있던 동료들과도 정기적으로 줌 회의를 예약했다. 소셜 미디어를 사용하면서 최소한으로 얻은 친구 자원은 실시간 대화 덕분에 훨씬 더 강력해졌다. 소셜 미디어를 전략적으로 사용하면 친구 관계에서 이점을 얻을 수 있는데, 이에 관해서는 곧 자세히 설명하겠다.

충동적으로 인스타그램에 들어가고 싶을 때마다 스스로에게 물어보자

주의집중을 통제하기 위해, 먼저 밴듀라가 말하는 주체성을 달성하기 위한 첫 번째 속성인 의도성부터 이야기하겠다. 자신의 행동에 대한 메타인지를 실천하는 방법을 배울 수 있는데, 이는 주의집중과 행동을 의식적인 수준으로 끌어올려 보다 의도적인 선택을 할 수 있도록 하는 강력한 기술이다. 메타인지란 직장에서 업무를 보다가 〈뉴욕타임스〉를 읽기 위해 화면을 전환하기로 한 선택을 의식할 때처럼, 현재 자신이 경험하는 상황을 의식하는 것을 의미한다. 틱톡을 들여다보다가 시간이 얼마나 지났는지 깨닫지 못하거나 인터넷의 토끼굴에 빠졌다면 자신의 행동에 대한 메타인지가 부족한 셈이다.

메타인지는 자신의 행동과 그 행동을 하는 이유를 더 깊이 있게 처리하는 데 도움이 되는 분석적 사고방식이다. 외부인처럼 자신의 행동을 관찰하여 습관적인 행동을 의식적인 수준으로 끌어올리는 것이다. 나는 팬데믹이 처음 시작되었을 무렵 이 아이디어를 떠올렸고, 대학교에서 제공하는 마음챙김 명상 강좌를 들었다. 마음챙김 명상은 호흡, 소리와 같은 외부 자극, 신체적 감각 등 현재 경험하는 것에 집중하라고 가르친다. 그 결과 현재를 더 잘 인식하게 된다.

나는 비슷한 종류의 과정이 기기에서 자신의 행동을 더 잘 인식할 때에도 적용될 수 있음을 깨달았다. 내가 그동안 사람들의 행동을 관찰하는 훈련을 받았고 실제로도 그렇게 해왔으며, 비슷한 유형의 관찰을 내면 행동에 적용할 수 있다는 점을 깨달았다. 그래서 이 방법을 시도해본 결과, 온라인 행동에 대해 스스로 더 많이 알게 되고 더 신중하게 행동하게 되었다. 물론 나는 관찰해본 경험이 많아서 스스로의 행동을 관찰하는 방법을 배우기가 꽤 쉬웠다. 하지만 다른 사람처럼 자신을 관찰하는 것은 누구나 배울 수 있는 기술이다. 기기를 사용할 때 메타인지를 개발하기 위해 마음챙김 과정을 수강할 필요는 없으며, 주의집중을 통제하기 위해 자기 자신에게 올바른 질문을 하는 방법을 배우면 된다. 마음챙김은 하면 할수록 더 잘할 수 있으며, 메타인지 연습도 같은 방식으로 작동한다.

2장에서 다뤘던, 행동 선택 시 발생할 수 있는 프레이밍 오류를 기억하자. 사람들은 어떤 선택이 얼마나 가치 있는지, 그리고 어떤 일을 하는데 얼마나 많은 시간을 투자할지 잘못 판단하는 경향이 있다. 스스로 질문을 던져 자신의 행동을 더 의식하게 함으로써 이러한 프레이밍 오류를 피할 수 있다. 이를테면 소셜 미디어 사이트에 들어가기 전에 자문해보자. 그곳에 가면 어떤 가치를 얻을 수 있을까? 이미 그곳에 있다면 다음과 같이 질문해보자. 내가 이미 이곳에서 얼마나 많은 시간을 보냈을까? 여기에 머무름으로써 어떤 가치를 얻고 있을까? 메타인지를 사용하면 수동적인 주의집중 사용자에서 능동적인 주의집중 사용자로 사고의 틀이 전환된다. 이런 질문을 통해 나는 뉴스나 소셜 미디어 사이트를 클릭하기 전 여러 번 멈출 수 있었다. 물론 언제든 분석적 사고방식을 적용할 수 있지만, 다음의 세 가지 주요 지점에서 특히 효과가 있었다. ① 인지 자원의 수준을 평가할 때 ② 소셜 미디어, 뉴스, 쇼핑 페이지 등 당면한 작업과 무관한 사이트로 이동하고 싶을 때 ③ 이미 무심한 활동을 하는 와중에 그 활동이 여전히 가치가 있는지 판단할 때 등이다.

메타인지를 실행하여 주의집중 자원이 부족하거나 휴식이 필요한지 알아차리는 방법을 배워보자. 나만 해도 예전에는 충분한 휴식을 취하지 않고 온종일 일하다가 지쳤다는 사실을 너무 늦게 깨달았다. 이제는 스스로 물어보는 법을 배웠다. 내 기분이 어떻지? 계속 일해야 할까 아니면 지금 피곤한가? 휴식을 취해서 에너지를 보충해야 할까? 이러한 질문을 통해 개인 자원의 수준을 더 의식하게 되었고 너무 지치기 전에 능동적으로 휴식을 취할 수 있었다. 물론 가끔 인지 자원이 부족해서 소셜 미디어에 접속하거나 간단한 게임을 할 때도 있다. 그것도 괜찮다. 이러한 무심한 활동도 짧은 휴식을 위해 좋지만, 더 나은 선택은 일어나서 움직이는 것이다. 하지만 소셜 미디어에 접속하거나 단순 반복 게임을 하더라도 충분한 시간이 흘렀다고 느낄 때를 알아차리는 방법을 배워야 한다. 스스로 물어보자. 에너지가 보충됐다고 느끼는가? 아니면 오히려 힘든 일을 피하려고 노력하고 있는가? 그렇다면 무엇이 힘들게 만드는가? 업무 중 이해하지 못하는 부분이 있는데 누군가 도와줄 순 없을까? 업무가 지루해서 소셜 미디어에 접속하고 있는가? 자신의 행동을 더 많이 분석할수록 그 함정에서 벗어나기가 더 쉬워진다. 스스로 이런 질문을 계속 던짐으로써 자신을 전문적으로 관찰하는 사람이 될 수 있다.

이 책을 집필하는 동안 세간의 이목을 집중시킨 재판의 평결에 대한 뉴스가 흘러나왔다. 충동적으로 화면을 전환하여 그 내용을 읽고 싶었지만 먼저 잠시 멈추고 자문했다. 이게 정말 읽을 가치가 있을까? 지금 꼭 읽으면서 휴식을 취해야 할까? 나는 작업 중간 휴식시간이 될 때까지 기다리기로 했다. (그때쯤이면 흥분이 가라앉을 터였다). 뉴스 기사를 읽으면서도 스스로 묻는다. 내가 이미 기사의 요점을 파악했는가? 여전히 새롭고 흥미로운 것을 배우고 있는가? 계속 읽으면 한계수익이 줄어들지 않을까? 그렇다면 나는 그만둔다. 간단하다. 이렇게 하면 심리적으로 빠져나오기 어려운 매몰비용의 함정에 너무 깊이 빠지는 것을 방지할 수 있다.

메타인지 사용 능력을 기르는 것은 근육을 단련하는 것과 같다. 처음에는 잠시 멈춰서 스스로 질문하는 과정을 잊을 수도 있지만, 연습을 거듭할수록 자연스레 떠오른다. 먼저 스스로 물어볼 만한 간단한 질문을 포스트잇 메모 등에 써서 잘 보이는 곳에 붙여두면 좋다. 자신의 행동에 대한 메타인지가 잘 되면 더 의도적으로 행동할 수 있다. 연습을 통해 분석적 사고방식을 길러 자신의 행동을 파악해보자.

지금 할 일을 하지 않고 게임을 하면
하루의 끝에 내 모습은 어떨까?

밴듀라의 두 번째 속성인 사전사고는 주의집중의 주체성을 얻는 데 도움이 되는 또 다른 도구다. 사전사고는 현재의 행동이 미래에 어떤 영향을 미칠지 상상하는 것을 뜻한다. 우리는 이를 통해 더 의식적이고 의도적으로 행동하게 된다. 소셜 미디어에 접속하거나 온라인게임을 하기 전에 잠시 시간을 내어 소셜 미디어나 게임에 탐닉했을 때 오전이나 하루의 끝이 어떻게 될지 미리 상상해보자. 당신은 자신의 습관을 잘 알고 있고 평소 소셜 미디어나 뉴스 사이트에 얼마나 오래 머무르는지도 잘 알 것이다. 자신이 소셜 미디어에 빠져드는 사람이라는 걸 안다면 20분(또는 두 시간)을 쓰는 것이 지금으로부터 몇 시간 후의 업무(와 개인 생활)에 어떤 영향을 미칠지 시각화해보자. 오늘 파워포인트 프레젠테이션을 만들어야 하고, 메모를 작성해야 하고, 슬랙을 주시하면서 이메일을 처리해야 하고, 여기에 더해 아파트를 검색해야 하는 등 여러 작업을 완료해야 한다고 가정해보자. 소셜 미디어에 접속하기를 좋아하지만 한번 접속하면 한 시간 정도는 쉽게 머물러 있는 경향이 있다는 사실도 잘 알고 있을 것이다. 그러니 소셜 미디어에 접속하기 전에 잠시 멈추고 소셜 미디어에서 한 시간을 보낸다고 상상해보는 것이다. 하루의 끝이 어떤 모습일까?

완성된 파워포인트 프레젠테이션을 볼 수 없다고 상상하거나 잃어버린 시간을 만회하기 위해 밤을 새우고 있는 자신을 떠올려본 적이 있는가? 대학생들을 대상으로 한 연구에 따르면 소셜 미디어가 대학생의 시간을 지나치게 많이 잡아먹는 것으로 나타났다. 새벽 2시에 당신이 어떤 모습일지 시각화해보자. 일찍부터 소셜 미디어에 많은 시간을 소비한 탓에 피곤해서 잠들어 있을까 아니면 과제를 하느라 깨어 있을까? 후회가 밀려오는가? 현재 순간을 넘어 생각을 확장하고 지금 하는 행동이 앞으로의 삶에 어떤 영향을 미칠지 생각해보자.

목표는 중요하지만, 시각화하지 않으면 추상적이어서 기억하기 어렵다. 시각화가 더 상세할수록, 심지어 어떤 감정이 들지까지 상상할수록 필요한 경우 방향을 수정하는 조치를 취하기가 더 쉬워진다. 이런 사이트에서 시간을 보내는 것이 단기적으로는 물론 장기적으로 자신에게 미칠 영향을 떠올려보면 주의집중을 전환하기 전에 과속방지턱을 만날 것이다. 이렇듯 미래를 시각화하면 현재의 행동이 어떤 결과를 가져올지 인식하는 데 도움이 된다. 일을 끝내고, 휴식을 취하고, 넷플릭스 시리즈의 다음 에피소드를 시청하고, 자기 전에 책을 읽는 등 미래에 대한 구체적인 그림을 그리면 목표 달성을 위한 동기부여가 된다.

나는 팬그램Pangram이라는 애너그램anagram(단어의 문자를 재배열하여 다른 뜻의 단어로 바꾸는 것-옮긴이) 게임을 좋아한다. 이 게임에는 다양한 레벨이 있고 더 높은 레벨을 달성하기 위해 노력할수록 긴장감이 생기는데, 이는 당연히 게임 개발자가 의도한 것이다. 게임을 시작하면 더 높은 레벨에 도달할 때까지 (쿠르트 레빈의 긴장 감소 개념에 따라) 긴장을 풀 수 없기 때문에 게임에 계속 빠져든다. 또한 내 성격 특성상 한번 시작하면 끝날 때까지 멈추기가 어렵다는 것도 안다. 이 게임은 잠시 쉬면서 주의집중을 초기화하기에는 적합하지 않다. 최고 레벨에 도달할 때까지 게임을 머릿속에서 지울 수 없기 때문에 중단된 작업에 대한 자이가르니크 연구 결과가 나에게도 맞아떨어지는 셈이다. 때로는 성공하고 나서도 더 많은 단어를 찾을 수 있는지 확인하기 위해 계속 플레이한다. 나에게는 일종의 집착 같은 것이다. 그래서 게임을 시작하기 전에 사전사고 연습을 한다. 최고 레벨에 도달하기까지 짧게는 30분에서 길게는 몇 시간까지 걸린다는 것을 알기에 하루가 끝날 때 달성하려는 목표에 어떤 방해가 될지 고려한다. 출퇴근 시간이 길어지는 등 상황이 허락한다면 게임을 끝낼 시간이 충분하다는 것을 알기 때문에 스스로 게임에 탐닉할 권한을 부여한다. 게임을 시작하기 전의 사전사고는 처음부터 게임을 시작하지 않는 데 도움이 된다. 또한 게임을 끝낼 시간이 더 많은 나중에 게임을 하면 레빈이 말한 일을 끝내야 한다는 긴장감이 없으므로 더 많은 보상을 얻을 수 있다는 사실을 안다. 나는 이 게임을 하는 것이 업무에 아무런 영향도 미치지 않는다고 상상되지 않으면 게임을 시작조차 하지 않는다.

애너그램 게임을 많이 할 때는 다른 작업 중에도 단어가 머릿속에 남아서 새로운 단어를 미친 듯이 생각했다. 그것이 집착의 본질이다. 어떤 행동을 중단해도 그 작업의 잔재가 머릿속에 남아서 다음 작업을 방해한다. 메타인지는 게임의 주의집중 잔재가 다른 작업을 방해한다는 사실을 깨닫는 데 도움을 주었다. 미래의 결과뿐 아니라 게임을 다시 시작할 수 있는 미래의 기회를 시각화함으로써 행동을 줄였다.

차단 프로그램에 의존하지 않고
주체적으로 자기통제를 하는 법

소프트웨어 차단은 밴듀라의 세 번째 주체성 속성인 자기통제를 촉진하는 쉬운 방법으로 보일 수 있다. 물론 단기적으로는 도움이 될 수 있지만 영구적인 해결책은 아니다. 연구 참여자 가운데 자제력이 낮은 사람들에게는 단기적으로 도움이 되긴 했어도, 한 걸음 물러서서 생각해보면 이는 실제로 자기통제를 위한 장기적 기술을 기르는 게 아니라 소프트웨어에 그 일을 떠넘기는 데 불과하다는 사실을 알 수 있다. 사람들은 그 기술을 스스로 기르지 못하는데, 스스로 하는 게 바로 주체성이다. 만일 보조 바퀴를 계속 달고 있다면 스스로 자전거 타는 법을 배우지 못할 것이다. 소프트웨어를 사용하여 사이트를 차단한다면 소프트웨어가 대리인 역할을 맡는 셈이다. 그러면 사용자는 더 이상 자신의 행동을 책임지는 주체가 아니며, 자신의 행동을 설명할 수 있는 내부 모델, 즉 스스로 통제하는 데 필요한 도구를 개발하는 방법을 배우지 못한다. 그러므로 스스로 주체성을 개발하는 편이 가장 좋다.

모든 사람이 강력한 자기통제 능력을 타고날 수는 없지만 그것은 개발할 수 있다. 미셸의 실험에서처럼 네 살 때 마시멜로를 앞에 두고 기다리지 못했다고 해서 주의집중을 절대로 통제할 수 없는 길에 갇혀버렸다는 의미는 아니다. 물론 다른 사람들보다 더 열심히 노력해야 할 수도 있다. 인지 자원이 떨어지면 자기통제가 더 어려워진다는 사실을 기억하자. 따라서 가장 먼저 할 수 있는 일 중 하나는 자신을 소모하지 않는 것이다. 자신의 개인적 자원 용량을 인식하고, 다 써버린 느낌이 들기 시작하면 잠시 휴식을 취하자.

일할 때는 휴대폰을 다른 방으로 치워버리기

우리는 일정과 같이 스스로를 위한 다양한 종류의 구조를 만든다. 하지만 디지털 세상에는 주의집중을 제한하고 조종하는 다른 유형의 구조가 있다는 사실을 깨닫지 못하는 경우가 많다. 컴퓨터와 휴대폰 인터페이스의 설정은 파일, 앱, 브라우저 탭의 시각적 단서를 제시함으로써 주의집중에 영향을 미치는 구조다. 주의집중을 통제하려면 가장 먼저 인터페이스 환경을 재구성하여 자동 주의집중을 유도하는 자극을 줄여야 한다. 주의집중을 분산시키는 인터페이스의 시각적 단서를 제거하는 방법은 이미 알고 있을 것이다. 알림은 상향식 현저성을 통해 주의를 끌고 자동으로 반응하게 하므로 그것을 끄면 된다. 또한 업무와 무관한 것들, 의식적으로 선택하리라는 것을 알고 있는 활동들에 접근하지 못하도록 해야 한다. 특정 게임을 좋아한다면 해당 앱을 폴더에 숨겨 인터페이스에 표시되지 않도록 하자. 검색을 해야 한다면 잠시 멈추고 지금 할 가치가 있는지 자문하자. 앱에 투자한 시간만큼 가치를 얻지 못한다면 삭제하자. 하지만 즐거움을 가져다주고 스트레스 해소에 도움이 되며 이를 통해 자신의 행동을 관리하는 법을 배울 수 있다고 생각되면 계속 유지하자. 컴퓨터와 휴대폰을 대청소한다고 생각하면 된다.

스스로 통제하는 데 도움이 되는 루틴을 설계할 수도 있다. 충동성이 강해 휴대폰만 보면 자동으로 반응하는 사람이라면, 개인에 적합한 루틴을 설계해 휴대폰 때문에 주의가 산만해지려 할 때 마찰을 일으켜보자. 일하려고 자리에 앉을 때는 휴대폰을 다른 방에 두거나 서랍에 넣고 잠그자. 주의를 산만하게 하는 자극을 방지하기 위해 루틴에 마찰을 더 많이 만들수록 외부적 방해를 받을 가능성이 줄어들 뿐만 아니라, 내부적으로도 해당 앱에 쉽게 접근할 수 있다는 기대치가 수정되기 때문에 방해받을 가능성이 줄어든다. 옆에 잡지가 있으면 잡지를 집어 들고 읽을 가능성이 높다. 잡지가 다른 방에 있다면 생각조차 하지 않을 수 있고, 생각은 했지만 잡지를 가지러 다른 방으로 걸어가야 한다면 아마 읽지 않을 수도 있다. 따라서 컴퓨터, 휴대폰, 물리적 환경에서 주의를 산만하게 하는 자극을 눈에 보이지 않게, 즉 마음에서 멀어지게 하자.

출퇴근 지하철에서만 게임하기로 스스로와 약속하기

주의집중을 통제한다고 해서 소셜 미디어 사용이나 웹 서핑, 뉴스 읽기를 완전히 중단한다는 뜻은 아니다. 그것은 샴페인 마개를 버리며 샴페인도 함께 버리는 것과 같다. 사회적 혜택을 유지하면서 주의집중을 통제하기 위해 디지털 세상에 내가 '훅hook(갈고리)'이라고 부르는 장치를 어떻게 하면 설계할 수 있을지 생각해보자. 훅은 주의집중의 함정에 빠지는 것을 방지하는 데 도움이 되는 도구다. 소셜 미디어에 접속하거나 뉴스를 읽기 전에 능동적으로 자신을 끌어낼 수 있는 훅을 설계하자. 가령 예정된 전화 통화 10분 전에 소셜 미디어 휴식시간을 계획할 수 있다. 약속이 훅이 되어 소셜 미디어 검색을 중단하고 전화를 받아야 하기 때문이다. (물론 전화를 놓칠 수도 있으니 주의하자.) 또 다른 예는 게임 플레이에 몰두하는 행위를 출퇴근 시간으로 미뤄두는 것이다. 정류장에 도착하면 훅이 생성된다. 부디 정거장을 놓치지 않기를 바란다(내가 뉴욕 지하철에서 휴대폰으로 뭔가를 읽다가 그랬던 것처럼 말이다). 병원 대기실 같은 곳에 있을 때를 위해 소셜 미디어 사용을 미뤄두었다가 이름이 불릴 때 사용자를 끌어내는 훅이 생성되면 빠져나올 수 있다. 외부 상황에 의존해 행동을 멈추면 주체성을 사용하지 않는다고 생각할 수 있다. 그러나 당신은 탈출구를 만들 방법을 사전에 전략적으로 계획한 것이다.

나를 유혹하는 유튜브 사이트로 화면 전환하지 않기

초콜릿케이크가 접시 위에 놓여 있다면 먹지 않기가 어렵다. 내면의 충동을 따라 다른 화면으로 전환하면 원래 화면과 원래 작업으로 돌아가는 것이 두 배로 어렵다는 사실을 기억하자. 화면을 유튜브로 전환하는 것은 접시에 가득 담긴 초콜릿케이크로 시야를 채우는 것과 같다. 어떻게 안 먹을 수가 있겠는가? 애초에 쳐다보지를 않았다면 유튜브 시청의 토끼굴에 빠지지 않을 것이다. 욕망에는 자유의지가 없을지 몰라도 행동은 주체적으로 할 수 있다는 사실을 기억하자. 따라서 소셜 미디어 사이트를 방문하고 싶을 때, 화면을 전환하지 않는 것만으로도 자신을 통제할 수 있다. 일단 소셜 미디어 사이트에 접속한 뒤 소셜 미디어에서 빠져나오는 것보다는 화면을 전환하지 않는 게 더 쉽다. 보이지 않는 것이 훨씬 덜 유혹적이기 때문이다. 아주 간단하다. 심호흡을 하거나 잠시 창밖을 바라보고, 아니면 잠깐 산책을 한 다음 같은 화면에서 중단했던 부분을 다시 시작하면 된다.

소셜 미디어 속 쓸데없는 관계를 돌아보고
의미 있는 관계에 집중하자

이제 밴듀라의 네 번째 주체성 속성인 자기성찰과 경로 수정에 대해 알아보고, 주의집중을 통제하고 균형감을 느끼기 위해 행동을 고칠 다양한 방법을 살펴보겠다. 당신은 소셜 미디어 사용 방식에 대한 사고방식을 바꾸고, 인지 자원과 감정을 고려하여 하루를 설계하는 방법을 배울 뿐 아니라 목표를 구체적이고 의식적으로 마음속에 간직하게 될 것이다.

친구 네트워크를 의미 있게 활용하기

페이스북에서 무심히 게시물을 스크롤하는 것은 멀티태스킹과 같다. 사람에서 사람으로, 주제에서 주제로 전환하기 때문이다. 대부분 게시물은 거의 눈길을 끌지 못하지만, 일부는 약간 흥미롭거나 슬프기도 하고, 가끔 틱톡이나 인스타그램처럼 행복하거나 화나거나 슬프게 만드는 매력적인 스토리나 동영상 같은 마음에 드는 게시물을 발견할 수도 있다. 하지만 이런 인기 콘텐츠를 찾는 데는 시간이 오래 걸리기 마련이다. 그렇게 시간, 주의집중, 에너지를 낭비하게 된다.

앞서 언급했듯 페이스북을 비롯한 모든 소셜 미디어는 깊은 관계를 발전시키기 위한 것이 아니라 단순히 관계를 유지하기 위해 설계되었다. 하지만 친구 네트워크가 수백, 수천 명으로 늘어나면서 관계를 유지한다는 개념조차 무의미해졌다. 안정적인 관계를 유지할 수 있는 사람의 수가 150명이라는 던바의 수를 생각해보자(깊은 관계의 경우 다섯 명 정도에 불과하다). 물론 더 나은 관계를 발전시키고 싶다면 소셜 미디어가 아닌 다른 곳에서 관계를 발전시켜야 한다.

소셜 네트워크를 통해 다양한 종류의 보상을 받을 수 있음을 기억하자. 사회적 자본을 연결하면 다양한 사람들의 의견을 얻을 수 있다. 아파트를 찾는 방법 같은 문제를 해결하는 데 도움이 되고, 기후변화에 관한 최신 뉴스처럼 다른 방법으로는 얻기 힘든 정보를 제공받을 수도 있다. 또 다른 유형인 결속형 사회적 자본은 친밀한 관계를 맺고 있는 사람들의 정서적, 지지적 보상을 제공한다(그리고 우리도 누군가에게 지지를 보낸다). 소셜 미디어에서 게시물을 스크롤할 때, 아마 당신은 이러한 다양한 보상에 대해 생각해보지 않았을 것이다.

그러나 온라인 네트워크가 제공하는 보상을 활용하면 시간과 주의집중을 더 잘 활용할 수 있다. 나는 사회적 자본을 연결하고 한 개인과의 의미 있는 상호작용을 통해 무언가를 얻고 그 대가로 무언가를 줄 방법에 관해 생각하길 좋아한다. 오랫동안 연락하지 않았던 오랜 친구가 될 수도 있다. 잠시 휴식하며 잡다한 활동을 할 때 소셜 미디어를 통해 연락을 취한 다음 전화, 영상 채팅이나 만남을 통해 후속 조치를 취해보자. 고등학교 때 만난 오랜 친구와 페이스북으로 연락한 적이 있는데 그때 좋은 추억이 떠올랐던 기억이 난다. 첫 번째 프레이밍 오류인 가치 없는 선택을 하는 경우도 생각해보자. 소셜 미디어를 습관적으로 무심히 스크롤하다 보면 시간을 낭비할 수 있다.

그러므로 네트워크에 있는 수백, 수천 명을 훑어보며 추상적인 인맥을 쌓기보다는 의미 있는 경험을 만드는 데 집중하자. 함께 있으면 행복해지는 사람을 선택하고 그 사람에게 시간을 쓰고 주의를 기울이자. 원하는 상호작용을 시각화하여 그것을 추구하도록 동기를 부여하자. 그 사람을 소중히 여긴다는 긍정적 메시지를 작성하자. 물론 전화를 걸어 상대방에게 이 사실을 알리고 만나기로 약속할 수도 있다. 하지만 온라인 네트워크를 통해 대화를 시작하면 마찰이 훨씬 적다는 것이 웹 연결의 큰 장점이다. 멋진 메시지를 보냈다면 이제 소셜 미디어를 떠나 업무 목표에 집중할 시간이다.

주의집중 자원을 잘 관리하기 위한 하루 설계 비법

하루를 계획하는 전통적인 방법은 할 일을 적는 것으로, 이는 대부분 사람들이 항상 해오던 방식이다. 사람들은 종종 달력에 회의와 마감일을 적고, 할 일 목록을 만들고, 때로는 각 작업의 시작 시각과 종료 시각을 지정하기도 한다. 이러한 전통적인 관행을 통해 개인은 일정을 지키고 작업을 마무리하는 측면을 생각한다. 생산성을 극대화한다는 것은 한정된 시간에 최대한 많은 일을 처리하는 것을 의미하며, 당연히 그 부산물로 스트레스가 높아지는 경우가 많다. 나는 대학교 학부에서 수년간 학생들에게 프로젝트 관리라는 과목을 가르쳤는데, 이 과목은 목표를 효율적으로 설계하고 달성하는 방법에 관한 내용을 다룬다. 우리는 프로젝트 관리를 하다 보면 으레 계획대로 안되고 작업이 거의 항상 예상보다 오래 걸린다는 점을 안다. 또한 인간의 웰빙을 작업 일정에 맞출 여지도 없다. 그 대신 21세기 디지털 세상에서 하루를 설계하는 것이 무엇인지 다시 배워야 한다. 여기에는 자신을 지치게 하지 않으면서 웰빙을 개선하는 전략이 포함되어야 하며, 자신의 주의집중 상태 리듬과 인지 자원이 제한적이고 귀중하다는 사실을 이해하는 것도 포함된다. 지금부터는 심리적 균형을 이루기 위해 하루를 설계하는 데 사용할 수 있는 전략을 이야기하겠다.

스스로의 리듬을 파악하여 자원 최적화하기

이 책 전반에서 우리는 어떤 활동은 자원을 고갈시키는 반면 어떤 활동은 자원을 보충한다는 인지 자원 이론을 적용했다.

정신적 자원이 한정되어 있다는 생각으로 이를 보충하는 데 시간을 할애하도록 하루를 설계하면, 스트레스를 덜 받고 방해 요소를 더 잘 견딜 수 있을 뿐만 아니라 창의력도 향상될 수 있다.[8] 우리는 가족이나 친구와 함께 있거나 복잡한 행사를 조율하고 자연 속에서 산책하는 등 다양한 활동이 신체에너지에 어떤 영향을 미치는지 잘 안다. 디지털 세상에서 당신의 정신에너지를 소모하는 것은 무엇인가? 자원을 보충하기 위해 어떤 일을 하는가? 어떤 종류의 무심한 활동이 긴장을 풀어주는가? 하루가 끝나면 활기차고 긍정적인 기분을 느끼고 싶을 것이다. 이른 오후일 뿐인데 에너지 저장분이 고갈되면 이후 개인 생활로 스트레스를 가져오는 이월효과가 발생할 수 있다.

업무가 인지 자원에 어떤 영향을 미칠지 생각하며 하루를 계획하자. 업무에 대한 큰 그림을 그리는 것부터 시작하면 된다. 어려운 작업을 연이어 수행해 주의집중을 과도하게 소모하지 않도록, 여러 작업이 퍼즐처럼 서로 어떻게 맞물려 있는지 고려하자. (대부분 지식 업무에 드물게 몰입하는 경우가 아니라면) 장시간 주의집중을 유지했을 때 지칠 수 있다는 점을 기억하자. 어떤 활동으로 하루를 시작하고 싶은가? 많은 사람들이 힘든 업무에 뛰어들기 전 스스로를 준비시키려고 단순한 작업으로 하루를 시작하기를 선호한다. 회의를 생각해보자. 가능하면 한 회의가 끝나고 바로 다른 회의를 잡지 말자. 피곤함을 느끼는 확실한 방법이다. 줌 회의의 문제점은 회의를 연달아 예약하는 경향이 있고 중간에 초기화할 틈이 없다는 점이다. 힘들 것으로 예상되는 긴 회의 전에 쉽고 긍정적인 보람을 느끼는 일을 한 다음, 회의가 끝난 후에는 사회적 교류, 무심한 활동 또는 가장 좋은 방법인 산책으로 자원을 보충하자. 당신에게는 여러 활동에 분배해야 할 소중한 정신에너지가 있다. 아직 남은 하루가 있는데 오전 11시에 지쳐서는 안 된다.

자신의 주의집중 리듬에 따라 하루를 설계하고, 집중력이 최고조에 달하는 시간대가 있음을 인지해 필요한 작업에 활용하자. 주의집중이 최고조에 이르는 시간은 자신의 크로노타입chronotype, 즉 자연스러운 일주기 리듬의 영향을 받는다. 자신의 크로노타입을 알아보자.* 3장에서 살펴본 연구 결과에 따르면 대부분 사람들은 오전 11시와 정오에 집중력이 최고조에 달했다. 일찍 일어나는 사람이라면 오전 11시보다 이른 시간대에 주의집중이 최고조에 달할 수 있고, 늦게 일어나는 사람이라면 이보다 늦게, 혹은 늦은 오후가 되어서야 집중력이 최고조에 달할 수도 있다. 가장 많은 노력과 창의력이 요구되는 어려운 작업은 주의집중이 최고조인 시간대에 하자. 그 시간대에는 이메일을 보내지 말자. 다른 업무에 더 효율적으로 사용할 귀중한 자원을 소모하게 된다. 이메일은 스트레스를 유발하므로 업

● 이 설문조사에 참여하여 자신의 크로노타입을 알아보자. https://chronotype-self-test.info/

무량이 가장 많지 않을 때, 가령 아침에 업무를 시작할 때나 일과를 마무리할 무렵에 하는 게 좋다. 이메일 내용은 시간이 조금만 흘러도 유효하지 않은 경우가 많으므로 업무가 끝날 때까지 기다렸다가 이메일을 확인하면 이미 많은 문제가 해결됐다는 사실을 알게 된다. 시간 역순으로 이메일을 확인하면 이미 처리된 문제가 얼마나 많은지 확인하게 될 것이다. 무엇보다도 잠자리에 들기 전에는 이메일을 확인하지 말자. 스트레스를 받고 싶지 않다면 말이다.

내 크로노타입은 중간형moderate으로, 극단적으로 일찍 일어나지도, 극단적으로 늦게 일어나지도 않는 타입이다. 하루를 시작할 때 먼저 뉴스 헤드라인을 살펴본 다음 받은 편지함을 살펴보는 부수적인 작업을 주로 한다. 물론 중요한 이메일은 자이가르니크가 말한 미완성 작업이 되므로 일단 열어본 후에는 답장을 나중으로 미루면 안 된다고 계속 기억하게 된다. 오전 11시에 집중력이 최고로 높아지는 나는 가장 창의적인 작업을 오전으로 미뤄두는 편이다. 하루 동안 나만의 주의집중 용량을 구상해본다. 예를 들어 세법을 이해하는 데 너무 많은 시간을 쓰면 인지 자원이 소모되어 다른 창의적인 작업에 필요한 주의집중에 방해가 된다. 물론 세법에 시간을 할애해야 할 필요가 있을 수 있지만, 이 경우에는 지치지 않았을 때 세법을 공부할 것이다. 한정된 자원을 생각하면 긴 글을 읽기 시작하며 매몰비용의 함정에 빠지는 것을 방지할 수 있다. 더 좋은 방법은 그것을 끝낼 수 있는 시간이 확보되어 있지 않으면 아예 시작하지 않는 것이며, 대개는 일과가 끝날 때가 제일 좋다. 자원이 고갈되면 주의산만에 대한 저항력도 떨어지고 동적 주의집중 충동이 발동한다는 사실도 기억하자.

힘든 일 다음에는 여백의 미 확보하기

네거티브 스페이스negative space를 포함해 하루를 설계하자. 예술에서 네거티브 스페이스는 이미지 주변 영역을 의미하는 작품의 일부다. 일본 디자인에서 '여백의 미余白の美'는 그림이나 정원 디자인에서 대상 주변의 아름답고 역동적인 빈 공간을 의미한다. 음악에서 활동적인 침묵과 같으며 구성의 필수적인 부분이다. 네거티브 스페이스는 일과 중에 힘든 일 근처에 휴식시간을 따로 마련해 주의집중을 재설정하고 강화할 때 사용하기 좋은 은유다. 메타인지를 사용해 인지 자원이 부족한지 평가하자. 인지 자원이 떨어졌다면 인지 자원에 부담을 주지 않는, 무심하고 수월하며 긍정적인 기분을 느끼게 하고 보상을 가져다주는 일을 하도록 스스로 권한을 부여하자. 네거티브 스페이스는 업무 자체만큼이나 중요하다. 과도한 스트레스를 받지 않고 균형을 유지하는 데 도움이 되기 때문이다.

하지만 좋은 성과를 내려면 어느 정도 각성이 필요하므로 근무시간 동안 너무 오래 명상의 선 상태로 머물 수는 없다. 각성과 성과 간의 관계를 깊이 연구한 결과인 여키스-도드슨 법칙

Yerkes–Dodson law[9]은 거꾸로 된 U 자 곡선 형태를 취한다. 곡선의 높이는 업무 성과를 나타낸다. 곡선의 정점은 적절한 각성 상태에서 업무 성과가 최고조에 이르는 지점이다. 정점의 왼쪽은 각성 상태가 충분치 않은 상태이며 성과도 좋지 않다. 더 많은 각성이 필요하다면 활기차게 걷자. 각성은 정신을 차리기 위해 필요하지만, 잘못된 종류의 각성(스트레스를 생각해보자)이 너무 많으면 성과가 급감하기 시작하고 곡선의 정점에서 오른쪽으로 향하게 된다. 최적의 각성 지점을 찾아 스트레스의 스위트 스폿sweet spot(가장 효율적인 상태)이라고 생각하자. 네거티브 스페이스와 힘든 과제를 조합하고 산책이나 무심한 활동으로 휴식한다는 개념을 활용해 스트레스의 스위트 스폿에 머무르자. 연습을 하다 보면 자신의 리듬과 주의집중 용량을 알게 될 것이다.

버겁고 하기 싫은 일들만 연달아 하지 않게 일정 관리하기

디지털 세상의 활동에서는, 얼마나 많은 주의집중 용량이 필요한지뿐만 아니라 그것의 감정적 유인가, 즉 해당 활동과 관련한 긍정적 또는 부정적 정서를 고려해야 한다. 연구에 따르면 사람들은 쉽고 단순한 활동을 할 때 가장 행복하다고 한다. 또한 이메일 처리는 부정적 감정을 불러일으킨다는 사실도 밝혀졌다. 긍정적 감정으로 하루를 마무리하는 것을 목표로 하루를 어떻게 설계하면 좋을지 생각해보자. 나는 조깅을 하면 엔도르

핀이 분비되어 기분이 좋아진다는 사실을 알기 때문에 더 긍정적인 기분을 느끼고 싶을 때 조깅을 한다. 안타깝게도 하루 종일 긍정적 감정을 불러일으키는 일을 할 수는 없다. 하지만 점심 식사 직전처럼 휴식을 취할 수 있을 때(화면 앞에서 점심을 먹지 않는다면) 까다로운 사람과 회의를 잡으면 그로 인해 느낄 법한 부정적 감정의 영향을 줄일 수는 있다. 또는 받은 편지함을 검토하는 시간을 정하고 이메일 확인을 하루에 한두 번으로 제한하여 이메일 확인 같은 불쾌한 작업을 관리할 수 있다. 어려운 과제는 다른 사람과 공동 작업을 통해 부담을 덜 수도 있다. 자신에게 부정적인 영향을 미칠 것으로 예상되는 작업의 경우, 일정을 유연하게 조정할 수 있다면 점심 식사 전 등으로 작업 시간을 변경하자. 긍정적 감정을 불러일으키는 작업들 사이에 배치하거나, 작업을 수행한 후 재설정하고 보충하는 일정도 좋다. 달리 말해 하루 일정을 짤 때는 내가 하는 일이 감정에 어떤 영향을 미칠지 고려해야 한다.

하루를 시작할 때 오늘 이루고 싶은 목표와 느끼고 싶은 기분을 그려보자

목표는 하루 동안 당신의 소중한 인지 자원을 어떻게 사용하고 어떻게 내적 균형을 이룰지를 설명하는 하루의 청사진이다.

목표를 유지하는 것은 정적이지 않고 오히려 역동적이다. 주의 집중은 목표 지향적이라는 점을 기억하고, 주의를 계속 집중하려면 목표에 대한 진술을 마음속에 간직해야 한다. 하루를 설계할 때 스스로 물어보자. 무엇을 성취하고 싶은가? 어떤 기분을 느끼고 싶은가? 목표를 구체화하기 위해 시각화하고 사전 사고를 활용하자. 하루를 마무리할 때 어떤 모습일까? 그리고 완성된 보고서를 보낼 때 기분이 어떨까?

정서적 목표도 설정하자. 업무 목표에 정서적 목표를 통합하는 것의 가치를 보여주는 유망한 접근 방식은 마이크로소프트 리서치의 앨릭스 윌리엄스Alex Williams가 주도한 업무 분리와 재결합에 관한 연구에서 찾을 수 있으며, 나도 이 연구에 참여했다. 한 대기업 직원 서른네 명이 열나흘 동안 매일 아침 컴퓨터를 켤 때 컴퓨터 소프트웨어 에이전트가 제시하는 간단한 질문에 답했다. 사람들은 전날 밤에 다음 날 어떤 일을 하고 싶은지, 어떤 기분을 느끼고 싶은지 생각해보았다. 어떤 사람이 특정 프로젝트에서 일하고 싶고 행복감을 느끼고 싶다고 생각해왔다고 치자. 다음 날 아침, 이 사람은 "아직도 이 프로젝트에서 일하고 싶으세요?"라는 질문을 받는다. "이 작업을 마무리하기 위해 취할 수 있는 첫 번째 단계는 무엇인가요? 여전히 행복감을 느끼고 싶은가요? 이런 기분을 느끼려면 취할 수 있는 첫 번째 단계는 무엇인가요?"라는 질문이 이어진다. 이런 질문은 사람들이 자기 목표에 대해 생각하게 만들었고 실험 결과는 성공적이었다. 사람들이 초반 한 시간 동안 더 생산적으로 몰두해서 일한다고 느낀 것이다.[10] 이 질문들은 사람들의 계획과 목표를 의식적인 수준으로 끌어올렸고, 일단 인지한 후에는 행동에 옮길 수 있는 주체성을 갖게 됐다. 당신도 이와 같은 기법을 적용해 목표를 의식적인 수준으로 끌어올려서 되새길 수 있다. 또한 이 연구에서는 하루 종일 목표를 재확인할 필요가 있다는 사실도 밝혀졌다.

이 책을 끝까지 쓸 수 있었던 건 여기에 설명된 실천 방법을 활용해 행동의 주체성을 기른 덕분이었다. 나는 글을 쓰는 대신 뉴스나 이메일을 확인해야 할 필요성을 느끼는 이유를 자문하는 등 내 행동에 관해 더 깊이 생각할 수 있도록 메타인지를 지속적으로 실천한다. 이제 메타인지는 루틴이 되었다. 나는 사전사고도 활용했다. 아침에 업무를 시작할 때, 일과가 어떻게 끝날지 상상하고 몇 페이지 분량의 글이 어떤 모습일지 상상해보았다. 또는 문서를 저장하고 완성된 챕터를 폴더로 옮기거나 보내는 모습을 상상하기도 했다. 그렇게 되면 어떤 기분이 들지 상상하니 행복했고 동기부여에도 도움이 되었다. 정말 큰 자극이 된 셈이다. 높은 수준의 목표를 염두에 두니 주의집중의 함정에 빠지지 않는 데 도움이 되었다. 나는 어떤 일을 시작하면 집착하는 성격이 있기에 그날의 최종 목표에 부합하는 모습을 상상할 수 없다면 그 활동은 시작하지 않으려 노력한다. 이런 습관은 내 디지털 활동에 관해 스스로 성찰하고 문제를 발견했을 때 바로잡는 데도 도움이 되었다.

　무엇보다도 나 자신의 리듬을 인식하고 그것을 인정하는 법을 배웠다. 글쓰기가 가장 잘되는 시간이 언제인지, 언제 피곤함을 느끼는지 알았다. 나는 일찍 일어나는 타입이 아니어서 너무 일찍 일어나는 것은 효과가 없다. 하지만 내 개인 리듬에 맞는 적당한 시간에 시작하고 약간의 무심한 활동을 먼저 하면 빠르게 완전군장으로 가동할 수 있다. 그리고 개인적인 인지 자원의 탱크가 어떻게 채워져 있느냐에 따라 의도적으로 활동을 전환한다. 인지 자원이 부족하다고 느끼면 지치기 전에 활동을 중단하고 재충전한다. 하루 일정 중간에 모임 같은 야외 활동을 계획하지만(사는 지역이 남부 캘리포니아라서 가능함을 인정한다) 당신도 아파트나 집 안 등 어디에서든 휴식하고 움직일 수 있다. 가끔은 (마이아 앤절로의 '작은 마음'을 떠올리며) 짧은 십자말풀이를 하기도 한다. 이렇게 하면 머리가 맑아지고 다시 글을 쓸 때 새로운 눈으로 볼 수 있다. 종종 다른 작업을 하다가 다시 책으로 돌아왔을 때, 다른 시각으로 책을 바라보기도 한다.

　중요한 점은 메타인지를 사용해 자원이 부족하다고 느끼는 즉시, 자원이 고갈되기 전에 휴식을 취하거나 무심한 활동으로 전환하고, 궤도를 유지하기 위해 사전사고를 활용하며, 아주 즐거운 무심한 활동을 하기 전 나만의 훅을 개발해 토끼굴에 갇히지 않는 것이다. 나는 내 주의를 산만하게 하는 여러 요인에 대해 잘 알고 있으며, 나의 성격 구성, 강점과 약점(신경증적 경향이 있다)에 관해서도 잘 안다. 이러한 지식은 빠져나갈 구실을 마련하기 위해서가 아니라 기기 사용 시 더 의도적으로 목적의식을 갖고 집중할 수 있도록 전략을 세우는 데 활용한다.

안식년 기간에 책을 쓴 덕분에 나는 강의와 학교 업무에서 해방되었다. 그런데도 연구 프로젝트를 진행하고, 회의와 워크숍을 열어 참석하고, 연구논문을 작성했을 뿐 아니라 두 학생의 논문 작성을 감독하고, 박사과정 학생의 논문 심사위원회에 참석하고, 논문을 검토하고, 추천서를 작성하면서 7개월 동안 이 책을 집필했다. 또한 하루를 신중하게 설계하고 단순하거나 기타 즐거운 활동을 위한 시간도 계획했다. 뉴욕에서 안식년을 보냈기에 저녁과 주말에는 뉴욕 생활의 즐거움도 충분히 누렸다. 스트레스의 스위트 스폿을 넘지 않는 적정선에서 이 모든 일을 해낸 것이다. 하지만 항상 순조로운 항해는 아니었음을 인정한다. 때로는 목표를 잊을 때도 있었고, 개인적인 주의집중 자원 용량에 주의를 기울이지 않고 휴식을 취하거나 뒤로 물러나는 것을 소홀히 하여 스스로를 소진시키기도 했다. 그럴 때마다 내 행동과 자원의 수준을 더 의식해야겠다는 결심이 굳건해졌다. 즉 어려움이나 문제에 직면했을 때 그것을 인식하려 노력한 것이다. 그런 다음 문제를 해결할 수 있는 주체성을 개발하기 위해 노력했고, 이 새로운 배움을 내 행동 레퍼토리에 흡수했다. 어머니는 "내가 맡아서 할게, 내가 알아서 할게, 내

가 해결할게"라는 말을 자주 하셨는데, 그건 주체성을 드러낸
표현이었다.

생산성 제고가 아닌 행복한 인생을 위한
주의집중 리듬을 찾아서

이 책에서 내 목표는 연구 결과를 바탕으로 기기 사용 방식
에 관한 대중의 논의를 전환해 건강하게 심리적 균형을 이루며
자연스러운 주의집중 리듬을 따르도록 하는 것이었다. 하지만
당신은 이렇게 생각할지도 모른다. 잠깐, 뭐라고? 생산성을 높
이기 위한 노력이 가장 우선시되어야 하지 않나? 하루 종일 마
라톤을 뛸 수 없듯이, 장시간 집중적 주의집중을 유지해야 하
는 고도의 정신적 부담은 업무 능력 저하와 스트레스 증가로
이어진다. 따라서 생산성을 최적화해야 한다는 압박감으로 장
시간 지속적인 집중을 강요하는 대신, 어려운 과제를 할 때도
있고 쉽게 몰두할 수 있는 시간도 있는, 다양한 종류의 주의집
중을 사용하는 리듬을 찾아보자. 인지 자원의 현명한 사용을
중심으로 하루를 설계하고 자신의 웰빙을 최적화하는 것을 목
표로 삼자.

무심한 단순 활동을 하게 해서는 안 된다는 대중의 논의는
과학에 근거하지 않는다. 무심한 활동은 어렵지 않고 때로는

긴장을 풀어주어 사람들을 행복하게 하고, 한 걸음 물러나 인지적 자원을 보충하게 돕는 등 우리 삶에서 중요한 기능을 한다. 예를 들어 정원 가꾸기와 뜨개질은 무심한 활동이다. 마찬가지로 디지털 세상에서도 긴장을 풀고 재충전하기 위해 할 수 있는 일들이 있으며, 다른 사람들과의 연결 같은 보상도 얻을 수 있다. 우리는 더 큰 업무와 정서적 목표를 지원하는 행위의 일환으로 무심한 활동을 고려해야 한다. 물론 가장 좋은 휴식은 일어나서 움직이기다(단, 스마트폰을 확인하면서는 안 된다). 쉬운 일을 하면서 짧은 휴식을 취하면(그리고 너무 길을 잃지 않도록 메타인지를 활용하면) 부족한 인지 자원이 보충되며, 결과적으로 더 많은 자원이 확보되어 주의집중력이 향상되고, 자기통제가 더 효과적으로 이뤄지고, 생산성도 높아진다. 무엇보다도 중요한 것은 긍정적 기분을 느낄 수 있다는 사실이다.

죄책감을 느끼지 말고 스스로 물러서도록 여유를 주자. 우리 모두가 하루에 2000단어를 쓰는 것으로 유명한 윌리엄 제임스나 작가 스티븐 킹처럼 될 수는 없다. 우리는 생산성을 최적화하기 위한 문화를 조성해왔으며, 이는 곧 더 많은 정보를 생산하고, 더 많은 커뮤니케이션을 하고, 더 많은 정보를 따라잡아야 한다는 의미이기도 하다. 오늘날 디지털 환경에서 우리는 우리의 웰빙을 유지하는 배에 올라 계속 항해하기 위해 강풍과 맞서 싸우고 있다.

당신이 할 수 있는 일은 주체성을 길러 주의집중을 더 잘 통제하고 주의집중 리듬에 맞춰, 긍정적인 웰빙을 추구하는 것이다. 위대한 예술가와 작가들은 리듬 찾기의 중요성을 알고 있었다. 그들은 언제 가장 일이 잘되고 언제 휴식을 취해야 하는지, 하루 중 언제를 네거티브 스페이스로 채워야 하는지 알았다. 가령 작가 앤 비티Anne Beattie는 오후 9시에 글을 쓰기 시작해 자정에서 새벽 3시 사이에 가장 집중력이 좋다고 한다.[11] 그녀는 자신만의 리듬을 따라 최고의 집중력을 발휘한다.

아직 비교적 젊은 디지털 시대에 우리의 건강과 웰빙을 우선시하기 위해서는 대중의 논의를 바꿔야 한다. 컴퓨터는 우리의 능력을 확장하기 위해 설계되었지만, 그것을 사용함으로써 우리는 주의집중을 통제하지 못하고 스트레스를 받는다. 개인의 의지력 부족 때문에 주의가 산만해지고 방해받고 멀티태스킹을 한다는 생각은 불완전하다. 모든 것을 강력한 알고리즘 탓으로 돌리는 것도 유용하지 않다. 영향력의 영역은 훨씬 더 넓다. 우리의 주의집중 행동은 환경, 사회, 개인 및 기타 기술적 힘을 포함하는 훨씬 더 큰 사회기술적 세계의 영향을 받는다. 단지 우리 자신의 절제력 부족 때문만은 아닌 것이다. 그러나 우리는 동적인 주의집중 경향을 활용하기 위해, 의도적으로 주의집중 사용 방법을 선택하는 식으로 주체성을 발휘해 계획을 세우고 행동을 취할 수 있다. 디지털 세상에서 주의집중을 효과적으로 사용하기 위해서는 우리 자신과 우리가 사는 더 큰 환경을 이해해야 한다.

14

주의집중의 미래

　인터넷과 스마트폰 같은 퍼스널 컴퓨팅personal computing은 인간의 능력을 향상시키기 위해 고안되었다. 하지만 수년간의 연구를 통해 나는 이러한 기술이 우리 삶을 개선하는 데 매우 유용하지만 종종 우리를 지치게 만든다는 사실을 발견했다. 연구 결과는 내가 예상했던 것보다 훨씬 더 나빴다. 컴퓨터와 휴대폰을 사용하는 긴 시간 동안 우리는 빠르게 주의집중이 전환되었고 외부 자원과 스스로에 의해 방해를 받는다. 그 결과 업무는 파편화되고 우리는 자주 상황에 압도되어 스트레스를 받는다. 책의 서두에도 언급했듯이 스트레스는 21세기의 전염병이라고 불리며[1] 고혈압, 수면 문제, 피로 같은 다양한 건강 문제를 일으킨다. 물론 우리 삶의 많은 것들이 스트레스를 유발하지만, 적어도 한 가지 잠재적인 스트레스 원인, 즉 개인 기기와의 관계는 바꿔나갈 수 있다. 한정된 주의집중 용량을 현명하게 사용하면서도 긍정적인 웰빙과 심리적 균형을 이루고 생산성도 높일 수 있을 것이다.

디지털 기술은 우리 정신의 부속물이 되었고 우리 문화에 깊숙이 자리 잡았기 때문에 당연히 떼어내기가 어렵다. 우리는 GPS 없이 운전할 수 없고 더 이상 머리로 계산하지 않으며 구글을 대화 상대로 삼는다. 컴퓨터와 휴대폰은 우리의 지속적인 주의집중을 요구한다. 하지만 우리가 컴퓨터와 스마트폰을 넘어 빠르게 변화하는 더 큰 디지털 세상의 일부라는 사실을 간과해서는 안 된다. 우리는 이미 음성 비서에게 쇼핑을 부탁하고 스마트 온도조절기를 설정해 집 안 난방을 하고 로봇을 사용해 집을 청소하는 데 익숙하다. 디지털 세상에서는 변화가 매우 빠르게 일어나는데, 우리는 항상 이를 알아차리지 못한다.

마찬가지로, 우리는 개인 기기 사용 시 주의집중을 저하하는 방식에 익숙해졌고 그리하여 우리의 주의집중 시간은 수년에 걸쳐 감소하고 있다. 우리 각자의 본성과는 별개로 짧은 주의집중 시간에 기여하고 이를 강화하는 문화가 발달했다. 이러한 문화는 기술 회사, 영화, TV, 광고, 소셜 미디어 플랫폼과 조직 구조에 의해 만들어졌지만, 우리 모두에 의해 만들어진 것이기도 하다. 우리는 영상과 소셜 미디어를 통해 콘텐츠와 이야기를 공유하고 이를 가능하게 하는 새로운 플랫폼을 개발함으로써 우리의 짧은 주의집중 시간을 강화하는 디지털 문화에 기여하고 있다.

컴퓨팅의 발달이 주의집중에 어떤 영향을 주었는지에 관한 내 이야기는 내가 직접 연구한 사람들의 이야기와 매우 유사하다. 수년에 걸쳐 연구를 계속하면서 나는 나 자신의 멀티태스킹과 스트레스에 관해 더 잘 자각하게 되었다. 다른 사람들을 연구하기 위해 외부로 눈을 돌릴수록 스스로의 행동을 더 많이 들여다보게 되었고, 내가 심리적 균형을 이루는 데 소홀했음을 깨달았다. 다른 사람들을 연구하면서 우리의 주의집중이 얼마나 파편화되어 있는지 기록하는 것만으로는 충분하지 않다는 점도 곧 깨달았다. 또한 그 이유와 이에 대해 우리가 할 수 있는 일이 무엇인지 이해하고 싶었다. 내가 내린 결론은 더 많은 주의산만과 더 높은 스트레스의 길에 고립될 필요가 전혀 없다는 것이다.

기술과 건강한 관계를 발전시키려면 개인, 조직, 사회의 세 가지 수준에서 변화가 필요하다. 개인은 자신의 성향이나 기본적인 사회적 동력을 크게 바꿀 수는 없지만, 디지털 세상에서 자신의 주의집중을 통제할 주체성을 개발할 수는 있다. 조직은 커뮤니케이션 패턴을 재구성하고 그리하여 기대치를 변화시킴으로써 개인의 노력을 뒷받침할 수 있으며, 사회는 새로운 문화적 관행을 개발하는 데 도움이 되는 정책과 프로그램을 제정할 수 있다.

오늘날 우리는 기술을 사용하며 주의집중의 대가를 치르고 있지만, 나는 혁신에 지속적으로 흥미를 느끼며 행복에 부정적인 영향을 미치지 않는 선에서 기술 사용법을 익힐 수 있다고 믿는다. 우리는 스스로를 한계까지 밀어붙여야 한다는 대중적 내러티브를 바꿔서 기술 사용을 통해 긍정적인 웰빙을 달성하려고 노력해야 한다. 바다에 휩쓸리기보다는 조류를 따라 헤엄치고 파도를 타는 방법을 배우는 것이다.

벗어날 수 없는 디지털 세상, 연결되지 않을 권리를 위한 투쟁

그렇다면 주의산만을 제한하는 방법으로 권장되는 것처럼 단순히 이메일, 슬랙 또는 소셜 미디어와 단절하면 될까? 디지털디톡스를 할 수는 있지만 영구적이지 않을뿐더러 실행 가능한 장기적인 해결책은 아니다. 만일 당신이 업무상 컴퓨터와 휴대폰을 사용해야 하는 정규직 혹은 파트타임 지식노동자이거나 멀리 떨어져 있는 가족 및 친구와 연락을 유지해야 하는 대학생이나 고등학생이라면, 장기간 디지털 기기를 사용하지 않기란 불가능하다. 스스로 연락을 끊는 사람은 결국 업무상 중대한 정보를 놓치거나 친구와의 중요한 대화를 놓쳐 불이익을 받는다. 또한 커뮤니케이션과 업무에 대한 부담을 동료가 떠안아 대신 슬랙을 확인하는 등 업무 공백을 메워야 한다. 우리는 서로 연결된 사람과 정보의 그물망 속에서 살고 있으며 끊임없이 쏟아지는 정보의 흐름에 함께 휩쓸려 다니기 때문에 한순간 거기서 빠져나오는 방법은 효과가 없다. 이것이 우리가 만들어낸 디지털 시대의 현실이다. 기기가 똑똑하지만, 우리가 그것을 사용하는 방법은 더 똑똑해져야 한다.

개인으로서 우리는 개인행동에 대한 주체성을 확보하는 동시에, 주의집중을 통제하는 문제는 조직 차원의 과제로 다뤄야 한다. 이메일 차단 연구 결과에서 알 수 있듯 이메일이나 슬랙 같은 업무 도구에서 손을 떼는 것은 집단적으로만 할 수 있다.[2] 이메일을 일괄 처리하는 것이 해결책으로 널리 제안되고 있는데, 앞서 언급했듯 그렇게 한다고 사람들의 스트레스가 낮아지거나 생산성이 높아지지는 않았다. 두 가지 연구 결과에서 알 수 있었듯 많은 이들이 생각하는 것처럼 만병통치약이 아닌 것이다. 하지만 그렇다고 해서 이점이 없지는 않다. 받은 편지함에 이메일이 도착하는 시간을 제한하면 사람들의 기대치가 재설정될 수 있다. 예를 들어 오후 1시까지 이메일이 도착하지 않는다는 점을 전부 다 알고 있다면, 모든 사람의 기대치를 집단적으로 수정하고 즉시 응답해야 한다는 압박(과 죄책감)을 덜 수 있다. 이렇게 하면 이메일 전송량이 줄어들 수도 있다. 또한 개인의 이메일 확인 습관도 변화시켜서 내가 관찰한 것처럼 하루에 일흔일곱 번이 아니라 한두 번만 받은 편지함을 확인하도록 할 수 있다. 사람들은 하루에 더 많은 시간을 확보하게 될 것이다. 새로운 이메일이 오지 않는다는 사실을 금방 알게 되므로 이메일을 계속 확인하던 습관도 변할 것이다. 이메일 차단 연구 결과, 이메일 없이 며칠이 지나자 사람들은 습관을 바꾸기 시작했다. 그렇게 조직은 업무 커뮤니케이션 사용에 대한 새로운 사회적 관습과 새로운 집단적 기대치를 만들 수 있다.

전자 커뮤니케이션이 없는 조용한 시간을 지정하면 이메일이 없는 시간도 있을 수 있다는 새로운 기대치를 설정할 수 있다. 전화 서비스 제공업체가 한 달에 데이터를 사용할 수 있는 시간을 할당하는 것과 마찬가지로 조직이 일주일 또는 하루 동안 일정량의 이메일 시간을 할당하는 방법이 더 나을지도 모른다. 그 외에는 사람들이 직접 만나기만 하면 되는데, 이메일 차단 연구에 참여한 사람들은 이를 매우 좋아했다.

조직은 근무시간 이후 메시지에 응답하지 않는 직원에게 불이익을 주지 않음으로써 그 역할을 다할 수 있다. 공식적인 정책은 직원들의 사고방식을 바꾸고 업무에서 분리되려는 직원들의 노력을 지지해 허물어진 일과 사생활의 경계를 재건하는 데 도움을 줄 수 있다. 업무시간 이후 이메일을 처리하는 데 걸리는 시간은 스트레스를 가중한다. 간단히 말해 퇴근 후 이메일 사용은 사람들을 화나게 한다.[3] 이미 일부 지역에서는 개인에게 불이익을 주지 않으면서 조직 차원에서 이메일을 끄도록 하고 침해를 규제하는 정책을 도입했다. 자동차 회사 폭스바겐과 보험 회사 알리안츠 같은 독일 기업들은 직원들을 위해 이런 정책을 채택했다. 연결 해제disconnection란 근무시간 전후로 이메일, 슬랙, 휴대폰에 응답하지 않거나 화상회의를 하지 않는 것을 의미한다.

프랑스에서는 2017년 엘콤리El Khomri 노동법에서 시작된 '연결되지 않을 권리Right to Disconnect' 법이 국가 차원에서 제정되었다.[4] 이탈리아, 필리핀 등 다른 국가에서도 유사한 법안을 도입하고 있다. 2021년 아일랜드에서는 실행 강령이 통과되었고, 캐나다 온타리오주에서는 노동자를 위한 노동법 2021이 제정되어 직원들에게 정상 근무시간 이후 업무 연락에 응답하지 않을 권리를 부여하고 있다. 이 정책은 성공적일까? 프랑스 노동자 107명을 대상으로 한 설문조사에 따르면 엘콤리 법에 대한 평가는 엇갈리는 것으로 나타났다. 노동자들이 이 법의 취지에는 공감했지만, 사실상 수익에 지장을 줄 수 있다는 이유로 정책 시행을 거부하는 기업도 있었다.[5] 그러므로 이윤추구보다 노동자의 복지를 우선하기 위해서는 정책과 함께 문화도 바뀌어야 한다.

이 법에서 주목할 만한 점은 디지털 기기로부터의 분리를 기본 인권으로 취급한다는 점이다. 다시 말해 업무시간 이후에 불이익을 받지 않고 디지털 기기를 사용하지 않을 권리를 기본 인권으로 인정한다. 연결되지 않을 권리는 "모든 사람은 노동시간을 합리적으로 제한하고 유급휴가를 받을 뿐만 아니라 휴식과 여가를 누릴 권리가 있다"라는 세계인권선언 제24조를 기반으로 한다.[6] 연결되지 않을 권리를 법에 도입하는 국가가 늘어나면서 다른 시간대에 걸친 지역의 사람들과 함께 일하는 경우처럼 해결해야 할 문제가 아직 많지만, 일부 국가는 긍정적인 방향으로 나아가고 있다. 머지않아 더 많은 국가가 스트레스를 줄이고 주의집중 자원을 보충할 기회를 제공할 필요성을 깨달아 유사한 정책을 제정할 것이다.

그러나 팬데믹의 경험이 근무시간에 대한 완전히 새로운 사고방식을 도입했다. 낮에 자녀를 돌보는 등 개인 생활과 직장 생활을 병행하는 사람들이 많았기 때문에, 근무시간이 길어지고 일과 개인 생활의 경계가 모호해졌으며 정상 근무시간이 무엇을 의미하는지 더 이상 명확하지 않다. 많은 기업이 이미 하이브리드근무 또는 원격근무를 도입하고 있으며, 특히 자녀나 노부모를 돌봐야 하는 경우 근무시간을 유연하게 조정할 수 있다는 점에서 많은 노동자가 이를 선호하고 있다. 원격근무의 경우, 장시간 이메일 업무로 인한 번아웃을 예방하기 위해 연결되지 않을 권리 법이 그 어느 때보다 중요해질 것이다. 근무시간이 유연해진다는 점을 고려할 때, 이런 법률은 회사 내 모든 사람의 전자 커뮤니케이션 창을 하루 몇 시간으로 축소할 수 있다. 조직에서의 변화는 점진적으로 이뤄질 때 가장 효과적이며, 점차 시간을 줄여나가면 모든 직원이 커뮤니케이션에 응답하는 것에 대한 기대치를 재조정할 수 있을 것이다.

특히 청소년은 실행 기능과 사회적 정체성이 아직 발달 중이어서 기술의 영향에 취약하다. 학교는 미디어 리터러시(미디어에 접근하고, 그것이 제공하는 정보를 비판적으로 이해하고 활용하며, 나아가 이를 창조적으로 표현하고 소통할 수 있는 능력-옮긴이) 프로그램을 개발해 청소년이 디지털 행동을 스스로 인식하고 바로잡도록 가르쳐야 한다. 이를 통해 청소년은 주체성을 기르고 긍정적인 기술 사용 습관을 들일 수 있을 것이다. 일부 학교 시스템에서는 2018년에 승인된 캘리포니아 상원 법안 830 같은 미디어 리터러시 프로그램을 이미 도입했다.[7] 이 법안은 학군에서 미디어 리터러시 교육 자원과 자료를 사용할 수 있도록 하고 있다. 개인 기술과 건강한 관계를 맺는 방법은 어릴 적부터 배워야 한다.

사회적 차원에서 법과 정책은 우리가 기술을 보다 균형 있게 사용할 수 있도록 지원하는 기반이 된다. 이러한 사회적 변화에 대한 낙관론은 개인이 목소리를 내면서 더욱 커지고 있다. 7장에서 다뤘듯이 2021년 내부 고발자 프랜시스 하우건은 페이스북 내부 파일을 공개하며 미국 상원 위원회에서 페이스북의 폐해에 대해 증언했다. 그녀의 용기는 많은 사람들에게 영감을 주었으며 이는 소셜 미디어 기업의 관행을 억제하는 새로운 규제로 이어질 수 있다. 하버드케네디스쿨의 기술과 사회 변화 프로젝트Technology and Social Change Project[8]와 인도적 기술 센터Center for Humane Technology[9]를 통해 미국 정부가 소셜 미디어의 보다 윤리적인 사용을 지원하도록 촉구하는 다른 중요한 노력도 진행 중이며, 미국 의회에서 추가 증언도 이뤄지고 있다. 알고리즘을 이용한 타깃 개인화는 줄어들지 않고 있지만, 우리의 행동과 주의집중이 어떻게 조작되고 있는지에 관한 대중의 인식은 점점 높아지고 있다. 우리는 페이스북 사용자 8700만 명의 민감한 데이터에 부적절하게 접근한 케임브리지 애널리티카의 몰락을 목격했다.[10] 법률 비용이 증가하고 고객이 외면하자 파산을 신청한 것이다. 이는 다른 기업들에게 사용자의 개인정보에는 침해할 수 없는 경계가 있다는 강력한 메시지를 전했다. 유럽에서는 이제 데이터 프라이버시가 일반 개인정보 보호 규정과 더불어 정책적으로 보장되고 있다.

TV, 영화, 광고 등 광범위한 미디어 환경의 변화 여부에 대한 낙관론은 여전히 유효하다. 이윤추구가 강력한 탓에 더 많은 콘텐츠가 점점 더 짧은 시간의 프레임에 담기고 있으며 이런 경향은 변하지 않을 것이다. 하지만 영화 숏이 너무 짧아지면 영상을 이해할 수 없게 될 것이다(카오스 편집은 한계에 도달한 것으로 보인다). 역사적으로 진자는 종종 되돌아가기도 했으니, 기다리며 지켜볼 일이다.

AI가 일상에 도입되면
우리의 주의집중은 어떻게 될까?

기술혁신은 우리에게 낙관론의 이유를 제공하기도 한다. 혁신이 어떻게 사회의 궤도를 바꿀 수 있는지에 대한 역사적 사례는 1972년에 발표된《성장의 한계The Limit to Growth》라는 연구를 보면 알 수 있다.[11] 이 연구는 세계적 문제 해결을 목표로 하는 100명의 최고 사상가 네트워크인 로마클럽에 의해 수행되었다. 이 연구에서 MIT 운영 연구원 그룹은 컴퓨터 시뮬레이션을 사용하여 세계 자원의 감소를 예측했는데, 이를테면 1인당 세계 식량이 2020년에 정점을 찍은 후 급감할 것이라고 보고했다. 2020년이 지난 현재 시점에서 그 예측은 유효하지 않다. 이 모델에서는 새로운 농업 관행과 같은 개입과 혁신이 이러한 붕괴의 방향을 막거나 늦출 수 있다는 점을 고려하지 않은 것이다. 물론 여전히 상당한 변화가 필요하다. 기후변화처럼 정책과 관행의 혁신과 변화가 필요한 시급한 사회문제가 아직 남아 있다.

우리의 주의집중이 얼마나 파편화될 수 있는지에 대해 이제 한계에 다다랐다고 느끼겠지만, 어떤 새로운 기술 및 행동 혁신이 우리의 주체성에 도전하거나 이를 뒷받침할지는 예측할 수 없다. 예를 들어 미래에는 사용자가 알고리즘을 소유할지도 모른다. 사용자가 직접 제어하는 AI 기반 개인 디지털 비서를 가지는 것이다. 중요한 점은 이와 관련된 데이터도 사용자가 소유한다는 것이다. 즉 사용자가 비서를 통해 수행하는 작업은 기술 회사가 소유하지도 않고 접근해서도 안 된다. 미래의 개인화된 디지털 비서는 사용자의 행동, 상황, 성격 특성, 전날 밤의 수면, 기분 등을 통해 사용자의 주의집중 능력에 대한 정확한 세부 정보를 학습하여 무엇이 개인의 주의집중 자원을 축적하고 고갈시키는지 파악할 것이다. 또한 다양한 유형의 주의집중에 대한 이상적인 리듬, 주의가 산만해지는 요인, 자가-중단 시점 등도 학습할 것이다. 휴식하기 좋은 시간에 대한 피드백을 제공하고, 사용자를 잘 파악해 긍정적인 기분을 느끼는 활동을 제안할 수도 있다. 이러한 프로토타입 디지털 비서의 한 예로, 2019년 열나흘 동안 스물네 명을 대상으로 마이크로소프트 리서치에서 실시한 연구에 활용된 앰버Amber를 들 수 있다. 앰버는 휴식시간에 대한 제안을 제공했는데, 참가자들은 이를 좋아했고 그 결과 소셜 미디어 사용시간을 줄이는 등 일상에 긍정적인 변화를 가져왔다.[12] 이러한 에이전트는 사용자를 대신해 작업을 수행하는 것이 아니라 데이터를 수집하여, 사용자가 여러 앱에 얼마나 많은 시간을 소비했는지 알려주는 소프트웨어보다 훨씬 더 심층적으로 사용자의 행동을 이해하는 데 도움이 되는 정보를 제공할 것이다. 그뿐만 아니라 사용자가 디지털 세상에서 스스로를 통제해 자기효능감 기술을 개발할 수 있도록 도와줄 수 있다. 사용자가 자신의 행동을 통제할 수 있도록 도와주는 개인 코치라고 생각하면 쉽다.

그러나 AI가 발전하고 우리 삶에 더욱 통합됨에 따라 다른 방식으로 우리의 주의집중에 영향을 미칠 것이다. AI는 일상적인 작업은 잘 처리하지만 모호하거나 복잡한 의사 결정은 잘 처리하지 못한다. 이는 우리가 원하지 않는 불쾌하고 지루한 작업을 AI에게 맡긴다는 측면에서 이점이 될 수도 있지만 복잡한 작업을 처리하는 데 더 많은 시간과 주의집중을 쏟게 된다는 의미이기도 하므로, 우리의 주의집중에 새로운 도전 과제를 제기할 수 있다.

심리적 균형을 이루는 데 도움이 되는 기술 설계를 하려면

인터넷 설계 관련 내용에서 보았듯이 기술 설계는 우리의 주의집중을 유도하는 데 핵심 역할을 한다. 소셜 미디어 기업은 사회적 존재인 인간이 사회적 보상을 추구한다는 사실을 활용한다. 예를 들어 '좋아요' 버튼은 우리의 사회적 가치를 검증해주고, 끝없이 이어지는 피드는 명확한 중단 지점 없이 우리의 기본적인 사회적 호기심을 자극한다. 인터페이스 재구성 같은 개별적인 노력과는 별개로, 인터페이스 내에 마찰을 설계해 건강한 기술 습관과 더 긴 주의집중 시간으로 이어지게 할 수 있다. 무한 스크롤은 목표 지향적 주의집중을 촉진하는 방향을 역행한다.[13] 무한 스크롤을 없애면 사람들은 피드를 새로고침하려고 추가 작업을 해야 하는데, 이는 무의식적 행동을 의식적 행동으로 만든다. 조금 더 난폭한 기술을 적용한다면, 소셜 미디어를 사용한 지 10분이 지났을 때 계정이 차단되어 다시 로그인해야 하거나 사용시간을 제한적으로 할당할 수도 있다. 이런 방식은 사람들이 가장 중요한 관계에만 소셜 미디어를 집중적으로 사용하도록 유도할 것이다. 또는 플랫폼에서 사흘마다 비밀번호를 갱신하도록 요구할 수도 있다. 이렇게 하면 어느 순간 사람들이 소셜 미디어 사용을 포기하고 산책하러 나갈지도 모른다. 물론 기업의 이윤추구를 고려할 때 이러한 아이디어가 소셜 미디어 앱에 내장될 가능성은 낮지만, 브라우저의 플러그인 형태로 구현할 수는 있다.

더욱 광범한 수준에서는 사회심리학자 및 임상심리학자가 포함된 설계팀이 절실하다. 소셜 미디어 시스템을 더 설득력 있게 만드는 것이 아니라 전략적으로 덜 설득적으로 만들어서 정신 건강과 웰빙을 설계의 우선순위로 끌어올려야 하는 것이다. 현재의 설계팀은 일반적으로 컴퓨터과학자나 엔지니어 등 기술적 배경을 가진 사람들로 구성된다. 나는 주로 기술설계팀에서 프로젝트의 유일한 심리학자로 일해왔다. 그래서 설계 결정이 인간의 행동에 어떤 영향을 미치는지에 대한 관점을 팀에 알려주는 일이 얼마나 중요한지 잘 안다. 사실 설계팀에는 가장 중요한 이해관계자인 기술 사용자가 포함되어야 한다. 설계자들이 사회적 환경에서 안경이 배포되었을 때 어떤 일이 일어날지 예측하지 못했던 구글 글래스 사례를 기억하는가? 우리의 최우선 과제는 소셜 미디어가 현실에서 얻는 보상을 보완하는 정도의 건전한 사회적 보상을 제공하도록 설계하는 것이다. 설계는 우리의 자연스러운 관행과 함께 더 나은 심리적 균형을 촉진할 수 있고, 또 그렇게 해야 마땅하다.

휴대폰 없이 자연을 산책해보자

　디지털 시대에는 기기에 너무 많은 시간과 주의집중을 쏟는 대가로 사람들과의 직접 대면을 포기해야 하는 기회비용이 발생한다. 진 트웽이Jean Twenge, 브라이언 스피츠버그Brian Spitzberg, W. 키스 캠벨W. Keith Campbell의 연구 결과가 이를 뒷받침한다. 전국을 대표하는 대규모 중학생 및 고등학생 표본을 바탕으로 조사한 결과, 1976년부터 2017년까지 청소년들의 대면 상호작용이 감소한 것으로 나타났다.[14] 그러나 이는 상관관계 연구이므로, 그동안 소셜 미디어 사용이 증가했다고 해서 기기 사용때문에 상호작용이 감소했다고 단정할 수는 없다. 물론 사람들은 물리적으로 서로 함께 있을 때조차도 함께 있는 사람보다는 휴대폰에 집중하는 경우가 많다. 눈앞에 있는 사람보다 휴대폰이 우선시되는 것이다. 메시지 기능은 비동기식이고 뉴스는 계속 업데이트되기 때문에 누군가와 얼굴을 마주하고 있을 때조차 항상 휴대폰에 주의를 기울이게 된다. 한순간도 놓치지 않으려고 계속해서 휴대폰을 확인한다.

기술로 미래를 창조해가는 과정에서 우리는 화상회의를 통한 원격작업처럼 디지털 세상에서 존재감을 나타낼 방법을 고안해냈다. 하지만 우리는 물리적 세계에서 어떻게 하면 더 존재감을 드러낼지도 생각해야 한다. 대화를 전혀 하지 않는 것보다는 줌 대화가 낫지만, 그렇다고 대면 대화가 사라져서는 안 된다. 온라인 상호작용은 사람들이 의사소통에 사용하는 중요한 사회적 신호를 제한한다. 물론 직접 만날 수 없을 때는 유용하지만, 대면 상호작용에서 얻을 수 있는 창의성과 만족감을 완전히 대체할 수는 없다. 문자로 소통할 때 사람들은 억양, 제스처, 몸의 자세, 표정 등 의미 전달 시 대면 소통에서 볼 수 있는 풍부한 사회적 단서를 잃는다. 음성 또는 영상 회의처럼 향상된 미디어에도 다른 사람과의 상호작용을 탐색하고 이끄는 데 도움이 되는 중요한 사회적 신호는 부족하다.

대화는 3차원 공간에서 사용되는 사회적 정보에 의해 안무된, 물리적 세계에서 가장 잘 구현되는 파트너 간의 춤이자 예술이다. 대화의 틀을 짜는 데에는 맥락도 중요하다. 줌 배경 화면 같은 디지털 환경의 신호는 대화 상대와 사무실, 야외 공원, 촛불이 켜진 식당 같은 환경을 공유하는 상황만큼 상호작용을 위한 풍성한 분위기를 조성하지 못한다.

우리의 마음은 물리적 세계에서 3차원 자극을 인식하도록 진화해왔다. 그러므로 깨어 있는 대부분의 시간 동안 화면 앞에서 2차원 자극을 인식하는 것은 3차원 자극을 대체하지 못한다. 가상현실은 물리적 환경을 시뮬레이션하는 데 상당히 능숙해졌지만, 궁극적으로 사람들의 주의집중과 행동은 여전히 화면 인터페이스를 사용하는 데 제한되어 있으며, 아바타를 사용한다고 해도 어떻게 움직이는지에 대한 운동감각을 경험할 수 있는 건 아니다. 장시간 화면 앞에 앉아 움직이지 않으면 실제 세계에서 몸의 위치와 방향을 인식하는 고유수용감각proprioception을 쓸 기회가 사라진다는 점을 생각해봐야 한다. 물론, 전 세계를 돌아다닌다 해도 휴대폰만 주시한다면 여전히 주변 환경을 인식하지 못하기는 마찬가지다. 무심한 온라인 활동도 도움이 되지만 화면에서 벗어나 실제 환경을 경험하는 휴식시간을 만들어보자. 특히 자연 속에서 산책하면 창의력이 향상된다고 알려져 있다. 스탠퍼드대학교 연구진이 참가자 마흔 명에게 야외 산책을 시킨 뒤 관찰한 결과, (실내에서든 실외에서든) 걷기 활동과 야외에 머문 시간은 창의력 향상에 독립적으로 기여하는 것으로 나타났다. 실험 참가자들은 (가령 타이어를 화분으로 사용하는 등) 일반적인 물건의 활용법에 대해 더 참신한 아이디어를 내놓았다.[15] 이 연구는 기기 화면에서 벗어나 물리적 세계에서 몸을 움직이는 것의 중요성을 알려준다. 물론 휴대폰은 놔두고 말이다.

원격근무 환경에서 우리는
어떻게 서로를 방해하게 될까?

우리는 (버몬트주에서 원격으로 재택근무를 하거나 일주일에 사흘만 사무실에 출근해 하이브리드근무를 하는 등) 다양한 형태의 근무 형태를 계속 시도하면서 이러한 다양한 모델이 주의집중 시간에 어떤 영향을 미칠 수 있는지 이해해야 한다. 예를 들어 재택근무 환경에서는 가족이나 동거인 또는 집 자체가 외부적, 내부적 주요 방해 요소가 될 수 있다. 지저분하게 쌓인 설거지 더미를 보면 집중력이 흐트러지기도 하는데, 이것이 바로 자이가르니크의 미완성 과제다. (하지만 MIT 교수인 내 친구는 빨래 후 양말 짝을 맞추는 무심한 활동에서 즐거움을 찾는다. 양말 짝 맞추기나 칼면의 다림질은 휴식이 될 수 있다.) 물리적인 업무 공간에서는 동료가 전화 통화에 몰두하고 있는지 혹은 통화를 마무리 지으려 하는지 몸짓과 억양을 통해 알 수 있고, 그것은 언제 방해해도 되는지에 대한 신호가 된다. 하지만 재택근무 환경에서는 일과 가정생활의 경계가 모호해 밤 9시에도 방해받을 수 있고 아침 7시에 다른 사람을 방해할 수도 있다. 원격근무 중에는 상대방에게 방해가 될지 안 될지 여부에 대한 인식이 부족해 우리 모두 방해꾼이 될 수 있다.

공유 사무실 중에서도 가장 흔해진 오픈 오피스 플랜(넓게 트인 공간에 비슷한 구조로 책상이 줄지어 배치된, 오늘날 일반적인 한국의 사무실 형태-옮긴이)은 완전히 다른 업무 환경이다. 비공식적인 상호작용과 협업의 기회라는 이점은 그곳이 방해의 온상이 될 수 있다는 점에서 상쇄된다. 방해에 관한 어느 관찰 연구에서는 오픈 오피스 환경에서 일하는 사람들이 개인 사무실에서 일하는 사람들에 비해 외부적, 내부적으로 훨씬 더 많은 방해를 경험한다는 사실을 발견했다.[16] 심지어 같은 작업 그룹의 동료가 방해했을 때도 업무와 관련 없는 지엽적인 것인 경우가 잦았다는 점은 그리 놀랍지 않다. 우리는 사람들이 주변 환경을 모니터링하는 방식을 관찰했는데, 그들은 기회가 오자마자 (이를테면 한 사람이 컴퓨터에서 한눈을 팔 때) 서로를 방해해야 하는 타이밍을 알아챘다. 그러므로 더 많은 원격 및 하이브리드 근무가 예상되는 미래의 업무 환경으로 나아가는 우리는 새로운 업무 환경이 제공하는 이점에도 불구하고 방해에 대한 새로운 규범, 외로움의 증가,[17] 특히 주의산만의 증가 같은 해결해야 할 과제를 떠안을 것이다.

우리가 그리는 디지털 세상

우리가 향하는 곳이 어딘지 예상할 때는 여전히 디지털 세상을 발명하는 중이라는 사실을 인식해야 한다. 컴퓨팅의 역사는 아직 초기 단계에 불과하다. 이 책 서두에서 인용한 에머슨의 말을 떠올려보자. "우리는 우리 문명이 정오에 가까워졌다 생각하지만, 아직 첫닭이 울고 샛별이 뜨는 무렵에 불과하다."[18] 개인용컴퓨터는 1980년대 중반에, 인터넷은 1990년대 중반에 널리 보급되었으며, 주머니 속 슈퍼컴퓨터인 스마트폰은 2007년 아이폰이 발명되면서 비로소 대중화되기 시작했다. 기술은 빠른 속도로 발전하는데, 주의를 과도하게 집중하거나 스트레스를 받지 않으면서 일상에 통합할 수 있는 방법에 대한 이해는 훨씬 뒤처져 있다. 서구 문명이 너무 많이 먹고, 너무 많은 재화를 소비하며, 너무 많은 물질을 취하는 과잉의 시대에, 우리는 디지털 미디어 역시 너무 많이, 종종 잘못된 방식으로 소비한다. 우리는 아직 디지털 세상에서 주의집중을 기울이거나 행동을 억제하는 방법 혹은 주체성을 발휘하는 방법을 찾지 못했다. 디지털 시대의 서부 개척 시대에 살고 있는 셈이다.

그럼에도 불구하고 디지털 세상이 단순한 대화와 콘텐츠 공유를 넘어 우리가 상상할 수 없던 방식으로 사람들을 연결하고 있다는 점에서 낙관적이다. 국가와 지역마다 고유한 문화적 관행이 있는데도 기술에 능숙한 사람들만의 전유물이 아닌 공통의 디지털 문화가 생겨났다.[19] 베이징이나 리우데자네이루에 사는 젊은이들이 웨이보나 트위터를 사용하는 방식은 시카고나 파리에 사는 사람의 방식과 크게 다르지 않다. 본질적으로 우리는 모두 같은 인간 본성을 지니고 있으며 기기 사용 시 같은 유형의 보상을 추구한다. 우리는 모두 주의집중을 사수하려 싸우고 있으며, 전 지구적 차원에서 모두가 함께한다.

디지털 세상은 사람이 발명했고 사람에 의해 형성된다. 우리는 집단적으로 문화를 형성할 수 있으며, 기술이 우리를 위해 어떻게 작동하는지에 대한 자신만의 내러티브를 선택적으로 만들 수 있다. 기업이 디지털 세상의 방향을 주도하는 것은 사실이지만 궁극적으로는 사람들이 발명과 수적 우위를 통해 기업을 압도할 수 있다. 타깃 알림, 사회적 환경적 조건, 성격 특성에도 불구하고 여전히 주의집중의 주인은 우리 자신이다. 그 누구도 우리의 주의집중을 빼앗아갈 수 없다. 우리는 활발하고 동적인 주의집중 경향을 효과적으로 통제하여 자신에게 도움이 되는 것을 찾고, 필요할 때는 지속적인 집중력을 발휘하며, 한 발짝 물러서야 할 때는 작은 마음으로 주의집중을 전환하는 방법을 배울 수 있다. 우리 모두 주의집중을 다른 데로 돌리려는 허리케인급 바람과 싸우고 있지만, 인간은 결국 그 힘을 견뎌낼 수 있을 것이다. 디지털 세상에서 우리는 우리가 원하는 이미지의 디지털 세상 안에서 창조하며 살아갈 수 있다.

감사의 글

글쓰기는 고독한 여정이다. 하지만 본디 나는 사교적인 사람이라, 돌이켜 보면 이 긴 여정에 다른 이들을 참여시킨 건 당연한 일이었다. 이 책은 자신의 시간을 아낌없이 내어주고 내 생각을 확장하는 데 도움을 준 많은 사람들의 손길로 완성되었다. 기꺼이 도움을 주는 현명한 이들을 많이 알게 되어 정말 행운이다.

이 책은 팬데믹 기간에 집필되었기에 사람들과 직접 마주 앉아 아이디어를 논할 수 없어 정말 아쉬웠다. 그 대신 줌 통화로, 때로는 이메일 스레드로 대화를 대신했다. 이 책을 쓰는 내내 줌은 세상과의 소통 창구가 되어주었다.

이 책이 나올 수 있도록 도와준 많은 사람들에게 고맙다. 모든 과정에서 항상 솔직한 의견과 지혜, 지속적인 지원을 아끼지 않은 사랑하는 친구 주디 올슨에게 감사의 말을 전한다. 날카로운 철학적 사고로 나를 긴장시킨 짐 구스차, 인터넷에 대한 전문 지식으로 내 시야를 넓혀준 명석한 댄 러셀, 예리하고 강력한 질문을 던져준 닉 벨킨과 콜린 쿨에게도 감사의 마음을 전한다. 아직 저녁 식사 한 끼를 빚지고 있는 이들도 있다. 흥미롭고 재미난 대화를 나누며 리듬에 대한 새로운 통찰력을 준 베리 라자로위츠, 영화에 대한 다양한 관점을 볼 수 있도록 도와준 더그 프레이와 글렌 케니, 음악적 전문성과 경험을 알려준 엘런 엔셀, 인간과 컴퓨터의 상호작용 역사를 기록한 조너선 그루딘, 그리고 이 모든 것이 시작될 때 함께한 데이브 스미스에게도 감사 인사를 전한다.

또한 연구 분야에서 새로운 가능성에 눈을 뜨게 해주고 많은 즐거움을 선사해준 메리와 샴시, 마이크로소프트 리서치의 다른 직원들에게도 감사의 말을 전한다. 수년 동안 함께 연구를 진행하면서 주의집중 시간과 기기의 관계에 대한 우리의 생각을 발전시키는 데 도움을 준 연구 파트너, 특히 스티븐 보이다, 빅터 곤살레스, 에린 브래드너, 이란 왕 등 감사해야 할 동료들이 너무나 많다. 국립과학재단의 아낌없는 지원이 없었다면 이 연구의 대부분은 불가능했을 것이다. 연구에 참여한 참가자들은 항상 기기가 가져다준 즐거움과 고난에 대해 기꺼이 이야기해주었다.

던컨 브럼비와 맥스 윌슨에게도 고맙다. 조피시 케이, 하비에르 에르난데스, 바트 키넨버그와의 대화는 정말 멋진 기억으로 남았다. 또한 주디스 보그아웃스, 토머스 브라이드밴드, 앨릭스 윌리엄스, 로야 파르자네, 테드 그로버, 파티마 악바르, 이오아니스 파블리디스, 시드니 드멜로, 웬디 켈로그에게도 감사의 마음을 보낸다. 인간과 컴퓨터의 상호작용과 주의산만에 대해 배우고 싶어 했던 대학원 세미나의 헌신적인 학생들에게도 감사의 마음을 전하고 싶다.

이 모든 과정에서 지칠 줄 모르는 인내심으로 함께해준 하노버스퀘어의 편집자 피터 조지프, 중요한 의견을 제시해준 하노버스퀘어의 그레이스 타워리, 애초에 이 여정의 씨앗을 심어준 에이전트 제이드리 브래딕스에게 진심 어린 감사를 표한다.

물론 이 책의 전반적인 전제는 월터 미셸, 쿠르트 레빈, 앨버트 밴듀라를 비롯한 수많은 위대한 심리학자들의 기초 연구가 없었다면 불가능했을 것이며, 그들이 준 영감에도 감사한다.

마지막으로 가족들에게 감사의 말을 보낸다. 딸인 미카엘라와 내털리는 기쁠 때나 슬플 때나 변함없는 지지와 피드백을 주었고, 무조건적인 사랑은 비판하면서도 그 결과를 걱정하지 않는 것이라는 사실을 잘 알고 있었다. 그리고 항상 솔직한 비판과 무한한 인내심으로 내게 큰 힘이 되어준 앨프리드에게도 감사의 마음을 전한다.

주

머리말

1   Fink, George. "Stress: the health epidemic of the 21st century." Elsevier SciTech Connect. http://scitechconnect.elsevier.com/stress-health-epidemic-21st-century/.

2   Mark, Gloria, Stephen Voida, and Armand Cardello. "A pace not dictated by electrons, an empirical study of work without email." *Proceedings of the SIGCHI Conference on Human Factors in Computing Systems*, New York: ACM Press, 2012: 555–64.

3   Simon, H. A. "Designing organizations for an information-rich world." In *Computers, Communication, and the Public Interest*, edited by Martin Greenberger, 40–1. Baltimore: The Johns Hopkins Press, 1971.

4   Song, Peige, Mingming Zha, Qingwen Yang, Yan Zhang, Xue Li, and Igor Rudan. "The prevalence of adult attention-deficit hyperactivity disorder: a global systematic review and meta-analysis." *Journal of Global Health* 11 (2021).

5   Danielson, Melissa L., Rebecca H. Bitsko, Reem M. Ghandour, Joseph R. Holbrook, Michael D. Kogan, and Stephen J. Blumberg. "Prevalence of parent-reported ADHD diagnosis and associated treatment among US children and adolescents, 2016." *Journal of Clinical Child & Adolescent Psychology* 47, no. 2 (2018): 199–212.

6   Seo, Mihye, Jung-Hyun Kim, and Prabu David. "Always connected or always distracted? ADHD symptoms and social assurance explain problematic use of mobile phone and multicommunicating." *Journal of Computer-Mediated Communication* 20, no. 6 (2015): 667–81.

7   Currey, Mason, ed. *Daily Rituals: How Artists Work*. New York: Knopf, 2013; 메

이슨 커리 지음, 강주헌 옮김,《리추얼》(책읽는수요일, 2014).

1장

1 James, William. *The Letters of William James*. Vol. 1. Little, Brown, 1920.

2 James, William. *The Principles of Psychology*. Vol. 1, New York: Holt, 1890, pg. 403.

3 James, William. *The Principles of Psychology*. Vol. 1, New York: Holt, 1890, pg. 402.

4 Raz, Amir, and Jason Buhle. "Typologies of attentional networks." *Nature Reviews Neuroscience* 7, no. 5 (2006): 367‒79.

5 Kahneman, Daniel. *Attention and Effort*. Vol. 1063. Englewood Cliffs, NJ: Prentice-Hall, 1973.

6 Banich, M.T. "Executive function: the search for an integrated account." *Current Directions in Psychological Science* 18, no. 2 (2009): 89‒94.

7 Kahneman, Daniel. *Attention and Effort*. Vol. 1063. Englewood Cliffs, NJ: Prentice-Hall, 1973.

8 Wickens, Christopher D. *Processing Resources and Attention*. CRC Press, 2020.

9 Valdez, Pablo, Candelaria Ramírez, Aída García, Javier Talamantes, and Juventino Cortez. "Circadian and homeostatic variation in sustained attention." *Chronobiology International* 27, no. 2 (2010): 393‒416.

10 Wickens, Christopher D. "Multiple resources and mental workload." *Human Factors* 50, no. 3 (2008): 449‒55.

11 Schneider, Walter, Sue T. Dumais, and Richard M. Shiffrin. *Automatic/Control Processing and Attention*. Illinois University Champaign Human Attention Research Lab, 1982.

12 Wickens, Christopher D. "Multiple resources and mental workload." *Human Factors* 50, no. 3 (2008): 449‒55.

13 Sirois, Sylvain, and Julie Brisson. "Pupillometry." *Wiley Interdisciplinary Reviews: Cognitive Science* 5, no. 6 (2014): 679‒92.

14 Warm, Joel S., Gerald Matthews, and Victor S. Finomore Jr. "Vigilance, workload, and stress." In *Performance Under Stress*, 131‒58. CRC Press, 2018.

15 Warm, Joel S., and Raja Parasuraman. "Cerebral hemodynamics and vigilance." In *Neuroergonomics: The Brain at Work*, 146 – 58. 2007.

16 Hitchcock, Edward M., Joel S. Warm, Gerald Matthews, William N. Dember, Paula K. Shear, Lloyd D. Tripp, David W. Mayleben, and Raja Parasuraman. "Automation cueing modulates cerebral blood flow and vigilance in a simulated air traffic control task." *Theoretical Issues in Ergonomics Science* 4, no. 1 – 2 (2003): 89 – 112.

17 Midha, Serena, Horia A. Maior, Max L. Wilson, and Sarah Sharples. "Measuring mental workload variations in office work tasks using fNIRS." *International Journal of Human-Computer Studies* 147 (2021): 102580.

18 Norman, Donald A., and Tim Shallice. "Attention to action." In *Consciousness and Self-Regulation*, 1-18. Boston: Springer, 1986.

19 Wickens, Christopher D. "Multiple resources and mental workload." *Human Factors* 50, no. 3 (2008): 449 – 55.

20 Kalimo, Raija, and Theo Mejman. "Psychological and behavioural responses to stress at work." *Psychosocial Factors at Work and Their Relation to Health* (1987): 23 – 36.

21 Hunter, Mary Carol R., Brenda W. Gillespie, and Sophie Yu-Pu Chen. "Urban nature experiences reduce stress in the context of daily life based on salivary biomarkers." *Frontiers in Psychology* 10 (2019): 722.

22 Rosenberg, Monica, Sarah Noonan, Joseph DeGutis, and Michael Esterman. "Sustaining visual attention in the face of distraction: a novel gradual-onset continuous performance task." *Attention, Perception, & Psychophysics* 75, no. 3 (2013): 426 – 39.

23 Fortenbaugh, F. C., D. Rothlein, R. McGlinchey, J. DeGutis, and M. Esterman. 2018. "Tracking behavioral and neural fluctuations during sustained attention: a robust replication and extension." *Neuroimage* 171, (2018): 148 – 64.

24 Esterman, M., and D. Rothlein. "Models of sustained attention." *Current Opinion in Psychology* 29, (2019): 174-80.

25 Monsell, S. "Task switching." *Trends in Cognitive Sciences* 7, no. 3 (March 2003): 134 – 40.

26 Bartlett, Frederic Charles, and F.C. Bartlett. *Remembering: A Study in Experimental and Social Psychology*. Cambridge: Cambridge University Press, 1932.

2장

1 Chun, Marvin M., and Jeremy M. Wolfe. "Visual attention." *Blackwell Handbook of Perception*, (2001): 272310.

2 Birnbaum, I. M., and E. S. Parker. *Alcohol and Human Memory*. Lawrence Erlbaum Associates, 1977.

3 Stroop, J. Ridley. "Studies of interference in serial verbal reactions." *Journal of Experimental Psychology* 18, no. 6 (1935): 643.

4 Culler, Arthur Jerome. *Interference and Adaptability: An Experimental Study of Their Relation with Special Reference to Individual Differences*. No. 24. Science Press: 1912.

5 Blain, B., G. Hollard, and M. Pessiglione. "Neural mechanisms underlying the impact of daylong cognitive work on economic decisions." *Proceedings of the National Academy of Sciences* 113, no. 25 (2016): 6967–72.

6 James, William. 1890. *The Principles of Psychology*. Harvard ed. vol. 2. New York: Holt, 1890, pg. 404.

7 Chun, Marvin M., and Jeremy M. Wolfe. "Visual attention." *Blackwell Handbook of Perception*, (2001): 272310.

8 Monsell, S. (2003). "Task switching." *Trends in Cognitive Sciences* 7, no. 3 (March 2003): 134–40.

9 Nasar, J. L., and D. Troyer. "Pedestrian injuries due to mobile phone use in public places." *Accident Analysis & Prevention* 57 (2013): 91–5.

10 Shapiro, Emily. 2021. "How hiker overcame mental hurdles to survive 8 days missing in wilderness." ABC News, June 30, 2021, https://abcnews.go.com/US/hiker-overcame-mental-hurdles-survive-days-missing-wilderness/story?id=78533463.

11 Paxton, J. L., D. M. Barch, C. A. Racine, and T. S. Braver. "Cognitive control, goal maintenance, and prefrontal function in healthy aging." *Cerebral Cortex* 18, no. 5 (2008): 1010–28.

12 Braver, T. S., and J. D. Cohen. "On the control of control: the role of dopamine in regulating prefrontal function and working memory." *Control of Cognitive Processes: Attention and Performance XVIII*, (2000): 713‒37.

13 Blain, B., G. Hollard, and M. Pessiglione. "Neural mechanisms underlying the impact of daylong cognitive work on economic decisions." *Proceedings of the National Academy of Sciences* 113, no. 25 (2016): 6967‒72.

14 Collopy, F. "Biases in retrospective self-reports of time use: an empirical study of computer users." *Management Science* 42, no. 5 (1996): 758‒67.

15 Kane, Michael J., Leslie H. Brown, Jennifer C. McVay, Paul J. Silvia, Inez Myin-Germeys, and Thomas R. Kwapil. "For whom the mind wanders, and when: an experience-sampling study of working memory and executive control in daily life." *Psychological Science* 18, no. 7 (2007): 614‒21.

16 Baird, Benjamin, Jonathan Smallwood, Michael D. Mrazek, Julia W. Y. Kam, Michael S. Franklin, and Jonathan W. Schooler. "Inspired by distraction: mind wandering facilitates creative incubation." *Psychological Science* 23, no. 10 (2012): 1117‒22.

17 Kane, Michael J., and Jennifer C. McVay. "What mind wandering reveals about executive-control abilities and failures." *Current Directions in Psychological Science* 21, no. 5 (2012): 348‒54.

18 Levy, David M., Jacob O. Wobbrock, Alfred W. Kaszniak, and Marilyn Ostergren. "The effects of mindfulness meditation training on multitasking in a high-stress information environment." *Proceedings of Graphics Interface*, (2012): 45-52.

19 Herrnstein, R.J. On the law of effect 1. *Journal of the Experimental Analysis of Behavior* 13, no. 2 (1970): 243-66.

20 Johnson, Samuel. *The Works of Samuel Johnson*. London: Jones & Co., 1825.

21 Baudrillard, J. *Simulacra and Simulation*. Ann Arbor, MI: University of Michigan Press, 1994.

22 "The state of online gaming." Limelight, 2020. Accessed July 2022. https://de.limelight.com/resources/white-paper/state-of-online-gaming-2020/.

23 Kahneman, D. *Attention and Effort*. Englewood Cliffs, NJ: Prentice Hall, 1973.

24 James, William. *The Principles of Psychology*. Vol. 1, New York: Holt, 1890.

3장

1   Charney, Noah. "Maya Angelou: how I write." *The Daily Beast*, April 10, 2013, https://www.thedailybeast.com/maya-angelou-how-i-write.

2   Locke, John. *An Essay Concerning Human Understanding*. Philadelphia: Kay & Troutman, 1847; 존 로크 지음, 추영현 옮김,《인간지성론》(동서문화사, 2011).

3   James, William. *The Principles of Psychology*. Vol. 1, New York: Holt, 1890.

4   Tellegen, Auke, and Gilbert Atkinson. "Openness to absorbing and self-altering experiences ('absorption'), a trait related to hypnotic susceptibility." *Journal of Abnormal Psychology* 83, no. 3 (1974): 268.

5   Lifshitz, Michael, Michiel van Elk, and Tanya M. Luhrmann. "Absorption and spiritual experience: a review of evidence and potential mechanisms." *Consciousness and Cognition* 73 (2019): 102760.

6   Angiulo, Michael J., and John F. Kihlstrom. "Dissociative experiences in a college population." Unpublished manuscript, University of Arizona, 1993.

7   Webster, Jane, and Hayes Ho. "Audience engagement in multimedia presentations." *ACM SIGMIS Database: The DATABASE for Advances in Information Systems* 28, no. 2 (1997): 63–77.

8   Csikszentmihalyi, Mihaly. *Flow: The Psychology of Optimal Experience*. New York: Harper & Row, 1990; 미하이 칙센트미하이 지음, 최인수 옮김,《몰입: 미치도록 행복한 나를 만난다》(한울림, 2004).

9   Friedman, William. *About Time: Inventing the Fourth Dimension*. The MIT Press, 1990.

10 Hektner, Joel M., Jennifer A. Schmidt, and Mihaly Csikszentmihalyi. *Experience Sampling Method: Measuring the Quality of Everyday Life*. Thousand Oaks, CA: Sage, 2007.

11 Plimpton, George. "Maya Angelou, the art of fiction." *The Paris Review* 119, no. 116 (1990). https://theparisreview.org/interviews/2279/the-art-of-fiction-no-119-maya-angelou.

12 Nakamura, Jeanne, and Mihaly Csikszentmihalyi. "The concept of flow." In *Flow*

and the Foundations of Positive Psychology, 239－63. Dordrecht: Springer, 2014.

13 Mark, Gloria, Shamsi T. Iqbal, Mary Czerwinski, and Paul Johns. "Bored Mondays and focused afternoons: the rhythm of attention and online activity in the workplace." *Proceedings of the SIGCHI Conference on Human Factors in Computing Systems*, New York: ACM Press, 3025－34. 2014.

14 LeFevre, Judith. "Flow and the quality of experience during work and leisure." Cambridge: Cambridge University Press, 1988.

15 Curry, David. "Candy Crush revenue and usage statistics." *Business of Apps*, 2021. https://www.businessofapps.com/data/candy-crush-statistics/.

16 Sweney, Mark. "More than 9m play Candy Crush for three hours or more a day." *The Guardian*, June 26, 2019. https://www.theguardian.com/games/2019/jun/26/more-than-9m-play-candy-crush-for-three-hours-or-more-a-day-addiction.

17 Mikulas, William L., and Stephen J. Vodanovich. "The essence of boredom." *The Psychological Record* 43, no. 1 (1993): 3.

18 Fisher, Cynthia D. "Boredom at work: a neglected concept." *Human Relations* 46, no. 3 (1993): 395－417.

19 Valdez, Pablo, Candelaria Ramírez, Aída García, Javier Talamantes, Pablo Armijo, and Jorge Borrani. "Circadian rhythms in components of attention." *Biological Rhythm Research* 36, no. 1－2 (2005): 57－65.

20 Carrier, Julie, and Timothy H. Monk. "Circadian rhythms of performance: new trends." *Chronobiology International* 17, no. 6 (2000): 719－32.

21 Busch, Niko A., and Rufin VanRullen. "Spontaneous EEG oscillations reveal periodic sampling of visual attention." *Proceedings of the National Academy of Sciences* 107, no. 37 (2010): 16048－53.

22 Mark, Gloria, Shamsi T. Iqbal, Mary Czerwinski, and Paul Johns. "Bored Mondays and focused afternoons: the rhythm of attention and online activity in the workplace." *Proceedings of the SIGCHI Conference on Human Factors in Computing Systems*, New York: ACM Press, 3025－34. 2014.

23 Mark, Gloria, Shamsi T. Iqbal, Mary Czerwinski, and Paul Johns. "Bored Mondays and focused afternoons: the rhythm of attention and online activity

in the workplace." *Proceedings of the SIGCHI Conference on Human Factors in Computing Systems*, New York: ACM Press, 3025 – 34. 2014.

24 Mark, Gloria, Shamsi Iqbal, Mary Czerwinski, and Paul Johns. "Focused, aroused, but so distractible: temporal perspectives on multitasking and communications." *Proceedings of the 18th ACM Conference on Computer Supported Cooperative Work & Social Computing*, New York: ACM Press, 903 – 16. 2015.

25 Abdullah, Saeed, Elizabeth L. Murnane, Mark Matthews, Matthew Kay, Julie A. Kientz, Geri Gay, and Tanzeem Choudhury. "Cognitive rhythms: unobtrusive and continuous sensing of alertness using a mobile phone." *Proceedings of the 2016 ACM International Joint Conference on Pervasive and Ubiquitous Computing*, 78 – 189. 2016.

26 Valdez, Pablo, Candelaria Ramírez, Aída García, Javier Talamantes, and Juventino Cortez. "Circadian and homeostatic variation in sustained attention." *Chronobiology International* 27, no. 2 (2010): 393 – 416.

27 Behrens, John. *America's Music Makers: Big Bands and Ballrooms: 1911-2011.* Bloomington: AuthorHouse, 2011.

4장

1 Metcalfe, Bob. "Microsoft and Netscape open some new fronts in escalating Web Wars." *InfoWorld*, Aug. 21, 1995: 35.

2 Smith, Monica L. *A Prehistory of Ordinary People*. Tucson: University of Arizona Press, 2010.

3 Medeiros-Ward, Nathan, Jason M. Watson, and David L. Strayer. "On supertaskers and the neural basis of efficient multitasking." *Psychonomic Bulletin & Review* 22, no. 3 (2015): 876 – 83.

4 Poposki, Elizabeth M., and Frederick L. Oswald. "The multitasking preference inventory: toward an improved measure of individual differences in polychronicity." *Human Performance* 23, no. 3 (2010): 247 – 64.

5 Kaufman, Carol Felker, Paul M. Lane, and Jay D. Lindquist. "Exploring more than 24 hours a day: a preliminary investigation of polychronic time use." *Journal of Consumer Research* 18, no. 3 (1991): 392 – 401.

6 Cherry, E. Colin. "Some experiments on the recognition of speech, with one and with two ears." *The Journal of the Acoustical Society of America* 25, no. 5 (1953): 975‒9.

7 Taylor, Frederick Winslow. *The Principles of Scientific Management*. New York: Cosimo Classics, 2010; 프레더릭 테일러 지음, 방영호 옮김, 《과학적 관리법》 (21세기북스, 2010).

8 González, Victor M., and Gloria Mark. "'Constant, constant, multitasking craziness': managing multiple working spheres." *Proceedings of the SIGCHI Conference on Human Factors in Computing Systems*, New York: ACM Press, 113‒20. 2004.

9 Meyer, Andre N., Laura E. Barton, Gail C. Murphy, Thomas Zimmermann, and Thomas Fritz. "The work life of developers: activities, switches and perceived productivity." *IEEE Transactions on Software Engineering* 43, no. 12 (2017): 1178‒93.

10 Akbar, Fatema. *Stress and Human-Computer Interaction at the Workplace: Unobtrusive Tracking with Wearable Sensors and Computer Logs*. Unpublished PhD dissertation, University of California, Irvine, 2021.

11 Mark, Gloria, Shamsi T. Iqbal, Mary Czerwinski, Paul Johns, and Akane Sano. "Neurotics can't focus: an in situ study of online multitasking in the workplace." *Proceedings of the 2016 CHI Conference on Human Factors in Computing Systems*, New York: ACM Press, 1739‒44. 2016.

12 Akbar, Fatema. *Stress and Human-Computer Interaction at the Workplace: Unobtrusive Tracking with Wearable Sensors and Computer Logs*. Unpublished PhD dissertation, University of California, Irvine, 2021.

González, Victor M., and Gloria Mark. "'Constant, constant, multitasking craziness': managing multiple working spheres." *Proceedings of the SIGCHI Conference on Human Factors in Computing Systems*, New York: ACM Press, 113‒20. 2004.

Mark, Gloria, Stephen Voida, and Armand Cardello. "A pace not dictated by electrons, an empirical study of work without email." *Proceedings of the SIGCHI Conference on Human Factors in Computing Systems*, New York: ACM Press,

555－64. 2012.

Mark, Gloria, Shamsi T. Iqbal, Mary Czerwinski, and Paul Johns. "Bored Mondays and focused afternoons: the rhythm of attention and online activity in the workplace." *Proceedings of the SIGCHI Conference on Human Factors in Computing Systems*, New York: ACM Press, 3025－34. 2014.

Mark, Gloria, Shamsi T. Iqbal, Mary Czerwinski, Paul Johns, and Akane Sano. "Neurotics can't focus: an in situ study of online multitasking in the workplace." *Proceedings of the 2016 CHI Conference on Human Factors in Computing Systems*, New York: ACM Press, 1739－44. 2016.

Meyer, Andre N., Laura E. Barton, Gail C. Murphy, Thomas Zimmermann, and Thomas Fritz. "The work life of developers: activities, switches and perceived productivity." *IEEE Transactions on Software Engineering* 43, no. 12 (2017): 1178－93.

Yeykelis, Leo, James J. Cummings, and Byron Reeves. "Multitasking on a single device: arousal and the frequency, anticipation, and prediction of switching between media content on a computer." *Journal of Communication* 64, no. 1 (2014): 167－92.

13 Leroy, Sophie. "Why is it so hard to do my work? The challenge of attention residue when switching between work tasks." *Organizational Behavior and Human Decision Processes* 109, no. 2 (2009): 168－81.

14 Horne, J. H., and T. Lupton. "The work activities of 'middle' managers—an exploratory study." *The Journal of Management Studies 2* (1965): 14－33.

15 Mintzberg, H. "Structured observation as a method to study managerial work." *The Journal of Management Studies* 7 (1970): 87－104.

16 Sproull, L. S. "The nature of managerial attention." *Advances in Information Processing in Organizations* 1 (1984): 9－27.

17 González, Victor M., and Gloria Mark. "'Constant, constant, multitasking craziness': managing multiple working spheres." *Proceedings of the SIGCHI Conference on Human Factors in Computing Systems*, New York: ACM Press, 113－20. 2004.

18 Das Swain, Vedant, Koustuv Saha, Hemang Rajvanshy, Anusha Sirigiri, Julie M.

Gregg, Suwen Lin, Gonzalo J. Martinez, et al. "A multisensor person-centered approach to understand the role of daily activities in job performance with organizational personas." *Proceedings of the ACM on Interactive, Mobile, Wearable and Ubiquitous Technologies* 3, no. 4 (2019): 1 – 27.

19 Das Swain, Vedant, Koustuv Saha, Hemang Rajvanshy, Anusha Sirigiri, Julie M. Gregg, Suwen Lin, Gonzalo J. Martinez, et al. "A multisensor person-centered approach to understand the role of daily activities in job performance with organizational personas." *Proceedings of the ACM on Interactive, Mobile, Wearable and Ubiquitous Technologies* 3, no. 4 (2019): 1 – 27.

González, Victor M., and Gloria Mark. "'Constant, constant, multitasking craziness': managing multiple working spheres." In *Proceedings of the SIGCHI Conference on Human Factors in Computing Systems*, New York: ACM Press, 113 – 20. 2004.

Horne, J. H., and T. Lupton. "The work activities of 'middle' managers-an exploratory study." *The Journal of Management Studies* 2 (1965): 14 – 33.

Hudson, J. M., J. Christensen, W. A. Kellogg, and T. Erickson. "'I'd be overwhelmed, but it's just one more thing to do': availability and interruption in research management." In *Proceedings of CHI 2002*, 97 – 104. New York: ACM Press, 2002.

Mintzberg, H. "Structured observation as a method to study managerial work." *The Journal of Management Studies* 7 (1970): 87 – 104.

Sproull, L. S. "The nature of managerial attention." *Advances in Information Processing in Organizations* 1 (1984): 9 – 27.

20 González, Victor M., and Gloria Mark. "'Constant, constant, multitasking craziness': managing multiple working spheres." *Proceedings of the SIGCHI Conference on Human Factors in Computing Systems*, New York: ACM Press, 113 – 20. 2004.

21 Mark, Gloria, Victor M. González, and Justin Harris. "No task left behind? Examining the nature of fragmented work." In *Proceedings of the SIGCHI Conference on Human Factors in Computing Systems*, New York: ACM Press, 321 – 30. 2005.

22 Van Merrienboer, Jeroen J. G., and John Sweller. "Cognitive load theory and complex learning: recent developments and future directions." *Educational Psychology Review* 17, no. 2 (2005): 147 – 77.

23 Mark, Gloria, Victor M. González, and Justin Harris. "No task left behind? Examining the nature of fragmented work." In *Proceedings of the SIGCHI Conference on Human Factors in Computing Systems*, New York: ACM Press, 321 – 30. 2005.

24 Jersild, Arthur T. "Mental set and shift." *Archives of Psychology*, (1927).

25 Wegner, Daniel M., and Ralph Erber. "The hyperaccessibility of suppressed thoughts." *Journal of Personality and Social Psychology* 63, no. 6 (1992): 903.

26 Adler, Rachel F., and Raquel Benbunan-Fich. "Self-interruptions in discretionary multitasking." *Computers in Human Behavior* 29, no. 4 (2013): 1441 – 9.

27 Bailey, Brian P., and Joseph A. Konstan. "On the need for attention-aware systems: measuring effects of interruption on task performance, error rate, and affective state." *Computers in Human Behavior* 22, no. 4 (2006): 685 – 708.

28 Westbrook, Johanna I., Magdalena Z. Raban, Scott R. Walter, and Heather Douglas. "Task errors by emergency physicians are associated with interruptions, multitasking, fatigue and working memory capacity: a prospective, direct observation study." *BMJ Quality & Safety* 27, no. 8 (2018): 655 – 63.

29 Loukopoulos, Loukia D., R. Key Dismukes, and Immanuel Barshi. "Cockpit interruptions and distractions: a line observation study." In *Proceedings of the 11th International Symposium on Aviation Psychology*, 1 – 6. Columbus: Ohio State University Press, 2001.

30 Leroy, Sophie. "Why is it so hard to do my work? The challenge of attention residue when switching between work tasks." *Organizational Behavior and Human Decision Processes* 109, no. 2 (2009): 168 – 81.

31 Mark, Gloria, Shamsi Iqbal, Mary Czerwinski, and Paul Johns. "Focused, aroused, but so distractible: temporal perspectives on multitasking and communications." In *Proceedings of the 18th ACM Conference on Computer Supported Cooperative Work & Social Computing*, New York: ACM Press, 903 – 16. 2015.

32 Wetherell, Mark A., and Martin C. Sidgreaves. "Secretory immunoglobulin-A

reactivity following increases in workload intensity using the Defined Intensity Stressor Simulation (DISS)." *Stress and Health: Journal of the International Society for the Investigation of Stress* 21, no. 2 (2005): 99–106.

33 Mark, Gloria, Daniela Gudith, and Ulrich Klocke. "The cost of interrupted work: more speed and stress." In *Proceedings of the SIGCHI Conference on Human Factors in Computing Systems*, New York: ACM Press, 107–10. 2008.

34 Wetherell, Mark A., and Kirsty Carter. "The multitasking framework: the effects of increasing workload on acute psychobiological stress reactivity." *Stress and Health* 30, no. 2 (2014): 103–9.

35 Reinecke, Leonard, Stefan Aufenanger, Manfred E. Beutel, Michael Dreier, Oliver Quiring, Birgit Stark, Klaus Wölfling, and Kai W. Müller. "Digital stress over the life span: the effects of communication load and internet multitasking on perceived stress and psychological health impairments in a German probability sample." *Media Psychology* 20, no. 1 (2017): 90–115.

36 Mark, Gloria, Shamsi Iqbal, Mary Czerwinski, and Paul Johns. "Focused, aroused, but so distractible: temporal perspectives on multitasking and communications." In *Proceedings of the 18th ACM Conference on Computer Supported Cooperative Work & Social Computing*, New York: ACM Press, 903–16. 2015.

37 Mark, Gloria, Shamsi T. Iqbal, Mary Czerwinski, Paul Johns, and Akane Sano. "Neurotics can't focus: an in situ study of online multitasking in the workplace." In *Proceedings of the 2016 CHI Conference on Human Factors in Computing Systems*, New York: ACM Press, 1739–44. 2016.

38 Rideout, Victoria, and Michael B. Robb. "The Common Sense census: media use by kids age zero to eight." San Francisco: Common Sense Media, 2020. https://www.commonsensemedia.org/sites/default/files/uploads/research/2020_zero_to_eight_census_final_web.pdf.

39 Plude, Dana J., Jim T. Enns, and Darlene Brodeur. "The development of selective attention: a life-span overview." *Acta Psychologica* 86, no. 2–3 (1994): 227–72.

40 Welsh, Marilyn C., Bruce F. Pennington, and Dena B. Groisser. "A normative-developmental study of executive function: a window on prefrontal function in children." *Developmental Neuropsychology* 7, no. 2 (1991): 131–49.

41 Statement of Frances Haugen, Oct. 4, 2021. "United States Senate Committee on Commerce, Science and Transportation." https://www.commerce.senate.gov/services/files/FC8A558E-824E-4914-BEDB-3A7B1190BD49.

42 Anderson, Monica, and Jingjing Jiang. "Teens, social media & technology 2018." *Pew Research Center* 31, no. 2018 (2018): 1673–89.

43 Ceci, L. "TikTok—Statistics & Facts. 2022." Statista. https://www.statista.com/topics/6077/tiktok/#topicHeader__wrapper.

44 Auxier, Brooke, and Monica Anderson. "Social media use in 2021." *Pew Research Center*. 2021. https://www.pewresearch.org/internet/2021/04/07/social-media-use-in-2021/.

45 Wang, Yiran, Melissa Niiya, Gloria Mark, Stephanie M. Reich, and Mark Warschauer. "Coming of age (digitally): an ecological view of social media use among college students." In *Proceedings of the 18th ACM Conference on Computer Supported Cooperative Work & Social Computing*, New York: ACM Press, 571–82. 2015.

46 Mark, Gloria, Yiran Wang, and Melissa Niiya. "Stress and multitasking in everyday college life: an empirical study of online activity." In *Proceedings of the SIGCHI Conference on Human Factors in Computing Systems*, New York: ACM Press, 41–50. 2014.

47 Ophir, Eyal, Clifford Nass, and Anthony D. Wagner. "Cognitive control in media multitaskers." *Proceedings of the National Academy of Sciences* 106, no. 37 (2009): 15583–7.

48 Baumgartner, Susanne E., Winneke A. van der Schuur, Jeroen S. Lemmens, and Fam te Poel. "The relationship between media multitasking and attention problems in adolescents: results of two longitudinal studies." *Human Communication Research* 44, no. 1 (2018): 3–30.

49 Green, C. Shawn, and Daphne Bavelier. "Effect of action video games on the spatial distribution of visuospatial attention." *Journal of Experimental Psychology: Human Perception and Performance* 32, no. 6 (2006): 1465.

50 Boot, Walter R., Arthur F. Kramer, Daniel J. Simons, Monica Fabiani, and Gabriele Gratton. "The effects of video game playing on attention, memory, and

executive control." *Acta Psychologica* 129, no. 3 (2008): 387 – 98.

5장

1 Carr, Nicholas. *The Shallows: What the Internet Is Doing to Our Brains*. New York: WW Norton & Company, 2020; 니컬러스 카 지음, 최지향 옮김,《생각하지 않는 사람들: 인터넷이 우리의 뇌 구조를 바꾸고 있다》(청림출판, 2020).

2 Goodreads. Martin Luther King Jr. Quotes. Available https://www.goodreads.com/quotes/211372-the-major-problem-of-life-is-learning-how-to-handle.

3 "Manuscript of S T Coleridge's 'Kubla Khan.'" The British Library. Available https://www.bl.uk/collection-items/manuscript-of-s-t-coleridges-kubla-khan.

4 Perlow, Leslie A. "The time famine: toward a sociology of work time." *Administrative Science Quarterly* 44, no. 1 (1999): 57 – 81.

5 Feldman, Elana, and David Greenway. "It's a matter of time: the role of temporal perceptions in emotional experiences of work interruptions." *Group & Organization Management*, (2020): 1059601120959288.

6 Zeigarnik, Andrey V. "Bluma Zeigarnik: a memoir." *Gestalt Theory*, no. 3 (2007): 256 – 68.

7 Zeigarnik, Bluma. "On finished and unfinished tasks." (1938). Originally published as *Das Behalten erledigter und unerledigter Handlungen* (1927). https://scholar.google.com/scholar?hl=en&as_sdt=0%2C33&q=On+finished+and+unfinished+tasks+Zeigarnik&btn G=.

8 Lewin, Kurt. "Field theory and experiment in social psychology: concepts and methods." *American Journal of Sociology* 44, no. 6 (1939): 868 – 96.

9 Zeigarnik, Andrey V. "Bluma Zeigarnik: a memoir." *Gestalt Theory*, no. 3 (2007): 256 – 68.

10 González, Victor M., and Gloria Mark. "'Constant, constant, multitasking craziness': managing multiple working spheres." In *Proceedings of the SIGCHI Conference on Human Factors in Computing Systems*, New York: ACM Press, 113 – 20. 2004.

11 Jin, Jing, and Laura A. Dabbish. "Self-interruption on the computer: a typology of discretionary task interleaving." In *Proceedings of the SIGCHI conference on*

human factors in computing systems, New York: ACM Press, 1799 – 808. 2009.

12 Lally, Phillippa, Cornelia H. M. Van Jaarsveld, Henry W. W. Potts, and Jane Wardle. "How are habits formed: Modelling habit formation in the real world." *European Journal of Social Psychology* 40, no. 6 (2010): 998 – 1009.

13 Dabbish, Laura, Gloria Mark, and Víctor M. González. "Why do I keep interrupting myself? Environment, habit and self-interruption." In *Proceedings of the SIGCHI Conference on Human Factors in Computing Systems*, New York: ACM Press, 3127 – 30. 2011.

14 Altmann, E. M., and J. G. Trafton. "Memory for goals: an activation-based model." *Cognitive Science* 26, no. 1 (2002): 39 – 83.

15 Altmann, Erik M., and J. Gregory Trafton. "Timecourse of recovery from task interruption: data and a model." *Psychonomic Bulletin & Review* 14, no. 6 (2007): 1079 – 84.

16 Mark, Gloria, Daniela Gudith, and Ulrich Klocke. "The cost of interrupted work: more speed and stress." In *Proceedings of the SIGCHI Conference on Human Factors in Computing Systems*, New York: ACM Press, 107 – 10. 2008.

17 Monk, Christopher A. "The effect of frequent versus infrequent interruptions on primary task resumption." In *Proceedings of the Human Factors and Ergonomics Society Annual Meeting* 48, no. 3, 295 – 9. Los Angeles, CA: SAGE Publications, 2004.

18 Hart, Sandra G., and Lowell E. Staveland. "Development of NASA-TLX (Task Load Index): results of empirical and theoretical research." In *Advances in Psychology* 52 (1988): 139 – 83. Amsterdam: North-Holland Publishing.

19 Mark, Gloria, Shamsi Iqbal, Mary Czerwinski, and Paul Johns. "Focused, aroused, but so distractible: temporal perspectives on multitasking and communications." In *Proceedings of the 18th ACM Conference on Computer Supported Cooperative Work & Social Computing*, New York: ACM Press, 903 – 16. 2015.

20 Mark, Gloria, Shamsi T. Iqbal, Mary Czerwinski, Paul Johns, Akane Sano, and Yuliya Lutchyn. "Email duration, batching and self-interruption: patterns of email use on productivity and stress." In *Proceedings of the 2016 CHI Conference on Human Factors in Computing Systems*, New York: ACM Press, 1717 – 28.

2016.

21 Pew Research. "Social media fact sheet." 2021. https://www.pewresearch.org/internet/fact-sheet/social-media/.

22 Klosterman, C. "My zombie, myself: why modern life feels rather undead." *The New York Times*, Dec. 3, 2010.

23 Mark, Gloria, Stephen Voida, and Armand Cardello. "A pace not dictated by electrons, an empirical study of work without email." In *Proceedings of the SIGCHI Conference on Human Factors in Computing Systems*, New York: ACM Press, 555–64. 2012.

24 Mark, Gloria, Shamsi T. Iqbal, Mary Czerwinski, Paul Johns, Akane Sano, and Yuliya Lutchyn. "Email duration, batching and self-interruption: Patterns of email use on productivity and stress." In *Proceedings of the 2016 CHI Conference on Human Factors in Computing Systems*, New York: ACM Press, 1717–28. 2016.

25 Akbar, Fatema, Ayse Elvan Bayraktaroglu, Pradeep Buddharaju, Dennis Rodrigo Da Cunha Silva, Ge Gao, Ted Grover, Ricardo Gutierrez-Osuna, et al. "Email makes you sweat: examining email interruptions and stress using thermal imaging." In *Proceedings of the 2019 CHI Conference on Human Factors in Computing Systems*, New York, ACM Press, 1–14. 2019.

26 Miyata, Yoshiro, and Donald A. Norman. "Psychological issues in support of multiple activities." *User Centered System Design: New Perspectives on Human-Computer Interaction*, (1986): 265–84.

27 McFarlane, Daniel C. "Comparison of four primary methods for coordinating the interruption of people in human-computer interaction." *Human-Computer Interaction* 17, no. 1 (2002): 63–139.

28 Bailey, Brian P., and Shamsi T. Iqbal. "Understanding changes in mental workload during execution of goal-directed tasks and its application for interruption management." *ACM Transactions on Computer-Human Interaction (TOCHI)* 14, no. 4 (2008): 1–28.

29 Adamczyk, Piotr D., and Brian P. Bailey. "If not now, when? The effects of interruption at different moments within task execution." In *Proceedings of the*

SIGCHI Conference on Human Factors in Computing Systems, New York: ACM Press, 271 – 8. 2004.

30 Westman, Mina. "Stress and strain crossover." *Human Relations* 54, no. 6 (2001): 717 – 51.

31 Scullin, Michael K., Madison L. Krueger, Hannah K. Ballard, Natalya Pruett, and Donald L. Bliwise. "The effects of bedtime writing on difficulty falling asleep: a polysomnographic study comparing to-do lists and completed activity lists." *Journal of Experimental Psychology: General*, 147, no. 1 (2018): 139.

6장

1 Bush, Vannevar. "As we may think." *The Atlantic Monthly* 176, no. 1 (1945): 101 – 8.

2 Chan, Lois Mai, and Athena Salaba. *Cataloging and Classification: An Introduction*. Rowman & Littlefield, 2015.

3 Berkeley, Edmund Callis. *Giant Brains or Machines that Think*. New York: John Wiley & Sons, 1949.

4 Berkeley, Edmund Callis. *Giant Brains or Machines that Think*. New York: John Wiley & Sons, 1949, 181 – 2.

5 Nelson, T.H. "Complex information processing: a file structure for the complex, the changing and the indeterminate." In *Proceedings of the 1965 ACM 20th National Conference*, (August 1965): 84 – 100.

6 Nelson, T.H. "Complex information processing: a file structure for the complex, the changing and the indeterminate." In *Proceedings of the 1965 ACM 20th National Conference*, (August 1965): 84 – 100. Quote on pg. 96.

7 Bardini, Thierry. *Bootstrapping: Douglas Engelbart, Coevolution, and the Origins of Personal Computing*. Stanford: Stanford University Press, 2000.

8 Russell, Bertrand. *Analysis of Mind*. Oxfordshire: Routledge, 2005; 버트런드 러셀 지음, 박정환 옮김, 《러셀, 마음을 파헤치다》(북하이브, 2022).

9 Kumar, Abhilasha A. "Semantic memory: a review of methods, models, and current challenges." *Psychonomic Bulletin & Review* 28, no. 1 (2021): 40 – 80.

10 Mark, Gloria, Jörg M. Haake, and Norbert A. Streitz. "The use of hypermedia in

group problem solving: an evaluation of the DOLPHIN electronic meeting room environment." In *Proceedings of the Fourth European Conference on Computer-Supported Cooperative Work ECSCW '95*. Dordrecht: Springer, 1995. 197 – 213.

11 Killingsworth, Matthew A., and Daniel T. Gilbert. "A wandering mind is an unhappy mind." *Science* 330, no. 6006 (2010): 932.

12 Smallwood, Jonathan, and Jonathan W. Schooler. "The restless mind." *Psychological Bulletin* 132, no. 6 (2006): 946.

13 Becker, Suzanna, Morris Moscovitch, Marlene Behrmann, and Steve Joordens. "Long-term semantic priming: a computational account and empirical evidence." *Journal of Experimental Psychology: Learning, Memory, and Cognition* 23, no. 5 (1997): 1059.

14 Bargh, John A., Peter M. Gollwitzer, Annette Lee-Chai, Kimberly Barndollar, and Roman Trötschel. "The automated will: nonconscious activation and pursuit of behavioral goals." *Journal of Personality and Social Psychology* 81, no. 6 (2001): 1014.

15 Nedungadi, Prakash. "Recall and consumer consideration sets: Influencing choice without altering brand evaluations." *Journal of Consumer Research* 17, no. 3 (1990): 263 – 76.

16 Anderson, John R. "A spreading activation theory of memory." *Journal of Verbal Learning and Verbal Behavior* 22, no. 3 (1983): 261 – 95.

17 Bargh, John A., and Ezequiel Morsella. "The unconscious mind." *Perspectives on Psychological Science* 3, no. 1 (2008): 73 – 9.

18 Loewenstein, George. "The psychology of curiosity: a review and reinterpretation." *Psychological Bulletin* 116, no. 1 (1994): 75.

19 Kang, Min Jeong, Ming Hsu, Ian M. Krajbich, George Loewenstein, Samuel M. McClure, Joseph Tao-yi Wang, and Colin F. Camerer. "The wick in the candle of learning: epistemic curiosity activates reward circuitry and enhances memory." *Psychological Science* 20, no. 8 (2009): 963 – 73.

20 Clark, Andy. *Natural-Born Cyborgs: Minds, Technologies, and the Future of Human Intelligence*. Oxford: Oxford University Press, 2003; 앤디 클라크 지음, 신상규 옮김,《내추럴-본 사이보그》(아카넷, 2015).

21 Fisher, Matthew, Mariel K. Goddu, and Frank C. Keil. "Searching for explanations: how the Internet inflates estimates of internal knowledge." *Journal of Experimental Psychology: General* 144, no. 3 (2015): 674.

22 Liu, Xiaoyue, Xiao Lin, Ming Zheng, Yanbo Hu, Yifan Wang, Lingxiao Wang, Xiaoxia Du, and Guangheng Dong. "Internet search alters intra- and inter-regional synchronization in the temporal Gyrus." *Frontiers in Psychology* 9 (2018): 260.

23 McLuhan, Marshall. *Understanding Media: The Extensions of Man.* MIT Press, 1994; 마셜 매클루언 지음, 김성기, 이한우 옮김, 《미디어의 이해》(민음사, 2002).

24 Wan, Catherine Y., and Gottfried Schlaug. "Music making as a tool for promoting brain plasticity across the life span." *The Neuroscientist*, 16, no. 5 (2010): 566 – 77.

25 Small, Gary W., Teena D. Moody, Prabha Siddarth, and Susan Y. Bookheimer. "Your brain on Google: patterns of cerebral activation during internet searching." *The American Journal of Geriatric Psychiatry* 17, no. 2 (2009): 116 – 26.

7장

1 Masood, Rahat, Shlomo Berkovsky, and Mohamed Ali Kaafar. "Tracking and personalization." In *Modern Socio-Technical Perspectives on Privacy*, Cham, Switzerland: Springer, 2022, 171 – 202.

2 Bornstein, Robert F. "Exposure and affect: overview and meta-analysis of research, 1968 – 1987." *Psychological Bulletin* 106, no. 2 (1989): 265.

3 Pereira, Carlos Silva, João Teixeira, Patrícia Figueiredo, João Xavier, São Luís Castro, and Elvira Brattico. "Music and emotions in the brain: familiarity matters." *PloS One* 6, no. 11 (2011): e27241.

4 Baker, William, J. Hutchinson, Danny Moore, and Prakash Nedungadi. "Brand Familiarity and Advertising: Effects on the Evoked Set and Brand Preference." In *NA—Advances in Consumer Research* Volume 13, eds. Richard J. Lutz. Provo, UT: Association for Consumer Research, 1986, 637 – 642.

5 Presbrey, F. "The history and development of advertising." *Advertising & Society*

Review 1, no. 1 (2000).

6 The Eno Story. Accessed July 2022. https://www.eno.co.za/history-fruit-salts/.

7 Barnard, E. *Emporium: Selling the Dream in Colonial Australia*. National Library of Australia, 2015.

8 Plotnick, M., C. Eldering, and D. Ryder. Expanse Networks Inc., 2002. *Behavioral Targeted Advertising*. U.S. Patent Application 10/116,692.

9 Deshpande, N., S. Ahmed, and A. Khode. "Web based targeted advertising: a study based on patent information." *Procedia Economics and Finance* 11, (2014): 522–35.

10 Watson, David, Lee Anna Clark, and Auke Tellegen. "Development and validation of brief measures of positive and negative affect: the PANAS scales." *Journal of Personality and Social Psychology* 54, no. 6 (1988): 1063.

11 Ryff, Carol D., and Corey Lee M. Keyes. "The structure of psychological well-being revisited." *Journal of Personality and Social Psychology* 69, no. 4 (1995): 719.

12 Hao, Bibo, Lin Li, Rui Gao, Ang Li, and Tingshao Zhu. "Sensing subjective well-being from social media." In *International Conference on Active Media Technology*. Cham, Switzerland: Springer, 2014, 324–35

13 De Choudhury, Munmun, Michael Gamon, Scott Counts, and Eric Horvitz. "Predicting depression via social media." In *Seventh International AAAI Conference on Weblogs and Social Media*. 2013.

14 Reece, Andrew G., and Christopher M. Danforth. "Instagram photos reveal predictive markers of depression." *EPJ Data Science* 6 (2017): 1–12.

15 Kosinski, M., D. Stillwell, and T. Graepel. "Private traits and attributes are predictable from digital records of human behavior." *Proceedings of the National Academy of Sciences* 110, no. 15 (2013): 5802–5.

16 Kosinski, M., D. Stillwell, and T. Graepel. "Private traits and attributes are predictable from digital records of human behavior." *Proceedings of the National Academy of Sciences* 110, no. 15 (2013): 5802–5.

17 Youyou, W., M. Kosinski, and D. Stillwell. "Computer-based personality judgments are more accurate than those made by humans." *Proceedings of the National Academy of Sciences* 112, no. 4 (2015): 1036–40.

18 Reynaud, Emmanuelle, Myriam El Khoury-Malhame, Jérôme Rossier, Olivier Blin, and Stéphanie Khalfa. "Neuroticism modifies psychophysiological responses to fearful films." *PloS One* 7, no. 3 (2012): e32413.

19 Matz, Sandra C., Michal Kosinski, Gideon Nave, and David J. Stillwell. "Psychological targeting as an effective approach to digital mass persuasion." *Proceedings of the National Academy of Sciences* 114, no. 48 (2017): 12714-9.

20 Wang, Weichen, Gabriella M. Harari, Rui Wang, Sandrine R. Müller, Shayan Mirjafari, Kizito Masaba, and Andrew T. Campbell. "Sensing behavioral change over time: using within-person variability features from mobile sensing to predict personality traits." *Proceedings of the ACM on Interactive, Mobile, Wearable and Ubiquitous Technologies* 2, no. 3 (2018): 1-21.

21 Nowak, Michael, and Dean Eckles. 2014. "Determining user personality characteristics from social networking system communications and characteristics." Patent US8825764B2. https://patents.google.com/patent/US8825764B2/en.

22 LeDoux, J. *The Emotional Brain: The Mysterious Underpinnings of Emotional Life*. New York: Simon and Schuster, 1998; 조지프 르두 지음, 최준식 옮김,《느끼는 뇌: 뇌가 들려주는 신비로운 정서이야기》(학지사, 2006).

23 Merrill, Jeremy B., and Will Oremus. "Five points for anger, one for a 'like': How Facebook's formula fostered rage and misinformation." *The Washington Post* (2021). https://www.washingtonpost.com/technology/2021/10/26/facebook-angry-emoji-algorithm/.

24 Manninen, Sandra, Lauri Tuominen, Robin I. Dunbar, Tomi Karjalainen, Jussi Hirvonen, Eveliina Arponen, Riitta Hari, Iiro P. Jääskeläinen, Mikko Sams, and Lauri Nummenmaa. "Social laughter triggers endogenous opioid release in humans." *Journal of Neuroscience* 37, no. 25 (2017): 6125-31.

25 Bennett, Mary P., Zeller, Janice M., Rosenberg, Lisa, and McCann, Judith. "The Effect of Mirthful Laughter on Stress and Natural Killer Cell Activity." *Alternative Therapies in Health and Medicine* 9 (2), (2003): 38-45. Available http://digitalcommons.wku.edu/nurs_fac_pub/9.

26 Ananny, Mike. "The curious connection between apps for gay men and sex offenders." *The Atlantic*. April 14, 2011. https://www.theatlantic.com/

technology/archive/2011/04/the-curious-connection-between-apps-for-gay-men-and-sex-offenders/237340/.

8장

1   Becker, Barbara, and Gloria Mark. "Constructing social systems through computer-mediated communication." *Virtual Reality* 4, no. 1 (1999): 60–73.

2   Chung, Alicia, Dorice Vieira, Tiffany Donley, Nicholas Tan, Girardin Jean-Louis, Kathleen Kiely Gouley, and Azizi Seixas. "Adolescent peer influence on eating behaviors via social media: scoping review." *Journal of Medical Internet Research* 23, no. 6 (2021): e19697.

3   Puri, Neha, Eric A. Coomes, Hourmazd Haghbayan, and Keith Gunaratne. "Social media and vaccine hesitancy: new updates for the era of COVID-19 and globalized infectious diseases." *Human Vaccines & Immunotherapeutics* 16, no. 11 (2020): 2586–93.

4   Krafft, Peter M., Nicolás Della Penna, and Alex Sandy Pentland. "An experimental study of cryptocurrency market dynamics." In *Proceedings of the 2018 CHI Conference on Human Factors in Computing Systems*, New York: ACM Press, 1–13. 2018.

5   Siddiqui, Yusra, 2020. "Emma Chamberlain just resurrected the pants we used to wear instead of leggings." *Who What Wear*. 2020. https://www.whowhatwear.com/emma-chamberlain-flared-leggings/slide2.

6   Humphrey, K. "Hashtags seep into everyday speech." *Star Tribune*. 2012. https://www.startribune.com/hashtags-seep-into-everyday-speech/173909961/.

7   Asch, S. E. "Studies of independence and conformity: I. A minority of one against a unanimous majority." *Psychological Monographs: General and Applied* 70, no. 9 (1956): 1.

8   Brandstetter, Jürgen, Péter Rácz, Clay Beckner, Eduardo B. Sandoval, Jennifer Hay, and Christoph Bartneck. "A peer pressure experiment: recreation of the Asch conformity experiment with robots." In *2014 IEEE/RSJ International Conference on Intelligent Robots and Systems*, 1335–40. IEEE, 2014.

9   Vilhauer, Ruvanee P. "Characteristics of inner reading voices." *Scandinavian*

Journal of Psychology 58, no. 4 (2017): 269 – 74.

10 Nesi, Jacqueline, Sophia Choukas-Bradley, and Mitchell J. Prinstein. "Transformation of adolescent peer relations in the social media context: part 2— application to peer group processes and future directions for research." *Clinical Child and Family Psychology Review* 21, no. 3 (2018): 295 – 319.

11 Ohannessian, Christine McCauley, Anna Vannucci, Kaitlin M. Flannery, and Sarosh Khan. "Social media use and substance use during emerging adulthood." *Emerging Adulthood* 5, no. 5 (2017): 364 – 70.

12 CareerBuilder survey. "Number of employers using social media to screen candidates at all-time high, finds latest CareerBuilder study." 2017. https://www.prnewswire.com/news-releases/number-of-employers-using-social-media-to-screen-candidates-at-all-time-high-finds-latest-careerbuilder-study-300474228.html.

13 Sherman, Lauren E., Patricia M. Greenfield, Leanna M. Hernandez, and Mirella Dapretto. "Peer influence via Instagram: effects on brain and behavior in adolescence and young adulthood." *Child Development* 89, no. 1 (2018): 37 – 47.

14 Braams, Barbara R., Anna C. K. van Duijvenvoorde, Jiska S. Peper, and Eveline A. Crone. "Longitudinal changes in adolescent risk-taking: a comprehensive study of neural responses to rewards, pubertal development, and risk-taking behavior." *Journal of Neuroscience* 35, no. 18 (2015): 7226 – 38.

15 Mark, Gloria, Yiran Wang, and Melissa Niiya. "Stress and multitasking in everyday college life: an empirical study of online activity." In *Proceedings of the SIGCHI Conference on Human Factors in Computing Systems*, New York: ACM Press, 41 – 50. 2014.

16 Bradner, Erin, and Gloria Mark. "Why distance matters: effects on cooperation, persuasion and deception." In *Proceedings of the 2002 ACM Conference on Computer Supported Cooperative Work*, New York: ACM Press, 226 – 35. 2002.

17 Tajfel, Henri, ed. *Social Identity and Intergroup Relations*. Vol. 7. Cambridge University Press, 2010.

18 Buzzfeed, 2020. "A college student behind a massively popular paint-mixing

TikTok page was fired from Sherwin-Williams." https://www.buzzfeednews.com/article/tanyachen/college-student-behind-a-massively-popular-paint-mixing.

19 Goffman, Erving. *The Presentation of Self in Everyday Life*. Vol. 21. London: Harmondsworth, 1978; 어빙 고프먼 지음, 진수미 옮김, 《자아 연출의 사회학: 일상이라는 무대에서 우리는 어떻게 연기하는가》(현암사, 2016).

20 Barash, Vladimir, Nicolas Ducheneaut, Ellen Isaacs, and Victoria Bellotti. "Faceplant: impression (mis)management in Facebook status updates." In *Fourth International AAAI Conference on Weblogs and Social Media*. 2010.

21 Putnam, Robert D. *Bowling Alone: The Collapse and Revival of American Community*. New York: Simon and Schuster, 2000; 로버트 D. 퍼트넘 지음, 정승현 옮김, 《나 홀로 볼링: 볼링 얼론: 사회적 커뮤니티의 붕괴와 소생》(페이퍼로드, 2009).

22 Ellison, N. B., C. Steinfield, and C. Lampe. "The benefits of Facebook 'friends': social capital and college students' use of online social network sites." *Journal of Computer-Mediated Communication* 12, no. 4 (2007): 1143-68.

23 Granovetter, Mark S. "The strength of weak ties." *American Journal of Sociology* 78, no. 6 (1973): 1360-80.

24 Burke, M., C. Marlow, and T. Lento. "Social network activity and social well-being." In *Proceedings of the SIGCHI Conference on Human Factors in Computing Systems*, 1909-12. 2010.

25 Russell, Bertrand. *Power: A New Social Analysis*, 10. Oxfordshire: Routledge, 2004; 버트런드 러셀 지음, 안정효 옮김, 《권력》(열린책들, 2003).

26 Magee, Joe C., and Adam D. Galinsky. "Social hierarchy: the self-reinforcing nature of power and status." *Academy of Management Annals* 2, no. 1 (2008): 351-98.

27 Panteli, Niki. "Richness, power cues and email text." *Information & Management* 40, no. 2 (2002): 75-86.

28 Gilbert, Eric. "Phrases that signal workplace hierarchy." In *Proceedings of the ACM 2012 Conference on Computer Supported Cooperative Work*, New York: ACM Press, 1037-46. 2012.

29 Tchokni, Simo Editha, Diarmuid O. Séaghdha, and Daniele Quercia. "Emoticons and phrases: status symbols in social media." In *Eighth International AAAI Conference on Weblogs and Social Media*. 2014.

30 Anderson, Cameron, Oliver P. John, Dacher Keltner, and Ann M. Kring. "Who attains social status? Effects of personality and physical attractiveness in social groups." *Journal of Personality and Social Psychology* 81, no. 1 (2001): 116.

31 Fiske, Susan T. "Controlling other people: the impact of power on stereotyping." *American Psychologist* 48, no. 6 (1993): 621.

32 Dunbar, Robin I. M. "Coevolution of neocortical size, group size and language in humans." *Behavioral and Brain Sciences* 16, no. 4 (1993): 681 – 94.

33 Gonçalves, Bruno, Nicola Perra, and Alessandro Vespignani. "Modeling users' activity on Twitter networks: validation of Dunbar's number." *PloS One* 6, no. 8 (2011): e22656.

34 Buettner, Ricardo. "Getting a job via career-oriented social networking markets." Electronic Markets 27, no. 4 (2017): 371 – 85.

35 Wang, Yiran, Melissa Niiya, Gloria Mark, Stephanie M. Reich, and Mark Warschauer. "Coming of age (digitally): an ecological view of social media use among college students." In *Proceedings of the 18th ACM Conference on Computer Supported Cooperative Work & Social Computing*, New York: ACM Press, 571 – 82. 2015.

9장

1 Brown, Chip. "The epic ups and downs of Peter Gelb." *The New York Times*, March 21, 2013. https://www.nytimes.com/2013/03/24/magazine/the-epic-ups-and-downs-of-peter-gelb.html.

2 Mischel, W., Y. Shoda, and P. K. Peake. "The nature of adolescent competencies predicted by preschool delay of gratification." *Journal of Personality and Social Psychology* 54, no. 4 (1988): 687.

3 Moffitt, T. E., L. Arseneault, D. Belsky, N. Dickson, R. J. Hancox, H. Harrington, R. Houts, R. Poulton, B. W. Roberts, S. Ross, and M. R. Sears. "A gradient of childhood self-control predicts health, wealth, and public safety."

Proceedings of the National Academy of Sciences 108, no. 7 (2011): 2693 – 8.

4   Ayduk, Ozlem, Rodolfo Mendoza-Denton, Walter Mischel, Geraldine Downey, Philip K. Peake, and Monica Rodriguez. "Regulating the interpersonal self: strategic self-regulation for coping with rejection sensitivity." *Journal of Personality and Social Psychology* 79, no. 5 (2000): 776.

5   Mischel, Walter. *Personality and Assessment*. Psychology Press, 2013.

6   McCrae, Robert R., and Paul T. Costa. "Self-concept and the stability of personality: cross-sectional comparisons of self-reports and ratings." *Journal of Personality and Social Psychology* 43 (1982): 1282 – 92.

7   Mischel, W., and Y. Shoda. "Toward a unified theory of personality." *Handbook of Personality: Theory and Research* 3 (2008): 208 – 41.

8   McCrae, Robert R., and Paul T. Costa Jr. "The five-factor theory of personality." In *Handbook of Personality: Theory and Research*, edited by L. A. Pervin and O. P. John, 2nd ed. New York: Guilford, 1999.

9   Mischel, Walter, and Yuichi Shoda. "Personality psychology has two goals: must it be two fields?" *Psychological Inquiry* 5, no. 2 (1994): 156 – 8.

10 John, O. P., E. M. Donahue, and R. L. Kentle. 1991. *Big Five Inventory (BFI)* [Database record]. APA PsycTests. https://doi.org/10.1037/t07550-000.

11 Mischel, Walter, and Yuichi Shoda. "Personality psychology has two goals: must it be two fields?" *Psychological Inquiry* 5, no. 2 (1994): 156 – 8.

12 McCrae, Robert R. "Cross-cultural research on the five-factor model of personality." *Online Readings in Psychology and Culture* 4, no. 4 (2002): 1 – 12.

13 Terracciano, A., A. M. Abdel-Khalak, N. Adam, L. Adamovova, C.-k. Ahn, H.-n. Ahn, et al. "National character does not reflect mean personality trait levels in 49 cultures." *Science* 310 (2005): 96 – 100.

14 Costa, P. T., Jr., A. Terracciano, and R. R. McCrae. "Gender differences in personality traits across cultures: robust and surprising findings." *Journal of Personality and Social Psychology* 81 (2001): 322 – 31.

15 Kraaykamp, Gerbert, and Koen Van Eijck. "Personality, media preferences, and cultural participation." *Personality and Individual Differences* 38, no. 7 (2005): 1675 – 88.

16 Braun, Beate, Juliane M. Stopfer, Kai W. Müller, Manfred E. Beutel, and Boris Egloff. "Personality and video gaming: comparing regular gamers, non-gamers, and gaming addicts and differentiating between game genres." *Computers in Human Behavior* 55 (2016): 406–12.

17 Karim, Nor Shahriza Abdul, Nurul Hidayah Ahmad Zamzuri, and Yakinah Muhamad Nor. "Exploring the relationship between internet ethics in university students and the big five model of personality." *Computers & Education* 53, no. 1 (2009): 86–93.

18 Moore, Kelly, and James C. McElroy. "The influence of personality on Facebook usage, wall postings, and regret." *Computers in Human Behavior* 28, no. 1 (2012): 267–74.

19 Mark, Gloria, and Yoav Ganzach. "Personality and internet usage: a large-scale representative study of young adults." *Computers in Human Behavior* 36 (2014): 274–81.

20 Blazej Szymura, and Edward Necka. "Three superfactors of personality and three aspects of attention." *Advances in Personality Psychology*. (2005): 75–90.

21 Whiteside, Stephen P., and Donald R. Lynam. "The five factor model and impulsivity: using a structural model of personality to understand impulsivity." *Personality and Individual Differences* 30, no. 4 (2001): 669–89.

22 Cohen, Sheldon, Tom Kamarck, and Robin Mermelstein. "A global measure of perceived stress." *Journal of Health and Social Behavior*, (1983): 385–96.

23 Mark, Gloria, Shamsi T. Iqbal, Mary Czerwinski, Paul Johns, and Akane Sano. "Neurotics can't focus: an in situ study of online multitasking in the workplace." In *Proceedings of the 2016 CHI Conference on Human Factors in Computing Systems*, New York: ACM Press, 1739–44. 2016.

24 Forster, Sophie, and Nilli Lavie. "Establishing the attention-distractibility trait." *Psychological Science*, (Dec. 14, 2015): 203–12.

25 Mark, Gloria, Shamsi T. Iqbal, Mary Czerwinski, Paul Johns, Akane Sano, and Yuliya Lutchyn. "Email duration, batching and self-interruption: patterns of email use on productivity and stress." In *Proceedings of the 2016 CHI Conference on Human Factors in Computing Systems*, New York: ACM Press, 1717–28.

2016.

26 Mark, Gloria, Daniela Gudith, and Ulrich Klocke. "The cost of interrupted work: more speed and stress." In *Proceedings of the SIGCHI Conference on Human Factors in Computing Systems*, New York: ACM Press, 107–10. 2008.

27 Mark, Gloria, Mary Czerwinski, and Shamsi T. Iqbal. "Effects of individual differences in blocking workplace distractions." In *Proceedings of the 2018 CHI Conference on Human Factors in Computing Systems*, New York: ACM Press, 1–12. 2018.

28 Agarwal, Ritu, and Elena Karahanna. "Time flies when you're having fun: cognitive absorption and beliefs about information technology usage." *MIS Quarterly*, (2000): 665–94.

29 Moffitt, T. E., L. Arseneault, D. Belsky, N. Dickson, R. J. Hancox, H. Harrington, R. Houts, R. Poulton, B. W. Roberts, S. Ross, and M. R. Sears. "A gradient of childhood self-control predicts health, wealth, and public safety." *Proceedings of the National Academy of Sciences* 108, no. 7 (2011): 2693–8.

30 Mark, Gloria, Mary Czerwinski, and Shamsi T. Iqbal. "Effects of individual differences in blocking workplace distractions." In *Proceedings of the 2018 CHI Conference on Human Factors in Computing Systems*, New York: ACM Press, 1–12. 2018.

31 Chattu, Vijay Kumar, M. D. Manzar, Soosanna Kumary, Deepa Burman, David Warren Spence, and Seithikurippu R. Pandi-Perumal. "The global problem of insufficient sleep and its serious public health implications." In *Healthcare*, Vol. 7, No. 1, 1. Multidisciplinary Digital Publishing Institute, 2019.

32 Mark, Gloria, Yiran Wang, Melissa Niiya, and Stephanie Reich. "Sleep debt in student life: online attention focus, Facebook, and mood." In *Proceedings of the 2016 CHI Conference on Human Factors in Computing Systems*, New York: ACM Press, 5517–5528. May 2016.

33 Muraven, M., D. M. Tice, and R. F. Baumeister. "Self-control as a limited resource: regulatory depletion patterns." *Journal of Personality and Social Psychology* 74, no. 3 (1998): 774.

34 Mischel, W., Y. Shoda, and P. K. Peake. "The nature of adolescent competencies

predicted by preschool delay of gratification." *Journal of Personality and Social Psychology* 54, no. 4 (1988): 687.

35 Watts, T.W., G. J. Duncan, and H. Quan. "Revisiting the marshmallow test: a conceptual replication investigating links between early delay of gratification and later outcomes." *Psychological Science* 29, no. 7 (2018): 1159 – 77.

36 Gottfredson, M. R., and T. Hirschi. *A General Theory of Crime*. Stanford University Press, 1990.

10장

1 Danner, Deborah D., David A. Snowdon, and Wallace V. Friesen. "Positive emotions in early life and longevity: findings from the nun study." *Journal of Personality and Social Psychology* 80, no. 5 (2001): 804.

2 Kalman, Maira. "How to iron a sheet, according to Maira Kalman." *New York Magazine*, April 15, 2020.

3 Currey, Mason, ed. *Daily Rituals: How Artists Work*. New York: Knopf, 2013; 메이슨 커리 지음, 강주헌 옮김,《리추얼》(책읽는수요일, 2014).

4 Flanner, Janet, James Thurber, and Harold Ross. "Tender Buttons: a day with Gertrude Stein." (October 13, 1934). https://www.newyorker.com/magazine/1934/10/13/tender-buttons.

5 Diener, E. "Introduction to the special section on the structure of emotion." *Journal of Personality and Social Psychology* 76 (1999): 803 – 4.

6 Watson, D., D. Wiese, J. Vaidya, and A. Tellegen. "The two general activation systems of affect: structural findings, evolutionary considerations, and psychobiological evidence." *Journal of Personality and Social Psychology* 76, no. 5 (1999): 820.

7 Gibran, Kahlil, and Suheil Badi Bushrui. *The Prophet: A New Annotated Edition*. Simon and Schuster, 2012; 칼릴 지브란 지음, 류시화 옮김,《예언자》(무소의 뿔, 2018).

8 Zohar, Dov, O. Tzischinski, and R. Epstein. "Effects of energy availability on immediate and delayed emotional reactions to work events." *Journal of Applied Psychology* 88, no. 6 (2003): 1082.

9   Gross, Sven, Norbert K. Semmer, Laurenz L. Meier, Wolfgang Kälin, Nicola Jacobshagen, and Franziska Tschan. "The effect of positive events at work on after-work fatigue: they matter most in face of adversity." *Journal of Applied Psychology* 96, no. 3 (2011): 654.

10 Fredrickson, B. L., and C. Branigan. "Positive emotions broaden the scope of attention and thought-action repertoires." *Cognition & Emotion* 19, no. 3 (2005): 313 – 32.

11 Fredrickson, Barbara L., and Robert W. Levenson. "Positive emotions speed recovery from the cardiovascular sequelae of negative emotions." *Cognition & Emotion* 12, no. 2 (1998): 191 – 220.

12 Folkman, Susan, and Judith Tedlie Moskowitz. "Positive affect and the other side of coping." *American Psychologist* 55, no. 6 (2000): 647.

13 Agarwal, Ritu, and Elena Karahanna. "Time flies when you're having fun: cognitive absorption and beliefs about information technology usage." *MIS Quarterly*, (2000): 665 – 94.

14 Csikszentmihalyi, Mihaly. *Flow: The Psychology of Optimal Experience*. Vol. 1990. New York: Harper & Row, 1990.

15 Kabat-Zinn, Jon. *Wherever You Go, There You Are: Mindfulness Meditation in Everyday Life*. New York: Hachette Books, 2009; 존 카밧진 지음, 엄성수 옮김, 《존 카밧진의 왜 마음챙김 명상인가?》(불광출판사, 2019).

16 Mark, Gloria, Shamsi T. Iqbal, Mary Czerwinski, and Paul Johns. "Bored Mondays and focused afternoons: the rhythm of attention and online activity in the workplace." In *Proceedings of the SIGCHI Conference on Human Factors in Computing Systems*, New York: ACM Press, 3025 – 34. 2014.

17 Posner, Jonathan, James A. Russell, and Bradley S. Peterson. "The circumplex model of affect: an integrative approach to affective neuroscience, cognitive development, and psychopathology." *Development and Psychopathology* 17, no. 3 (2005): 715 – 34.

18 Posner, Jonathan, James A. Russell, and Bradley S. Peterson. "The circumplex model of affect: an integrative approach to affective neuroscience, cognitive development, and psychopathology." *Development and Psychopathology* 17, no. 3

(2005): 715 – 34.

19 Lang, Peter J., Mark K. Greenwald, Margaret M. Bradley, and Alfons O. Hamm. "Looking at pictures: affective, facial, visceral, and behavioral reactions." *Psychophysiology* 30, no. 3 (1993): 261 – 73.

20 Keil, Andreas, Matthias M. Müller, Thomas Gruber, Christian Wienbruch, Margarita Stolarova, and Thomas Elbert. "Effects of emotional arousal in the cerebral hemispheres: a study of oscillatory brain activity and event-related potentials." *Clinical Neurophysiology* 112, no. 11 (2001): 2057 – 68.

21 Posner, Jonathan, James A. Russell, and Bradley S. Peterson. "The circumplex model of affect: an integrative approach to affective neuroscience, cognitive development, and psychopathology." *Development and Psychopathology* 17, no. 3 (2005): 715 – 34.

22 Carver, Charles S., and Michael F. Scheier. "Situational coping and coping dispositions in a stressful transaction." *Journal of Personality and Social Psychology* 66, no. 1 (1994): 184.

23 Smit, A. S., P. A. Eling, and A. M. Coenen. "Mental effort causes vigilance decrease due to resource depletion." *Acta Psychologica* 115, no. 1 (2004): 35 – 42.

24 Mark, Gloria, Shamsi Iqbal, Mary Czerwinski, and Paul Johns. "Capturing the mood: Facebook and face-to-face encounters in the workplace." In *Proceedings of the 17th ACM Conference on Computer Supported Cooperative Work & Social Computing*, New York: ACM Press, 1082 – 94. 2014.

25 Watson, David, Lee Anna Clark, and Auke Tellegen. "Development and validation of brief measures of positive and negative affect: the PANAS scales." *Journal of Personality and Social Psychology* 54, no. 6 (1988): 1063.

26 Blank, C., S. Zaman, A. Wesley, P. Tsiamyrtzis, D. R. Da Cunha Silva, R. Gutierrez-Osuna, G. Mark, and I. Pavlidis. "Emotional footprints of email interruptions." In *Proceedings of the 2020 CHI Conference on Human Factors in Computing Systems*, New York: ACM Press, 1 – 12. 2020.

27 Wickens, Christopher D. "Multiple resources and mental workload." *Human Factors* 50, no. 3 (2008): 449 – 55.

28 Blank, C., S. Zaman, A. Wesley, P. Tsiamyrtzis, D. R. Da Cunha Silva, R. Gutierrez-Osuna, G. Mark, and I. Pavlidis. "Emotional footprints of email interruptions." In *Proceedings of the 2020 CHI Conference on Human Factors in Computing Systems*, New York: ACM Press, 1 – 12. April 2020.

29 Zajonc, Robert B., Sheila T. Murphy, and Marita Inglehart. "Feeling and facial efference: implications of the vascular theory of emotion." *Psychological Review* 96, no. 3 (1989): 395.

30 Bartel, Caroline A., and Richard Saavedra. "The collective construction of work group moods." *Administrative Science Quarterly* 45, no. 2 (2000): 197 – 231.

31 Barsade, Sigal G. "The ripple effect: emotional contagion and its influence on group behavior." *Administrative Science Quarterly* 47, no. 4 (2002): 644 – 75.

32 Currey, Mason, ed. *Daily Rituals: How Artists Work*. New York: Knopf, 2013.

33 Wickelgren, Wayne A. *How to Solve Problems: Elements of a Theory of Problems and Problem Solving*. San Francisco: WH Freeman, 1974.

34 Currey, Mason, ed. *Daily Rituals: How Artists Work*. New York: Knopf, 2013.

35 Root-Bernstein, Robert S. "Music, creativity and scientific thinking." *Leonardo* 34, no. 1 (2001): 63 – 8.

11장

1 Rideout, Victoria, and Michael B. Robb. *The Common Sense Census: Media Use by Kids Age Zero to Eight*. San Francisco: Common Sense Media, 2020. https://www.commonsensemedia.org/sites/default/files/uploads/research/2020_zero_to_eight_census_final_web.pdf.

2 "The Nielsen total audience report March 2021." https://www.nielsen.com/us/en/insights/report/2021/total-audience-advertising-across-todays-media/.

3 Statista 2020. "Average daily time spent watching TV per individual in the United Kingdom (UK) from 2005 to 2020." https://www.statista.com/statistics/269870/daily-tv-viewing-time-in-the-uk/.

4 Statista 2020. "Audience distribution among the leading television channels in France in 2020." https://www.statista.com/statistics/381685/audience-share-of-tv-channels-in-france/.

5   Statista 2019. "Average time people spent on watching real-time television per weekday in Japan from fiscal year 2012 to 2019." https://www.statista.com/statistics/1201929/japan-average-time-spent-real-time-television-per-weekday/.

6   Statista 2019. "Average daily time spent watching television in China from 2011 to 2019 with estimates until 2022." https://www.statista.com/statistics/467531/china-average-daily-time-spent-watching-tv/.

7   "The Nielsen total audience report March 2021." https://www.nielsen.com/us/en/insights/report/2021/total-audience-advertising-across-todays-media/.

8   "The Nielsen total audience report March 2021." https://www.nielsen.com/us/en/insights/report/2021/total-audience-advertising-across-todays-media/.

9   Cutting, James E., Jordan E. DeLong, and Christine E. Nothelfer. "Attention and the evolution of Hollywood film." *Psychological Science* 21, no. 3 (2010): 432–9.

10 Cutting, J. E., K. L. Brunick, J. E. DeLong, C. Iricinschi, and A. Candan. "Quicker, faster, darker: changes in Hollywood film over 75 years." *i-Perception* 2, no. 6 (2011): 569–76.

11 Abrams, Richard A., and Shawn E. Christ. "Motion onset captures attention." *Psychological Science* 14, no. 5 (2003): 427–32.

12 Cutting, J. E., K. L. Brunick, J. E. DeLong, C. Iricinschi, and A. Candan. "Quicker, faster, darker: changes in Hollywood film over 75 years." *i-Perception* 2, no. 6 (2011): 569–76.

13 Follows, S. (2017). "How many shots are in the average movie?" Stephen Follows Film Data and Education. Available https://stephenfollows.com/many-shots-average-movie/.

14 Butler, Jeremy G. "Statistical analysis of television style: what can numbers tell us about TV editing?" *Cinema Journal* 54, no. 1 (Fall 2014): 25–45.

15 Tsivian, Yuri. Lab: MTV Video. Cinemetrics. Accessed December 3, 2021. http://www.cinemetrics.lv/lab.php?ID=165.

16 Statista. "Most popular YouTube videos based on total global views as of August 2021." 2021. https://www.statista.com/statistics/249396/top-youtube-videos-

views/.

17 Shevenock, Sarah. Exclusive: Vevo Data Reveals How Often Gen Z Watches Music Videos and Which Ones Overperform With Them. Morning Consult. 2021. Available https://morningconsult.com/2021/08/02/vevo-exclusive-data-gen-z-music-videos/.

18 Smith, Tim J. "The attentional theory of cinematic continuity." *Projections* 6, no. 1 (2012): 1–27.

19 Smith, Tim J., and John M. Henderson. "Edit blindness: the relationship between attention and global change blindness in dynamic scenes." *Journal of Eye Movement Research* 2, no. 2 (2008).

20 Barnes, John. *The Beginnings of the Cinema in England 1894-1901. Vol. 2.* Exeter: University of Exeter Press, 1996.

21 Raskin, Richard. "Five explanations for the jump cuts in Godard's Breathless," *P.O.V.: A Danish Journal of Film Studies*, no. 6. (1998), 141–53.

22 Crowther, Bosley. "French film 'Breathless' has shocking power." *The New York Times*, February 12, 1961. https://timesmachine.nytimes.com/timesmachine/1961/02/12/118022212.html?pageNumber=355.

23 BMAC. "How to jump cut like a pro." 2017. https://www.youtube.com/watch?v=p2BqEvoiX04.

24 Schwan, Stephan, Bärbel Garsoffky, and Friedrich W. Hesse. "Do film cuts facilitate the perceptual and cognitive organization of activity sequences?" *Memory & Cognition* 28, no. 2 (2000): 214–23.

25 MacLachlan, James, and Michael Logan. "Camera shot length in TV commercials and their memorability and persuasiveness." *Journal of Advertising Research* 33, no. 2 (1993): 57–62.

26 Elliott, Stuart. "TV Commercials Adjust to a Shorter Attention Span." *The New York Times*, April 8, 2005. https://www.nytimes.com/2005/04/08/business/media/tv-commercials-adjust-to-a-shorter-attention-span.html?searchResultPosition=1.

27 Stanton, John L., and Jeffrey Burke. "Comparative effectiveness of executional elements in TV advertising: 15- versus 30-second commercials." *Journal of*

Advertising Research 38, no. 6 (1998): 7 – 8.

28 Friedman, Wayne. "Shorter-duration TV commercials on the rise." *Television News Daily*, Oct. 4, 2017. https://www.mediapost.com/publications/article/308248/shorter-duration-tv-commercials-on-the-rise.html.

29 Mandese, J. "Nielsen patents method for compressing TV ads, finds they can work better than longer ones." *MediaDailyNews*, June 11, 2018. https://www.mediapost.com/publications/article/320538/nielsen-patents-method-for-compressing-tv-ads-fin.html.

30 Newstead, Kate, and Jenni Romaniuk. "Cost per second: the relative effectiveness of 15- and 30-second television advertisements." *Journal of Advertising Research* 50, no. 1 (2010): 68 – 76.

31 "Facebook for business. Best practices for mobile video ads." Accessed August 31, 2021. https://www.facebook.com/business/help/144240239372256?id=603833089963720.

32 Fulgoni, Gian M. "Why marketers need new measures of consumer engagement: how expanding platforms, the 6-second ad, and fewer ads alter engagement and outcomes." *Journal of Advertising Research* 58, no. 3 (2018): 259 – 62.

33 Ah-young, Chung. "Snack Culture." *The Korea Times*, Feb. 2, 2014. http://www.koreatimes.co.kr/www/news/culture/2014/02/386_150813.html.

34 Hutchinson, Andrew. "TikTok tests even longer video uploads as it looks to expand its presence." *Social Media Today*, 2021. https://www.socialmediatoday.com/news/tiktoks-testing-even-longer-video-uploads-as-it-looks-to-expand-its-presen/605603/.

35 Ceci, L. "TikTok—Statistics & Facts. 2022." Statista. https://www.statista.com/topics/6077/tiktok/#topicHeader__wrapper.

36 Aldredge, J. "Your guide to social media video lengths." 2021. https://vimeo.com/blog/post/social-media-video-lengths/.

37 Brasel, S. Adam, and James Gips. "Media multitasking behavior: concurrent television and computer usage." *Cyberpsychology, Behavior, and Social Networking* 14, no. 9 (2011): 527 – 34.

38 Cutting, J. E., K. L. Brunick, J. E. DeLong, C. Iricinschi, and A. Candan, A.

"Quicker, faster, darker: changes in Hollywood film over 75 years." *i-Perception* 2, no. 6 (2011): 569 – 76.

39 Lang, Annie. "The limited capacity model of mediated message processing." *Journal of Communication* 50, no. 1 (2000): 46 – 70.

40 Lang, Annie, Paul Bolls, Robert F. Potter, and Karlynn Kawahara. "The effects of production pacing and arousing content on the information processing of television messages." *Journal of Broadcasting & Electronic Media* 43, no. 4 (1999): 451 – 75.

41 Kostyrka-Allchorne, Katarzyna, Nicholas R. Cooper, Steffan Kennett, Steffen Nestler, and Andrew Simpson. "The short-term effect of video editing pace on children's inhibition and N2 and P3 ERP components during visual go/no-go task." *Developmental Neuropsychology* 44, no. 4 (2019): 385 – 96.

42 Lillard, Angeline S., and Jennifer Peterson. "The immediate impact of different types of television on young children's executive function." *Pediatrics* 128, no. 4 (2011): 644 – 9.

43 Landhuis, Carl Erik, Richie Poulton, David Welch, and Robert John Hancox. "Does childhood television viewing lead to attention problems in adolescence? Results from a prospective longitudinal study." *Pediatrics* 120, no. 3 (2007): 532 – 7.

44 Cutting, J. E., K. L. Brunick, J. E. DeLong, C. Iricinschi, and A. Candan, A. "Quicker, faster, darker: changes in Hollywood film over 75 years." *i-Perception* 2, no. 6 (2011): 569 – 76.

45 Gottschall, Jonathan. *The Storytelling Animal: How Stories Make Us Human.* Houghton Mifflin Harcourt, 2012; 조너선 갓셸 지음, 노승영 옮김,《스토리텔링 애니멀: 인간은 왜 그토록 이야기에 빠져드는가》(민음사, 2014).

46 McLuhan, Marshall, and Quentin Fiore. *The Medium is the Message.* New York: Random House, 1967: 115.

12장

1 Viereck, George Sylvester. "What life means to Einstein." *The Saturday Evening Post*, 1929. http://www.saturdayeveningpost.com/wp-content/uploads/

satevepost/einstein.pdf.

2   Strawson, Galen. "Nietzsche's Metaphysics?" in: *Nietzsche on Mind and Nature* (editors: Manuel Dries, Peter J. E. Kail), Oxford University Press, 2015, quote, pg. 33.

3   Skinner, Burrhus Frederic. "Why I am not a cognitive psychologist." *Behaviorism* 5, no. 2 (1977): 1 – 10.

4   Libet, Benjamin. "Unconscious cerebral initiative and the role of conscious will in voluntary action." *Behavioral and Brain Sciences* 8, no. 4 (1985): 529 – 39.

5   Dennett, Daniel C. *Elbow Room: The Varieties of Free Will Worth Wanting*. MIT Press, 2015.

6   Baumeister, Roy F. "Addiction, cigarette smoking, and voluntary control of action: do cigarette smokers lose their free will?" *Addictive Behaviors Reports* 5 (2017): 67 – 84.

7   Shepherd, Joshua. "Free will and consciousness: experimental studies." *Consciousness and Cognition* 21, no. 2 (2012): 915 – 27.

8   Bandura, Albert. "The reconstrual of 'free will' from the agentic perspective of social cognitive theory." In eds., John Baer, James C. Kaufman, and Roy F. Baumeister, *Are We Free? Psychology and Free Will*. Oxford University Press, 2008: 86 – 127.

13장

1   Esler, Murray, Elisabeth Lambert, and Markus Schlaich. "Point: chronic activation of the sympathetic nervous system is the dominant contributor to systemic hypertension." *Journal of Applied Physiology* 109, no. 6 (2010): 1996 – 8.

2   Cummins, Robert A. "Subjective well-being, homeostatically protected mood and depression: a synthesis." In *The Exploration of Happiness*, Dordrecht: Springer, 2013, 77 – 95.

3   Cummins, Robert A., Eleonora Gullone, and Anna L. D. Lau. "A model of subjective well-being homeostasis: the role of personality." In *The Universality of Subjective Wellbeing Indicators*, Dordrecht: Springer, 2002, 7 – 46.

4   Amabile, Teresa M., Sigal G. Barsade, Jennifer S. Mueller, and Barry M. Staw. "Affect and creativity at work." *Administrative Science Quarterly* 50, no. 3 (2005): 367 – 403.

5   Fredrickson, B. L., and C. Branigan. "Positive emotions broaden the scope of attention and thought-action repertoires." *Cognition & Emotion* 19, no. 3 (2005): 313 – 32.

6   Ramus, Franck, Marina Nespor, and Jacques Mehler. "Correlates of linguistic rhythm in the speech signal." *Cognition* 73, no. 3 (1999): 265 – 92.

7   Baer, John, James C. Kaufman, and Roy F. Baumeister, *Are We Free? Psychology and Free Will.* Oxford University Press, (2008): 86-127.

8   Rowe, Gillian, Jacob B. Hirsh, and Adam K. Anderson. "Positive affect increases the breadth of attentional selection." *Proceedings of the National Academy of Sciences* 104, no. 1 (2007): 383 – 8.

9   Yerkes, Robert M., and John D. Dodson. "The relation of strength of stimulus to rapidity of habit-formation." *Punishment: Issues and Experiments*, (1908): 27 – 41.

10   Williams, Alex C., Harmanpreet Kaur, Gloria Mark, Anne Loomis Thompson, Shamsi T. Iqbal, and Jaime Teevan. "Supporting workplace detachment and reattachment with conversational intelligence." In *Proceedings of the 2018 CHI Conference on Human Factors in Computing Systems*, New York: ACM Press, 2018, 1 – 13.

11   Currey, Mason, ed. *Daily Rituals: How Artists Work.* New York: Knopf, 2013.

14장

1   Fink, George. "Stress: the health epidemic of the 21st century." Elsevier SciTech Connect. 2016. http://scitechconnect.elsevier.com/stress-health-epidemic-21st-century/.

2   Mark, Gloria, Stephen Voida, and Armand Cardello. "A pace not dictated by electrons, an empirical study of work without email." *Proceedings of the SIGCHI Conference on Human Factors in Computing Systems*, New York: ACM Press, 2012: 555 – 64.

3   Butts, Marcus M., William J. Becker, and Wendy R. Boswell. "Hot buttons and time sinks: the effects of electronic communication during nonwork time on emotions and work-nonwork conflict." *Academy of Management Journal* 58, no. 3 (2015): 763–88.

4   Maligorne, Clementine. "Travail: vous avez désormais le droit de vous déconnecter." 2016. https://www.lefigaro.fr/social/2016/12/31/20011-20161231ARTFIG00013-le-droit-a-la-deconnexion-qu-est-ce-que-c-est.php.

5   Pansu, Luc. "Evaluation of 'Right to Disconnect' legislation and its impact on employee's productivity." *International Journal of Management and Applied Research* 5, no. 3 (2018): 99–119.

6   United Nations. Universal Declaration of Human Rights. 1948. Available https://www.un.org/en/about-us/universal-declaration-of-human-rights.

7   Senate Bill no. 830. An act to add Section 51206.4 to the Education Code, relating to pupil instruction. https://leginfo.legislature.ca.gov/faces/billTextClient.xhtml?bill_id=201720180SB830.

8   Technology and Social Change Project. Shorenstein Center on Media, Politics and Public Policy, Harvard Kennedy School. Accessed July 2022. https://shorensteincenter.org/programs/technology-social-change/.

9   Center for Humane Technology. 2021. https://www.humanetech.com/.

10   Lapowsky, Issie. "Facebook Exposed 87 Million Users to Cambridge Analytica." *Wired*, April 4, 2018. https://www.wired.com/story/facebook-exposed-87-million-users-to-cambridge-analytica/.

11   Meadows, D. H., D. L. Meadows, J. Randers, and W. W. Behrens. *The Limits to Growth*. New York: Universe Books, 1972.

12   Kimani, Everlyne, Kael Rowan, Daniel McDuff, Mary Czerwinski, and Gloria Mark. "A conversational agent in support of productivity and wellbeing at work." In *2019 8th International Conference on Affective Computing and Intelligent Interaction (ACII)*, IEEE, 2019 1–7.

13   Loranger, Hoa. "Infinite Scrolling Is Not for Every Website." Nielsen Norman Group. 2014. https://www.nngroup.com/articles/infinite-scrolling/.

14 Twenge, Jean M., Brian H. Spitzberg, and W. Keith Campbell. "Less in-person social interaction with peers among US adolescents in the 21st century and links to loneliness." *Journal of Social and Personal Relationships* 36, no. 6 (2019): 1892–913.

15 Oppezzo, Marily, and Daniel L. Schwartz. "Give your ideas some legs: the positive effect of walking on creative thinking." *Journal of Experimental Psychology: Learning, Memory, and Cognition* 40, no. 4 (2014): 1142–52.

16 Mark, Gloria, Victor M. González, and Justin Harris. "No task left behind? Examining the nature of fragmented work." In *Proceedings of the SIGCHI Conference on Human Factors in Computing Systems*, New York, ACM Press, 321–30. 2005.

17 Killgore, William D. S., Sara A. Cloonan, Emily C. Taylor, and Natalie S. Dailey. "Loneliness: a signature mental health concern in the era of COVID-19." *Psychiatry Research* 290 (2020): 113117.

18 Emerson, Ralph Waldo. *Essays: Second Series*. Boston: James Munroe and Company, 1844.

19 Su, Norman Makoto, Yang Wang, Gloria Mark, Tosin Aiyelokun, and Tadashi Nakano. "A bosom buddy afar brings a distant land near: Are bloggers a global community?" In *Communities and Technologies*, Dordrecht: Springer, 2005, 171–90.

찾아보기

집중의 재발견

초판 1쇄 인쇄 2024년 1월 2일
초판 1쇄 발행 2024년 1월 10일

지은이 글로리아 마크
옮긴이 이윤정
펴낸이 이승현

출판2 본부장 박태근
W&G 팀장 류혜정
편집 남은경
디자인 윤정아

펴낸곳 ㈜위즈덤하우스　**출판등록** 2000년 5월 23일 제13-1071호
주소 서울특별시 마포구 양화로 19 합정오피스빌딩 17층
전화 02) 2179-5600　**홈페이지** www.wisdomhouse.co.kr

ISBN 979-11-7171-088-1 03180